Neues Entgeltsystem in der Psychiatrie und Psychosomatik

Frank Studenski · René Berton · Mario C. Birr
(Hrsg.)

# Neues Entgeltsystem in der Psychiatrie und Psychosomatik

Daten, Analysen und Ausblicke

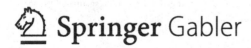 Springer Gabler

*Herausgeber*
Frank Studenski
Grünstadt
Deutschland

Mario C. Birr
Kleinmachnow
Deutschland

René Berton
Bad Bergzabern
Deutschland

ISBN 978-3-8349-4164-0
DOI 10.1007/978-3-8349-4165-7

ISBN 978-3-8349-4165-7 (eBook)

Die Deutsche Nationalbibliothek verzeichnet diese Publikation in der Deutschen Nationalbibliografie; detaillierte bibliografische Daten sind im Internet über http://dnb.d-nb.de abrufbar.

Springer Gabler
© Gabler Verlag | Springer Fachmedien Wiesbaden 2013

*Lektorat:* Margit Schlomski

Gedruckt auf säurefreiem und chlorfrei gebleichtem Papier

Springer Gabler ist eine Marke von Springer DE. Springer DE ist Teil der Fachverlagsgruppe Springer Science+Business Media.
www.springer-gabler.de

# Vorwort

Die fachlichen und politischen Diskussionen über die Entwicklung und Einführung eines neuen pauschalierenden Entgeltsystems in der Psychiatrie und Psychosomatik für die voll- und teilstationäre Versorgung werden seit 2009 intensiv und kontrovers geführt. Aus Gesprächen mit Klinikleitungen und am Patienten tätigen Mitarbeitern wird deutlich, dass ein großer Bedarf an Informationen und praktischen Hinweisen, ersten Analyseergebnissen im Umgang mit den sukzessiv steigenden Anforderungen vorhanden ist.

Das Krankenhausfinanzierungsreformgesetz (KHRG[1]) vom 17.03.2009 führt zu einem Systemwechsel in der Finanzierung psychiatrischer/psychosomatischer Fachkrankenhäuser und Fachabteilungen. Damit verlässt der § 17d des KHG „Einführung eines pauschalierenden Entgeltsystems für psychiatrische und psychosomatische Einrichtungen"[2] das Prinzip des tagesgleichen Pflegesatzes und führt zu neuen Regeln zur Ermittlung des krankenhausindividuellen Budgets.

Grundlage zur Ausgestaltung des neuen Entgeltsystems sind Kosten- und Leistungsdaten, die im Rahmen einer Kostenkalkulation auf Tagesebene ermittelt und zugeordnet werden. Hieran sind bundesweit verschiedenste psychiatrische und psychosomatische Kliniken und Fachabteilungen beteiligt. Die individuellen Ausgangssituationen zur Kalkulationsteilnahme sind hierbei sehr unterschiedlich. In Kombination mit den zur Umsetzung des § 17d KHG erforderlichen Gesetzen, Verordnungen und Regelwerken für die voll- und teilstationäre sowie ambulante Versorgung ergeben sich Stärken und Schwächen sowie Chancen und Risiken für die Leistungserbringer, die es aufzudecken und zu diskutieren gilt.

Therapieeinheit, tagesbezogene Einzelkosten, Mindestmerkmale, Medizin-Controlling, pauschalierte Entgelte (PEPP) sind exemplarisch aufgezählte Schlagworte, die sehr eng mit der Umsetzung des neuen Entgeltsystems zusammenhängen und zum Teil der Leitungsebene und den Leistungserbringern noch wenig vertraut sind. Um an dieser Stelle für mehr

---

[1] § 17d KHG 2009.
[2] § 17d KHG 2009.

Klarheit bei allen Beteiligten zu sorgen, erläutern und diskutieren die Autoren anhand ihrer eigenen Erfahrung sowie auf Basis von Fakten verschiedene Aspekte zur Umsetzung des neuen Entgeltsystems. Erste Auswertungen und praktische Tipps sowie Hinweise ergänzen die Ausführungen und Diskussionen. Damit soll eine Basis geschaffen werden, um Inhalte, Mechanismen und Anreize des neuen Entgeltsystems zu verstehen, Maßnahmen und strategische Entscheidungen davon abzuleiten und für die eigene Einrichtung Nutzen zu gewinnen.

Die Autoren lassen hierzu ihre Erfahrungen aus der Entwicklung des DRG-Systems (pauschalierende Vergütung der somatischen Krankenhäuser seit 2003) und der eigenen Bewältigungsstrategien im Zusammenhang mit den heterogenen Aufgaben bezüglich des neuen Entgeltsystems in die fachlichen Beiträge einfließen.

Begonnen wird mit strategischen Überlegungen aus der Sicht eines Wirtschaftswissenschaftlers und aus der Sicht eines Leistungserbringers, um einen Einblick in die Thematik aus der Vogelperspektive zu schaffen.

Der Abschnitt Grundlagen und Pflichten im pauschalierenden Entgeltsystem fokussiert sich auf die patientenbezogene Dokumentation und die daraus entstehenden Pflichten zur vollständigen und korrekten Kodierung im Rahmen der Fallabbildung. Dabei spielen auch andere Merkmale, wie z. B. die Belastungserprobung oder aus den Daten abzuleitende Größen wir die Behandlungsarten eine wichtige Rolle.

Das Thema Kostenträgerrechnung darf und kann bei dem Themengebiet „neues Entgeltsystem" nicht fehlen. Mit ihr werden die ökonomischen Grundlagen für die Entwicklung des neuen Systems gelegt. Hierbei gehen die Autoren ausführlich auf die Bereiche der Leistungsdokumentation und der Betreuungsintensität ein, da sie wesentlich zur Ausgestaltung des Systems beitragen werden.

Mögliche Ansätze zur Personalentwicklung und zur Positionierung des Pflegedienstes im pauschalierenden Entgeltsystem werden als notwendige Maßnahmen in Folge der vielfältigen neuen Aufgaben und Strukturierung des Behandlungsprozesses vorgeschlagen. Die Notwendigkeit eines Medizincontrollings in der Psychiatrie als ein Lösungsansatz wird hinterfragt.

Die Erläuterung und Diskussion von Perspektiven im neuen System aus Sicht der Einrichtungen, aber auch die weitere Entwicklung des psychiatrischen Versorgungssystems, stellen einen Ausblick in die Zukunft dar. Welchen Nutzen können Benchmarks als Vergleichsinstrument haben? Welche Anreize, Einfluss- und Prognosefaktoren haben Relevanz für die Einrichtungen und das System?

Danach folgt ein Exkurs über die Entwicklung der Schlafmedizin in der Psychiatrie im Rahmen des neuen Vergütungssystems. Die Kerninhalte der für die Umsetzung des neuen Entgeltsystems im Jahre 2013 notwendigen Gesetze, Verordnungen und Kataloge (u.a. Psychiatrie Entgeltgesetz, Entgeltkatalog, Abrechnungsregeln) werden dargestellt, erläutert und aus der Sicht der Leistungserbringer bewertet.

Der Praktiker wie der Ökonom sollen mit den Informationen und praktischen Erfahrungen wichtige Aspekte erfahren. Die Darstellung von ersten Analysen sowie Lösungsansätzen zur Bewältigung der Aufgaben, die aus dem neuen Vergütungssystem resultieren, sollen Ideen, Möglichkeiten und neue Denkansätze aufzeigen.

Das neue Entgeltsystem ist als ein „lernendes" System angelegt und so verarbeiten die Autoren auch ihre Erfahrungen, Rückmeldungen und Ergebnisse aus ihrem täglichen Umgang mit diesen Veränderungen in diesem Buch. Die darin befindlichen Inhalte und Bewertungen werden sich über die nächsten Jahre weiter entwickeln wie das neue Entgeltsystem hoffentlich auch.

Berlin, im April 2012                                                                       Frank Studenski
                                                                                                     René Berton
                                                                                                   Mario C. Birr

## Literatur

Bundesministerium der Justiz: § 17d Einführung eines pauschalierten Entgeltsystems für psychiatrische und psychosomatische Einrichtungen. http://www.gesetze-im-internet.de/khg/__17d.html (17.03.2009). Zugegriffen: 23.3.2012

# Inhalt

# Autorenverzeichnis

**Brigitte Anderl-Doliwa, BScN.; M.A.**  Pfalzklinikums, Kaiserslautern, Deutschland
E-Mail: b.anderl-doliwa@pfalzklinikum.de

**Dipl.-Ing. René Berton, MBA, MSc**  Pfalzklinikum, Klingenmünster, Deutschland
E-Mail: rene.berton@pfalzklinikum.de

**Dipl.-SpOec. Mario C. Birr, MBA**  Kliniken im Theodor-Wenzel-Werk, Berlin,
Deutschland
E-Mail: mario.birr@tww-berlin.de

**Dipl.-Kfm. Paul Bomke**  Pfalzklinikum, Klingenmünster, Deutschland
E-Mail: paul.bomke@pfalzklinikum.de

**Prof. Dr. (UoP) Bernd Heesen**  Wirtschaftswissenschaftliche Fakultät, Hochschule
Ansbach, Bayern, Deutschland
E-Mail: bernd@prescient.pro

**Renate Hoffmann-Münster, Pädagogin**  münster & partner, Diespeck, Deutschland
E-Mail: info@krankenhaus-beratung.com

**Wolfgang Münster, Krankenhausbetriebswirt**  münster & partner, Diespeck,
Deutschland
E-Mail: info@krankenhaus-beratung.com

**Dr. med. Dipl.-Ing. Frank Studenski, MBA, MSc** Pfalzklinikum, Klingenmünster, Deutschland
E-Mail: frank.studenski@pfalzklinikum.de

**Dr. Dipl.-Psychologe Hans-Günter Weeß** Interdisziplinäres Schlafzentrums, Pfalzklinikums, Klingenmünster, Deutschland
E-Mail: hans-guenther.weess@pfalzklinikum.de

# Abkürzungsverzeichnis

| | |
|---|---|
| AMB | Ambulant |
| BDSG | Bundesdatenschutzgesetz |
| BGB | Bürgerliches Gesetzbuch |
| BI | Betreuungsintensität |
| BPflV | Bundespflegesatzverordnung |
| BSC | Balance Scorecard |
| CBV | Competitor Based View |
| CCL | Complication or comorbidity level |
| csv | comma-separated values |
| CT | Computertomographie |
| DDR | Deutsche Demokratische Republik |
| DGPPN | Deutsche Gesellschaft für Psychiatrie, Psychotherapie und Nervenheilkunde |
| DIMDI | Deutsche Institut für Medizinische Dokumentation und Information |
| DKR Psych | Deutsche Kodierrichtlinien Psychiatrie/Psychosomatik |
| DRG | Diagnosis Related Group |
| EPA | Erfolgspotentialanalyse |
| GKV | Gesetzliche Krankenversicherung |
| GOÄ | Gebührenordnungen für Ärzte |
| GSG | Gesundheitsstrukturgesetz |
| HONOS | Health of Nation Outcome Scale |
| Hrsg. | Herausgeber |
| IBLV | Innerbetriebliche Leistungsverrechnung |
| ICD | International Classification of Diseases |
| InEK | Institut für das Entgeltsystem im Krankenhaus |
| IT | Informationstechnologie |
| Jg. | Jahrgang |
| KDO | Kirchliche Datenschutzordnung |

| | |
|---|---|
| KHBV | Krankenhausbuchführungsordnung |
| KHEntG | Krankenhausentgeltgesetz |
| KHG | Krankenhausfinanzierungsgesetz |
| KHRG | Krankenhausfinanzierungsreformgesetz |
| KIS | Krankenhausinformationssystem |
| KJP | Kinder- und Jugendpsychiatrie |
| KKV | Komparativer Konkurrenzvorteil |
| KoArtGrp. | Kostenartengruppe |
| KoStGrp. | Kostenstellengruppe |
| KV | Kassenärztliche Vereinigung |
| KVP | Kontinuierlicher Verbesserungsprozess |
| LEP | Leistungserfassung in der Pflege |
| MBV | Market Based View |
| MDK | Medizinischer Dienst der Krankenversicherungen |
| MRT | Magnetresonanztomographie |
| NÄL | Nutzenäquivalenzlinie |
| o.V. | ohne Verfasser |
| OPS | Operations- und Prozedurenschlüssel |
| PEPP | Pauschaliertes Entgeltsystem in der Psychiatrie und Psychosomatik |
| PiA | Psychotherapeut in Ausbildung |
| PKV | Private Krankenversicherung |
| PPR | Pflege-Personalregelung |
| PSY | Psychiatrie und Psychosomatik |
| Psych-PV | Psychiatrie-Personalverordnung |
| RBV | Resource Based View |
| S. | Seite |
| SGB | Sozialgesetzbuch |
| StGB | Strafgesetzbuch |
| TFG | Transfusionsgesetz |
| TWW | Kliniken im Theodor-Wenzel-Werk |
| Vgl. | Vergleiche |
| VKD | Verband der Krankenhaus-Direktoren Deutschland's e.V. |

# Die Herausgeber

**Dr. med. Dipl.-Ing. Frank Studenski, MBA, MSc**, Jahrgang 1964, studierte Humanmedizin an der Universität in Heidelberg. Nach Promotion und Facharztausbildung wechselte er 2001 in das Medizincontrolling. Er absolvierte berufsbegleitend ein Wirtschaftsingenieurstudium, einen MBA für Gesundheits- und Sozialwirtschaft und einen MSc als Medizinphysiker. 2001 bis 2009 war Frank Studenski bei einem Kalkulationsteilnehmer der DRG-Einführung tätig. Seit 2005 ist er als Berater für somatische und psychiatrische Krankenhäuser tätig, hält Seminare und Vorträge zum Medizincontrolling und Neues Entgeltsystem für I.O.E. DKI und KGRP. Seit Ende 2009 begleitet er im Pfalzklinikum das Projekt der §17d-Einführung zur Einführung eines pauschalierten Entgeltsystems.

**Dipl.-Ing. René Berton, MBA, MSc**, Jahrgang 1972, studierte Maschinenbau mit Schwerpunkt Biomedizinische Technik an der Technischen Universität Berlin. Als Weiterqualifizierung absolvierte er berufsbegleitend einen MBA Health Care Management sowie später einen MSc für IT im Gesundheitswesen. Seit 2004 beschäftigt sich René Berton beruflich mit dem Thema Kalkulation von Behandlungskosten und hält Seminare zum Thema Neues Entgeltsystem für InEK, DKI und RedCom GmbH. Seit 2010 ist er im Pfalzklinikum als stellvertretender Geschäftsführer tätig und dort strategisch für die Positionierung der Einrichtung zum Neuen Entgeltsystem verantwortlich.

**Dipl.-SpOec. Mario C. Birr, MBA**, Jahrgang 1978, studierte Sportwissenschaft und Betriebswirtschaftslehre an der Universität Potsdam. Berufsbegleitend absolvierte er einen MBA Health Care Management. Seit 2006 hat Mario C. Birr sowohl im DRG- als auch im PSY-Bereich die Kostenträgerrechnung für sein Haus aufgebaut, implementiert und in den Routinebetrieb überführt. Er kann dabei auf mehrere erfolgreiche Kalkulationsteilnahmen zurückblicken. Die dabei gesammelten Erfahrungen, insbesondere jene aus dem Prä-Test und der Probekalkulation, werden von ihm seit 2010 in Seminarreihen beim DKI und der RedCom GmbH vermittelt. Seit 2010 hat er zudem die Leitung des Controllings/Medizincontrollings in den Kliniken im Theodor-Wenzel-Werk übernommen.

# Die Autoren

**Dipl.-Kfm. Paul Bomke**, Jahrgang 1964. Gebürtiger Pfälzer kam in Kaiserslautern zur Welt und studierte nach dem Abitur in Mannheim und in Großbritannien Betriebs- und Volkswirtschaftslehre sowie Wirtschaftsgeschichte.

Nach dem Studium von 1997 - 1999 verschiedene Tätigkeiten, zuletzt stv. Verwaltungsdirektor der berufsgenossenschaftlichen Kliniken Bergmannstrost in Halle. Seit Okt. 1999 stv. Geschäftsführer und Kfm. Direktor am Pfalzklinikum. Seit Febr. 2010 Geschäftsführer des Pfalzklinikum und seiner Tochtergesellschaften. Schwerpunkt seiner Arbeit ist die Weiterentwicklung des strategischen Managements, der Führungskräfteentwicklung und des Ausbaus neuer Angebote in regionalen Versorgungssystemen.

**Prof. Dr. (UoP) Bernd Heesen**, Jahrgang 1964, Professor an der Wirtschaftswissenschaftlichen Fakultät der Hochschule Ansbach in Bayern. Nach dem Studium der Wirtschaftsinformatik an der Technischen Universität Darmstadt promovierte er zum Doctor of Management an der University of Phoenix in den USA. Vor Antritt der Professur im Jahr 2004 war er mehr als 10 Jahre in leitender Funktion in mehreren Unternehmensberatungen in Europa und Nordamerika tätig. Er ist Autor des in 2012 bei Springer erschienenen Buches „Effective Strategy Execution: Improving Performance with Business Intelligence".

**Brigitte Anderl-Doliwa, BScN.; M.A.**, Jahrgang 1962, Staatsexamen zur Krankenschwester, studierte Pflegewissenschaft an der privaten Universität Witten/Herdecke und internationales Management an der Katholischen Hochschule in Freiburg. Seit 2001 Pflegedienstleiterin Psychiatrieverbund Nordwestpfalz des Pfalzklinikums, seit 2009 Mitglied im Vorstand des Pfalzklinikums.

**Dr. Dipl.-Psychologe Hans-Günter Weeß**, Psychologischer Psychotherapeut, Somnologe (DGSM), Leiter des Interdisziplinären Schlafzentrums des Pfalzklinikums. Jahrgang 1963, studierte Psychologie an der Universität Koblenz Landau, Promotion ebenfalls an der Universität Koblenz Landau. Seit 2008 Vorstandsmitglied der Deutschen Gesellschaft für Schlafforschung und Schlafmedizin. Im Rahmen von Seminaren und Vorträgen in der schlafmedizinischen Fort- und Weiterbildung tätig. Autor von Fachbüchern und wissenschaftlichen Beiträgen in Fachzeitschriften. Er ist Leiter der Kommission Qualifikationsnachweis (QN) „Somnologie" für Psychologen und Naturwissenschaftler, Leiter der Akkreditierungskommission Süd-West der DGSM, Sprecher der AG Vigilanz und Sprecher des Arbeitskreises Schlafmedizin in Rheinland-Pfalz. Weiterhin Lehrbeauftragter an der Universität Koblenz-Landau.

**Wolfgang Münster, Krankenhausbetriebswirt**, Jahrgang 1947. Von 1968 bis 1988 in verschiedenen Psychiatrischen Kliniken im Rheinland tätig, zuletzt 10 Jahre als PDL. Während dieser Zeit Studium, Sozialtherapeutische Zusatzqualifikation und Supervisionsausbildung. Später Ausbildung zum Berater für Organisationsentwicklung (GDI), Schweiz. Ausbildung zum Mediator an der Grundig-Akademie und Risikomanager beim DKI. 1992 Gründung münster & partner, Krankenhausberatung. Seit dieser Zeit als Unternehmensberater und Trainer tätig. Rd. 40 % der Kunden von münster & partner sind psychiatrische Kliniken. Schwerpunkte sind Optimierungsprozesse, Führungskräfteentwicklung und Coaching. Seit 2010 in verschiedenen Projekten zum neuen pauschalierenden Entgeltsystem tätig.

**Renate Hoffmann-Münster, Pädagogin**, Jahrgang 1953. Von 1978 bis 1992 im Schuldienst tätig. Dreijährige Ausbildung zur Gestalttherapeutin (IGTC, USA), 1996 Ausbildung zur Beraterin für Systemische Organisationsentwicklung (AKOe), Schweiz, Trainerin für Kommunikation und DGQ-Qualitätsmanagerin® ÄK Rheinland Pfalz. Mitgründerin von münster & partner, Krankenhausberatung 1992. Seit dieser Zeit als Unternehmensberaterin und Trainerin tätig.

Schwerpunkte sind Führungskräfteentwicklung, Aufbau von QM-Systemen, Teamentwicklung und Trainings.

# Teil I
# Strategien

# Strategische Überlegungen aus der Sicht eines Wirtschaftswissenschaftlers

Bernd Heesen

Turbulente Zeiten und Veränderungen bringen sowohl Risiken als auch Chancen mit sich. Weshalb scheitern so viele Organisationen dabei sich an veränderte Situationen anzupassen? Wie können sie sich rechtzeitig auf Veränderungen einstellen, bevor ein Business-Tsunami sie überrollt? Wie sollte die Kommunikationsinfrastruktur angepasst werden, um sowohl die Budgetierung und Planung der Zukunft als auch die Entscheidungsfindung im täglichen Betriebsablauf zu unterstützen? Diese und weitere Fragen gilt es zu beantworten.

Eine signifikante Veränderung ergibt sich für psychiatrische und psychosomatische Einrichtungen durch die Gesetzgebung aus dem Jahr 2009. Entsprechend Paragraph 17d[1] des KHG soll zur Vergütung der allgemeinen Krankenhausleistungen von psychiatrischen und psychosomatischen Einrichtungen ein durchgängiges, leistungsorientiertes und pauschalierendes Vergütungssystem auf der Grundlage von tagesbezogenen Entgelten entwickelt werden. Das Entgeltsystem soll dabei den unterschiedlichen Aufwand der Behandlung von medizinisch unterscheidbaren Patientengruppen abbilden. Die Einführung rückt näher, denn es gilt: „Das neue Vergütungssystem ist nach § 17d Absatz 4 Satz 3 KHG im Jahr 2013 erstmals unter budgetneutralen Bedingungen für die Abrechnung der Leistungen von psychiatrischen und psychosomatischen Einrichtungen anzuwenden."[2] Diese konkret absehbare Veränderung wird wesentlichen Einfluss auf die betrieblichen Abläufe bei den betroffenen Akteuren im Gesundheitsmarkt haben und erfordert eine Reflektion, wie auf diese Veränderung adäquat reagiert werden sollte.

---

[1] § 17d KHG (2009).
[2] Referentenentwurf: Gesetz zur Einführung eines pauschalierenden Entgeltsystems (2011, S. 32).

---

B. Heesen (✉)
Wirtschaftswissenschaftliche Fakultät, Hochschule Ansbach, Bayern, Deutschland
E-Mail: bernd@prescient.pro

F. Studenski et al. (Hrsg.), *Neues Entgeltsystem in der Psychiatrie und Psychosomatik*,
DOI 10.1007/978-3-8349-4165-7_1, © Gabler Verlag | Springer Fachmedien Wiesbaden 2013

Selbst in nicht so turbulenten Zeiten stellt es bereits eine Herausforderung dar, allen Organisationsmitgliedern die strategischen Zielen bekannt zu machen, damit diese in der Ausführung ihrer Rolle autark agieren können und dabei jederzeit die strategische Zielrichtung im Auge behalten. Von besonderer Bedeutung ist dabei, dass von einer in schönen Worten formulierten Vision und Mission auch operationale Entscheidungen abgeleitet werden können. Oft stehen strategisch formulierte Ziele in Konkurrenz zueinander, so z. B. wenn gleichzeitig eine optimale Qualität der Produkte und Dienstleistungen (hohe Kosten) und eine maximale Profitabilität (geringe Kosten) angestrebt wird. Ähnliche Konflikte existieren auch zwischen kurz- und langfristigen Zielsetzungen. Investitionen bewirken in der Regel kurzfristig erhöhte Kosten, jedoch mittel- und langfristig erhöhte Umsatz- und Ertragschancen. Ohne eine klare und eindeutige Definition der strategischen Ziele werden die Mitarbeiter einer Organisation sich schwer tun, die richtigen Entscheidungen im Interesse der Organisation zu treffen.

Organisationen sollten daher ihre strategischen Ziele und Unterziele in einer Value Scorecard[TM] [3] beschreiben, welche vier Segmente von strategischen Zielen unterscheidet. Es wird zwischen der primären Zielsetzung der Organisation (Value-Dimension, z. B. Verzinsung des eingesetzten Kapitals) und sekundären Zielsetzungen (Nachfrager-Dimension, z. B. Kundenzufriedenheit; Anbieter-Dimension, z. B. Mitarbeiterzufriedenheit; Interne Dimension: z. B. Produkt- und Dienstleistungsqualität) unterschieden. Dadurch kann bei Entscheidungen abgewogen werden, welche direkten Effekte und auch Nebeneffekte diese hat und wie sich dies auf die primäre Zielsetzung auswirkt, so dass die Zielerreichung optimiert werden kann. Um eine maximale Zielerreichung zu fördern, sollten idealerweise alle Entscheider mit den strategischen Zielen vertraut sein und die Auswirkung ihrer Entscheidungen auf diese Ziele absehen können. Es gilt dabei festzuhalten, dass Entscheidungen auf allen Ebenen einer Organisation getroffen werden und es daher keinesfalls ausreichend ist, nur dem Management entsprechende Informationen bereitzustellen. Überall dort, wo Entscheidungen gefällt werden, sollte die relevante Information verfügbar sein.

Die Informationsbedürfnisse unterscheiden sich dabei in Abhängigkeit von der spezifischen Rolle und Funktion (Stakeholder). Die World of Strategic Business Intelligence[TM] (s. Abb. 1.1) bildet die Zusammenhänge konzeptionell ab.

Basierend auf den strategischen Zielen, die in Form von Kennzahlen (Performance Indicators) operationalisiert werden, erfolgt die Aggregation und Kommunikation für den Zweck der Information der Entscheider und Interessengruppen.

Aus der Abb. 1.1 wird ersichtlich, dass eine funktionierende Informationsversorgung der Entscheider auf der Verfügbarkeit entsprechender Daten beruht. Eine solide IT-Infrastruktur sollte daher sicherstellen, dass die relevanten Daten im Betriebsablauf erhoben werden. Oft müssen zeitkritische Entscheidungen getroffen werden und für diesen Zweck gilt es die Information zeitnah (Minimierung der Data latency, analysis latency, decision latency) zur Verfügung zu stellen, so dass die Umsetzung der Entscheidung dann auch zur Optimierung der strategischen Zielerreichung beitragen kann (s. Abb. 1.2). Information,

---

[3] Heesen (2012, S. 62).

**Abb. 1.1** World of Strategic
Business Intelligence™.
(Heesen 2012, S. 23)

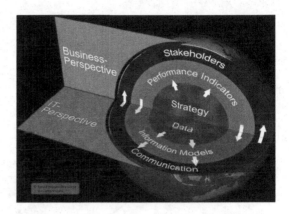

die nach einer getroffenen Entscheidung bereitgestellt wird, kann nur noch zum Lernen für
die Zukunft dienen.

Als lernende Organisation gilt es dabei immer dem Regelkreis der Management-Control-
Loop zu folgen, in dem Entscheidungen getroffen, dann entsprechend in die Tat umgesetzt
werden und anschließend deren Beitrag zur Zielerreichung zu analysieren (s. Abb. 1.3).

Idealerweise wird Information nicht nur genutzt, um die Vergangenheit zu analysieren
(Past Analytics), sondern auch, um die aktuelle Entscheidungsfindung durch Kennzah-
len (Current Analytics) und die Planung, Budgetierung und Vorausschau zu unterstützen
(Future Analytics).

Wie sieht dies nun bezüglich des neuen Entgeltsystems aus? Die Zielsetzung des Gesetz-
gebers wurde wie folgt formuliert: „Mit dem neuen Entgeltsystem soll die Transparenz über
die psychiatrischen und psychosomatischen Leistungen der Krankenhäuser verbessert werden. Durch die leistungsorientierte Ausgestaltung des neuen Psych-Entgeltsystems wird
die Möglichkeit eröffnet, Versorgungsstrukturen zu analysieren und zu optimieren. Die
Vergleichbarkeit von Einrichtungen auf der Grundlage ihrer Leistungen wird zunehmen.
Die Verknüpfung von Leistungen mit der Vergütung soll dazu beitragen, dass die Ressourcen krankenhausintern wie auch krankenhausübergreifend effizienter eingesetzt werden.
Zugleich ist mit dem neuen Entgeltsystem auch die Chance für mehr Vergütungsgerechtigkeit zwischen den Einrichtungen verbunden. Einrichtungen, die aufwändige Leistungen
erbringen, sollen diese auch höher vergütet bekommen als Einrichtungen, die weniger aufwändige Patientinnen und Patienten versorgen. Das Geld soll den Leistungen folgen. Durch
die sowohl für Krankenhäuser wie auch Krankenkassen gestärkte Transparenz ist zudem
davon auszugehen, dass nicht nur die Verteilungsgerechtigkeit zunimmt, sondern auch die
Wirtschaftlichkeit der Versorgung gestärkt wird."[4]

Die strategischen Ziele sind hiermit verbal formuliert, aber welche Kennzahlen sollen
genutzt werden, um den effizienteren Einsatz von Ressourcen, die Vergütungsgerechtigkeit
und die Verbesserung der Leistungsqualität messbar zu machen? Diese Frage gilt es zunächst

---

[4] Referentenentwurf: Gesetz zur Einführung eines pauschalierenden Entgeltsystems (2011, S. 33).

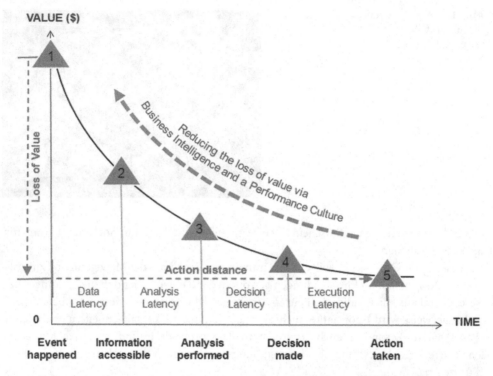

**Abb. 1.2** Zeit als kritischer Erfolgsfaktor für eine effektive Strategieumsetzung. (Heesen 2012, S. 82)

**Abb. 1.3** Management
Control Loop für
Strategieumsetzung. (Heesen
2012, S. 97)

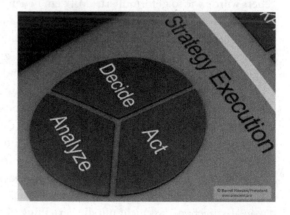

zu beantworten, damit alle Akteure auch in die Lage versetzt werden ihre eigenen Entscheidungen entsprechend der Management-Control-Loop zu steuern. Hier bleibt noch viel zu tun, um existierende Zielkonflikte trennscharf aufzulösen (z. B. Qualität und Kosten) und zu klären, wann die Ziele der „Vergütungsgerechtigkeit" und einer „Verbesserung der Leistungsqualität" tatsächlich messbar und nachvollziehbar als erreicht gelten sollen. Die bereits begonnene Phase der Prä-Testphase zur Einführung des neuen Entgeltsystems wird hoffentlich ausreichend Erkenntnisse hervorgebracht haben, so dass die Einführung die positiven Erwartungen erfüllen kann. In jedem Falle gilt es weiter permanent zu reflektieren und Kennzahlen zu verfeinern, um diesen Prozess kontrolliert zu gestalten.

Es gilt immer die eigene Organisation voranzubringen und die gesetzten strategischen Ziele auch umzusetzen. Was wäre auch der Wert einer schön formulierten Strategie, wenn sie nicht auch effektiv umgesetzt wird? In diesem Sinne wünsche ich Ihnen, dass Ihnen die Anregungen aus diesem Buch bei der Umsetzung helfen werden. Nutzen sie die Veränderung als Chance, Abläufe neu zu gestalten und zu verbessern.

## Literatur

Bundesministerium der Justiz (17.03.2009): § 17d Einführung eines pauschalierten Entgeltsystems für psychiatrische und psychosomatische Einrichtungen. http://www.gesetze-im-internet.de/khg/__17d.html (2009). Zugegriffen: 23.3.2012

Bundesministerium für Gesundheit (7.11.2011): Referentenentwurf: Gesetz zur Einführung eines pauschalierenden Entgeltsystems für Gesetz zur Einführung eines pauschalierenden Entgeltsystems für psychiatrische und psychosomatische Einrichtungen. http://www.bmg.bund.de/fileadmin/dateien/Downloads/Gesetze_und_Verordnungen/Laufende_Verfahren/P/Psychentgeltssystem/Gesetz_zur_Einfuehrung_eines_pauschalierenden_Entgeltsystemsfuer_psychiatrische_und_psychosomatische_Einrichtungen.pdf (2011) Zugegriffen: 23.3.2012

Heesen, B.: Effective strategy execution: improving performance with business intelligence. New York, Springer (2012)

# Strategien aus der Sicht eines Leistungserbringers

2

## Paul Bomke

## 2.1 Einleitung

Verfolgt man die derzeitige Diskussion zur Einführung eines neuen Entgeltsystems für die sogenannte Krankenhauspsychiatrie, kann man aufgrund der detailreichen, der verrechtlichten und technokratischen Diskussion mitunter die Lust verlieren, dieses Themenfeld unter strategischen Gesichtspunkten zu beleuchten.

Ungenommen ist der hohe wirtschaftliche Impetus des neuen Entgeltsystems. Es soll zumindest für die teilstationäre und stationäre Versorgung die Erlöse eines Krankenhausträgers auch auf Dauer sichern bzw. verändern. Somit hat die Diskussion für Träger von teilstationären und stationären psychiatrischen Leistungen auch etwas Bedrohliches. Die Diskussion hat vor allem für die Führungskräfte in den Einrichtungen dann etwas Bedrohliches, wenn die Konsequenzen, die Chancen und Risiken, die Herausforderungen und Bedrohungen je nach Standpunkt ausführlich dargestellt werden und persönliche Erfahrungen und Mutmaßungen in den Mittelpunkt der Debatte gestellt werden.

Schon früh hat sich daher die Geschäftsführung und der Vorstand (Managementboard) des Pfalzklinikums dafür entschieden, die Entgeltdiskussion pro aktiv zu gestalten und aus der Entgeltdiskussion weitere strategische Implikationen abzuleiten oder sie, sollte eine solche Neupositionierung nicht möglich sein, zumindest die Auswirkungen des Entgeltsystem auf die Strategiediskussion in den Fokus zu nehmen.

Im folgenden Artikel soll erläutert werden, welchen Einfluss eine ökonomische Entgeltdiskussion auf die Programm- und Strategiediskussion eines Trägers diverse Angebote im Bereich der seelischen Gesundheit haben kann. Darüber hinaus wird der Frage nachgegangen, ob eine programmatische Neuausrichtung eines Leistungserbringers mit Hilfe der

P. Bomke (✉)
Pfalzklinikum, Klingenmunster, Deutschland
E-Mail: paul.bomke@pfalzklinikum.de

F. Studenski et al. (Hrsg.), *Neues Entgeltsystem in der Psychiatrie und Psychosomatik*,
DOI 10.1007/978-3-8349-4165-7_2, © Gabler Verlag | Springer Fachmedien Wiesbaden 2013

Entgeltdiskussion gefördert oder gegebenenfalls auch beeinträchtigt werden kann. Letzt-endlich wird dann im Ausblick der Frage nachgegangen, ob die erwünschten Potentiale und Steuerungselemente des neuen Entgeltsystems prinzipiell greifen können.

## 2.2   Entgelt und Strategie

Geht man von der klassischen Aufgabenteilung in einem Krankenhaus aus, so ist die Aus-einandersetzung mit Erlösformen und Preisgestaltung und der Preisstruktur Aufgabe des „ökonomischen" Managements. Hier werden die Instrumente gepflegt, mit denen die in den Einrichtungen erfolgten Leistungen abgerechnet werden. Aus der Notwendigkeit der Erlösoptimierung und Erlössicherung werden klassischerweise entsprechende Steue-rungsinstrumente und eine darauf aufgebaute Berichtssystematik abgeleitet, die dann den Leistungserbringern in den Einrichtungen bzw. auf den Stationen zur Verfügung gestellt werden. Allerdings hat schon die Diskussion zur Psychiatrie-Personalverordnung gezeigt, dass mit der Frage der Strukturierung der Arbeitsstunden und Arbeitsmengenbewertung auch inhaltliche Schwerpunkte in den Einrichtungen vorgenommen werden können. Und das DRG-System hat deutlich gemacht, wie hoch die Wirkungen der ökonomischen Steue-rung auf das medizinische Leistungsspektrum eines Krankenhauses sein können. Kritiker bemängeln an diesem Zusammenhang sogar, dass die Ökonomisierung der Medizin zu einer bewussten Fehlsteuerung geführt hat.

Die Entgeltdiskussion am Pfalzklinikum kam zu einem Zeitpunkt der konzeptionellen Neuausrichtung der Angebote des Hauses. Stichworte wie „Ambulantisierung" und inte-grierte bzw. integrative Versorgungssysteme wurden in den Einrichtungen ernst genommen und erste Projekte zur Umsetzung der neuen Angebotsformen etabliert. Es war daher Ziel der Geschäftsführung, die Debatte zum neuen Entgeltsystem bewusst in die strategische Diskussion der Einrichtungen des Hauses einzubeziehen. Dieser Zusammenhang sollte vor allem durch zwei wesentliche Aktivitäten sichergestellt werden. Zum einen wurden die vom Gesetzgeber, den Verbänden und den Interessensgruppen formulierten Eckpunkte und Forderungen in die Umweltanalyse der Kliniken und Einrichtungen einbezogen. Die Voraussetzung dafür, dass dies gelingt, war die Grundsatzentscheidung, dass das Pfalzklini-kum sich proaktiv an der Entgeltdiskussion beteiligt, entsprechende Informationen in den verschiedenen Gremien sammelt und diese Informationen über eine sogenannte Projekt-gruppe den betroffenen Einrichtungen zur Verfügung stellt. Mit dem direkten Bezug zur Umweltanalyse der Einrichtungen und Kliniken auf der einen Seite und dem Wissen ver-schiedener Experten im Pfalzklinikum auf der anderen Seite war es möglich, den jeweiligen Diskussions- und Wissensstand in der Bewertung der Chancen und Risiken, der Heraus-forderungen und Gefahren für die einzelnen Einrichtungen und Kliniken einzubeziehen. Durch das rollierende Planungssystem im Rahmen der Weiterentwicklung der Strategien der Einrichtungen und Kliniken wurde ebenfalls sichergestellt, dass neue Informationen sich auch wieder direkt in den Debatten in den Einrichtungen widerspiegelten.

Beispielhaft sei hier die Debatte zu neuen Formen der Outcome-Messung und dem Vergleich mit anderen internationalen Identifikationssystemen genannt. Zwischen den Einrichtungen wurden hierbei verschiedene Messinstrumente ausprobiert und deren Wirkung auf die Bewertung der Leistungen und der Kosten differenzierenden Kriterien ausprobiert. Ein wichtiges strategisches Ergebnis war und ist hierbei, dass die in Deutschland diskutierten Outcome-Kriterien der Fremdbewertung von psychiatrischen Leistungen wenig hilfreich waren, den gewünschten Steuerungseffekt des Entgeltsystems zu erzielen. Auch wenn dieses Ergebnis wenig hilfreich für die weitere Entgeltdiskussion war, so wurden in den Einrichtungen der „Instrumentenkasten" bei der Bewertung psychiatrischer Leistungen bzw. Interventionen mit aktuellem Wissen gefüllt und somit, eher unbewusst, die konzeptionelle Wettbewerbsfähigkeit der beteiligten Einrichtungen und Kliniken gestärkt. Dieses Wissen war und ist insbesondere bei der Steuerung und Durchführung sogenannter integrierter Versorgungsverträge, aber auch bei der Diskussion zum Regionalbudget in den Einrichtungen und Kliniken des Pfalzklinikums von großer Bedeutung.

Durch die enge Verzahnung mit dem Strategieprozess in den Einrichtungen, der nicht nur von der oberen Führungsebene sondern gemeinsam mit der mittleren Führungsebene und allen Mitarbeitern in den Einrichtungen und Kliniken im Pfalzklinikum durchgeführt wird, konnte das Themenfeld Entgelt auch in die Führungsdiskussion der mittleren Führungsebene in den Einrichtungen eingeführt werden. Der Bezug zur Handlungsebene, insbesondere der mittleren Führungsebene, ist hierbei ein wichtiger Garant dafür, dass ein Themenfeld wie die Weiterentwicklung des Entgeltsystems nicht nur als Bedrohung oder als Schicksal empfunden wird und dass die breite Bearbeitung des Themenfeldes auch ein gemeinsames Gefühl zur Steuerung der Zukunft erzeugen kann. Wie bei der Umsetzung anderer strategischer Erfordernisse und Aktivitäten in den Einrichtungen und Kliniken wurde somit auch für das Entgeltsystem das etablierte Projektmanagement als die Steuerungsform entdeckt. Die Projektgruppen in den Einrichtungen und Kliniken und ein übergeordneter Lenkungskreis sicherten und sichern den direkten Bezug zwischen der konzeptionellen Arbeit auf der Ebene des Trägers und den Notwendigkeiten auf der Ebene der Einrichtungen. Der Einbezug der Chancen und Risiken des neuen Entgeltsystems in die Umweltanalyse der einzelnen Kliniken und Einrichtungen, die konsequente Anwendung vorhandener Organisationsentwicklungsinstrumenten in den Einrichtungen auch für dieses Thema und eine ausgeprägtes „Projektmarketing" stellten und stellen sicher, dass die Auseinandersetzung mit ökonomischen Fragen der Bewertung von psychiatrischen Leistungen, aber auch der Steuerung von Leistungen und Kosten nicht aus der Verantwortung der Führungskräfte herausgenommen wird sondern, dass durch die direkte Zuordnung des Themenfeldes Entgelt in die Strategiediskussion auf Einrichtungsebene der Gesamtbezug zu der Arbeit in den Einrichtungen hergestellt wird. Die große Befürchtung, dass die Debatte zum Entgeltsystem als technokratischer Akt, den es aufzuhalten gilt, empfunden wird, konnte so zumindest abgefedert werden.

## 2.3   Chancen und Risiken, Herausforderungen und Gefahren

Während die Entwicklung des neuen Entgeltsystems grundsätzlich auf der Abbildung bereits erfolgter Leistungen basiert, sind psychiatrische Träger in einen komplexen Diskussionsprozess zur Weiterentwicklung des Angebot-Portfolios eingebunden. Es stellt sich daher die Frage, ob sich die Diskussion zum neuen Entgeltsystem im Pfalzklinikum eher behindernd oder eher förderlich für die Weiterentwicklung des Angebot-Portfolios auswirkt.

Dieser Fragestellung kann man nur nachgehen, wenn in einem kurzen Exkurs nochmals die Eckpunkte der strategischen Neupositionierung des Pfalzklinikums dargestellt werden.

Vor allem die Weiterentwicklung der Patientenrechte und des Verbraucherschutzes, aber auch die stärkere konzeptionelle Einbindung von Betroffenen und Erfahrenen und Angehörigen in der Weiterentwicklung der Angebote und Dienstleistungen des Hauses hat seit nunmehr drei Jahren zu einem Umdenkungsprozess bei der Angebotsentwicklung geführt. Modellprojekte im Bereich der integrierten Versorgung, aber auch die Diskussion insbesondere zum Regionalbudget haben deutlich werden lassen, dass die Überwindung der sogenannten Sektorengrenzen im Mittelpunkt der Weiterentwicklung der Angebote des Pfalzklinikums steht. Vernetzte, integrative Angebote und Dienstleistungen sind der Schlüssel für die Weiterentwicklung der psychiatrischen Versorgung.

Auch wenn das Pfalzklinikum in der trialogischen Arbeit noch am Anfang steht, so wird deutlich, dass die Auseinandersetzung auf Augenhöhe mit Patienten und Betroffenen ein entscheidender Faktor ist, der auch gegenüber den Kostenträgern und mit den Kostenträgern wichtige Impulse für die Neugestaltung von Angeboten setzen wird.

Der Diskussionsprozess der letzten zwei Jahre macht deutlich, dass die Schärfung der betriebswirtschaftlichen Steuerungsinstrumente, die maßgeblich durch die Diskussion zur Weiterentwicklung des Entgeltsystems in der Krankenhauspsychiatrie beigetragen hat, auch hier hilfreich war. Bei der Kalkulation und Gestaltung neuer Angebote und neuer Projekte konnte auf ein umfangreiches Steuerungsinstrumentarium und eine sensibilisierte Mitarbeiterschaft zurückgegriffen werden. Parallel dazu ist insbesondere bei integrativen Angeboten eine gewisse Konkurrenz zum sogenannten tagesgleichen pauschalisierten Entgeltsystem der Krankenhauspsychiatrie entstanden. An mehreren Stellen wird z. B über Jahrespauschalen versucht, Angebote und Dienstleistungen zu steuern. Da auch hier die Outcome-Messung von besonderer Bedeutung ist, kann auf den Erfahrungsschatz bei der Bewertung von psychiatrischen Leistungen zurückgegriffen werden.

Eingebettet in eine entsprechende Zieldiskussion ist in diesem Zusammenhang deutlich geworden, dass auch in der derzeitigen Situation mit den Finanzierungsmöglichkeiten, die die bisherigen Sozialgesetzbücher bieten, „gespielt" werden muss, um ein vernünftiges Gesamtkonzept zu erzielen. Daran wird und hat auch die derzeit laufende Entgeltdiskussion nichts geändert.

Als wichtige Zwischeneinschätzung bleibt in diesem Zusammenhang festzuhalten, dass die weiter oben beschriebenen neuen Angebotsformen und insbesondere die wichtige regionale Verantwortung, insbesondere durch die enge Verzahnung von voll- und teilstationären Leistungen erreicht werden muss. Die Tageskliniken und psychiatrische Institutsambulanzen spielen hierbei eine entscheidende Rolle. Der nicht von dem Entgeltsystem betroffene ambulante Bereich der Institutsambulanzen und des ambulanten psychiatrischen Pflegedienstes ermöglichen ferner, gemeindepsychiatrische Inhalte an die Finanzierung in teilstationären und stationären Leistungen zu koppeln, ohne dabei die finanzierungstechnische und rechtliche Komplexität unnötig zu erhöhen.

Die Begrenzung des neuen Entgeltsystems auf teilstationäre und stationäre Leistungen und der einseitige Sektorenbezug auf die Krankenhauspsychiatrie erschweren zwar die Weiterentwicklung neuer Angebote, können sie aber nicht aufhalten, da die Notwendigkeit, klientenzentrierte Angebote zu entwickeln, nicht an den Sektorengrenzen halt macht. Ein großes Problem stellt in diesem Zusammenhang allerdings die Frage der sogenannten Intensivbehandlung im stationären Setting dar. Während es auch im teilstationären und ambulanten Setting möglich erscheint, durch neue Angebotsformen eine intensive Betreuung der Patienten und Klienten zu erreichen, führt aller Wahrscheinlichkeit nach das neue Entgeltsystem dazu, dass Krankenhausträger sich insbesondere auf die kostenintensiven und damit erlösintensiven Intensivbehandlungsformen konzentrieren werden. Hierdurch entsteht eine massive Konkurrenz zu sektorübergreifenden Versorgungsformen, die versuchen, unterschiedliche Finanzierungsquellen klientenzentriert im gemeindepsychiatrischen Setting zu nutzen. Diese Diskussion wird durch die derzeitig laufende Debatte zur Stärkung der Patientenrechte und des Verbraucherschutzes und die insbesondere von Psychiatrieerfahrenden vorgebrachte Kritik, dass das neue Entgeltsystem insbesondere geschlossene Krankenhaussettings fördern wird, verstärkt. Eine solche Diskussion ist nicht von der Hand zu weisen, da ja die derzeitigen Kostendaten auf den Behandlungsformen der Vorjahre beruhen, in denen alternative Angebots- und Behandlungsmöglichkeiten in dem Umfang nicht entstanden sind, wie sie heute zur Verfügung stehen oder gerade entwickelt werden. Dieses Problem kann man als versorgungspolitisches Dilemma bezeichnen, da die Entwicklung populationsorientierter Datenmengen in den Regionen auf Basis der derzeit verfügbaren Kostendaten in den einzelnen Einrichtungen und Krankenhäusern nicht möglich ist.

Das Pfalzklinikum setzt daher massiv auf die Nutzung der sogenannten Modellvorhaben oder Modellprojekte, wie sie derzeit im neuen Entgeltsystem diskutiert wird. Hier kann bewiesen werden, welche anderen Finanzierungsformen, die sektorübergreifend integrativ ausgerichtet sind, möglich sind. Bei aller Vielschichtigkeit ist ein Kernthema durch die Debatte zum neuen Entgeltsystem und somit zu den Modellprojekten sehr deutlich geworden. Während bisher alle Finanzierungssysteme sehr input bzw. kostenorientiert waren, ist eine Weiterentwicklung der psychiatrischen Versorgung nur dann möglich, wenn man stärker auf den Outcome der psychiatrischen Leistungen setzen wird.

Im internationalen Kontext ist es nicht zu erklären, warum man sich in Deutschland nicht auf einen einheitlichen Bewertungsmaßstab psychiatrischer Leistungen und Therapien hat einigen können. Wie bekannt, ist z. B. in Großbritannien das sogenannte HONOS-Verfahren (Health of Nation Outcome Scale) zur Bewertung integrativer und intersektoraler Angebote breit eingeführt. Unverständlich ist auch, dass die bereits im Jahre

2005 von Frau Dr. Andreas vorgelegte Dissertation[1] zur Nutzung des Fremdbewertungssystems HONOS D kein Eingang in die derzeitige Diskussion gefunden hat. Ähnliche Erkenntnisse zur möglichen outcome-orientierten Steuerung von Leistungen mit Hilfe des HONOS-Systems konnte durch Schmidinger nochmals im Oktober 2009 vertieft werden.[2]

Das Pfalzklinikum wird hierbei auch bei den Diskussionen zu den anstehenden Modellprojekten stärker auf die frühzeitige Evaluation und Steuerung der Ergebnisse der psychiatrischen Leistungen und Angebote Wert legen.

## 2.4 Ausblicke

Dank der engen Verzahnung der Diskussion zur Einführung eines neuen Entgeltsystems in die Strategiediskussion der Einrichtungen und Kliniken des Pfalzklinikums ist es gelungen, eine breite Diskussion zu Wirkungen und Herausforderungen des neuen Entgeltsystems unter den Führungskräften zu erreichen. Die enge Verzahnung von Umweltanalyse und ökonomischer Analyse eines neuen Entgeltsystems hat hierbei deutlich werden lassen, wie wichtig die Weiterentwicklung, insbesondere von Messinstrumenten zur Bewertung der Ergebnisse psychiatrischer Leistungen und Angebote sind.

Die parallel stattgefundene und weiterhin stattfindende Neugestaltung von Angeboten und Dienstleistungen wird zwar von den Diskussionen und Notwendigkeiten der Einführung des neuen Entgeltsystems beeinflusst, eine massive Einschränkung der Innovationskraft kann derzeit aus Sicht der Geschäftsführung nicht festgestellt werden.

Das neue Entgeltsystem hat allen Beteiligten deutlich werden lassen, wie wenig entwickelt die Finanzierungssysteme in der Bundesrepublik Deutschland mit Blick auf die Sicherstellung langfristiger intersektoraler und integrativer Angebote ausgelegt sind. Der Blick über den nationalen Tellerrand hätte und kann in Zukunft hier sehr hilfreich sein.

## Literatur

Andreas, S.: Fallgruppen in der Versorgung von Patienten mit psychischen Erkrankungen – Überprüfung der Eignung eines Fremdeinschätzungsinstrumentes „Die Health of the Nation Outcome Scalas, HONOS-D" zur differenzierten Erfassung des Schweregrades im Rahmen der Entwicklung eines Klassifikationssystems. Dissertation an der Universität Hamburg, Hamburg (2005)
Schmidinger, S.: Problemerfassung bei Klientinnen und Klienten der freiberuflichen ambulanten psychiatrischen Pflege im Kanton Bern. Diplomarbeit an der Universität Wien, Wien (2009)

---

[1] Andreas (2005).
[2] Schmidinger (2009).

# Teil II
# Grundlagen und Pflichten

# Patientenbezogene Dokumentation

## Voraussetzung für die Steuerung und Abbildung des Behandlungsprozesses und aller daraus resultierenden Faktoren

Wolfgang Münster und Frank Studenski

Die Erwartungen an eine patientenbezogene Dokumentation aus interner und externer Perspektive sind berechtigterweise hoch. Über die Dokumentation wird in erster Linie der Behandlungsprozess gesteuert und vollständig abgebildet: So entsteht Rechts- und Abrechnungs-(MDK) Sicherheit. Gleichzeitig bildet die patientenbezogene Dokumentation unter anderem die Personal-Patienten-Bindung ab und löst (unter definierten Bedingungen) einen OPS-Kode aus. Sie ist eine der wichtigsten ökonomischen Grundlagen für die Behandlung und Patientenversorgung.

Die patientenbezogene Dokumentation ist die Informationsplattform für alle am Behandlungsprozess beteiligten Berufsgruppen (nachfolgend Behandlungsteam genannt). Der Behandlungsverlauf bildet sich über die dokumentierte Anamnese, alle Befunde, Visiten, Therapiemaßnahmen, die Evaluation der Ergebnisse und damit eine Fortführung des Behandlungsprozesses über neue Anordnungen und therapeutische Interventionen ab. Die medizinische Dokumentation ist die „Grundlage einer qualitätsgesicherten integrierten Krankenversorgung."[1]

Eine qualitativ hochwertige Dokumentation wird bemessen an ihrer medizinischen, psychiatrisch-pflegerischen, therapeutischen und administrativen Ausrichtung. Der besondere Wert der Dokumentation im klinischen Alltag ergibt sich nicht von selbst, er erklärt sich aus seinem Nutzen für den Behandlungsprozess, bspw. in Behandlungskonferenzen oder ähnlichen Settings. Er gewinnt an Bedeutung bei juristischen Fragestellungen,

---

[1] Leiner (2006) Titelblatt

---

W. Münster (✉)
münster & partner, Diespeck, Deutschland
E-Mail: info@krankenhaus-beratung.com

F. Studenski
Pfalzklinikum, Klingenmünster, Deutschland
E-Mail: frank.studenski@pfalzklinikum.de

F. Studenski et al. (Hrsg.), *Neues Entgeltsystem in der Psychiatrie und Psychosomatik*,
DOI 10.1007/978-3-8349-4165-7_3, © Gabler Verlag | Springer Fachmedien Wiesbaden 2013

im Zusammenhang mit Patientenrechten und strittigen Beurteilungen des Medizinischen Dienstes der Krankenversicherungen (MDK). Hochwertig heißt in solchen Fällen auch streitsicher.

## 3.1 Dokumentationspflichten

Die patientenbezogene Dokumentation ist eine Pflicht und Teil der dem Patienten geschuldeten Leistungen. Sie ergibt sich aus dem Behandlungsvertrag, wobei alle Mitarbeiter/innen als „Erfüllungsgehilfen" des Krankenhausträgers tätig werden. Dies war schon lange so, erhält jedoch durch das Patientenrechtegesetz[2] eine besondere Bedeutung. Es stellt weitere Anforderungen an die Dokumentation und beinhaltet:

- Kodifizierung des Behandlungs- und Arzthaftungsrechts im Bürgerlichen Gesetzbuch (BGB)[3]
- Förderung der Fehlervermeidungskultur
- Stärkung der Verfahrensrechte bei Behandlungsfehlern
- Stärkung der Rechte gegenüber Leistungsträgern
- Stärkung der Patientenbeteiligung
- Stärkung der Patienteninformation

Alle am Behandlungsprozess beteiligten Mitarbeiter/innen haben die Pflicht zu dokumentieren. Die organisatorische Umsetzung und Überwachung obliegt entsprechend der gängigen Rechtsprechung dem jeweiligen Chefarzt.

Die Dokumentationspflicht der Ärzte ergibt sich unter anderem aus der Berufsordnung für die deutschen Ärztinnen und Ärzte: „... Ärztinnen und Ärzte haben über die in Ausübung ihres Berufes gemachten Feststellungen und getroffenen Maßnahmen die erforderlichen Aufzeichnungen zu machen ... sie dienen auch dem Interesse der Patientin oder des Patienten an einer ordnungsgemäßen Dokumentation."[4]

## 3.2 Allgemeine Dokumentationskriterien

Dokumentation wird häufig immer noch als lästige Pflicht verstanden und entsprechend gehandhabt. Begründet wird das mit Zeitmangel, ungenügenden Personalressourcen oder auch aus dem Verständnis heraus, dass Dokumentation eine administrative Tätigkeit sei

---

[2] Referentenentwurf des Bundesministeriums der Justiz und des Bundesministeriums für Gesundheit (2011)

[3] BGB, Bundesministerium der Justiz (2012)

[4] § 10 (1) Muster Berufsordnung Bundesärztekammer (2011)

und dafür andere zuständig wären. Diese Haltung ist problematisch, denn die Dokumentationsaufgaben sind untrennbar mit einer qualitativ hochwertigen Behandlung verbunden. Die Anforderungen des § 17d „Neues Entgeltsystem" und das Patientenrechtegesetz erhöhen darüber hinaus die Ansprüche an die nachfolgenden Dokumentationskriterien.

### 3.2.1 Vollständigkeit

Alle gekennzeichneten Vorgabedokumente, wie Stammdaten, Patientenkurve usw. sind vollständig auszufüllen bzw. zu kennzeichnen, wenn es keine Informationen dazu gibt. Zum Beispiel durch *entfällt*. Eine unvollständige Dokumentation schafft Unklarheit: Wurde der Eintrag nur vergessen, gibt es dazu keine Information, keinen auffälligen Befund, hat die Frage keine Relevanz? Aus Ressourcengründen sollten die Vorgaben den tatsächlichen Anforderungen unbedingt angepasst werden.

### 3.2.2 Zeitnähe

Zeitnähe, hinsichtlich der patientenbezogenen Dokumentation, bedeutet im klinischen Alltag immer innerhalb der jeweiligen Dienstzeit. Diese Fristsetzung ist als Rahmenvorgabe unerlässlich.

### 3.2.3 Nachvollziehbarkeit

Der Behandlungsverlauf, der Patientenstatus, der Behandlungszeitraum, die Visiten, Konsile, Aufklärungen, die Evaluation des Prozesses usw. müssen durch die Dokumentation für einen fachkundigen Dritten fachlich und juristisch auch Jahre später noch rekonstruierbar und nachvollziehbar sein.

Die Maßnahmen, die Behandlungsplanung, die erbrachten Leistungen mit den daraus abzuleitenden OPS-Kodes sollen jederzeit hohen Standards entsprechen. Das bedeutet, eine präzise, fachlich hochwertige Dokumentation ist unabdingbar, um logische Schlüsse ziehen zu können.

Abkürzungen und Symbole dürfen durchaus verwendet werden, wenn diese hinterlegt sind und gepflegt werden. Auch Dokumentationsstandards können sinnvoll sein, z. B. für die psychopathologische Befunderhebung oder Scoringmodelle für verschiedene Erkrankungen. Siehe auch Kap. 3.7 Dokumentationskonzept.

### 3.2.4 Angemessenheit

Für die Qualität der Dokumentation ist nicht die Menge entscheidend, sondern die fachliche präzise Deskription wesentlicher Befunde in Verbindung mit dem jeweiligen Status des Patienten. Die internen Anforderungen werden vom Behandlungsteam gestellt. Es will und muss strukturiert, präzise und an den Behandlungszielen orientiert, über den Verlauf, die Evaluation und relevante Besonderheiten informiert und beteiligt werden bzw. die erforderlichen Informationen müssen der Dokumentation zu entnehmen sein. Dies ist mit möglichst geringem Aufwand zu leisten. Worthülsen, Redundanzen und umgangssprachliche Beschreibungen sind nicht angemessen, sie erhöhen den Zeitaufwand und erschweren den Überblick.

Bei juristisch relevanten Vorkommnissen, wie Behandlungsverweigerung, Äußerung von Suizidabsichten, besonderen Vorkommnissen mit möglichen Haftpflichtansprüchen und bei Anwendung von Zwangsmaßnahmen, muss ein besonderes (juristisches) Augenmerk auf die Dokumentation gelegt werden. Die Kenntnisse über die juristischen Zusammenhänge und internen Regelungen sind in der Praxis sehr unterschiedlich und weisen deutliches Verbesserungspotenzial auf, ebenso die Notwendigkeit von Schulungen und Etablierung von Standards.

### 3.2.5   Rechtssicherheit

Gesetzlich und juristisch ist die Sachlage klar: Eine unzulässige, lückenhafte oder gar unterlassene Dokumentation kann zu Beweiserleichterungen bis hin zur Beweislastumkehr zugunsten des Patienten führen. Im Patientenrechtegesetz gibt es hierzu konkrete Ausführungen. Außerdem korrespondieren Rechts- und MDK-Sicherheit miteinander.

Sind Vorgaben durch Qualitäts- und Risikomanagement etabliert, erfolgt die Dokumentation in der Regel auf besonderen Formularen oder EDV-Masken. Angemessen bedeutet, die unter juristischen Aspekten notwendigen Inhalte vollständig und korrekt zu dokumentieren.

### 3.2.6   Eindeutigkeit

Die Trennung von objektiven und subjektiven Inhalten und Informationen sollte eindeutig sein. Die Inhalte der Dokumentation sollten für den Fachmann immer eindeutige Schlüsse zulassen. Die Dokumentation ist immer mit Datum und Handzeichen zu versehen, damit sie eindeutig zugeordnet werden kann.

### 3.2.7   Korrektheit

Die Dokumentation muss unverfälscht Beobachtungen, Erkenntnisse, Maßnahmen und Ergebnisse aus der Sicht des Mitarbeiters wiedergeben. Die Angaben müssen dem Dokumentationskonzept oder Anweisungen/Leitlinien und gesetzlichen Vorgaben entsprechen.

Fehleinträge sind als solche zu kennzeichnen und mit Handzeichen des Dokumentierenden und einem Kurz-Kommentar zu versehen.

Neben diesen Kriterien gibt es rechtliche Anforderungen, die bereits genannt wurden, und ethische Anforderungen (Schutz der intimen Daten, Schutz der Persönlichkeit) an die medizinische Dokumentation, die allgemein gültig sind.

## 3.3  Aufbewahrungspflichten

Aufzeichnungen der Therapeuten, Befunde, Aufklärungsprotokolle, Kurvenblätter, Anordnungsbögen sind für die Dauer von zehn Jahren nach Abschluss der Behandlung aufzubewahren, soweit nicht nach gesetzlichen Vorschriften eine längere Aufbewahrungspflicht besteht. Allgemein werden 30 Jahre empfohlen, siehe Bürgerliches Gesetzbuch. Alle Aufzeichnungen sind unter Verschluss zu halten.

## 3.4  Einsichtnahme in Krankenunterlagen

Den Patientinnen und Patienten ist auf deren Verlangen grundsätzlich die Einsicht in sie betreffende Krankenunterlagen zu gewähren. Nach dem Patientenrechtegesetz § 630g[5] jederzeit und unverzüglich. Eingeschränkt ist dieses Recht, wenn davon ausgegangen werden kann, dass die Informationen dem Patienten erheblich schaden. Ist der Gesundheitszustand des Patienten allerdings stabil, kann der Behandelnde die Einsichtnahme nicht verweigern.

Niedergeschriebene persönliche Eindrücke oder subjektive Wahrnehmungen des Behandelnden, die die Person des Patienten betreffen und ihn in seinen Persönlichkeitsrechten berühren, sollten dem Patienten gemäß Patientenrechtegesetz § 630g[6] offengelegt werden. Im Zweifel erscheint der Behandelnde nicht in dem Umfang schutzwürdig, wie es der Patienten ist.

Zu Lasten des Patienten (Kopierkosten) kann dieser Kopien seiner vollständigen Krankenakte erhalten.

---

[5] § 630g Referentenentwurf des Bundesministeriums der Justiz und des Bundesministeriums für Gesundheit (2011)

[6] § 630g Referentenentwurf des Bundesministeriums der Justiz und des Bundesministeriums für Gesundheit (2011)

## 3.5 Herausgabe von Krankenunterlagen

### 3.5.1 Ermittlungsbehörden

Eine Beschlagnahme von Akten darf grundsätzlich nur durch einen Richter angeordnet werden, außer bei Gefahr im Verzug, in diesem Fall ordnen Staatsanwaltschaft und Polizei eine Beschlagnahme an. Der zuständige Arzt prüft die richterliche Anordnung und informiert die Krankenhausleitung. Vor der Herausgabe der Akte darf und sollte die Akte vollständig, nummeriert mit allen Inhalten kopiert werden. Die Originalakten werden herausgegeben, der Vorgang wird protokolliert.

### 3.5.2 Medizinischer Dienst der Krankenkassen

Dem MDK ist die Einsicht in die Krankenunterlagen zu gewähren. Die Herausgabe von Kopien der Behandlungsunterlagen an den MDK kann nicht verweigert werden, wenn der Patient in seinem Behandlungsvertrag oder in einem eigens dafür vorgesehenen Dokument, sein Einverständnis erklärt hat.

## 3.6 Schweigepflicht

Die Intimsphäre des Patienten ist durch Regelungen und Überprüfung der Zugriffsrechte von Mitarbeitern sicherzustellen. Die Schweigepflicht (z. B. berufliche Schweigepflicht der Ärzte oder anderer Heilberufe nach § 203 StGB)[7] und die Beachtung der Datenschutzbestimmungen (BDSG),[8] kirchliche Datenschutzbestimmungen[9] und Krankenhausgesetze der Bundesländer[10] ist Pflicht jedes Mitarbeiters. Generell sind alle Mitarbeiter des Behandlungsteams und der Administration zur Schweigepflicht zu verpflichten und über die entsprechenden Datenschutzregeln zu informieren. Unerlaubte Zugriffe oder Verletzungen der Schweigepflicht sind grundsätzlich Rechtsvergehen.

## 3.7 Systematische Überprüfungen

Die Erfahrungen aus zahlreichen Audits in psychiatrischen und psychosomatischen Kliniken und Abteilungen belegen, dass eine systematische Überprüfung der patientenbezogenen

---

[7] § 203 Strafgesetzbuch (1992)
[8] Bundesdatenschutzgesetz für private Träger (1990)
[9] Bistum Regensburg (Amtsblatt 13/2003) (2003)
[10] Datenschutzrecht (2012)

Dokumentation unumgänglich ist. Die Qualität und Quantität der Verlaufsdokumentation der einzelnen Berufsgruppen ist sehr unterschiedlich, wird oft in verschiedenen Akten geführt, zum Teil ohne Transparenz für die jeweils anderen Berufsgruppen.

Dies liegt unter anderem daran, dass die Anforderungen an die Dokumentation in der Vergangenheit weniger hoch waren. Bisher spielte sie für die Abrechnung keine Rolle. Jetzt ist die patientenbezogene Dokumentation der Leistungen, der Haupt- und Nebendiagosen die Grundlage für die Kodierung im Rahmen des pauschalierenden Entgeltsystems. Die Anforderungen an die Qualität der Dokumentation werden sich außerdem durch das Patientenrechtegesetz deutlich erhöhen.

Außerdem wurden anlassbezogene MDK-Überprüfungen als selten empfunden, was allerdings nicht den Zahlen des Jahres 2010 mit 10 %[11] entspricht. So entstand ein Missverhältnis zwischen gefühlter Qualität und tatsächlicher Qualität.

Die Heterogenität des Leistungs- und Fallbildes in der patientenbezogenen Dokumentation widerspricht den jetzigen und zukünftigen Anforderungen von außen und der Bedeutung eines berufsgruppenübergreifenden Behandlungsteams in der Psychiatrie.

Die systematische Überprüfung der allgemeinen Dokumentationskriterien mittels Stichprobenprüfungen und/oder Audits ist nach den Erfahrungen zahlreicher Audits grundsätzlich erforderlich, um die Dokumentationskultur zu verbessern und wesentliche Elemente der Streitfestigkeit von Dokumentation sicher zu stellen. Unterstützt wird dadurch auch der sog. kontinuierliche Verbesserungsprozess (KVP).

Die Überprüfung kann durch Dokumentationsbeauftragte oder/und interne Auditoren erfolgen. Wenn das Beauftragtenwesen nicht oder nicht in dem Maße wie gewünscht, den Nutzen bringt (was oft der Fall ist) bieten sich interne Auditorenteams an. Sie haben sich sehr bewährt, wenn sie entsprechend qualifiziert und damit rollensicher sind.

Auditoren sollten jedoch nie im eigenen klinischen Bereich tätig werden, sondern immer in jeweils anderen Klinikbereichen. Die Autoren empfehlen zwei-köpfige Auditorenteams, die ärztlich und pflegerisch bzw. wahlweise für den Arzt mit einem Psychologen besetzt sind. Hilfreich sind Checklisten mit Leitfragen, die das gesamte, zu auditierende Spektrum abbilden. Berufsgruppeninterne Überprüfungen und Überprüfungen durch die jeweiligen Vorgesetzten haben sich demgegenüber eher nicht bewährt.

Das Qualitätsmanagement kann auch Kennzahlen zur Steuerung erheben, z. B. aus den abgeleiteten Daten und diese über ein monatliches Berichtswesen rückmelden. In einem zweiten Schritt können Schwellenwerte als Soll-Zahlen definiert werden bzw. ein Vergleich mit Benchmark-Daten erfolgen.

---

[11] Deutsches Krankenhausinstitut, K. Blum et al (2011. S. 94)

## 3.8 Dokumentationskonzept

Ein Dokumentationskonzept ist nicht nur ein sinnvolles und nützliches Vorgabedokument, sondern die Voraussetzung, eine State-of-the-Art Dokumentation[12] gut im klinischen Alltag zu verankern. Zu den Regelungen zählen:

- Definition der Geltungsbereiche
- Dokumentationspflichten und Rechtsgrundlagen
- Umfang und Ausführungsbestimmungen
- Verantwortlichkeiten
- Regelungen zu Verlegungen und Entlassungen
- Ärztliche, pflegerische, therapeutische und administrative Unterschiede und Besonderheiten
- Rollenkonzept für elektronische Arbeitshilfen
- Ordnungssystem Patientenakte
- Transparenz der patientenbezogenen Dokumentation
- Gemeinsamer Behandlungsverlauf
- Gemeinsame Behandlungsplanung
- Vermeidung von Redundanzen
- Nutzung elektronischer Dokumentation
- Systematische Überprüfung

In jedem Psychiatrischen Krankenhaus, jeder Tagesklinik und in Psychosomatischen Kliniken oder Abteilungen sollten die allgemein gültigen Dokumentationsgrundregeln und spezifische Regelungen in einem Dokumentationskonzept festgelegt werden. Das Konzept ermöglicht eine Standardisierung und sollte die notwendigen Rechtsgrundlagen der Dokumentation, wie Datenschutz oder Schweigepflicht beinhalten.

Die Abbildung der Behandlung in der Dokumentation mit den zahlreichen Elementen wie z. B. Anamnese, Behandlungsplanung, Befundberichte, Behandlungsverlauf etc. wird im Dokumentationsprozess klar definiert. Ein klinikübergreifender Standard, einheitlich und transparent für alle Berufsgruppen, unterstützt eine qualitativ hochwertige, quantitativ umfassende und aufwandssparsame Dokumentation.

Die Umstellung auf eine elektronische Dokumentation über ein Krankenhausinformationssystem (KIS) ist nahezu ohne Alternative:

---

[12] Muster-Dokumentationskonzept für die Psychiatrie, münster & partner Krankenhausberatung (2011)

- Vermeidung Redundanzen

- Mögliche automatisierte Leistungsableitung

- Beschleunigung von Abläufen

- Dezentrales Arbeiten möglich

- Zusammenführung zu einer gemeinsamen Verlaufsdokumentation

- Vereinfachung und Beschleunigung der Arztbriefe

- Vereinfachung und Beschleunigung der Kommunikation

Der technische und wirtschaftliche Aufwand sollte realistisch eingeschätzt werden. Die beschriebenen Anforderungen werden aber nur mit einer elektronischen Dokumentation in der erforderlichen Qualität und bei zeitlich begrenzten Ressourcen zu bewältigen sein.

## 3.9   Dokumentation unter den Rahmenbedingungen des neuen pauschalierenden Entgeltsystems (PEPP)

Die Anforderungen des neuen pauschalierenden Entgeltsystems stellen zahlreiche externe Anforderungen an die medizinische Dokumentation als Nachweis für Diagnosen, Leistungserfassung und Behandlungsnotwendigkeit. Dies wird nach den Erfahrungen mit DRG-System in somatischen Häusern mit einem längeren Lernprozess bei allen patientenbezogen tätigen Mitarbeitern verbunden sein.

Die Dokumentation dient im Rahmen der Erlössicherung als Nachweismittel für die Abrechnung. Folgende prüfrelevante Elemente stehen im aktuellen System der Psych PV im Fokus:

- die tagesbezogene Psych-PV-Einstufung
- die stationären Behandlungserfordernisse im Laufe des Behandlungsprozesses
- die Hauptdiagnose (im PEPP als Trigger der Entgeltgruppe von großer Bedeutung)

Im pauschalierenden neuen Entgeltsystem kommen folgende Elemente dazu:

- die Diagnosekodierung von Nebendiagnosen
- der Nachweis der somatischen und psychiatrischen OPS-Kodes, insbesondere die Zuordnung der tagesbezogenen Behandlungsart und die Zusatztageskodes
- die stationäre Behandlungsnotwendigkeit bei Aufnahme

- Ein Fokus bzgl. der Kodierprüfung wird in den erlösrelevanten OPS-Kodes (wie 1:1 Betreuung, Intensivbehandlung) und den komplizierenden Nebendiagnosen liegen

Die medizinische Dokumentation ist gleichzeitig Beweisunterlage für die Leistungsabrechnung. Wie bereits bei § 17b KHRG[13] wird auch über den § 17d KHRG[14] für die Psychiatrie und Psychosomatik und folgende Verordnungen die medizinische Dokumentation die Grundlage für die Abrechnung sein.

Die ersten Vereinbarungen über mögliche Abrechnungsregeln und Grundsätze sind von den Vertragsparteien getroffen worden. Dabei wird eine Fallzusammenlegung bei Wiederaufnahme beschrieben „ ... Wiederaufnahme durch dasselbe Krankenhaus innerhalb von 21 Kalendertagen ab dem Entlassungstag der vorangegangenen Behandlung zu einem Behandlungsfall zusammenzuführen."[15] Auch bei Rückverlegungen kann die Wiederaufnahme auftreten „Bei Rückverlegung gelten die Regeln zur Wiederaufnahme..."[16] Der Voll- und teilstationäre Bereich bleibt in der Abrechnung und auch für Wiederaufnahmen ein komplett getrennter Bereich „Werden... sowohl vollstationäre als auch teilstationäre Behandlungstage erbracht, so sind diese als jeweils ein Behandlungsfall zu betrachten."[17] Dies sind nur die ersten Informationen bezüglich Abrechnungsregeln, es wird sicherlich gegen Ende des Jahres ganz konkrete Regeln für die Optionshäuser geben, die in der Dokumentation, in der Behandlungsführung und im Erlösmanagement zu berücksichtigen sind.

Die einzelnen, aus der Dokumentation abgeleiteten Diagnosen und Leistungen werden in einem System von Pauschalen zusammengefasst, die Zuordnung erfolgt anhand eines Groupers. Bei kritischer Prüfung durch die Krankenkassen, vor allem bei erlösrelevanten Kodiereffekten, kann über den Medizinischen Dienst der Krankenkasse nach Sozialgesetzbuch (§ 275 SGB V[18]) eine verdachtsabhängige Einzelfallprüfung der Kodierung und nach § 17c[19] eine Stichprobenprüfung durchgeführt werden. Die Dokumentation bleibt auch in der pauschalen Abrechnung der Psychiatrie und Psychosomatik das zentrale Nachweismittel erbrachter Leistungen bzgl. Diagnosen, OPS und Psych PV.

Ein grundsätzliches Problem bei der Prüfung von Fällen in der Psychiatrie ist die Beurteilung nach Aktenlage. Aktuell neigen viele Krankenkassen dazu, Fälle im Nachhinein prüfen zu lassen. Und dies trifft vor allem für Fälle zu, die längere Verweildauern haben und Patienten zum Teil über drei Monate stationär behandelt werden. In bisherigen Verfahren ist es üblich, bei aktuell stationären Patienten eine Kostenzusage für eine Verweildauerverlängerung mit einer ärztlichen oder medizinischen Begründung des fallführenden

---

[13] § 17b KHG (2009)
[14] § 17d KHG (2009)
[15] KGRP Rundschreiben 129/2012, § 3
[16] KGRP Rundschreiben 129/2012, § 4
[17] KGRP Rundschreiben 129/2012, § 5
[18] § 275 SGB V (2004)
[19] § 17c Bundesministerium der Justiz (2011)

Therapeuten (Bezugstherapeut) zu beantragen. Werden diese medizinischen Begründungen nicht akzeptiert oder strittig gestellt, kann der Fall vom MDK der Krankenversicherung vor Ort, während des stationären Aufenthalts geprüft werden. So ist eine fachlich valide Beurteilung von zum Teil sehr komplexen Fällen und Sachverhalten möglich. Sollte es dennoch dazu kommen, dass Fälle von sekundären Fehlbelegungsprüfungen weit nach Entlassung anhand der Aktenlage geprüft werden, ist regelmäßig festzustellen, dass die medizinische Dokumentation dafür nicht gedacht ist und es bei der heterogenen Qualität der Daten oft schwer fällt, anhand der Aktenlage den Fall zu begründen und auf Seiten des MDK nachzuvollziehen.

Abhilfe kann nur eine Dokumentation schaffen, die nachvollziehbar und umfassend den Fall abbildet.

## 3.10  Elektronische Hilfsmittel in der Patientendokumentation und Erfüllung der Anforderungen

Die elektronischen Krankenhaus-Informationssysteme (KIS) entwickeln sich seit der Einführung des DRG-Systems kontinuierlich als lernende Systeme weiter. Wurde das Krankenhaus-Informationssystem vor mehr als zehn Jahren in der Regel eher für die administrative Arbeit und Abrechnung genutzt, hat sich der Bedarf grundlegend verändert. Die multiplen, externen Datenanforderungen, die auch in der Psychiatrie bisher überwiegend in Papierform bewältigt wurden, werden in Zukunft mit einem elektronischen Dokumentationssystem erfolgen. Dabei handelt es sich um folgende Aspekte:

*   § 301 Datenlieferung bei Aufnahme und Entlassung[20]
*   § 21 Datenlieferung jeweils zum 31. Mär. für das jeweils vorangegangene Kalenderjahr[21]
*   Externe Qualitätssicherung
*   Arzneimittelzwischenfälle
*   Zwischenfälle bei der Bluttransfusion[22]
*   Fallprüfung durch den MDK

Dazu kommen mit den Anforderungen an die Leistungserfassung und die Kodierpflichten sowie bei Kalkulations-Häusern die Kostenträgerrechnung weitere Aufgaben hinzu. Hierfür haben bereits zahlreiche KIS-Hersteller oder andere Softwarefirmen Produkte entwickelt, die die Leistungsableitung aus einer elektronischen Leistungserfassung sicherstellen sollen. Das hat zur Folge, dass zumindest die Leistungserfassung, wenn nicht noch besser die gesamte Verlaufsdokumentation und Befunddokumentation in einem

---

[20] § 301 Bundesministerium der Justiz (2004)
[21] § 21 Bundesministerium der Justiz (2003)
[22] § 16 Bundesministerium der Justiz (2009)

elektronischen System gepflegt wird. Dem folgt, dass die Entwicklung in den Kliniken und Abteilungen immer stärker in Richtung elektronische Patientenakte geht. Viele
Krankenhaus-Informationssysteme haben mit der Umsetzung für diese neuen Anforderungen inkl. der elektronischen Patientenakte (z. B. elektronisch Patientenkurve, Medikation
etc.) begonnen.

Dabei ist zu beachten, dass die Verlaufsdokumentation für alle Berufsgruppen ohne
großen Aufwand und rasch zugänglich ist, die Systematik nachvollziehbar ist und die Dokumentation der Leistungen einschließlich der inhaltlichen Dokumentation im KIS erfolgen
kann. Denn die patientenbezogen tätigen Mitarbeiter unterliegen alle der Dokumentationspflicht, sie liefern inhaltliche Daten (wie bisher auf Papier) und Daten für die Abrechnung.
Dabei sind grundsätzlich natürlich alle bereits zur Dokumentation erläuterten Anforderungen wie Datum, Uhrzeit, Verfasser der Dokumentation zu erfassen und nachzuweisen.
Genau diese Mitarbeiter haben aber knappe Ressourcen, daher muss der Leitsatz lauten:
Dokumentation so einfach und effizient wie möglich.

Ein wichtiges und neues Thema für die psychiatrischen und psychosomatischen Kliniken ist die Kodierung von Diagnosen, vor allem Diagnosen außerhalb des psychiatrischen
OPS-Katalogs. Zur Erleichterung können im KIS Auswahllisten mit häufigen Diagnosen
angeboten werden. Für das breite Spektrum der möglichen Diagnosen von multimorbiden
Patienten ist ein elektronisches Diagnoseerfassungs- und Hilfesystem sicherlich sinnvoll
und hilfreich. In diesem System können über Suchmasken Diagnosen gesucht, zu Diagnosen auch Kommentare, Exklusiva und Inklusiva angezeigt werden. Es bedarf dennoch einer
Schulung in diesem System und der Kontrolle durch einen Fachmann. Diagnosen aus dem
somatischen Bereich sind bisher selten kodiert worden in psychiatrischen Kliniken, daher
ist ein gewisser Lernprozess bzgl. der Kodierung notwendig.

Zur Sicherstellung der externen Qualitätssicherung bieten KIS-Anbieter den Service an,
dass bei erfüllten Eingangskriterien der elektronische Bogen zu dem Kriterium, z. B. der
Dekubitusbogen, automatisch erzeugt wird und in einer Arbeitsliste dem Erfasser angezeigt
wird. Der Bogen wird im System erfasst und kann systematisch ausgewertet werden. Die
Datenübermittlung an die zuständige Datensicherungsstelle kann automatisch erfolgen.
Auch Zwischenauswertungen zur internen Kontrolle sollen möglich sein.

Ein Vorteil der elektronischen Dokumentation der Leistungs-, Kodierdaten, administra-
tiver und sonstiger relevanter Daten ist die Ableitung eines standardisierten Berichtswesens.
Hierfür bieten viele Softwareanbieter von Krankenhaus-Informationssystemen fertige Reports, aber auch die Möglichkeit der individuellen Parametrierung von Reports an. Diese
Reports können nach Berechtigungserteilung und Abstimmung der relevanten Kennzahlen
(vor allem den steuerungs- und strategierelevanten) entweder den verschieden Managementebenen monatlich automatisiert in definierten Zeitabständen zugemailt werden oder
auch von der oberen und mittleren Führungsebene selbst abgerufen werden.

## 3.11  Fazit

Die patientenbezogene Dokumentation ist die Grundlage des Behandlungsprozesses und über die Abbildung des Personalaufwandes im Rahmen der Leistungserbringung auch der wichtigste ökonomische Faktor. Der Stellenwert der Dokumentation und die Dokumentationskultur sollten dementsprechend erkannt und gepflegt werden. Die hohen Ansprüche aus interner Sicht an den Behandlungsprozess und aus externer Sicht an Qualität, Abrechnung und Rechtssicherheit erfordern entsprechende Rahmenbedingungen, wie ein übergreifendes Dokumentationskonzept, aber auch systematische Überprüfungen, z. B. über Audits oder Kennzahlen. Das neue Entgeltsystem wird die bisherigen Erfordernisse über die Ableitung von leistungsbezogenen OPS-Kodes und Nachweisen für Diagnosen noch erheblich steigern. Das Patientenrechtegesetz wird die juristischen Anforderungen bzgl. der Rechte des Patienten im Rahmen der Dokumentation nochmals deutlich machen.

Die Unterstützung durch eine elektronische Dokumentation wird die Lösung sein, um all diese Anforderungen an gute Qualität und an einen, für die Mitarbeiter, vertretbaren Aufwand gerecht werden zu können.

## Literatur

Bistum Regensburg (Amtsblatt 13/2003): Anordnung über den kirchlichen Datenschutz-KDO. http://www.bistum-regensburg.de/download/borMedia0604505.PDF (2003). Zugegriffen: 1.3.2012

Bundesärztekammer: Berufsordnung deutsche Ärzte Stand 2011.http://www.bundesaerztekammer.de/page.asp?his=1.100.1143#B41 (2012). Zugegriffen: 1.3.2012

Bundesministerium der Justiz (14.1.2003): Bundesdatenschutzgesetz (BDSG). http://www.gesetze-im-internet.de/bundesrecht/bdsg_1990/gesamt.pdf (o. J.). Zugegriffen: 1.3.2012

Bundesministerium der Justiz (17.03.2009): § 17d Einführung eines pauschalierten Entgeltsystems für psychiatrische und psychosomatische Einrichtungen. http://www.gesetze-im-internet.de/khg/_17d.html (2009). Zugegriffen: 23.3.2012

Bundesministerium der Justiz (17.7.2009): Gesetz zur Regelung des Transfusionswesens (Transfusionsgesetz – TFG). http://www.gesetze-im-internet.de/tfg/BJNR175200998.html (2009). Zugegriffen: 1.3.2012

Bundesministerium der Justiz (22.12.1999): Gesetz zur wirtschaftlichen Sicherung der Krankenhäuser und zur Regelung der Krankenhauspflegesätze (Krankenhausfinanzierungsgesetz –KHG)§ 17b KHG(Gesetz) Einführung eines pauschalierenden Entgeltsystems für DRG-Krankenhäuser. http://www.bundesrecht24.de/cgi-bin/lexsoft/bundesrecht24.cgi?chosenIndex=0708&source=link&highlighting=off&xid=139500,21 (1999). Zugegriffen: 1.3.2012

Bundesministerium der Justiz (23.4.2002): Gesetz über die Entgelte für voll- und teilstationäre Krankenhausleistungen (Krankenhausentgeltgesetz –KHEntG). http://www.gesetze-im-internet.de/khentgg/BJNR142200002.html (2002). Zugegriffen: 13.2012

Bundesministerium der Justiz: § 203 Verletzung von Privatgeheimnissen, 1992. http://www.gesetze-im-internet.de/stgb/_203.html (1992). Zugegriffen: 1.3.2012

Bundesministerium der Justiz: Bürgerliches Gesetzbuch, Version 27.7.2011. http://www.buergerliches-gesetzbuch.info/ (2012). Zugegriffen: 1.3.2012

Bundesministerium der Justiz: Soziales Gesetzbuch V, § 301, Version 21.7.2004. http://www.sozialgesetzbuch.de/gesetze/05/index.php?norm_ID=0530100 (2004). Zugegriffen: 1.3.2012

Deutsches Krankenhausinstitut, Blum, K., et al: Psychiatrie Barometer Umfrage 2011. http://www.dki.de/PDF/PsychBarometer%202011.pdf (2011). Zugegriffen: 1.3.2012

Krankenhausgesellschaft Rheinland-Pfalz (KGRP) e. V.: Rundschreiben 129/12 vom 29.3.2012: Abschluss einer Ergänzungsvereinbarung zur Entwicklung eines pauschalierenden Entgeltsystems für psychiatrische und psychosomatische Einrichtungen gemäß § 17d KHG (2012)

Leiner et al: Medizinische Dokumentation, 5.Aufl. Schattauer, Stuttgart (2006)

Referentenentwurf des Bundesministeriums der Justiz und des Bundesministeriums für Gesundheit (17.1.2012): Entwurf eines Gesetzes zur Verbesserung der Rechte von Patientinnen und Patienten (Patientenrechtegesetz). http://www.bmg.bund.de/fileadmin/dateien/Downloads/Gesetze_und_Verordnungen/Laufende_Vefahren/P/Patientenrechte/Referentenentwurf_Patientenrechte_BMJ_BMG_Endfassung_120116.pdf (2011). Zugegriffen: 1.3.2012

Virtuelles Datenschutzbüro: Datenschutzgesetze der Länder. http://www.datenschutz.de/recht/gesetze/ (2012). Zugegriffen: 1.3.2012

# Kodierpflichten im Rahmen des neuen Entgeltsystems für Psychiatrie und Psychosomatik

**4**

Frank Studenski und Wolfgang Münster

Mit der Veröffentlichung des § 17d KHG[1], den nachfolgenden Regelwerken (Kodierrichtlinien etc.) und Anpassungen in den Klassifikationen OPS und ICD im Jahre 2009 hat sich für die ärztlichen und therapeutischen Mitarbeiter in der voll- und teilstationären, psychiatrischen und psychosomatischen Versorgung eine gravierende Veränderung der Kodierinhalte und -pflichten ergeben. Mit der Falldarstellung über Diagnosen und Prozeduren als wesentliche Faktoren für die Zuordnung von Fallpauschalen in einem pauschalierenden Entgeltsystem gewinnt die Kodierung große Bedeutung für die Erlössicherung.

## 4.1 Complianceförderung bei der Kodierung

Im geplanten pauschalierenden Entgeltsystem spielt die patientenbezogene Dokumentation mit der Abbildung von erlösrelevanten Faktoren eine wichtige Rolle. Die Abbildung der Fälle erfolgt im DRG-System der somatischen Medizin, nach dem jetzigen Stand der Dinge zukünftig auch in der Psychiatrie und Psychosomatik, unter anderem über alle kodierten Diagnosen und OPS-Kodes. Damit ist die qualitativ hochwertige Bewältigung der Kodieraufgaben, mit dem Ziel der realistischen Fallabbildung (real coding), eine

---

[1] § 17d KHG (2009).

---

F. Studenski (✉)
Pfalzklinikum, Klingenmünster, Deutschland
E-Mail: frank.studenski@pfalzklinikum.de

W. Münster
münster & partner, Diespeck, Deutschland
E-Mail: info@krankenhaus-beratung.com

F. Studenski et al. (Hrsg.), *Neues Entgeltsystem in der Psychiatrie und Psychosomatik,*
DOI 10.1007/978-3-8349-4165-7_4, © Gabler Verlag | Springer Fachmedien Wiesbaden 2013

wirtschaftlich relevante Aufgabe im Rahmen des Erlösmanagements. Sobald die geschütz-
ten Rahmenbedingungen des neuen Systems (ab 2017) entfallen, werden mangelhafte
Qualität oder fehlende Compliance bzgl. dieser Thematik negative wirtschaftliche Effekte
für die jeweilige Einrichtung haben.

Die Diskussion, wessen originäre Aufgabe die Kodierung ist und wer die Verantwortung für die Kodierung trägt, wird zumindest teilweise in den deutschen Kodierrichtlinien
Psychiatrie/Psychosomatik (DKR Psych) beantwortet: „. . . die Auflistung der Diagnosen
bzw. Prozeduren liegt in der Verantwortung des behandelnden Arztes. "[2] Dort wird weiter
ausgeführt, dass der ärztliche Dienst für eine korrekte, fallorientierte Kodierung und Be-
gründungspflicht bei einer Diskrepanz in der Kodierung von Diagnosen bei abweichenden
Befunden zuständig ist. (sinngemäß[3]) Ob dieser erhöhte Aufwand in der regulären Arbeitszeit geleistet werden kann ist eine berechtigte Fragestellung. Die Kodieraufgaben können
im klinischen Alltag delegiert werden, z. B. an speziell dafür qualifizierte Mitarbeiter, die
Verantwortung für die Kodierung verbleibt jedoch beim zuständigen Arzt.

Die personelle Besetzung der Berufsgruppen leitet sich aus der Psychiatrie Personalver-
ordnung (Psych PV)[4] bis Ende 2016 ab und wird in der Regel jährlich mit den Kostenträgern
vereinbart. Die Praxis zeigt, dass die tatsächliche Ist-Besetzung im Arztdienst unterschrit-
ten wird, weil die Stellen mangels qualifizierter Bewerber nicht besetzt werden können.
„. . . blieben bundesweit 5,8 % der Arztstellen in der Psychiatrie unbesetzt . . . Die Psychiatrie gehört damit zu den Fachgebieten mit dem höchsten Ärztemangel im Krankenhaus.
Rund 42 % der vakanten Arztstellen in der Psychiatrie betreffen Fachärzte mit abgeschlossener Weiterbildung."[5] Viele Einrichtungen kompensieren dies mit der Einstellung von
Psychologen.

Die Ressource Arzt ist knapp und teuer, daher sollten Prioritäten bzgl. der Aufgaben
und Tätigkeiten für diese Berufsgruppe festgelegt bzw. nach Abwägung Kosten und Nutzen
angepasst werden. Die Priorität in den meisten psychiatrischen und psychosomatischen
Einrichtungen liegt für ärztliche Mitarbeiter eindeutig in der medizinischen Behandlung,
der Pharmakotherapie, Behandlung somatische Erkrankungen, Krisenintervention und
der Psychotherapie. Die Verantwortung für die Kodierung von Diagnosen und OPS-Kodes
kommt als weitere ärztliche Aufgabe hinzu. Bei der großen Bedeutung und Relevanz der
Kodierung für die Entgeltsicherung im neuen System ist es erforderlich, die Compliance bei den Ärzten, aber auch beim Behandlungsteam und therapeutischen Mitarbeitern
mit Leitungsfunktion herzustellen bzw. zu fördern. Das Ziel ist die vollständige, qualitativ
hochwertige Leistungserfassung und Nachweispflicht für Diagnosen und Prozeduren. Erst
wenn jedem Mitarbeiter diese Bedeutung bewusst ist, können neue Strukturen zur optima-
len und effektiven Bewältigung der Anforderungen umgesetzt werden. Es gilt immer der
Grundsatz: Dokumentiert heißt nachgewiesen!

---

[2] DKR-Psych (2010, S. 3).

[3] DKR-Psych (2010, S. 3).

[4] Psych-PV § 6 (1994).

[5] Janßen und Blum (2011, S. 88).

Ein Lösungsansatz, auch aus den Erfahrungen mit dem DRG-System, ist die Einführung einer neuen Funktion, die des/der KodierassistentInnen. An sie werden die Dokumentations- und Kodierungsaufgaben durch den Arztdienst delegiert. „. . . sind in immerhin 46 % der Einrichtungen neue Stellen oder Funktionen speziell für das neue Entgeltsystem in der Psychiatrie eingerichtet worden."[6] Sie können Aufgaben im Rahmen der Kodierung, der systematischen Überprüfung, des Fallmanagements usw. übernehmen (s. Kap. 9) und Hinweise sowie Rückmeldungen an das Behandlungsteam für die Verbesserung des Behandlungsprozess geben.

## 4.2  Die Kodierung von Hauptdiagnosen

Die Kodierpflicht von Hauptdiagnosen ist keine Neuerung, sie ist bereits seit langem eine Aufgabe des fallführenden Therapeuten in der ambulanten und stationären Versorgung. Die Hauptdiagnose gewinnt aber als ein Hauptmerkmal der Steuerung in eine Entgeltgruppe (Erlösrelevanz) im neuen Entgeltsystem weiter an Bedeutung. Die Analyse der Hauptdiagnosegruppen stellt ein Profil der Erkrankungen (Demenz, Suchterkrankungen, affektive Störungen etc.) und der eventuellen Schwerpunkte in der Abteilung dar. Im bisherigen System war nicht eineindeutig definiert, nach welchen Kriterien die Hauptdiagnose zu wählen ist. Deshalb wurden im ambulanten Abrechnungssystem 2011 (Kodierrichtlinien noch nicht freigegeben) und für das voll- und teilstationäre Abrechnungssystem der Psychiatrie 2010 Kodierrichtlinien definiert.

Die Definition der Hauptdiagnose in den DKR Psych 2010 lautet: „Die Diagnose, die nach Analyse als diejenige festgestellt wurde, die hauptsächlich für die Veranlassung des stationären Krankenhausaufenthaltes des Patienten verantwortlich ist."[7] Das bedeutet für viele Ärzte eine Veränderung ihrer bisherigen Kodierlogik. Der Bezug auf die Veranlassung der Behandlung als Auslöser für die Entlassungshauptdiagnose widerspricht der in vielen Abteilungen gelebten Praxis. Meist wird/wurde bei der Kodierung von der aktuell relevanten Diagnose ausgegangen. Zudem bleibt die Problematik der Definition einer Hauptdiagnose bei den häufigen Doppeldiagnosefällen, z. B. Sucht und affektive Störung, offen. Nach den DKR Psych sollte für den Fall, dass „. . . zwei oder mehrere Befunde/Symptome . . . für die Hauptdiagnose in Frage kommen, so ist vom behandelnden Arzt diejenige auszuwählen, die die meisten Ressourcen verbraucht hat."[8] Berücksichtigt wird dabei der Ressourcenverbrauch im klinischen Alltag, die fallführenden Therapeuten werden den Verbrauch einschätzen müssen. Bei unterschiedlichen Fallpauschalen und Erlösen kann das allerdings zu einer Diskussion mit dem MDK führen.

Die Darstellung des Hauptdiagnosespektrums zeigt für jede Abteilung ihr individuelles Patientenklientel- und Leistungs-Profil (Abb. 4.1).

---

[6] Janßen und Blum (2011, S. 111).

[7] DKR-Psych (2010, S. 3).

[8] DKR-Psych (2010, S. 5).

**Abb. 4.1** Hauptdiagnosegruppespektrum einer
vollstationären
Krankenhausabteilung

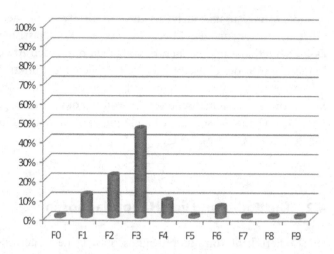

Die Hauptdiagnose ist ein Trigger (für die Kostenträger) im System der Psych PV, für die von den Kostenträgern anerkannte Verweildauer. Zudem korrelieren meistens die Psych PV Einstufungen mit den Hauptdiagnosegruppen, z. B. eine Sucht Psych PV Einstufung „Intensivstatus S2"[9] mit einer akuten Suchterkrankung wie F10.3 „Psychische und Verhaltensstörungen durch Alkohol"[10].

Auch im neuen pauschalierenden Entgeltsystem wird die Hauptdiagnose eine Variable für die Zuordnung zu einer Fallpauschale sein und ist damit ein erlösrelevanter Faktor. Damit werden die Kostenträger die anlassbezogene Überprüfung der korrekten Kodierung der Hauptdiagnose begründen.

Ein berechtigter Kritikpunkt sind die Mängel bei der Abbildung der psychiatrischen Fälle über die psychiatrische Diagnosekodierung nach ICD 10-GM (mangelnde Kodiertiefe, unzureichende Differenzierung). Ob diese Mängel bei der Falldarstellung außer der unpräzisen Information auch Kostenrelevanz haben, wird aktuell in wissenschaftlichen Studien geprüft. Unserer Meinung nach ist aber, der Absicht einer ausreichenden, sach- und fachgerechten Fallabbildung, mit der verwendeten ICD-Klassifikation nicht Genüge getan.

## 4.3   Kodierungen von Nebendiagnosen

Die Kodierung von Nebendiagnosen hat in der Vergangenheit für die psychiatrischen Einrichtungen keine Rolle gespielt. Die Kodierung von Nebendiagnosen erfolgte, wenn überhaupt, meist zur Darstellung einer zweiten psychiatrischen Erkrankung. Die somatischen Nebenerkrankungen wurden bei Bedarf mitbehandelt oder die Behandlung bei Fachärzten über Konsilaufträge veranlasst. In der Regel wurde(n) die Diagnose(n) nicht kodiert.

---

[9] § 4 Psych PV (1994)
[10] ICD 10 GM (2012, S. 178, 180).

**Tab. 4.1** Erläuterung der CLL. (Vgl. AR-DRG 1998, S. 515)

| | |
|---|---|
| CCL = 0 | Keine Begleiterkrankung oder Komplikation |
| CCL = 1 | Leichte Begleiterkrankung oder Komplikation |
| CCL = 2 | Mittlere Begleiterkrankung oder Komplikation |
| CCL = 3 | Schwerwiegende Begleiterkrankung oder Komplikation |
| CCL = 4 | Sehr schwerwiegende Begleiterkrankung oder Komplikation |

Dies soll sich mit der Einführung der DKR Psych grundsätzlich ändern, denn der Krankheitsfall soll über eine „vollständige Kodierung eines stationären Falles mit sämtlichen anzugebenden Diagnosen- und Prozedurenkodes"[11] möglichst komplett abgebildet werden.

Dazu gehören alle Aufwand verursachenden, psychiatrischen und somatischen Nebendiagnosen, zu denen nach den DKR Psychiatrie auch die Nebendiagnosen („. . . therapeutische Maßnahmen, diagnostische Maßnahmen, erhöhter Betreuungs-, Pflege- und/oder Überwachungsaufwand . . .")[12] anderer Berufsgruppen zählen, wie des Pflegedienstes, der Ergotherapie oder der Logopäden.

Die Nebendiagnose ist in den DKR definiert als: „Eine Krankheit oder Beschwerde, die entweder gleichzeitig mit der Hauptdiagnose besteht oder sich während des Krankenhausaufenthaltes entwickelt. Für die Kodierung einer Krankheit oder Beschwerde ist ein Aufwand bezüglich dieser Erkrankung nachzuweisen (Leistungsdokumentation). Bei Patienten, bei denen einer der erbrachten Faktoren auf mehrere Diagnosen ausgerichtet ist, können alle betroffenen Diagnosen kodiert werden."[13]

Bestimmte Nebendiagnosen sind im pauschalierenden Entgeltsystem erlösrelevant!

Im DRG-System werden die Nebendiagnosen und auch OPS-Kodes bezüglich ihrer Relevanz im ökonomischen Sinne einem Komorbiditätslevel, dem sogenannten CCL-Wert („Complication or comorbidity level")[14], fallabhängig zugeordnet. In der Fallpauschalenzuordnung sind nur Nebendiagnosen, die mit einem CCL-Wert > 0 bewertet sind, erlösrelevant. „Die kodierten Nebendiagnosen werden hinsichtlich ihres kumulativen Effektes bewertet. Der patientenbezogene Gesamtschweregrad (PCCL) wird für jede Behandlungsepisode aus den CCL-Werten der Nebendiagnosen über eine Glättungsformel durch ein komplexes Verfahren berechnet."[15] Die Entwicklung einer CCL-Einstufung für aufwandserhöhende Diagnosen auch im pauschalierenden Entgeltsystem der Psychiatrie hat bereits begonnen. Das InEK hat beispielhaft aus den Kalkulationsdaten 2010 relevante Nebendiagnosen für gewisse Fallkonstellation benannt und berechnet, z. B. die Multiinfarktdemenz, die chronische Virushepatitis, die HIV-Krankheit (vgl.[16]) (Tab. 4.1) In der

---

[11] DKR-Psych (2010, S. XIII).

[12] DKR-Psych (2010, S. 9).

[13] DKR-Psych (2010, S. 9).

[14] Commonwealth of Australia (1998, S. 215).

[15] DRG-Glossar, IMC (2009).

[16] Heimig, ZENO (2012).

**Abb. 4.2** Mittelwert der
kodierten
Entlassungsnebendiagnosen
2011

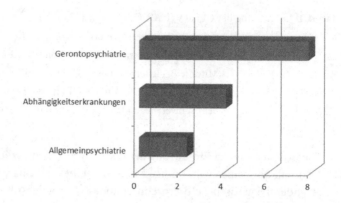

**Abb. 4.3** Anteil der Häufigkeit
der Nebendiagnosen in den
CCL-Gruppen 0–4 2011

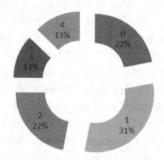

Kinder- und Jugendpsychiatrie sind die Epilepsien und der Diabetes mellitus mögliche relevante Komorbiditätsgruppen.

Die Schulung des Behandlungsteam zu Kodierregeln und Erlösrelevanz der Diagnosen und Prozeduren ist notwendig. Die Empfehlung für die Berufsgruppen Spezialtherapeuten und Pflegefachkräfte lautet, die berufsgruppenrelevanten „Diagnosen" über klinikinterne Kataloge zu erfassen. Im Rahmen des Entlassmanagements sollten die kodierten Behandlungsdiagnosen durch den fallführenden Therapeuten oder einen „Kodierexperten" geprüft und in die Entlassdiagnose übergeleitet werden. Bezüglich der Diagnosekodierung sollten relevante Kennzahlen erhoben und die Ergebnisse in den Behandlungsteams besprochen werden. Mit diesem Check-Instrument können Verbesserungen im Prozess und im Ergebnis erzielt werden (Abb. 4.2).

Im Jahr 2011 zeigte sich nach Schulungen und Einführung der DKR Psychiatrie eine deutlich höhere Anzahl an Nebendiagnosen, vor allem in der Gerontopsychiatrie. Die Qualität und Erlösrelevanz bildet sich so jedoch noch nicht ab, da es noch keine Fallpauschalen gibt und keine CCL-Bewertung definiert ist.

Sobald die CCL-Werte bekannt sind, sollten im Kennzahlenbericht die Nebendiagnosen nach ihrer CCL-Einstufung gruppiert und dargestellt werden. Siehe folgendes Beispiel (Abb. 4.3):

Hier gilt, Kodier-Qualität (hohe CCL-Werte) geht vor Quantität (Abb. 4.4).

**Abb. 4.4** Mittelwert der
kodierten psychiatrischen
Entlassungsnebendiagnosen
2011

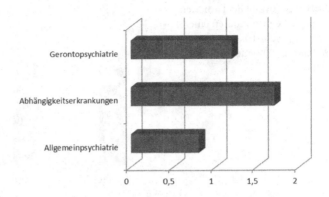

Die Zahl der kodierten psychiatrischen Nebendiagnosen hat sich seit 2009 nicht signifikant verändert, außer im Bereich der Abhängigkeitserkrankungen. Das könnte daran liegen, dass Suchterkrankungen sehr häufig mit einer psychiatrischen Erkrankung kombiniert sind. Im PEPP werden sicher die psychiatrische Nebendiagnosen eine Rolle spielen.

Die somatischen Nebendiagnosen waren im Psych PV System für die Kodierung nicht relevant. Seit 2009 ist eine deutliche Steigerung der Anzahl der somatischen Nebendiagnosen, meist internistischen Diagnosen, in der Gerontopsychiatrie zu erkennen. In einer den Autoren bekannten Abteilung liegt der Durchschnitt bereits über sieben Nebendiagnosen pro Fall, die nach Expertenprüfung ein right coding darstellen.

In der Allgemeinpsychiatrie ist der Anstieg niedriger, wobei hier der Erwartungswert auch deutlich geringer ist. Die Umsetzung der DKR Psych im Klinikalltag ist ein kontinuierlicher Lernprozess, der Zeit erfordert und sicher Jahre für eine ausreichende Durchdringung und Umsetzung bei den Therapeuten benötigt.

## 4.4 Die Kodierung von somatischen Prozeduren

Die Kodierpflicht aller somatischen OPS-Kodes, d. h. Kodes für Operationen und Prozeduren (z. B. Elektrokrampftherapie, EEG ... ), seit 2010 für die stationären Patienten im Rahmen des § 17d und die ambulanten Patienten der psychiatrischen Institutsambulanzen seit 2012 hat eine grundlegende Veränderung eingeleitet: „Alle Prozeduren, die vom Zeitpunkt der Aufnahme bis zum Zeitpunkt der Entlassung vorgenommen wurden und im OPS abbildbar sind, sind zu kodieren. Dieses schließt alle diagnostischen, therapeutischen und pflegerischen Prozeduren ein, einschließlich traditioneller „nicht-chirurgischer" Prozeduren."[17]

Bisher mussten sich die Mitarbeiter in der Psychiatrie und Psychosomatik nicht mit dem Thema Kodierung von OPS-Kodes beschäftigen. Die diagnostischen und therapeutischen somatischen Leistungen wurden bei medizinischer Indikation erbracht oder als Konsil beauftragt und dem Leistungserbringer vergütet.

---

[17] DKR-Psych (2010, S. 17).

**Abb. 4.5** Anzahl der kodierten somatischen Prozeduren einer gerontopsychiatrischen Abteilung (20 Betten) im Jahr 2011

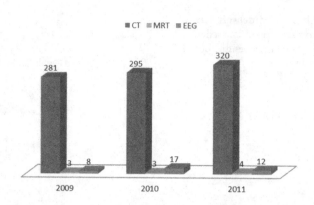

Jetzt spielen diese Leistungen, insbesondere für kostenintensive Prozeduren, die auch mit einem OPS-Kode darstellbar sind, eine wichtige Rolle für die Fall-darstellung. Im pauschalierenden Entgeltsystem werden die somatischen OPS-Kodes für Fallpauschalen erlösrelevant oder lösen eigene Zusatzentgelte aus oder generieren Erlöse als neue Untersuchungs- und Behandlungsmethoden (NUB). Die Aussagen von Dr. Heimig, Leiter InEK, bestätigen dies ausdrücklich, „... Prüfung der Abbildung von hochaufwändigen Leistungen (Zusatzentgelte oder ähnliches)."[18] Damit sind genau die kostenintensiven OPS-Kodes gemeint, die über ein „... Prä-MDC OR-Prozedur, Großgeräte, Endoskopie, kardiale Diagnostik, Dialyse ..."[19] abgebildet werden. Somit spielen die somatischen OPS-Kodes eine Rolle für die Abteilungsbudgets bzgl. Sachkosten und vermutlich auch für die Erlöse (Abb. 4.5).

In der Grafik ist die jährliche Anzahl der somatischen (kostenintensiven) Prozeduren für Computertomographie, Kernspintomographie und EEG dargestellt. Es fiel auf, dass die EEG-Zahl relativ gering ist. Nach Prüfung des Sachverhalts wurde klar, dass in den meisten Fällen nicht kodiert wurde. Auch wenn diese Prozeduren nicht häufig sind, sollte die Sensibilität für die Erfassung im Sinne der Erlössicherung gesteigert und über entsprechende Kennzahlen berichtet werden. Zudem sind die Kosten, die dem Krankenhaus für diese Leistungen entstehen, wirtschaftlich relevant.

## 4.5 Die spezifische OPS Kodierung für die Einstufung Psychiatrie Personalverordnung (Psych PV) und psychiatrische Leistungen

### 4.5.1 Psych PV Kodierung über Pseudo-OPS

Seit dem 1.1.2010 ist die Kodierung der Psych PV Einstufung „zu Beginn der Behandlung und bei jedem Wechsel des Behandlungsbereichs"[20] mit dem § 17d KHG verpflichtend für alle stationären und teilstationären Einrichtungen, die die Psychiatrie-Personalverordnung

---

[18] Heimig, ZENO (2012).

[19] Heimig, ZENO (2012).

[20] § 17d KHG (2009).

**Tab. 4.2** Kurzdarstellung der Psych PV incl. OPS-Kodes der Erwachsenenpsychiatrie mit Erläuterungen. (Vgl. Psych PV Eingruppierungsempfehlungen 2009)

|  | AP | Sucht | GerontoP |  |  |
| --- | --- | --- | --- | --- | --- |
| OPS | 9-980. | 9-981. | 9-982. |  | Patienten |
| 0 | A1 | S1 | G1 | Regelbehandlung | Akut psychisch Kranke |
| 1 | A2 | S2 | G2 | Intensivbehandlung | Manifest selbstgefährdet, fremdgefährdend, somatisch vitalgefährdet |
| 2 | A3 | S3 (incl. Entwöhnung) | G3 | Rehabilitative Behandlung | Für die rehabilitative Behandlung ausreichend stabilisierte/Befähigte Kranke |
| 3 | A4 | S4 | G4 | Langdauernde Behandlung Schwer- Mehrfacherkrankter | Akute Symptome und/oder erhebliche psychische und soziale Krankheitsfolgen |
| 4 | A5 | S5 | G5 | Psychotherapie | Kranke, die stationär psychotherapeutische behandelt werden müssen |
| 5 | A6 | S6 | G6 | Tagesklinische Behandlung | Psychisch Kranke, die nicht vollstationär behandlungsbedürftig sind |

anwenden, durchzuführen. Zu diesem Zweck wurden in der OPS-Version 2010 Pseudo-OPS Kodes im Bereich 9–98 ff. für jede Psych-PV Einstufung definiert (nicht als OPS-Kode, da es keine eigenständigen Leistungen sind). Diese Kodes sind tagesgenau entsprechend der Eingruppierungsempfehlungen zu den Behandlungsbereichen der Psych PV[21] mit dem entsprechenden OPS-Kode zu kodieren. Die in der Psych PV getroffenen Definitionen sind jedoch im täglichen Behandlungsumfeld erst nach Ablauf des Tages valide einzuschätzen. Einige Einstufungen, beispielsweise die A4 für langdauernde Chronisch-Kranke, wird bisher selten bis gar nicht genutzt (Tab. 4.2, 4.3).

Die Stichtagserhebung der Psych PV lässt sich aus der kodierten Pseudo-OPS automatisch ableiten. Somit ist die korrekte, tagesbezogene Psych PV Einstufung in der OPS-Kodierung notwendig, um Prüfungen der Einstufung, z. B. durch den MDK, mit Erfolg zu bestreiten. Die Verteilung der tagesbezogenen Psych PV stellt das Profil einer Abteilung dar (Abb. 4.6).

Bei der Kodierung der Psych PV sind folgende Aspekte zu prüfen:

---

[21] Psych PV Eingruppierungsempfehlungen (2009).

**Tab. 4.3** Kurzdarstellung der Psych PV incl. OPS-Kodes der Kinder- und Jugendpsychiatrie mit Erläuterungen. (Vgl. Psych PV Eingruppierungsempfehlungen 2009)

| OPS | 9-983. | KJP | Patienten |
|---|---|---|---|
| 0 | KJ1 | Kinderpsychiatrische Regel-/ Intensivbehandlung (bis 14. LJ) | Akut Kranke Kinder mit u. a. selbst-und fremdgefährdendem Verhalten, schweren Verhaltensstörungen, Teilleistungs- Entwicklungsstörungen |
| 1 | KJ2 | Jugendpsychiatrische Regelbehandlung | Akut Kranke Jugendliche mit u. a. schweren Verhaltens- Entwicklungsstörungen |
| 2 | KJ3 | Jugendpsychiatrische Intensivbehandlung | Akut psychische Kranke Jugendliche manifest selbstgefährdet, vital gefährdet, fremdgefährdend, hochgradig erregt |
| 3 | KJ4 | Rehabilitative Behandlung | Längerfristig psychisch Kranke Kinder/Jugendliche mit krankheitsbedingten Defiziten |
| 4 | KJ5 | Langdauernde Behandlung Schwer- und Mehrfacherkrankter | Langfristig schwer psychisch Kranke Kinder/Jugendliche, selbstgefährdet, fremdgefährdend, erregt, desorientiert |
| 5 | KJ6 | Eltern- Kind- Behandlung (incl. Aufnahme Bezugsperson) | Psychisch kranke Kinder mit Kommunikations- und Interaktionsstörungen, selbstverletzendem Verhalten |
| 6 | KJ7 | Tagesklinische Behandlung | Psychisch Kranke Kinder/Jugendliche, die nicht vollstationär behandlungsbedürftig sind |

**Abb. 4.6** Verteilung der tagesbezogenen Psych PV Kodierung 2010 und 2011 in einer Allgemeinpsychiatrie mit angeschlossener Tagesklinik

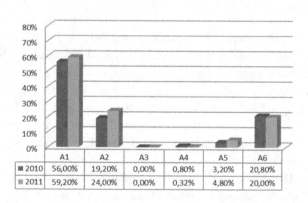

| | A1 | A2 | A3 | A4 | A5 | A6 |
|---|---|---|---|---|---|---|
| ■ 2010 | 56,00% | 19,20% | 0,00% | 0,80% | 3,20% | 20,80% |
| ■ 2011 | 59,20% | 24,00% | 0,00% | 0,32% | 4,80% | 20,00% |

- Die Psych PV Einstufung sollte mit der patientenbezogenen Dokumentation nachvollziehbar sein (die Dokumentation ist hier als Nachweis zu sehen, auch für den MDK).
- Patienten, die am Entlassungstag noch eine Intensiveinstufung nach Psych PV haben, sollten Ausnahmen und gut zu begründen sein.
- Die Psych PV Einstufung sollte mit der Einstufung nach Psych OPS abgestimmt werden, da die Einstufungen oft gleich sein dürften.

- Der verhandelte Psych PV Stand 2012 der jeweiligen Einrichtung wird für die budgetneutrale Umsetzung des PEPP als Budgetgrundlage „eingefroren".
- Die Psych PV hat bis 2016 Relevanz, kann nachverhandelt werden, und sollte entsprechend sorgfältig und korrekt eingestuft werden.
- Die Psych PV Kodierung sollte für die Mitarbeiter ohne großen Aufwand täglich erfolgen können (Schnellerfassung, Delegation der Eingabe).
- Die Psych PV Einstufung sollte systematisch vom Team oder einem Beauftragten kontrolliert und bei Bedarf korrigiert werden.
- Nach Psych EntgG wird die Psych PV 2017 abgeschafft.

Die Prüfung der tagesbezogenen Psych PV Einstufung war bereits in der Vergangenheit ein Thema des MDK. Bei Unstimmigkeiten und Erlösrelevanz werden die Kostenträger den MDK zu weiterer Überprüfung der Psych PV Kodierung beauftragen.

## 4.5.2  Die speziellen psychiatrische OPS-Leistungskodes

Seit 2010 werden neu definierte psychiatrische OPS-Kodes genutzt. Aus patientenbezogenen, psychiatrischen Leistungen werden hierfür definierte OPS Prozeduren abgeleitet und verschlüsselt. Mit Hilfe der OPS-Kodes soll eine qualitative und quantitative Abbildung der am Patienten erbrachten psychiatrischen Leistungen erfolgen. Die Leistungseinheit ist eine Therapieeinheit (TE), die mit 25 min definiert ist. Die anerkannten Leistungserbringer im Sinne der OPS-Kodes (also auch in der Leistungserfassung so differenziert) werden im psychiatrischen und psychosomatischen System in vier Berufsgruppen unterschieden:

1. Ärzte
2. Psychologen (Psychotherapeuten im Praktikum nur, wenn sie wie Dip- lom-Psychologen vergütet werden!)
3. Spezialtherapeuten (z. B. Sozialarbeiter, Sozialpädagogen, Ergotherapeuten, Kreativtherapeuten...)
4. Pflegefachkräfte (Gesundheits- und Krankenpfleger, Erzieher...)

Leistungen, die durch Mitarbeiter in Ausbildung erbracht werden dürfen bei der Berechnung der Therapieeinheiten nicht berücksichtigt werden.

Die Leistungen können als Einzel- und Gruppentherapien erbracht werden, für deren Größe Obergrenzen festgelegt wurden und deren Leistungsdauer nach einem definierten Schlüssel in Therapieeinheiten umgerechnet wird.

Die Leistungskodes sind Behandlungswochen bezogene Kodes „Ein Kode aus diesem Bereich ist in der Regel einmal pro Woche anzugeben. Als erste Woche gilt die Zeitspanne vom Tag der Aufnahme bis zum Ablauf der ersten 7 Tage usw."[22] Sie sind mit dem ersten Leistungsdatum in der entsprechenden Woche zu kodieren.

Die anerkannten Leistungsarten sind berufsgruppenspezifisch definiert:

---

[22] OPS-Version (2010, S. 464).

**Ärzte und Psychologen:**

- Psychiatrische, Somato-psychosomatische Einzelgespräche
- Einzel-, Gruppenpsychotherapie
- Psychoedukation
- Gespräche mit Angehörigen, Richtern oder Behördenvertretern
- Aufklärung, Complianceförderung, Monitoring im Rahmen der Psychopharmakotherapie

**Spezialtherapeuten und Pflegefachpersonen:**

- Bezugstherapeuten-, Einzelgespräche
- Spezielle Interventionen durch Pflegefachpersonen
- Ergotherapie
- Physio-, Bewegungstherapie,
- Spezielle psychosoziale Interventionen
- Kreativtherapien
- Gespräche mit Angehörigen, Richtern oder Behördenvertretern
- Sensorisch fokussierte Therapien
- Entspannungsverfahren
- Logopädie
- Verfahren, Hilfekoordination zur Reintegration in den individuellen psychosozialen Lebensraum (vgl.[23])

Somit muss die valide Leistungserfassung bzw. – dokumentation immer vier Variable (Minimalanspruch dargestellt) umfassen:

1. **Berufsgruppe** (maximal zwei Mitarbeiter): Arzt, Psychologe, Spezialtherapeut, Pflegefachkraft
2a. **Anzahl Patienten** Erwachsenenpsychiatrie: 1, 2, 3, 4–6, 7–12, 13–18, > 18
2b. **Anzahl Patienten** Kinder- Jugendpsychiatrie: 1, 2, 3, 4–10, 11–15, > 15
3. **Behandlungsdauer:** 25, 50, 75, 100, 125, 150, 175, 200, 225, 250 min
4. **Leistungsart:** Diagnostik, Behandlung, 1:1 Betreuung, Krisenintervention

Es empfiehlt sich zur Vermeidung des Aufwands die Leistungserfassung mit der inhaltlichen Dokumentation zu koppeln. Aus den Leistungsdaten sollte elektronisch die

---

[23] OPS-Version (2010, S. 464, 465).

Kodierung automatisch abgeleitet werden. Dafür sind jedoch die definierten, normativen Strukturmerkmale der entsprechenden Leistungskodes (Behandlungsarten) bei der Leistungserfassung zu berücksichtigen und zu dokumentieren.

Nach der Definition des OPS-Kataloges ist die Voraussetzung für jeden psychiatrischen Leistungskode „... eine Therapiezielorientierte Behandlung durch ein multiprofessionelles Team unter Leitung eines Facharztes."[24] Außerdem sind Vertreter der folgenden Berufsgruppen mit abgeschlossener Ausbildung und dem entsprechender Vergütung auf Stationsebene gefordert:

- Ärzte (Facharzt)
- Psychologen
- Spezialtherapeuten
- Pflegefachpersonen

In den einzelnen Behandlungsarten gibt es viele Leistungen, die als sogenanntes „Basisrauschen" gelten und nicht in den Leistungskode mit eingehen.

„Die psychiatrisch-psychosomatische Regelbehandlung umfasst ärztliche und psychologische Gespräche (z. B. Visite) und die somatische und psychiatrische Grundpflege."[25] Zum Basisrauschen gehören also neben der Visite, der Grundpflege, der somatischen Diagnostik und Therapie alle nicht direkt patientenbezogenen Leistungen, wie Besprechungen, Übergaben etc. und führt dazu, dass sich die einzelnen Berufsgruppen nur mit einem Anteil ihrer Arbeitszeit am Patient abbilden, z. B. Ärzte 2011 mit knapp 25 % in einem den Autoren bekannten Krankenhaus.

Für die Erwachsenenpsychiatrie sind im OPS 2012 folgende Behandlungsarten definiert:

1. Die psychiatrisch-psychosomatische **Regelbehandlung** ist die Basisleistungsgruppe, die für alle Einrichtungen, die die Strukturmerkmale erfüllen und bei allen Patienten, die die Mindestmerkmale der anderen Behandlungsarten nicht erfüllen, zutrifft und zu verwenden ist.
2. Die psychiatrisch-psychosomatische **Intensivbehandlung** erfolgt laut Definition bei Patienten mit akuter psychiatrischer und/oder psychosozialer Krisensituation und erfordert zur Einstufung in den OPS für Intensivbehandlung in der Erwachsenenpsychiatrie mindestens das tagesbezogene Vorliegen eines der folgenden Merkmale:

- Anwendung von besonderen Sicherungsmaßnahmen
- Akute Selbstgefährdung durch Suizidalität oder schwer selbstbeschädigendes Verhalten
- Akute Fremdgefährdung
- Schwere Antriebsstörung
- Keine eigenständige Flüssigkeits-/Nahrungsaufnahme

---

[24] OPS-Version (2010, S. 464).
[25] OPS-Version (2010, S. 465).

- Akute Selbstgefährdung durch fehlende Orientierung oder Realitätsverkennung
- Entzugsbehandlung mit vitaler Gefährdung (vgl.[26])

Diese Merkmale sind die definierten Kennzeichen eines psychiatrischen (z. T. auch somatischen) Intensivstatus eines Patienten. Der Schwerpunkt der Behandlung eines Patienten der Intensivbehandlung „liegt bei häufigen, nicht planbaren und zeitlich begrenzten Einzelkontakten, da die Patienten meistens nicht gruppenfähig sind."[27] (Für den MDK ist die Gruppenbehandlung evtl. ein Ausschlusskriterium.) Die Notwendigkeit einer Intensivbehandlung sollte in der medizinischen Dokumentation als Nachweis abgebildet sein, zum einen zur Information des Behandlungsteams, zum zweiten zur Erlössicherung (Status und Anzahl der zutreffenden Merkmale können erlösrelevant sein im PEPP).

3. Die **psychotherapeutische** Komplexbehandlung hat als Fundament die Psychotherapie durch entsprechend qualifizierte Therapeuten. „Sie ist nur für Patienten anzuwenden, bei denen die Art und/oder Schwere der Erkrankung eine intensive psychotherapeutische Behandlung notwendig machen. Der Patient muss motiviert und introspektionsfähig sein. Die Indikation für die psychotherapeutische Komplexbehandlung muss durch einen Facharzt oder einen psychologischen Psychotherapeuten gestellt werden. Die durchgeführten ärztliche und/oder psychologische Verfahren… müssen mindestens 3 Therapieeinheiten pro Woche umfassen."[28] Diese normative Festlegung ist für die Auslösung des entsprechenden OPS-Kodes bindend. Falls strategische Entscheidungen für psychotherapeutische stationäre Behandlungszentren getroffen werden, ist dies im Behandlungssetting und der Personalausstattung entsprechend zu berücksichtigen.

4. Die **psychosomatisch**-psychotherapeutische Komplexbehandlung ist ähnlich definiert. Es sind „die durchgeführten ärztliche und/oder psychologische Verfahren… müssen mindestens 3 Therapieeinheiten pro Woche umfassen"[29] zu leisten. Darüber hinaus ist, ähnlich einigen somatischen Komplexpauschalen, ein Behandlungskonzept der stationären Behandlung definiert und zu erbringen (korrekte und vollständige Dokumentation bedeutet hier direkte Erlössicherung).

   - „Standardisierte psychosomatisch-psychotherapeutische Diagnostik zu Beginn der Behandlung…
   - Therapiezielorientierte Behandlung durch ein multiprofessionelles Team unter Leitung eines Facharztes für Psychosomatische Medizin und Psychotherapie
   - Einsatz eines psychodynamischen oder kognitiv-behavioralen Grundverfahrens als reflektiertem Mehrpersonen-Interaktionsprozess, mit wöchentlicher Teambesprechung je stationärer Einheit von mindestens 60 min, mit wochenbezogener schriftlicher Dokumentation bisheriger Behandlungsergebnisse und weiterer Behandlungsziele

---

[26] OPS-Version (2012, S. 468).

[27] OPS-Version (2012, S. 468).

[28] OPS-Version (2012, S. 494)

[29] OPS-Version (2012, S. 498).

**Tab. 4.4** Übersicht der Psych OPS Leistungskodes der Erwachsenenpsychiatrie mit Hinweisen. (Vgl. OPS Version 2012, S. 56, 485–504)

| Aufnahme | Behandlung | besonderer Aufwand | besonderes Setting |
|---|---|---|---|
| 1-903 Aufwendige Diagnostik | 9-60 Regel- behandlung | 9-640.0 1:1 Betreuung | 9-642 Integr. klinisch- psychosom./- therap. Komplexbeh |
| | *9-604 keine TE einer BG* | | |
| | 9-61 Intensiv- behandlung | 9-640.1 Kleinstgruppe | 9-643 Mutter/Vater- Kind- Setting |
| | *9-614.0 keine TE einer BG* | | |
| | 9-62 Psychotherapeut. Behandlg | 9-641 Krisenintervention | |
| | 9-63 Psychosomatische Behandlg | | |
| | *4 Kodes (für alle BG)* | | |
| täglich | wöchentlich | täglich | wöchentlich |

- Somatisch-medizinische Aufnahmeuntersuchung
- Fachärztliche Visite von mindestens 10 min pro Woche pro Patient"[30]

Daher sollte der Behandlungsstandard für die psychosomatische Therapie die Leistungsinhalte vollständig abbilden, z. B. über klinische Behandlungspfade, Checklisten oder Vorgabedokumente (Tab. 4.4).

In der Kinder- und Jugendpsychiatrie (KJP) gibt es neben der psychiatrisch-psychosomatischen Regel- ebenfalls die Intensivbehandlung. Kinder sind vom Alter von 0–14 Jahre definiert, ab dem begonnen 15. Lebensjahr bis zum abgeschlossenen 18. Lebensjahr ist der Patienten den Jugendlichen zugeordnet. Auf fachärztliche Beurteilung eines Entwicklungsrückstandes kann ein Patient maximal bis zum vollendeten 21. Lebensjahr als Jugendlicher eingestuft werden.

---

[30] OPS-Version (2012, S. 498).

1. Die Mindestmerkmale einer **Intensivbehandlung** für Kinder und Jugendliche sind wie folgt definiert:
   - „Die Patienten benötigen störungsbedingt deutlich über das altersübliche Maß hinaus Unterstützung bei Aktivitäten des täglichen Lebens im Sinne intensiver pflegerischer Maßnahmen.
   - Erhöhter Einzelbetreuungs- und/oder Beaufsichtigungsaufwand, da die Patienten störungsbedingt desorientiert oder nicht gruppenfähig sind.
   - Selbst- oder Fremdgefährdung
   - Störungsbedingt nicht einschätzbarer, nicht absprachefähiger Patient (z. B. häufiger Erregungszustand)
   - Notwendigkeit des Einsatzes von freiheitsentziehenden Maßnahmen oder stete Bereitschaft dazu
   - Drohende somatische Dekompensation bei vitaler Gefährdung oder bei Stoffwechselstörung oder bei hoher Selbstverletzungsneigung
   - Akuter, auch protrahierter Drogen- oder Alkoholentzug
   - Kontinuierliches Alkohol- oder [31] Drogencraving"

Viele Mitarbeiter der KJP geben die Rückmeldung, dass sie hier fast jeden Patienten einstufen würden. Da es noch keine Erfahrungen mit Fallprüfungen bzgl. der Behandlungsart geben kann, empfehlen wir, nur die Patienten als Intensiv bzgl. des Aufwands über das altersübliche Maß hinaus einzustufen, die auch im Vergleich mit dem „normalen" Patientenklientel durch besonders hohen Aufwand und mangelnde Gruppenfähigkeit auffallen. Die Kriterien sollten in der Dokumentation eindeutig, am Besten täglich, abgebildet werden und für den externen Fachmann nachvollziehbar sein. Darüber hinaus sind auch notwendige Leistungsinhalte als Mindestmerkmale der Intensivbehandlung definiert:

- Behandlungsteambesprechung zweimal pro Woche
- Die tägliche ärztliche Befunderhebung
- Mindestens ein Therapieverfahren der ärztlichen oder psychologischen Behandlung
- Die zeitlich aufwendige pflegerisch-erzieherische Begleitung zur Anwendung (vgl.[32])

Die praktische Erfahrung bei der Intensivbehandlung in der KJP zeigt auch, dass Intensivpatienten, die keine Einzelbetreuung oder Kleinstgruppenbetreuung erhalten, keinen Intensivkode auslösen können, weil dieser auf die Kriterien Einzelbetreuungs- oder Kleinstgruppenbedarf beschränkt ist.

2. Ein besonderer OPS-Kode der Kinder- und Jugend-Psychiatrie ist definiert als **Eltern-Kind-Setting**. „Die Behandlung von psychisch kranken Kindern oder Jugendlichen gemeinsam mit Eltern und ggf. Geschwistern findet statt, wenn die Eltern-Kind-Dynamik

---

[31] OPS-Version (2012, S. 513).
[32] OPS-Version (2012, S. 512, 513).

**Tab. 4.5** Übersicht der Psych OPS Leistungskodes der KJP mit Hinweisen. (Vgl. OPS Version 2012, S. 57, 505–518)

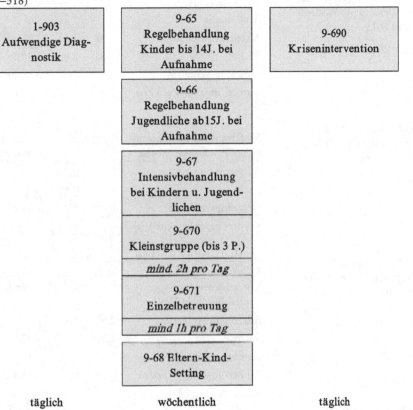

| 1-903 Aufwendige Diagnostik | 9-65 Regelbehandlung Kinder bis 14J. bei Aufnahme | 9-690 Krisenintervention |
|---|---|---|
| | 9-66 Regelbehandlung Jugendliche ab15J. bei Aufnahme | |
| | 9-67 Intensivbehandlung bei Kindern u. Jugendlichen | |
| | 9-670 Kleinstgruppe (bis 3 P.) | |
| | *mind. 2h pro Tag* | |
| | 9-671 Einzelbetreuung | |
| | *mind 1h pro Tag* | |
| | 9-68 Eltern-Kind-Setting | |
| täglich | wöchentlich | täglich |

einen wesentlichen Faktor zur Entstehung oder Aufrechterhaltung der Störung dar-stellt. Die Anwendung der unterschiedlichen Therapieverfahren erfolgt nach ärztlicher Indikation patientenbezogen in unter-schiedlichen Kombinationen in einem kind- und familiengerechten, milieutherapeutischen Setting mit entwicklungsspezifischem Umgang und Anleitung."[33] (Tab. 4.5)

### 4.5.3  Analyse der patientenbezogenen Leistungsdaten für die Erzeugung der Psych OPS-Kodes

Aus der Leistungserfassung sind neben den kodierten abgeleiteten OPS-Behandlungs- und Zusatzkodes auch die Therapieeinheiten je Berufsgruppe analysierbar. Die Analyse dient der Bewertung, der Erkennung von spezifischen Profilen und Dokumentationsproblemen so-

---

[33] OPS-Version (2012, S. 516).

**Tab. 4.6** Mittelwert der fallbezogenen TE pro Woche des Arztdienstes pro Woche 2010 und 2011

| Mittelwert der Therapieeinheiten Arzt/Woche | 2010 | 2011 | Prozentuale Veränderung (%) |
|---|---|---|---|
| Allgemeinpsychiatrie | 1,07 | 1,43 | + 33,4 |
| Sucht | 1,83 | 2,02 | + 10,1 |
| Gerontopsychiatrie | 0,69 | 1,1 | + 59,2 |
| Kinder- Jugendpsychiatrie | 2,3 | 2,39 | + 3,8 |

**Tab. 4.7** Mittelwert der fallbezogenen TE pro Woche der Psychologen

| Mittelwert der Therapieeinheiten Psychologe/Woche | 2010 | 2011 | Prozentuale Veränderung (%) |
|---|---|---|---|
| Allgemeinpsychiatrie | 0,68 | 0,94 | + 39,5 |
| Sucht | 0,98 | 0,81 | − 7,0 |
| Gerontopsychiatrie | 0,34 | 0,29 | − 15,0 |
| Kinder- Jugendpsychiatrie | 1,5 | 1,59 | + 5,9 |

**Tab. 4.8** Mittelwert der fallbezogenen TE pro Woche der Spezialtherapeuten

| Mittelwert der Therapieeinheiten Spezialtherapeut/Woche | 2010 | 2011 | Prozentuale Veränderung (%) |
|---|---|---|---|
| Allgemeinpsychiatrie | 2,89 | 3,1 | + 7,4 |
| Sucht | 1,93 | 2,61 | + 35,3 |
| Gerontopsychiatrie | 2,1 | 2,37 | + 12,8 |
| Kinder- Jugendpsychiatrie | 8,16 | 9,25 | + 13,4 |

**Tab. 4.9** Mittelwert der fallbezogenen TE pro Woche der Pflegefachkräfte

| Mittelwert der Therapieeinheiten Pflegefachkraft/Woche | 2010 | 2011 | Prozentuale Veränderung (%) |
|---|---|---|---|
| Allgemeinpsychiatrie | 4,01 | 6,18 | + 53,9 |
| Sucht | 5,28 | 5,79 | + 9,7 |
| Gerontopsychiatrie | 8,87 | 26,16 | + 195,0 |
| Kinder- Jugendpsychiatrie | 16,6 | 36,94 | + 122,7 |

wie der aus der OPS-Definition resultierenden Problemen der Leistungsabbildung (Tab. 4.6, 4.7, 4.8 und 4.9).

Die Daten sind eine Kennzahl für die Dokumentationsquantität und –qualität, aber auch der personelle Ressourcen im Rahmen der patientenbezogenen Leistungsabbildung. Die tätigkeitsintensiven Bereiche der Pflegefachkräfte, wie z. B. in der Gerontopsychiatrie und in der Kinder- und Jugendpsychiatrie bilden sich auch in den Therapieeinheiten ab.

Gewisse Verzerrungen der patientenbezogen Leistungen durch nach OPS nicht anerkannte Leistungen, z. B. durch die zahlreichen Psychologen in Psychotherapieausbildung,

**Tab. 4.10** Mittelwert tägliche Leistungsdauer (min) der Ärzte

| Leistungsmin/Tag Arzt | 2010 | 2011 | Prozentuale Veränderung (%) |
|---|---|---|---|
| Allgemeinpsychiatrie | 5,26 | 9,38 | + 78,2 |
| Sucht | 7,42 | 10,08 | + 35,8 |
| Gerontopsychiatrie | 4,53 | 6,77 | + 49,5 |
| Kinder-Jugendpsychiatrie | 8,95 | 11,82 | + 32,1 |

**Tab. 4.11** Mittelwert tägliche Leistungsdauer (min) der Psychologen

| Leistungsmin/Tag Psychologe | 2010 | 2011 | Prozentuale Veränderung (%) |
|---|---|---|---|
| Allgemeinpsychiatrie | 2,5 | 4,98 | + 99,4 |
| Sucht | 3,23 | 3,96 | + 22,5 |
| Gerontopsychiatrie | 1,1 | 1,49 | + 35,9 |
| Kinder- Jugendpsychiatrie | 4,82 | 6,92 | + 43,6 |

**Tab. 4.12** Mittelwert tägliche Leistungsdauer (min) der Spezialtherapeuten

| Leistungsmin/Tag Spezialtherapeut | 2010 | 2011 | Prozentuale Veränderung (%) |
|---|---|---|---|
| Allgemeinpsychiatrie | 9,56 | 13,74 | + 43,8 |
| Sucht | 6,94 | 11,18 | + 61,1 |
| Gerontopsychiatrie | 6,94 | 10,8 | + 55,6 |
| Kinder- Jugendpsychiatrie | 25,12 | 29,4 | + 17,0 |

**Tab. 4.13** Mittelwert tägliche Leistungsdauer (min) der Pflegefachkräfte

| Leistungsmin/Tag Pflegefachkraft | 2010 | 2011 | Prozentuale Veränderung (%) |
|---|---|---|---|
| Allgemeinpsychiatrie | 22,59 | 40,49 | + 79,3 |
| Sucht | 38,8 | 48,73 | + 25,6 |
| Gerontopsychiatrie | 50,13 | 119,82 | + 139,0 |
| Kinder- Jugendpsychiatrie | 53,42 | 166,12 | + 211,0 |

können auf Stations- und Abteilungsebene das „reale" Leistungsbild verfälschen. Mit dem ersten Fallpauschalenkatalog Psychiatrie/Psychosomatik 1994 ist die Analyse auf die Fallpauschalen zu erweitern.

Wenn die Leistungserfassung etwas dezidierter in Minutenwerten erfolgt, können diese Zeiten auch nach Berufsgruppen analysiert werden. In der folgenden Analyse wurden die Zeiten auf den Behandlungstag bezogen (Tab. 4.10, 4.11, 4.12 und 4.13).

Achtung: Hier sind alle Leistungsminuten der jeweiligen Berufsgruppen gezählt, auch die Leistungen, die aufgrund der Behandlungsart oder der Dauer nicht zu einer Therapieeinheit geführt haben.

**Tab. 4.14** Mittlere tägliche patientenbezogene Leistungsdauer (min) aller Berufsgruppen in den Abteilungen

|                                | 2010 | 2011 |
|--------------------------------|------|------|
| Allgemeinpsychiatrie           | 127  | 161  |
| Gerontopsychiatrie             | 145  | 203  |
| Abhängigkeitserkrankungen      | 207  | 204  |
| Kinder- und Jugendpsychiatrie  | 530  | 579  |
| Tagesklinik Erwachsene         | 134  | 233  |
| Tagesklinik Kinder- Jugendliche| 552  | 578  |

**Tab. 4.15** Mittelwert der Therapieeinheiten bezogen auf die Hauptdiagnosegruppe 2011

| Mittelwert TE/Belegungstag      | Ø Therapieeinheiten |
|---------------------------------|---------------------|
| Demenzerkrankungen F0*          | 5,4                 |
| Suchterkrankungen F1*           | 1,74                |
| Schizophrene Erkrankungen F2*   | 1,5                 |
| Affektive Erkrankungen F3*      | 1,34                |

Aus den Daten der patientenbezogenen Leistungserfassung werden die Leistungsminutenwerte aus Patientensicht für den Aufenthaltstag errechnet, d. h. wie viele Minuten des Aufenthaltstages wurde eine diagnostische oder therapeutische, psychiatrische Leistung am Patienten erbracht und entsprechend dokumentiert (Tab. 4.14).

Die Leistungstransparenz (insofern die Dokumentationsmethodik dies zulässt) ist ganz offensichtlich. So liegen in der stationären und teilstationären Erwachsenenpsychiatrie, nach den Erfahrungen der Autoren, die Zeiten zwischen 2 und 3 Stunden pro Tag, während sich in der Kinder- und Jugendpsychiatrie vor allem bei den Kindern zum Teil Werte von 9–10 Stunden ergeben. Der Aufwand der dafür notwendigen durchgehenden differenzierten Leistungsdokumentation aller Berufsgruppen ist hoch.

Eine interessante Analyse zeigt die durchschnittlich erfassten Therapieneinheiten pro Tag bezogen auf die Hauptdiagnosegruppen, wie im folgenden Beispiel dargestellt (Tab. 4.15):

Die Analyse der durchschnittlich erfassten Therapieneinheiten pro Tag bezogen auf die Fallpauschalen und auf die Berufsgruppen werden wichtige Informationen ergeben.

### 4.5.4 Psychiatrische OPS-Zusatzkodes

Um besondere Sachverhalte und aufwendige Verfahren in der Psychiatrie und Psychosomatik fallbezogen darstellen zu können, sind in der OPS-Version 2010 die sogenannten Zusatzkodes definiert worden.

Für die Aufnahmephase gibt es den OPS-Kode für die **aufwendige Diagnostik**, für Erwachsenenpsychiatrie und für die KJP. Als Merkmal wurde die „Multidisziplinäre Diagnostik zur differenzierten Einordnung der Diagnose und der bisherigen Therapien durch ein multiprofessionelles Team"[34] definiert. „Es werden im diagnostischen Einzelkontakt mindestens 2 Stunden pro Tag durch die... (Ärzte und Diplom-Psychologen) erbracht."[35]

Dieser Kode ist im Setting von zahlreichen Notfallaufnahmen bei vielen akut psychisch Erkrankten oft kaum zu leisten. So schwanken bei uns die Werte zwischen 3 und 60 %, andere Kliniken lösen teilweise bei 80 % den Diagnostik-Kode aus. Der Kode als Trigger für die erste Behandlungswoche könnte Erlösrelevanz haben. Diese ist nach Analyse der InEK aufwendiger als die weiteren Behandlungswochen und könnte nach deren Analyse zum Teil um 20 % höher vergütet werden.

Im Behandlungsverlauf wurden zwei Zusatzkodes für klassische, psychiatrische Behandlungsumstände und –situationen, die mit erhöhtem und/oder speziellem Aufwand verbunden sind, definiert:

1. **Erhöhter Behandlungsaufwand**
   Es findet eine zusammenhängende 1:1 Betreuung eines akut selbst- oder fremdgefährdenden Patienten aus psychiatrischer Ursache statt. Es erfolgt eine tägliche ärztliche Befunderhebung, der Kode ist für jeden betreffenden Tag, ab einem Aufwand von 2 Stunden und mehr pro Tag zu kodieren. (vgl.[36])
   Die Folgen einer Krise oder ein selbst- und/oder fremdgefährdeter Patient erfordern oft einen hohen Betreuungsaufwand, z. B. mit Sitzwachen am Krankenbett. Der Kode wurde in unserem Haus 2010 an über 2000 Tagen ausgelöst. Die 1:1 Betreuung wurde genauso wie nachfolgende Krisenintervention von der InEK als aufwendiger Faktor identifiziert und ist als erlösrelevant einzustufen. Somit ist die Notwendigkeit der Dokumentation und Abbildung als OPS-Kode für die Leistungserbringer eindeutig gegeben. Die 1:1 Betreuung ist im PEPP ein erlösrelevanter Faktor.

2. **Kriseninterventionelle Behandlung**
   Eine Schlüsselsituation in der Psychiatrie und Psychosomatik ist die akute, psychische oder psychosoziale Krise eines Patienten, sowohl bei Aufnahme als auch im Behandlungsverlauf. Diese wird in der Definition wie folgt beschrieben „... die tagesbezogen einen hohen Personaleinsatz erfordern. Die psychische Krise beschreibt eine akute vorübergehende psychische Störung als Reaktion auf außergewöhnliche Ereignisse und Lebensumstände, so dass dringliches therapeutisches Handeln erforderlich wird."[37] Die Deeskalation erfolgt in vielen Kliniken und Abteilungen über ein Deeskalationsteam. Der Kode wurde aber 2010 nur ausgelöst, wenn eine Kriseninterventionelle Behandlung „von mehr als 2 Stunden pro Tag"[38] erfolgte. „Die therapeutischen Kontakte können durch die ärztliche und psychologische Berufsgrup-

---

[34] OPS-Version (2012, S. 56)

[35] OPS-Version (2012, S. 56).

[36] OPS-Version (2012, S. 501).

[37] OPS-Version (2012, S. 502).

[38] OPS-Version (2010, S. 477).

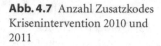

**Abb. 4.7** Anzahl Zusatzkodes Krisenintervention 2010 und 2011

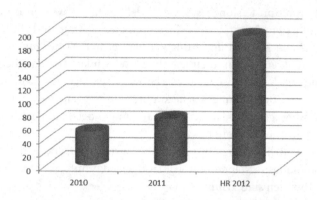

pe erbracht werden."[39] Dies führte dazu, dass nur sehr wenige Kriseninterventionen, auch in den Benchmarkvergleichszahlen, kodiert wurden, also nur ein Bruchteil der echten Krisen (Abb. 4.7).

Dieses Ergebnis hat zwei Ursachen: unzureichende Dokumentation der Krisenintervention selbst und die Beschränkung der Behandlung von 2 Stunden auf Ärzte und Psychologen.

Seit dem Jahr 2012 wurde der OPS-Kode erweitert und die „Kriseninterventionelle Behandlung von mehr als 1,5 Stunden pro Tag durch Spezialtherapeuten und/oder Pflegefachpersonen"[40] führt ebenfalls zu einem Kode. Neben einer erneuten, ausführlichen Schulung, ist das verantwortlich für die Verdreifachung der Kodeanzahl.

In der Kinder- und Jugendpsychiatrie ist die Krisenintervention ebenfalls als OPS-Kode definiert:

Die Mindestmerkmale in diesem Bereich lauten wie folgt:

- „Versorgung von Kindern und Jugendlichen mit psychosozialen oder psychischen Krisen, die tagesbezogen einen hohen Personaleinsatz erfordern und dringliches therapeutisches Handeln erforderlich wird.
- Vordringliche, ungeplante, einzeltherapeutische Kontakte mit dem Patienten und/oder dessen Kontaktpersonen
- Tägliche ärztliche Befunderhebung"[41]

Der tagesbezogene Behandlungsmindestaufwand beträgt ebenfalls 1,5 Stunden pro Tag seit 2012 für Arzt und Psychologe oder für Spezialtherapeut und Pflegefachkraft.

---

[39] OPS-Version (2010, S. 477).
[40] OPS-Version (2012, S. 502).
[41] OPS-Version (2012, S. 518).

3. **Integrierte Klinisch-psychosomatische-psychotherapeutische Komplexbehandlung**
   Bei Patienten mit somatischer Erkrankung mit psychiatrischer Komorbidität oder Coping-Störung und einer vorhandenen 24h somatischen Intensivversorgung kann dieser Kode tagesbezogen kodiert werden, wenn die Mindestbedingungen entsprechend dem OPS-Kode erfüllt werden. (siehe[42]) Dieser Kode kommt in der Regel eher in psychiatrischen oder psychosomatischen Fachabteilungen als in Allgemeinkrankenhäusern zur Anwendung und wird vermutlich eine eigene Vergütung erhalten, wenn es sich aus den Kalkulationsdaten vom Aufwand differenziert.

4. **Mutter-/Vater-/Kind-Setting:**
   Die Behandlung psychisch kranker Mütter oder Väter mit einer psychischen Störung nach der Geburt des Kindes mit einer Beziehungsstörung zum 0-4 Jahre alten Kind. Auch hier sind die Mindestbedingungen entsprechend dem OPS-Kode zu erfüllen (siehe[43]), dieses spezielle, aufwendige Setting wird vermutlich ebenfalls eine eigene Vergütung erhalten.

## 4.6 Fazit

Die Abbildung von psychiatrischen und somatischen Diagnosen und Prozeduren erfordert eine andere Dokumentation (Dokumentationskultur, Schwerpunkte, ...), die Folge ist ein höherer Dokumentationsaufwand. Die Leistungsabbildung (psychiatrisch und somatisch) muss detailliert, nachvollziehbar und umfassend erfolgen. Aufgrund der Erlösrelevanz und der notwendigen Integration in den Klinikalltag sind eine Information zum neuen Entgeltsystem und eine Qualifikation zur Kodierung des Behandlungsteams unabdingbar.

Eine EDV-gestützte Dokumentation und weitere elektronische Hilfesysteme (Kodierhilfen, Qualitätssicherung, ...) sind zur Reduktion des Aufwands, zur Strukturierung und Ableitung aller relevanten Parameter erforderlich.

Es wird außerdem notwendig sein, interne Kodierexperten zu qualifizieren und einzusetzen oder entsprechende Fachkräfte einzustellen. Des Weiteren ist es im Rahmen des Erlösmanagements erforderlich, ein Medizincontrolling aufzubauen. Aufgaben sind: Überprüfung und Freigabe der Kodierung, Berichtswesen (MDK, Kennzahlen der Kodierung, ...), Kommunikation der Ergebnisse, Standardisierung der Dokumentation usw.

Im neuen Entgeltsystem fehlen bisher Qualitätsindikatoren zur Messung der Ergebnisse der Patientenversorgung völlig. Die Erfassung der Krankheitsschwere des psychiatrischen Patienten ist mit den Diagnosen nach ICD 10 nicht ausreichend möglich.

---

[42] OPS-Version (2012, S. 503).
[43] OPS-Version (2012, S. 504).

# Literatur

Australian Government Department of Health and Ageing: Australian Casemix glossary –
    Complication and comorbidity level (CCL), Dez. 1998. http://www.health.gov.au/internet/
    main/publishing.nsf/Content/health-casemix-glossary1.htm (1998). Zugegriffen: 1. März 2012
Bundesministerium der Justiz (17.03.2009): § 17d Einführung eines pauschalierten Ent-
    geltsystems für psychiatrische und psychosomatische Einrichtungen. http://www.gesetze-im-
    internet.de/khg/_17d.html (2009). Zugegriffen: 23. März 2012
Bundesministerium der Justiz: Verordnung über Maßstäbe und Grundsätze für den Personalbe-
    darf in der stationären Psychiatrie (Psychiatrie-Personalverordnung – Psych-PV), 26.9.1994.
    http://www.gesetze-im-internet.de/psych-pv/BJNR029300990.html (1994). Zugegriffen: 28. Feb.
    2012
DIMDI: ICD 10 GM 2012. http://www.dimdi.de/dynamic/de/klassi/downloadcenter/icd-10-gm/
    version2012/systematik/x1gbp2012.zip (2012). Zugegriffen: 1. März 2012
DIMDI: OPS-Version 2010. http://www.balk-bayern.de/OPS_2010_Katalog.pdf (2010). Zugegriffen:
    1. März 2012
DIMDI: OPS-Version 2012. http://www.uksh.de/uksh_media/Dateien_Verwaltung/Erl%C3%B6
    smanagement/Dokumente/DRG_Download/OPS_Katalog2012.pdf (2012). Zugegriffen: 1. März
    2012
Heimig, F.: Das neue Psych-Entgeltsystem – Aktueller Stand der Entwicklung des neuen Vergütungs-
    systems, Foliensatz der Veranstaltung Das neue Psych-Entgeltsystem am 27. Feb. 2012. Berlin
    (2012).
GKV-Spitzenverband, Berlin; Verband der privaten Krankenversicherung e. V., Köln; Deutsche
    Krankenhausgesellschaft e. V., Berlin (18.12.2009): Gemeinsame Empfehlung zur Eingruppie-
    rung in die Behandlungsgruppen der Psychiatriepersonalverordnung (Psych-PV). http://www.g-
    drg.de/cms/Psychiatrie_Psychosomatik/Psych-PV-Eingruppierungsempfehlungen (2009). Zuge-
    griffen: 1. März 2012
InEK: Deutsche Kodierrichtlinien Psychiatrie/Psychosomatik 2010. (DKR Psych) http://www.g-
    drg.de/cms/Psychiatrie_Psychosomatik/Kodierrichtlinien/DKR-Psych_2010 (2010). Zugegriffen:
    1. März 2012
Institut für medizinisch-ökonomisches Consulting (IMC): DRG-Glossar, 2009, http://www.imc-
    net.de/pages/haupt-akt1.html. Zugegriffen am 1. März 2012
Janßen U, Blum K.: DKI-Barometer Psychiatrie 2011/2012, 1. Auflage, Deutsches Krankenhaus-
    Institut
Wissenschaftliches Institut der AOK: AR-DRGs, 1998, http://wido.de/fileadmin/wido/&/pdf&/wido_
    kra_hs_ar-drgs_0800.pdf(1998). Zugegriffen am 1.3.2012

# Teil III

# Kostenträgerrechnung

Mario C. Birr und René Berton

Leistungsinformationen bilden im Kalkulationsverfahren die Grundlage der Kostenzurechnung auf den Kostenträger.[1] Dabei reicht eine „einfache" Dokumentation der Leistung für die PEPP-Kalkulation jedoch nicht mehr aus, um ein plausibles Kalkulationsergebnis zu erzielen. Aufgrund der Kalkulationssystematik, bei der der Behandlungstag den Kostenträger darstellt, müssen zahlreiche Informationen bei der Leistungsdokumentation miterfasst werden.

Damit eine Leistung im Kalkulationsprozess vollumfänglich berücksichtigt werden kann und in der Kalkulationsmatrix die mit dieser Leistung verbundenen Module befüllt werden, muss sie mindestens die in Tab. 5.1 aufgeführten Informationen enthalten.

*(1) Anfordernde Kostenstelle:* Diese ist erforderlich, um die entsprechenden Kostenstellen mit der an der Leistungserbringung verbundenen Kosten verursachungsgerecht zuordnen zu können. Insbesondere bei der Bildung der „Residualgröße auf Station" fällt der anfordernden Kostenstelle eine besondere Bedeutung zu, da in diesem Rechenschritt die nicht am Patienten dokumentierte Arbeitszeit einer räumlich außerhalb der Station befindlichen therapeutischen Kostenstelle in Abhängigkeit des Umfangs der angeforderten Leistungen verteilt wird.

---

[1] Vgl. hierzu InEK (2010, S. 126).

M. C. Birr (✉)
Kliniken im Theodor-Wenzel-Werk, Berlin, Deutschland
E-Mail: mario.birr@tww-berlin.de

R. Berton
Pfalzklinikum, Klingenmünster, Deutschland
E-Mail: rene.berton@pfalzklinikum.de

F. Studenski et al. (Hrsg.), *Neues Entgeltsystem in der Psychiatrie und Psychosomatik,*
DOI 10.1007/978-3-8349-4165-7_5, © Gabler Verlag | Springer Fachmedien Wiesbaden 2013

**Tab. 5.1** Relevante Leistungsinformationen. (Quelle: in Anlehnung an InEK 2010, S. 127)

|                                                    | Station | Therapie | Diagnostik |
|----------------------------------------------------|---------|----------|------------|
| 1. Anfordernde Kostenstelle                        | x       | x        | x          |
| 2. Erbringende Kostenstelle                        | x       | x        | x          |
| 3. Leistungserbringer (mind. Berufsgruppe)         | x       | x        | x          |
| 4. Fallnummer                                      | x       | x        | x          |
| 5. Katalog                                         | x       | x        | x          |
| 6. Einzel-/Gruppenleistung (inkl. Teilnehmerzahl)  | x       | x        |            |
| 7. Katalogziffer und Leistungsumfang               | x       | x        | x          |
| 8. Leistungsdatum                                  | x       | x        | x          |
| 9. Abrechnungsart                                  | x       | x        | x          |

Hierzu ist zu konstatieren, dass die DRG-Fallkostenkalkulation den Arbeitsschritt der Residualgrößenbildung überhaupt gar nicht kennt. Das heißt, therapeutische Kostenstellen, die nicht 100 % ihrer Arbeitszeit am Patienten dokumentiert haben, werden über den Gemeinkostenzuschlag patientenbezogen verteilt. Am Beispiel einer logopädischen Kostenstelle, die 60 % ihrer Arbeitszeit dokumentieren konnte, bedeutet dies, dass die fehlenden 40 % kostentechnisch auf die erbrachten Leistungen aufgeschlagen werden. In der PSY-Kalkulation wären diese 40 % als Residualgröße auf Station den anfordernden Kostenstellen zuzurechnen.[2]

Über diesen Weg erhält die anfordernde Kostenstelle die Kosten des Leistungserbringers zugeordnet, die nicht über eine Leistungsdokumentation abgebildet werden können.

*(2) Erbringende Kostenstelle:* Die erbringende Kostenstelle ist dabei die Kostenstelle, von der eine Leistung erbracht worden ist. Je nachdem, in welchem Bereich diese Kostenstelle Leistungen erbracht hat, werden die damit assoziierten Kosten den Bereichen Station, Therapie oder Diagnostik zugeordnet.

*(3) Leistungserbringer:* Hierbei ist vor allem die Berufsgruppe des Leistungserbringers von Interesse. Zum einen für die korrekte Ableitung der daraus entstehenden OPS-Kodierung und zum anderen der richtigen Kostenbewertung der dokumentierten Leistungszeit – entweder mit Durchschnittskosten der dazugehörigen Berufsgruppe oder mit den tatsächlichen Personalkosten der leistungserbringenden Mitarbeiter. Die letztgenannte Variante wird aus Sicht der Autoren in der Praxis in der Breite wohl nur sehr selten angewandt werden, da die Bildung von Durchschnittskosten einfacher und dem Genauigkeitsanspruch der Kalkulation durchaus entsprechend ist.

---

[2] Vgl. hierzu ausführlich Kap. 7.3.4.

Nichts desto trotz bleibt aus Sicht der Autoren die Frage diskussionswürdig, ob das Durchschnittskostenprinzip der bessere Weg ist. Dies lässt sich am Beispiel des Pflegedienstes relativ einfach nachvollziehen, da bei diesem die (ko-)therapeutischen Leistungen wohl zumeist vom examinierten Personal erbracht werden. Bei der Berechnung der Therapiekosten auf Basis der pflegerischen Durchschnittskosten könnte der Stundensatz der hochqualifizierten Kräfte durchaus durch den der ungelernten Pflegekräfte, die wohl seltener die Bezugs-, Entlastungs- oder Kriseninterventionsgespräche auf Station führen, verwässert werden, sofern diese eine relevante Größe auf der Station darstellen. In letzter Konsequenz würden im Therapiebereich der Kostenmatrix insgesamt weniger Kosten ausgewiesen werden, als bei einer mitarbeiterbezogenen Umbuchung der Personalkosten von der Station in den Therapiebereich. Des Weiteren muss beachtet werden, dass mehr als eine Person eine Leistung erbringen kann. Dies ist bei der Leistungsdokumentation unbedingt zu beachten und systemseitig entsprechend einzurichten. Ebenfalls zu beachten ist, dass die Mitarbeiter im Sozialdienst bei der OPS-Kodierung den Spezialtherapeuten zugeordnet werden, in der Kostenkalkulation dagegen losgelöst von diesen in einer eigenen Kostenartengruppe ausgewiesen werden müssen.

*(4) Fallnummer:* Da sowohl die Fallnummer als auch die Fallnummer in Kombination mit dem Behandlungstag als Kostenträger dienen kann, ist diese bei jeder dokumentierten Leistung als eindeutiges Identifikationsmerkmal mitzudokumentieren.

*(5) Katalog:* Vor dem Hintergrund, dass auf ein und derselben Kostenstelle unterschiedliche Berufsgruppen Leistungen für die Patienten erbringen können, die zudem in der Kostenmatrix in unterschiedlichen Modulen auszuweisen sind, erscheint es aus Sicht der Autoren sinnvoll, für jede dieser Berufsgruppen einen eigenen Leistungskatalog, in dem wiederum das (ko-)therapeutische Leistungsspektrum jeder einzelnen Berufsgruppe zur Auswahl steht, anzulegen. Dies ist zwar keine Notwendigkeit im Sinne des Kalkulationshandbuches, es erleichtert jedoch die Konfiguration der Schnittstellentabellen, mit denen die dokumentierten Leistungen innerhalb der Matrix in die entsprechenden Module einsortiert werden müssen. Des Weiteren lassen sich über die Kataloge leichter die Leistungen isolieren, die zwar hausseitig dokumentiert werden, in der Kostenmatrix selbst jedoch erst einmal keine Relevanz aufweisen. Dies könnten z. B. somatische ärztliche Leistungen auf der Station sein, die in einem weiteren Arbeitsschritt für die Betreuungsintensität genutzt werden. Durch entsprechende Mappingtabellen könnten diese Leistungen in eine eigene Dimension der Betreuungsintensität überführt und explizit für die Verteilung der ärztlichen Stationspersonalkosten auf den Kostenträger genutzt werden.[3]

*(6) Einzel- vs. Gruppenleistung:* Mit der Katalogauswahl ist zudem eine Differenzierung von Einzel- und Gruppenleistungen verbunden. Als besonders innovatives Verfahren kann

---

[3] Vgl. hierzu auch Kap. 6.3.

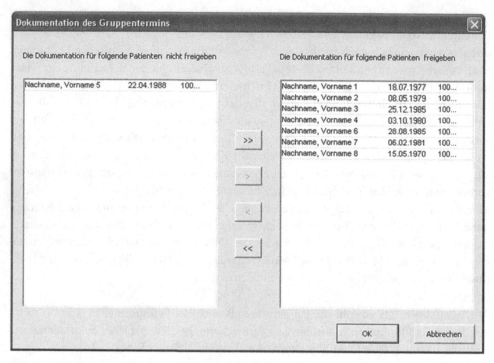

**Abb. 5.1** Bestätigung einer therapeutischen Gruppe, eigene Darstellung

in diesem Kontext erwähnt werden, dass auf primär psychotherapeutisch arbeitenden Stationen mit definierten Therapiesettings für die Gruppenbefüllung mit Patienten Lösungen entwickelt worden sind, die diesen Vorgang zeitlich gewinnbringend beschleunigen. Denn sobald ein Patient auf eine Station aufgenommen wird, kann ihm elektronisch ein Therapiesetting zugeordnet werden, so dass die mit diesem Setting verbundenen Gruppen aller an der Therapie des Patienten beteiligten Berufsgruppen automatisch mit diesem Patienten befüllt werden. Der Therapeut selbst muss, wie in Abb. 5.1 zu sehen, anschließend nur noch bestätigen, ob alle der Gruppe zugeordneten Patienten an dieser mit der entsprechenden Therapiezeit teilgenommen haben oder nicht. Datenbanktechnisch steht für die Kostenkalkulation und die OPS-Generierung automatisch die Information zur Verfügung, wie viele Patienten an der Gruppe teilgenommen haben, ohne dass dies manuell angegeben werden muss.

*(7) Katalogziffer und Leistungsumfang:* Bei Dokumentation der erbrachten Leistung sollte in der Datenbank über die vorgenannten Parameter hinaus auch noch abgelegt werden, um welche Leistung es sich handelt und wie lange diese gedauert hat und/oder wie viele Punkte dieser zugeordnet worden sind.

Bei der Dokumentation der therapeutischen Leistungen sollte aus Sicht der Autoren dabei auf eine Leistungsdokumentation in 5-Minuten-Schritten zurückgegriffen, da hierdurch viele Ansprüche bei der weiteren Datenverarbeitung befriedigt werden können. So ist es zum Beispiel möglich, ein verhaltenstherapeutisches Einzelgespräch von 50 min Dauer nicht nur für die Kostenkalkulation zu verwenden, sondern gleichermaßen auch für die OPS-Generierung. Da die zu dem verhaltenstherapeutischen Gespräch assoziierte Leistungsziffer in der Datenbank in Kombination von 10 mal 5 Leistungseinheiten hinterlegt werden würde, könnten hieraus über entsprechende Mappingtabellen einfach 2 mal 25 min Einzeltherapie abgeleitet werden, die im Rahmen der OPS-Kodierung wiederum zu 2 Therapieeinheiten weiterverarbeitet werden können. Sollte sich der 25-Minutenwert des OPS zukünftig ändern, wie aus Sicht der Autoren durchaus zu vermuten, und zum Beispiel auf 10 min herabgesetzt werden, wäre es zudem ein Einfaches die entsprechende Mappingtabelle anzupassen. Bei der Leistungsdokumentation muss man sich daher bewusst von dem OPS-Thema trennen und eine Lösung erarbeiten, die auf viele Eventualitäten reagieren und neben der reinen Leistungsdokumentation auch deren Inhalte im Sinne einer elektronischen Verlaufsdokumentation abbilden kann.

Zum Thema Leistungsumfang gehört zudem die Frage, wie sich eine Leistung tatsächlich zusammensetzt. Als kalkulatorische Leistungszeit wird daher die Nettoleistungszeit zuzüglich Vor- und Nachbereitungszeit (inklusive Dokumentationszeit) bezeichnet. Im Sinne des lernenden Systems sollten sich PSY-Krankenhäuser bereits heute Gedanken darüber machen, wie sie diese Parameter in der Datenbank ablegen können. So ist es im Klinikalltag durchaus nicht selten, dass eine Gruppe der Kunst- und Gestaltungstherapie eine Dauer von 90 min aufweist, die Vor- und Nachbereitungszeit letztlich aber das zwei bis dreifache an Zeit in Anspruch nimmt. Aktuell wird von einem Großteil der Kalkulationshäuser jedoch sicherlich nur die 90-minütige Gruppe im Therapiebereich der Kostenmatrix ausgewiesen und nur in Ausnahmefällen die dazugehörige Vor- und Nachbereitungszeit. Diese ist allerdings ein entscheidendes Differenzierungsmerkmal unter den Leistungen und führt zu einer genaueren Kostenkalkulation der Leistungen selbst, da sich diese über die reine Leistungszeit in verschiedenen Parametern unterscheiden können. Zweifelsohne gehört hierzu auch der Ressourcenverbrauch der Leistungen, der aus Sicht der Autoren in den meisten PSY-Häusern aktuell wohl noch keine Rolle spielen wird. Die Verwendung der Vor- und Nachbereitungszeit ist aus kalkulatorischer Sicht jedoch nicht nur zu einer besseren Differenzierung der Leistungen untereinander geeignet, sondern auch zur Verringerung der Residualgröße. Denn durch die kalkulatorische Leistungszeit können mehr Arbeitsanteile im Therapiebereich patienten- und tagesbezogenen ausgewiesen werden, was zwangsläufig die Kosten auf der Station verringert. Da diese Kosten über das eher ungenauere Instrument der Betreuungsintensität[4] auf den Patiententag verteilt werden, ist es aus Sicht der Autoren in doppelter Hinsicht anzustreben, die kalkulatorische Leistungszeit im Rahmen der Kostenträgerrechnung zu verwenden.

*(8) Leistungsdatum:* Zu jeder dokumentierten Leistung gehört zwangsläufig auch das Datum der Leistungserstellung. Im Rahmen der Strich-Tag-Erfassung wird neben den

---

[4] Vgl. hierzu weiterführend Kap. 6.

vorgenannten Parametern ausschließlich das Leistungsdatum dokumentiert, wobei über die entsprechenden Eingabemasken sicherzustellen ist, dass keine Leistungen außerhalb des Aufenthaltsdatums angelegt werden können, auch wenn dies in der Praxis durchaus vorkommen kann.

Zu den Vorteilen der Strich-Tag-Erfassung gehört zweifelsohne die schnelle und einfache Erfassung von Leistungen. Im Ergebnis ist zwar evident, welche Leistungen der Patient an welchen Tagen erhalten hat, letztlich sollten diese Daten nach der Entlassung durch den Vorgesetzten, z. B. den Stationsarzt für den ärztlichen Dienst oder die Stationsleitung für den Pflegedienst, auf Vollständigkeit hin überprüft werden. Dies ist zumeist notwendig, da auf einer Station die gesamte Berufsgruppe ihre Leistungen in ein- und derselben Eingabemaske hinterlegt, dabei aber die Uhrzeit nicht hinterlegen muss. Insofern gibt es nur eingeschränkte elektronische Plausibilisierungsmöglichkeiten, so dass diese Form der Dokumentation in der Praxis noch einmal einer manuellen Kontrolle bedürfte, bevor Sie zur OPS-Generierung und zur Kostenkalkulation herangezogen werden kann. Aus einer Strich-Tag-Erfassung wird erst dann eine Echtzeiterfassung, wenn neben dem Leistungsdatum auch die Uhrzeit dokumentiert wird, zu der diese Leistung erbracht worden ist.

Darüber hinaus ist es aus der Erfahrung der Autoren heraus gar nicht so selten, dass bereits entlassene Patienten Tage oder gar Wochen nach der administrativen Entlassung noch einmal den Sozialdienst oder andere Bereiche aufsuchen, um dort Hilfe in Anspruch zu nehmen. Die Frage, wie viele dieser Leistungen tatsächlich in einer nachstationären Aufenthaltsepisode dokumentiert werden (können), muss jede Klinik für sich selbst beantworten. Sie wird den Erfahrungen der Autoren zufolge jedoch nur in den seltensten Fällen bei 100 % liegen.

Aufgrund der fehlenden Plausibilisierungsmöglichkeiten optieren die Autoren jedoch dafür, überall wo möglich, die Echtzeiterfassung anzuwenden. Denn bei dieser Form der Dokumentation wird über den Behandlungstag hinaus auch noch die Uhrzeit der Leistung in der Datenbank abgelegt, da Patiententermine in der Regel bewusst geplant werden müssen. Hierdurch können Redundanzen mit Terminen anderer und/oder gleicher Berufsgruppen gemindert und die Qualität der Leistungsdokumentation per se gehoben werden. Und am Ende des Tages hat jeder einzelne Therapeut seinen Kalender, in dem, wie aus Abb. 5.2 – Therapeutenkalender hervorgeht, die vom ihm erbrachten Leistungen nicht nur inhaltlich, sondern auch visuell hinterlegt sind.

In diesen Kalender kann der Therapeut letztlich nicht nur seine Patiententermine hinterlegen, sondern auch Besprechungstermine, wie z. B. die der multiprofessionellen Teams. Darüber hinaus gibt die Schriftfarbe der Leistungstermine Aufschluss darüber, ob die Einzel- oder Gruppentermine des Therapeuten bereits dokumentiert wurden oder noch zu dokumentieren sind. Hierbei kann weiter differenziert werden, ob der Patient die Leistung tatsächlich bekommen hat, ob der geplante Termin abgesagt worden ist oder ob der Patient gar nicht erst zu dem geplanten Termin erschienen ist, also unentschuldigt gefehlt hat. Durch die verwendeten Symbolzeichen können zudem noch einmalige Einzeltermine von Serieneinzelterminen und Gruppenterminen unterschieden werden. Durch

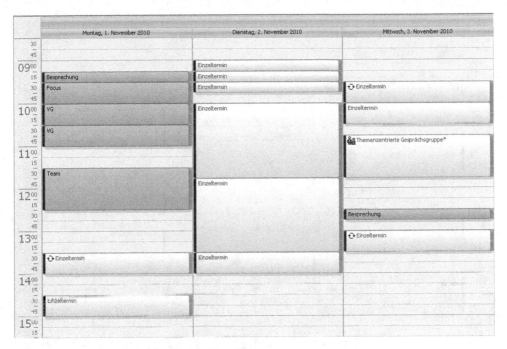

**Abb. 5.2** Therapeutenkalender, eigene Darstellung

den Multiressourcenansatz dieser Lösungen kann ebenfalls berücksichtigt werden, ob eine Gruppe oder auch bestimmte Einzelleistungen von mehreren Therapeuten erbracht oder welche Räumlichkeiten dafür in Anspruch genommen werden sollen. Gleichzeitig lassen sich geplante Einzel- und Gruppentermine bei Urlaub und Krankheit einfach von einem Therapeutenkalender in den anderen verschieben oder freie Slots bei der Terminplanung für einen Patienten finden.

Umgekehrt wird für jeden Patienten auf Basis aller Therapeutenkalender ein individueller Patiententerminkalender generiert, in dem alle geplanten Leistungen aus allen an der Echtzeiterfassung beteiligten Berufsgruppen zusammenlaufen. Dieser wiederum gibt Aufschluss darüber, ob der Patient an seinen Therapiesitzungen teilnimmt, diese abgesagt wurden oder ob der Patient die Sitzung hat unentschuldigt ausfallen lassen. Etwaige Leistungen aus der Strich-Tag-Erfassung sind in diesem Kalender aufgrund des fehlenden Uhrzeitbezugs nicht enthalten, so dass eine Kombination beider Verfahren aus Sicht der Autoren einen nicht zu unterschätzenden Informationsverlust bedeuten kann (Abb. 5.3).

Grundsätzlich ergeben sich durch die Echtzeiterfassung gänzlich neue Formen der Therapiesteuerung, da jederzeit evident ist, wo der Patient sein müsste und ob er tatsächlich zu den vereinbarten Sitzungen hingegangen ist. Da im zunehmenden Maße nicht mehr nur die Leistung elektronisch dokumentiert wird, sondern auch der dazugehörige Inhalt im Sinne des Verlaufs wird darüber hinaus auch sofort ersichtlich, wie sich der Patient in seinen Therapien (weiter-)entwickelt. Aus Sicht der Autoren sollte eine solch umfänglich konfigurierte Softwarelösung nicht nur die therapeutischen, sondern auch die diagnostischen Leistungen

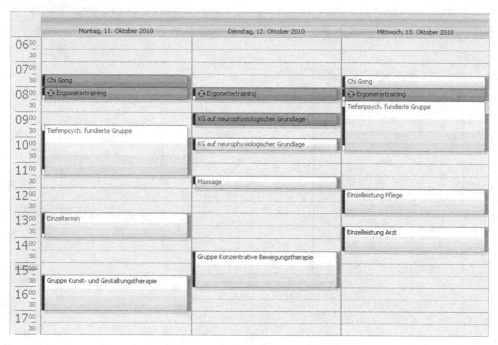

**Abb. 5.3** Patiententerminkalender, eigene Darstellung

(z. B. aus der Radiologie oder Endoskopie) der Patienten enthalten, so dass die Echtzeiterfassung ein komplettes Bild über die empfangenen Leistungen abgegeben kann. Für das
Medizincontrolling erschließen sich hieraus weitreichende Möglichkeiten der Leistungs-
plausibilisierung, so zum Beispiel wenn geplante (ko-)therapeutische Leistungen bei Entlassung des Patienten noch nicht dokumentiert wurden und folglich auch nicht in den OPS
einfließen würden. Darüber hinaus können die geplanten Termine der Therapeuten am
Sonntagabend ausgedruckt und den Patienten als Wochenplan in die Hand gegeben werden.

*(9) Abrechnungsart:* Zu jeder dokumentierten Leistung sollte schlussendlich auch noch
dokumentiert werden, welche Abrechnungsart der Patient zum Zeitpunkt der Leistungserstellung inne hatte, da dies insbesondere bei der Residualgrößenbildung auf Station darüber
entscheidet, welches Rechenmodell auf die damit assoziierten Kosten anzuwenden ist.
   Interessant wird dies aus kalkulatorischer Sicht, wenn an einer Gruppe sowohl Patienten
aus dem DRG-Bereich als auch aus dem PSY-Bereich teilnehmen. Während erstere mit
einem Gemeinkostenzuschlag zu kalkulieren sind, sind letztere aufgrund der Residualgrößenbildung auf Station nur mit der gruppengrößenabhängigen Nettozeit zu kalkulieren.
Darüber hinaus sind ein- und dieselbe Leistungen in beiden Verfahren in unterschiedlichen
Modulen der Kostenmatrix auszuweisen.[5]

---

[5] Vgl. hierzu ausführlich Kap. 7.3.4.

Des Weiteren lassen sich mit diesem Parameter viele Sekundärauswertungen generieren, so zum Beispiel die Frage, ob Privatpatienten -gewollt oder ungewollt- mehr oder weniger (ko-)therapeutische Leistungen erhalten als zum Beispiel gesetzlich versicherte Patienten.

Wie präzise das Kalkulationsergebnis ausfällt, hängt aus Sicht der Autoren jedoch nicht nur von Quantität, sondern vielmehr noch von der Qualität der dokumentierten Leistungen ab. Gerade zu Beginn ist es daher wichtig, die Mitarbeiter mit der Leistungs-dokumentation nicht zu überfordern, zumal die Gesamtsumme der Kosten im Bereich Therapie stark von der Ausgestaltung der Zeitintervalle abhängt.[6] Werden im PSY-System neben den diagnostischen Leistungen und der Betreuungsintensität nur die OPS-relevanten (ko-)therapeutischen Leistungen ab 25 min erfasst, so hat sich im Prä-Test für den ärztlichen Dienst beispielsweise gezeigt, dass nicht mehr als 10 % der Arbeitszeit am Patienten dokumentiert werden konnte.[7] Bei einer deutlich detaillierteren Leistungserfassung ab 5 oder gar 2 min konnte dieser Satz in einigen Häusern auf bis zu 30 % erhöht werden.[8]

## 5.1   Tatsächlich dokumentierte therapeutische Arbeitszeiten

Am Beispiel einiger Grafiken soll noch einmal deutlicher dargestellt werden, welche Arbeitsanteile der vier großen therapeutisch arbeitenden Berufsgruppen (Spezialthera-peuten sind zusammengefasst im Sinne der OPS-Kodierung) tatsächlich anhand einer Leistungsdokumentation abgebildet werden können. Grundlage dieser Darstellung sind die Leistungsdaten einer Prä-Test- und Probekalkulationsklinik. Diese hat ca. 100 % aller geplanten therapeutischen Leistungen sowie ab einer Dauer von 15 min alle ungeplanten Leistungen erfasst. In den nachfolgenden Abbildungen sind pro Säule jeweils zwei Proz-entzahlen angegeben. Die höhere Prozentzahl entspricht einer Hochrechnung, wenn das ganze Datenjahr 2010 mit der Datenqualität aus dem zweiten Halbjahr 2010 dokumentiert worden wäre. Da in 2010 jedoch die Leistungsdokumentation erst im 2. Quartal mit dem Prä-Test angefangen hat, musste auf das ganze Datenjahr hochgerechnet werden.

Wie aus der Abb. 5.4 hervorgeht, gibt es gravierende Unterscheide bei der dokumen-tierten Arbeitszeit am Patienten zwischen der Psychiatrie und Psychosomatik. Eventuell liegt es an der Art wie der Tagesablauf in den beiden Fachgebieten durch den ärztlichen Dienst gestaltet werden kann. Aufgrund der 100 %-igen Erfassung der geplanten Leistun-gen kann vermutet werden, dass der Arbeitsalltag eines Arztes in der Psychosomatik mehr planbare Leistungsabschnitte enthält als der eines Arztes in der Psychiatrie. Vielleicht liegt es auch an der Therapiecompliance der Patienten, so dass diese mehr Minuten am Stück fähig sind ärztliche Therapie anzunehmen, zumal in diesem Haus ungeplante Leistungen

---

[6] Vgl. hierzu auch Berton und Birr (2011, S. 36).
[7] Vgl. hierzu auch Berton und Birr (2011, S. 36).
[8] Vgl. hierzu auch Berton und Birr (2011, S. 36).

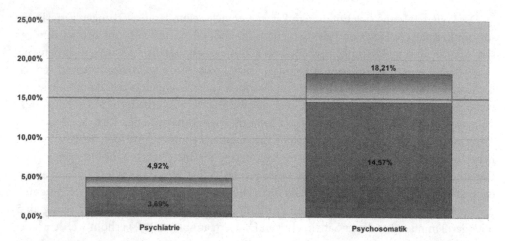

**Abb. 5.4** Erfasste Arbeitszeit des ärztlichen Dienstes, eigene Darstellung

erst ab 15 min dokumentiert worden sind. Der Querstrich jedenfalls gibt die hausinterne Benchmark vor, welche die Leistungsdokumentation erreichen soll.

Beim Pflegedienst hingegen zeigt sich ein umgekehrtes Bild. Hier ist der psychiatrische Pflegedienst eher in der Lage, mit dem gewählten Verfahren seine Arbeitszeit über die Leistungsdokumentation abzubilden. Diese beläuft sich auf knapp 30 % in der Hochrechnung. Dieses Ergebnis erstaunt insofern, als dass der ärztliche Dienst in der Psychosomatik deutlich höhere abgebildete Arbeitsanteile am Patienten aufzuweisen hat, als der ärztliche Dienst in der Psychiatrie. Aus Sicht der Autoren wäre ein solches Ergebnis auch für den Pflegedienst zu erwarten gewesen. Wie aus Abb. 5.5 jedoch hervorgeht, gilt dies für das betrachtete Haus nicht. In der Psychosomatik konnte zudem das interne Benchmark von 15 % nicht erreicht werden.

Ursächlich hierfür ist nach umfangreicher Recherche vor allem die anfänglich fehlende Bereitschaft zur Leistungsdokumentation einer psychosomatischen Station, während die psychiatrischen Stationen von Anfang an hoch motiviert waren und nicht selten kleinere Leistungseinheiten als die vereinbarten 15 min für ungeplanten Leistungen erfasst haben.

Demgegenüber wäre aus Sicht der Autoren für den psychologischen Dienst ein in etwa gleichmäßig ausgeprägtes Bild zu erwarten gewesen, da sich der Arbeitsalltag in beiden Fachbereichen im Großen und Ganzen kaum unterscheidet. Aber auch hier zeigt die Abb. 5.6 ein anderes Bild, was nach der Datenanalyse primär darauf zurückzuführen ist, dass das betrachtete Haus im Datenjahr 2010 technisch noch nicht in der Lage war, mehr als eine Berufsgruppe pro Einzel- oder Gruppenleistung zu dokumentieren. Während in der Psychosomatik ein Großteil der Gruppenleistungen von Ärzten und Psychologen respektive Psychotherapeuten in Ausbildung gemeinsam erbracht wurden, bei der elektronischen Leistungsdokumentation anschließend jedoch nur eine Berufsgruppe abgeleitet werden konnte, fehlen schlichtweg die Gruppenleistungsanteile der Psychologen in der Psychosomatik. Zwar fehlen damit umgekehrt bei den Psychologen in der Psychiatrie auch

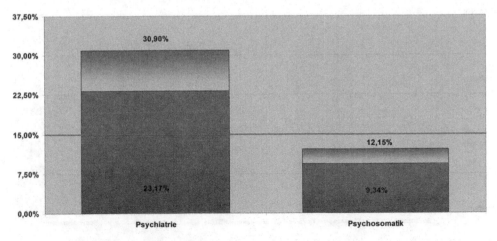

**Abb. 5.5** Erfasste Arbeitszeit des Pflegedienstes, eigene Darstellung

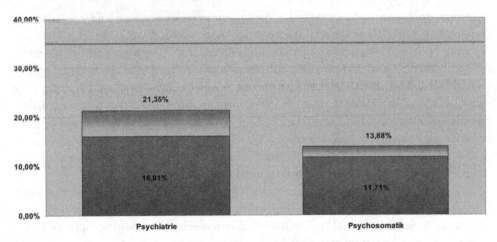

**Abb. 5.6** Erfasste Arbeitszeit des psychologischen Dienstes, eigene Darstellung

Berufsgruppenanteile, wenn diese eine Gruppe zu zweit erbracht haben, es lässt sich im Nachhinein jedoch nicht mehr zweifelsfrei eruieren, wie groß dieses Delta ohne diese technischen Startprobleme gewesen wären. Nicht zuletzt aus diesem Grund konnte das interne Benchmark von 35 % dokumentierter Arbeitszeit am Patienten nicht erreicht werden.

Bei dem ersten Blick auf die Abb. 5.7 fällt deutlich auf, dass die abgebildeten Prozentpunkte der Spezialtherapeuten (im Sinne des OPS) im Vergleich zu den anderen (ko-)therapeutisch arbeitenden Berufsgruppen deutlich höher ausfallen. Dies liegt aus Sicht der Autoren vor allem daran, dass die Berufsgruppe der Spezialtherapeuten überwiegend in Einzel- und/oder Gruppentherapien arbeitet. Wenngleich es auch hier nicht möglich war, mehr als 50 % der Arbeitszeit über die Leistungsdokumentation abzubilden,

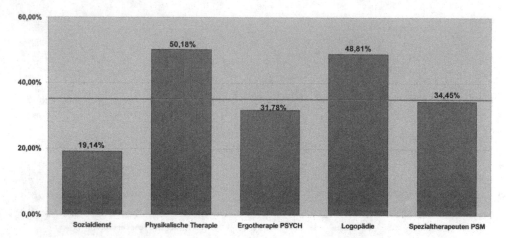

**Abb. 5.7** Erfasste Arbeitszeiten der Spezialtherapeuten, eigene Darstellung

sieht man doch recht deutlich, wie sich die Prozentwerte über einen längeren Zeitraum entwickeln können. Denn tatsächlich ist es so, dass der Sozialdienst als letzter Bereich mit der elektronischen Leistungsdokumentation angefangen hat. Dem folgen die Ergotherapie, die Spezialtherapie und die Logopädie. Am längsten arbeitet die Physikalische Therapie mit diesem Instrument, die tatsächlich auch die besten Werte aufzuweisen hat. Ob Zufall oder nicht, mit dieser Abbildung kann aus Sicht der Autoren zumindest unterstellt werden, dass sich die Quantität der Leistungsdokumentation im Sinne von mehr Prozentpunkten über einen Zeitraum weiterentwickeln kann.

Um das Bild der abgebildeten Arbeitszeit über die Leistungsdokumentation abrunden zu können, soll die nachfolgende Tabelle genutzt werden.

In Tab. 5.2 – Abgebildete Arbeitszeit im Rahmen des Prä-Tests sind die Ergebnisse einer Umfrage bei den teilnehmenden Prä-Testkliniken dargestellt. Im Rahmen dieser Befragung ist untersucht worden, wie viel Prozent der Arbeitszeit die einzelnen Berufsgruppen mit Hilfe ihrer Leistungsdokumentation abbilden konnten. Auch aus dieser Auswertung geht erst einmal hervor, dass die Berufsgruppe der Spezialtherapeuten (zu denen im Sinne des OPS zwar auch die Ergotherapeuten zählen, deren Leistungszahlen im Rahmen der Befragung jedoch gesondert abgefragt wurden) mit ihrer Leistungsdokumentation deutlich mehr Zeit am Patienten abbilden können, als die anderen (ko-)therapeutischen Berufsgruppen.

Wenngleich diese Tabelle als Benchmark Grundlage sehr verführerisch wirken kann, dürften weder die vorangegangen Werte noch die Werte in Tab. 5.2 aus der Sicht der Autoren für ein solches Unterfangen herangezogen werden. Denn es sind allenfalls erste Richtwerte für die (befragten) Kliniken auf dem Weg in ein neues Entgeltzeitalter, auf dem noch an vielen Baustellen -intern wie extern- gearbeitet werden muss. Ziel der zurückliegenden Ausführungen war es daher nicht, ein Benchmark zu setzen, sondern vielmehr ein Verständnis für die aktuellen Probleme der inflationär angebotenen Benchmark Projekte zu

**Tab. 5.2** Abgebildete Arbeitszeit im Rahmen des Prä-Tests – n = 6. (Winkler 2010)

| Arbeitszeit (%) | Arzt | Pflege | Psychologe | Spezialtherapeut | Ergotherapeut |
| --- | --- | --- | --- | --- | --- |
| < 15 | 3 | 2 | 1 | | |
| 15–30 | 3 | 3 | 2 | 1 | 1 |
| 30–45 | | | 3 | 2 | 3 |
| 45–60 | | | | 2 | 1 |
| 60–75 | | | | 1 | |
| 75–90 | | | | | 1 |
| > 90 | | 1 | | | |

wecken.[9] Denn aus den zurückliegenden Ausführungen ergeben sich mindestens vier Fragen, die im ersten Schritt beantwortet werden müssten, bevor überhaupt an ein Benchmark zu denken ist:

1. Welche Leistungszeiten sind in welchen Minutenschritten dokumentiert worden? Sind dabei Haus- oder Standardkataloge verwendet worden?
2. Können diese Rohdaten ohne Reibungsverluste in einen standardisierten Katalog überführt werden, der als Benchmark Grundlage dient?
3. Konnten alle Leistungen realistisch in Hinblick auf die teilnehmenden Berufsgruppen abgebildet werden oder fehlen bestimmte Berufsgruppen in der Dokumentation?
4. Ist die Dokumentation vollständig oder fehlen Leistungen, z. B. durch eine fehlerhafte oder zu aufwendige Gruppendokumentation?

Anschließend müssen diese Daten auf ein gemeinsam vergleichbares Niveau gemappt werden, falls das durch die vorhandene Datenstruktur überhaupt möglich ist. Erst dann wäre ein Benchmark sinnvoll und vor allem aussagekräftig. Gleichermaßen spannend wäre in diesem Kontext die Frage, wie viel Prozent der dokumentierten Arbeitszeit tatsächlich in den OPS überführt werden können. In Abb. 5.8 – OPS-fähige Arbeitszeit ist dies für eine Klink ausgewertet worden. Hierbei entspricht die höhere Prozentangabe der abgebildeten Arbeitszeit über die verwendete Leistungsdokumentation.

Die niedrigere zeigt den Prozentanteil der Arbeitszeit, der zur OPS-Berechnung herangezogen werden konnte. Wenngleich diese Zahlen wiederum nur als Richtwert einer Klinik zu werten sind und keinesfalls einen Benchmark setzen sollen, so sind die OPS-fähigen Leistungsprozente bis auf die Berufsgruppe der Spezialtherapeuten doch vernichtend gering. Damit wird aus Sicht der Autoren sehr schön deutlich, dass die Mindestgröße von 25 min zur Bildung einer Therapieeinheit nicht detailliert genug ist, um ausreichend Arbeitszeit der therapeutisch arbeitenden Berufsgruppen abzubilden. Der Querstrich in dieser Grafik soll dabei wiederum die hausinterne Benchmark darstellen, von der man aktuell noch weit entfernt ist.

---

[9] Vgl. hierzu ausführlich Kap. 13.

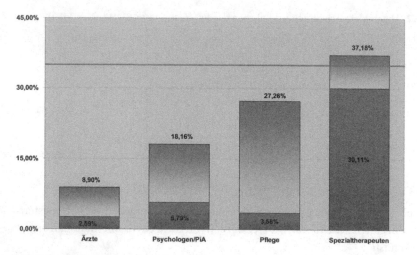

**Abb. 5.8** OPS-fähige Arbeitszeit, eigene Darstellung

## 5.2 Leistungsdokumentation während des Prä-Tests

Historisch spannend ist sicherlich auch die Frage, wie die am Prä-Test teilnehmenden Kliniken während des Prä-Tests ihre Leistungen dokumentiert haben. Dies wird anhand der nächsten Grafiken aus der schon erwähnten Umfrage in Rahmen einer Bachelorarbeit dargestellt. Rückmeldungen gab es hierbei von insgesamt 11 Kliniken (Abb. 5.9).

Im Prä-Test haben sich mehrere Wege zur Leistungsdokumentation herauskristallisiert. Zum einem die Echtzeiterfassung über eine Terminplanung und zum anderem die Abbildung der Leistungsdokumenation im Klinischen-Informations-System (KIS) – wobei hier die Terminplanung intergriert sein kann. In einem Haus wurde mit einer separaten Datenbanken mit Echtzeiterfassung gearbeitet und ein anderes Haus hat die Leistungen komplett in Papierform erfassen müssen. Die nicht KIS-gebundenen Lösungen sind eindeutig in der Unterzahl bzw. Einzelfälle. Daher liegt der Trend und auch die Zukunft aus Sicht der Autoren in einer Abbildung der Leistungen über das KIS oder eine Applikation, die mit dem KIS verbunden ist (Abb. 5.10).

Ein Drittel aller antwortenden Kliniken, demnach 4, haben erst ab 25 min eine Leistungsdokumentation durchgeführt. Die anderen zwei Drittel haben kleinere Zeiteinheiten gewählt. Wie klein zeigt die nächste Grafik (Abb. 5.11).

Wie schon erwähnt war die kleinste im Prä-Test verwendete Zeiteinheit zwei Minuten. Der Schwerpunkt ging in Richtung fünf Minuten. Irgendwo zwischen fünf und 15 min wird sicherlich die Wahrheit liegen. In diesem Kontext möchten die Autoren zu bedenken geben, dass die kleinste abrechnungsrelevante Einheit in offiziellen Standardtarifwerken, wie z. B. dem GOÄ-Katalog, 10 min beträgt. Das ist sicherlich eine Größe, die für die zukünftige Leistungsdokumentation noch an Relevanz gewinnen wird. Denn es ist den

**Abb. 5.9** Art der
Leistungserfassung – n = 11.
(Winkler 2010)

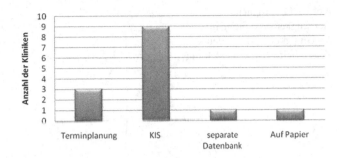

**Abb. 5.10** 25 min als Grenze –
n = 11. (Winkler 2010)

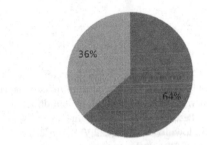

**Abb. 5.11** Differenzierung der
kleinsten Zeiteinheit – n = 7.
(Winkler 2010)

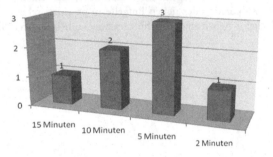

Systemverantwortlichen zweifelsohne nur schwer erklärbar, warum eine 10-minütige Ge-
sprächsleistung des Arztes erfasst werden kann, wenn sie privat liquidierbar ist und warum
dies bei den gesetzlich Versicherten zu einem unangemessenen Verwaltungsaufwand führen
sollte, wenn sie im Sinne des OPS ebenfalls abrechnungsrelevant werden würde. Aktuell
gibt es jedoch noch keine Studie darüber, wie detailliert die Leistungserfassung sein sollte,
um wirtschaftlich die größtmöglichste Arbeitszeit abbilden zu können. Wahrscheinlich ist
auch eine Trennung zwischen geplanter und ungeplanter Leistungserbringung sinnvoll, um
möglichst viel Arbeitsanteil darstellen zu können (Abb. 5.12). Vielleicht wäre diese Grafik
das Ergebnis einer Studie zur Abbildung der dokumentierten Arbeitszeit in Abhängigkeit
von der kleinsten gewählten Zeiteinheit bei der Leistungsdokumentation.

**Abb. 5.12** Mögliche
Genauigkeitsverteilung in
Abhängigkeit von der kleinsten
Zeiteinheit, eigene Darstellung

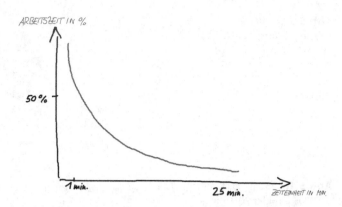

## Literatur

Berton, R., Birr, M. C.: Umdenken erforderlich. Teil I: Leitfaden durch die Kostenträgerrechnung in
Psychiatrie und Psychosomatik. KU Gesundheitsmanagement 2011(03), 35–37 (2011)
InEK: Kalkulation von Behandlungskosten. Handbuch zur Kalkulation psychiatrischer und psy-
chosomatischer Leistungen in Einrichtungen gem. § 17d KHG – Version 1.0. http://www.g-drg.
de/cms/content/download/2906/19229/version/2/file/Kalkulation+von+Behandlungskosten_
V10_16112010.pdf (2010). Zugegriffen: 03. Aug. 2011
Winkler, S.: Empfehlung zur InEK-konformen Umsetzung einer Kostenträgerrechnung im Rahmen
der Kalkulation der neuen Entgelte in psychiatrischen und psychosomatischen Einrichtungen,
Bachelor-Arbeit an der Fachhochschule Ludwigshafen (2010)

# Betreuungsintensität

6

René Berton und Mario C. Birr

Die Betreuungsintensität stellt den Antagonisten zur (ko-)therapeutischen Leistungsdokumentation dar und die meisten Kliniken werden in der Kostenkalkulation einen Großteil ihrer Kosten mit Hilfe dieses Instruments verteilen (müssen). Ausgenommen hiervon sind aktuell nur Häuser, die die LEP→ (Leistungserfassung und Prozessdokumentation im Gesundheitswesen) verwenden, da sie mit ihrer pflegerischen Leistungsdokumentation bis zu 90 % der Arbeitszeit des Pflegepersonals am Patienten abbilden können. Aus diesen hohen Prozentwerten für den Pflegedienst wird wiederum ein Rückschluss auf die Verteilung im ärztlichen Dienst gezogen, deren Personalkosten in Korrelation zu den Verteilungen des Pflegedienstes umgelegt werden. Ob tatsächlich ein Kausalzusammenhang zwischen diesen beiden Berufsgruppen existiert, können die Autoren zwar nicht abschließend beurteilen, allerdings darf dies zumindest in Frage gestellt werden.

Für die meisten Häuser werden sich solche Prozentwerte aktuell jedoch noch als unerreichbar erweisen, so dass, wie in Kap. 5 – Leistungsdokumentation im Rahmen der KTR dargelegt, bereits 35 % dokumentierte Arbeitszeit am Patienten für den ärztlichen Dienst, den Pflegedienst oder die Psychologen ein durchaus sportliches Ziel darstellt. Lediglich die Spezialtherapeuten scheinen aktuell in der Lage zu sein, über 50 % ihrer Arbeitszeit am Patienten dokumentieren zu können. Hierbei wird das Erreichen dieser oder anderer Schwellwerte im Wesentlichen davon abhängen, ob die Häuser nur die Nettotherapiezeit, wie vom DIMDI gefordert zur OPS-Dokumentation, erfassen oder, wie

R. Berton (✉)
Pfalzklinikum, Klingenmünster, Deutschland
E-Mail: rene.berton@pfalzklinikum.de

M. C. Birr
Kliniken im Theodor-Wenzel-Werk, Berlin, Deutschland
E-Mail: mario.birr@tww-berlin.de

F. Studenski et al. (Hrsg.), *Neues Entgeltsystem in der Psychiatrie und Psychosomatik*,
DOI 10.1007/978-3-8349-4165-7_6, © Gabler Verlag | Springer Fachmedien Wiesbaden 2013

kalkulatorisch sinnvoll, die Nettotherapiezeit zuzüglich Vor- und Nachbereitungszeit (inkl. Dokumentationszeit).[1]

Unabhängig davon, welche Variante gewählt wird kann im Ergebnis konstatiert werden, dass die Arbeitszeit, die nicht am Patienten dokumentiert wird, über die Betreuungsintensität auf den Kostenträger zu verteilen ist. Festgemacht an einem Beispiel für den ärztlichen Dienst, der 30 % der Arbeitszeit am Patienten dokumentieren konnte und für den auf der zu betrachtenden Station 250.000 € nach der Personalkostenverrechnung aufgelaufen sind, bedeutet dies, dass 75.000 € der Gesamtpersonalkosten in den Therapiebereich (Kostenstellengruppe 23–26) fließen und die restlichen 175.000 € über die Betreuungsintensitätspunkte auf den Kostenträger Behandlungstag (Kostenstellengruppe 21 und 22) weiterverteilt werden. Spätestens mit diesem Beispiel sollte die Bedeutung dieses Instruments evident geworden sein, in deren Konsequenz die meisten Kliniken in der Kalkulation mehr Kosten über die Betreuungsintensität verteilen werden, als über die (ko-)therapeutische Leistungsdokumentation. Dem Thema Betreuungsintensität soll in diesem Buch daher bewusst viel Platz eingeräumt werden, um die folgende Fragestellungen beleuchten zu können: Wie sind Betreuungsintensitätsmodelle aufgebaut? Wie sind sie umgesetzt und welche Schwierigkeiten sind damit im Alltag verbunden? Abgerundet werden soll dieses Thema mit Hinweisen zur Plausibilisierung der Betreuungsintensitäten pro Behandlungstag sowie zum Abgleich dieser mit der Kodierung nach dem OPS-Kode (Operation- und Prozedurenschlüssel).

## 6.1 Einordnung der Betreuungsintensität

Die Themen Betreuungsintensität und Betreuungsintensitätsmodelle sind inhaltlich im Umfeld des Leistungsbereiches Station angesiedelt. Thematisch verlassen wir damit die Leistungsbereiche Diagnostik und Therapie, die einen direkten Patientenbezug aufweisen. Denn der Leistungsbereich Station ist dadurch gekennzeichnet, dass sich der leistungsbezogene Aufwand für die Kostenartengruppen der Personal-, Sach- und Infrastrukturkosten nicht exakt anhand von definierten Leistungen jedem einzelnen Patienten und Behandlungstag zuordnen lässt.[2] Im Bereich der Personalkosten ist die gebundene Zeit entweder zu gering pro Leistung oder nicht exakt definierbar. Daher ist es den Leistungserbringern nicht wirtschaftlich möglich, eine Leistungsdokumentation durchzuführen, die jede gebundene Personalminute abbilden kann. Aus kalkulatorischer Sicht gibt es hierzu zwar keine definierte Untergrenze oder kein Mindestmaß, allerdings erscheint es aus Sicht der Autoren fraglich, ob eine Leistungsdokumentation von 2 min Dauer, wie im Prä-Test von einigen Häusern angestrebt, über einen längeren Zeitraum durchgehalten werden kann. Zudem gibt es bisweilen noch keine Aussage darüber, wie oft diese kurzen Zeitspannen

---

[1] Vgl. hierzu weiterführend Kap. 5.
[2] Vgl. hierzu InEK (2010, S. 137 ff).

tatsächlich dokumentiert worden sind. Für den Regelbetrieb ist dies sicherlich nicht vorstellbar, wenngleich noch nicht abschließend definiert ist, wie groß die kleinste Zeiteinheit sein sollte, um eine detaillierte Leistungsdokumentation im wirtschaftlich sinnvollen Maße abbilden zu können. Dies wird sich sicherlich in den nächsten Kalkulationsjahren anhand von Erfahrungswerten herausstellen, wenngleich die Autoren noch einmal darauf verweisen möchten, dass die kleinsten abzurechnenden Einheiten in offiziellen Standardtarifwerken bei 10 min liegen.[3]

Die Betreuungsintensität bildet nun den Aufwand ab, der auf einer Station am Patienten erbracht wird und nicht über eine Leistungsdokumentation abgebildet werden kann. Auf diese Trennung zwischen Betreuungsintensität und Leistungsdokumentation muss des Öfteren hingewiesen werden, da sie für die Kalkulation von Relativgewichten eine besondere Rolle spielt und diese beim Aufbau eines Betreuungsintensitätsmodells verstanden werden muss. Theoretisch darf es nämlich keine Schnittmenge zwischen Betreuungsintensitätsmodell und Leistungserfassung geben. Praktisch ist dies sicherlich nicht vollständig umzusetzen, da in den Köpfen der Mitarbeiter/Leistungserbringer diese Abgrenzung im Stationsalltag nicht konsequent vorhanden ist. Hierbei kann es durchaus vorkommen, dass Abhängigkeiten zwischen Betreuungsintensität und Leistungserfassung gebildet werden. Konkrete Ergebnisse hierzu liegen den Autoren bisher nicht vor, daher muss von einer Vermutung gesprochen werden, die sich aus zahlreichen Gesprächen mit Mitarbeitern nährt.

Unter dem Strich bildet die Betreuungsintensität einen Ressourcenverbrauch ab, der nicht quantitativ, sondern nur qualitativ im Sinne von „liegt vor" bzw. „liegt nicht vor" bestimmt werden kann. Diese Art der Aufwandsschätzung wird dazu genutzt, um einerseits die Sachkosten der Kostenartengruppe 4a (Arzneimittel) sowie 6a (übriger medizinischer Bedarf) und andererseits die gesamten Personalkosten der (ko-)therapeutisch tätigen Mitarbeiter in den Kostenartengruppen 1 (Ärztlicher Dienst), 2 (Pflegedienst), 3 (Medizinisch-technischer Dienst/Funktionsdienst), 3a (Psychologischer Dienst), 3b (Sozialdienst) sowie 3c (Restliche Spezialtherapeuten) auf den Patienten und seinen Behandlungstag abzubilden. Somit sind alle in die Behandlung des Patienten eingebundenen Berufsgruppen davon betroffen. Im aktuellen Kalkulationsmodell des InEK in der Handbuchversion 1.0 werden bei der Punktzuordnung noch keine Unterschiede zwischen den verschiedenen Sach- und Personalkostenartengruppen im Bezug auf den gewichteten Pflegetag gemacht.[4] Ungeachtet dessen stellt die Betreuungsintensität eine Verteilungsgröße von hoher Bedeutung dar, da sie sich auf einen großen Teil der Gesamtkosten in einer psychiatrisch/psychosomatischen Klinik bezieht. Dieser Ansatz inkludiert, dass der Betreuungsintensität, welche die Grundlage für den gewichteten Pflegetag ist, in der Kalkulation eine tragende Rolle zukommt.

Um einen ersten Eindruck davon zu vermitteln, wie sich die Betreuungsintensität in der Praxis niederschlagen kann, soll Abb. 6.1 dienen. Sie stellt die Verteilung der Betreuungsintensitätspunkte nach den vier Fachgebieten der Psychiatrie bezogen auf die

---

[3] Vgl. hierzu weiterführend Kap. 5.
[4] Vgl. hierzu weiterführend Kap. 7.3.2.

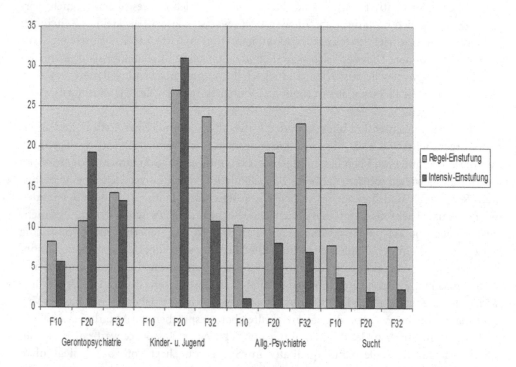

**Abb. 6.1** Verteilung der BI-Punkte gesamt pro Tag differenziert nach den psychiatrischen Fachgebieten auf Basis der Regel- und Intensiveinstufung, eigene Darstellung. (Ergebnis einer am Prä-Test und an der Probekalkulation teilnehmenden Klinik)

Regel- und Intensivbehandlung in einer Klinik dar. Zur weiteren Gruppierung wurden drei wesentliche ICD-Kodes – F10 (Psychische und Verhaltenstörungen durch Alkohol), F20 (Schizophrenie) und F32 (Depressive Episode) – verwendet. Dieses Ergebnis ist zwar nicht repräsentativ, aber bezogen auf diese Klink fällt bei den Fachabteilungen Allgemeinpsychiatrie und Sucht/Abhängigkeitserkrankung auf, dass Patienten der Regelbehandlung mehr Betreuungsintensitätspunkte aufweisen als die der Intensivbehandlung. In der Gerontopsychiatrie sowie der Kinder- und Jugendpsychiatrie zeigt sich eher ein gemischtes Bild. Demzufolge verursachen in dieser Klinik Patienten mit dem Primärkode Regelbehandlung in der Allgemeinpsychiatrie sowie Sucht/Abhängigkeitserkrankung bei diesen drei Krankheitsgruppen mehr Aufwand bezogen auf die Stationskosten als Patienten der Intensivbehandlung.

Aus Sicht der Autoren sollten Patienten in der Intensivbehandlung vom Modellansatz her jedoch deutlich mehr Punkte über die Betreuungsintensität sammeln als Patienten in der Regelbehandlung. Umgekehrt sollten Patienten in der Regelbehandlung deutlich mehr Therapiestunden in den Kostenstellengruppen 23–26 (Psychotherapie, Physikalische Therapie, Ergotherapie und andere Therapien) zugeordnet bekommen als Patienten in

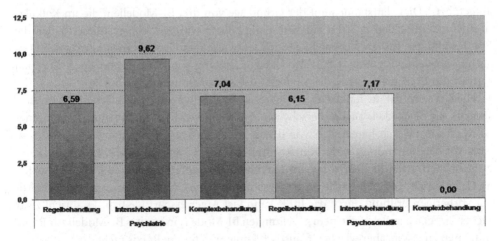

**Abb. 6.2** Durchschnittliche Verteilung der BI-Punkte pro Patient und Tag nach Fachgebieten sowie Primärkode, eigene Darstellung. (Ergebnis einer am Prä-Test und an der Probekalkulation teilnehmenden Klinik)

der Intensivbehandlung. In Summe kann deshalb nicht grundsätzlich davon gesprochen werden, dass Patienten in der Intensivbehandlung deutlich teurer sein müssen als Patienten in der Regelbehandlung. Nicht selten ist aufgrund der höheren Therapiefrequenz sogar das gegenteilige Ergebnis zu erwarten.

Wie aus Abb. 6.2 hervorgeht, kann dies für eine andere Klinik aus der Probekalkulation bei Betrachtung aller Hauptdiagnosen und einer einfachen Differenzierung zwischen Psychiatrie und Psychosomatik sowie Primärkode tatsächlich auch bestätigt werden. Insofern können die obigen Grafiken nur als Indikator einzelner Kliniken dienen, ohne darauf auf allgemeingültige Ergebnisse schließen zu können. Allerdings öffnen diese beiden Grafiken auf nationaler Ebene die Diskussion nach einheitlichen BI-Modellen, wie von den Autoren in Kap. 7.3 propagiert, um allgemeingültige und vor allem vergleichbare Ergebnisse generieren zu können. Denn letztendlich basieren die hier vorgestellten Ergebnisse auf unterschiedlichen Modellen, wenngleich nicht auszuschließen ist, dass auf ICD-Basis durchaus abweichende Ergebnisse vom grundlegenden Modellansatz erwartet werden dürfen.

## 6.2   Struktur der Betreuungsintensitätsmodelle

Jedes Betreuungsintensitätsmodell (BI-Modell) muss gewissen Kriterien entsprechen, um vom InEK im Rahmen der Kalkulation von Behandlungskosten zugelassen zu werden. Im Kalkulationshandbuch Version 1.0 sind in der Anlage 13 zehn verschiedene BI-Modelle aufgeführt.[5] Diese entstanden auf der Grundlage von drei BI-Modellen, die im Kalkula-tionsleitfaden für den Prä-Test zur Verfügung gestellt wurden. Anhand dieser haben die Prä-Testkliniken 15 verschiedene BI-Modelle entwickelt und im Prä-Test angewendet. Dar-aufhin wurde die Eignung der BI-Modelle zur Bildung von kostenhomogenen Gruppen geprüft. Im Ergebnis entstand die Anlage 13 des Kalkulationshandbuches.

Hierbei wird darauf hingewiesen für welche Fachgebiete der Psychiatrie und Psycho-somatik die BI-Modelle geeignet erscheinen. Sollte ein Kalkulationsteilnehmer ein eigenes BI-Modell entwickelt haben, dass von denen in der Anlage 13 aufgeführten abweicht, so ist es vor der Anwendung in der Klinik vom InEK genehmigen zu lassen. Ansonsten kann es geschehen, dass die Teilnahme am Kalkulationsverfahren abgelehnt wird, da das BI-Modell als nicht geeignet erscheint, um kostenhomogene Gruppen bilden zu können. Mit der vorherigen Prüfung durch das InEK kann viel Ärger erspart bleiben. Es spricht zwar nichts dagegen parallel zum einem genehmigten BI-Modell ein zweites BI-Modell zur Probe mitlaufen zu lassen, aber wirklich realistisch klingt dies für die Praxis nicht.

## 6.2.1 Differenzierung von tagesvariablen und aufenthaltsstabilen Merkmalen

Die Betreuungsintensität bildet einen Behandlungsaufwand pro Tag ab. Daher müssen die verwendeten Merkmale so gewählt werden, dass sie Tag für Tag anders bewertet werden können. In diesem Fall spricht man von tagesvariablen Merkmalen. In Ergänzung dazu ist es im Kalkulationshandbuch Version 1.0 (noch) möglich, aufenthaltsstabile Merkmale zu verwenden. Diese Merkmale sind so gestaltet, dass sie sich während des ganzen Aufenthaltes nicht verändern. Während bei aufenthaltsstabilen Merkmalen folglich nur eine Variabilität von Patient zu Patient möglich ist, erlauben tagesvariable Merkmalsausprägungen eine Variabilität von Tag zu Tag.

Vor diesem Hintergrund lassen sich aktuell noch zwei Modelltypen für die Erfassung der Betreuungsintensität differenzieren, nämlich Modelle mit einer reinen tagesvaria-blen Gewichtung und kombinierte Modelle mit aufenthaltsstabilen und tagesvariablen Merkmalen.

### Aufenthaltsstabile Merkmale
Der kombinierte BI-Modelltyp findet sich letztlich nur zweimal im aktuellen Kalkulati-onshandbuch Version 1.0 wieder, wobei als aufenthaltsstabile Merkmale folgende benutzt werden:[6]

1. Psychiatrische Komorbidität
2. Körperliche/somatische Komorbidität

---

[5] Vgl. hierzu InEK (2010, S. 202 ff).
[6] Vgl. hierzu InEK (2010, S. 207f).

3. Psychosoziale und umgebungsbedingte Faktoren

4. Persönlichkeitsstörung/Intelligenzminderung

Bei kritischer Betrachtung dieser aufenthaltsstabilen Merkmale sticht sofort das Merkmal Persönlichkeitsstörung/Intelligenzminderung ins Auge, da sich diese beiden Begriffe als Überschrift im ICD-10-GM wiederfinden. Sie stellen somit eine Gruppe von konkreten Erkrankungsbildern dar. Die Persönlichkeitsstörung entspricht dem Diagnosenbereich F60–F62 und die Intelligenzminderung dem Diagnosenbereich F70–F79.[7]

An dieser Stelle muss zumindest die Frage erlaubt sein, ob dieses Vorgehen überhaupt zulässig ist und ein Erkrankungsbild als aufenthaltsstabiles Merkmal genutzt werden darf. Bezogen auf die aufenthaltsstabilen BI-Modelle stellt sich den Autoren in diesem Kontext die Frage, ob die beiden Erkrankungsbilder Persönlichkeitsstörung und Intelligenzminderung so prägend für den Ressourcenverbrauch sind, dass sie einer Berücksichtigung in der Betreuungsintensität bedürfen. Wenn ja, so müsste dem Ergebnis der Kostenkalkulation entnommen werden können, dass Patienten mit dieser Erkrankung deutlich andere Kosten verursachen als Patienten mit einer anderen psychiatrischen/psychosomatischen Erkrankung. Den Autoren liegen hierzu bisher noch keine Ergebnisse vor, die diese Behauptung belegen oder widerlegen könnte. Auch in der bisher veröffentlichten Auswertung der Probekalkulation gibt es hierfür keine Anzeichen. Daher muss erstmal davon ausgegangen werden, dass eine Persönlichkeitserkrankung und oder eine Intelligenzminderung keine Krankheitsbilder sind, die sich in der Kostenkalkulation als besonders kostenintensiv hervorgetan haben.

Im Umkehrschluss müsste dann zumindest theoretisch auch jede andere Diagnosengruppe als aufenthaltsstabiles Merkmal erlaubt sein. Dies ist aus Sicht der Autoren sicherlich kein gangbarer Weg, so dass an dieser Stelle für eine ausführlichere Kodierung von Haupt- und Nebendiagnosen optiert wird. Im zweiten Schritt könnte dann geprüft werden, ob diese Grund- bzw. Nebenerkrankungen tatsächlich einen wesentlichen Einfluss auf die Ressourcenbindung haben. Sollte dies der Fall sein, so muss dieser Ressourcenverbrauch über erkrankungsneutrale Merkmale abgebildet werden, um eine Gleichberechtigung zwischen allen Krankheitsbilder herstellen zu können. Damit wäre die Brücke zu den tagesvariablen Merkmalen geschlagen. Diese sind erkrankungsunabhängig und tagesgenau ermittelbar. Ein unterschiedlicher Ressourcenaufwand aufgrund der Erkrankung wäre hierüber abbildbar.

In diesem Kontext kann sicherlich auch einmal ganz grundsätzlich hinterfragt werden, ob sich eine Hauptdiagnose während des Behandlungsaufenthaltes im PSY-Bereich nicht auch verändern kann. Wenn dem so wäre, müssten aus Sicht der Autoren auch die DKR Psych des ICD-10-GM angepasst werden. Denn in der ICD.csv des § 21 Datensatzes ist eine Diagnosenänderung bisweilen nicht vorgesehen. Hier wird wie in der Somatik nur zwischen der Haupt- und den Nebendiagnosen unterschieden und letztlich auch nur die Hauptdiagnose zum Entlassungszeitpunkt übermittelt. Wenn jedoch mit den Aufnahme-

---

[7] Vgl. hierzu DIMDI, ICD-10-GM (2011a).

diagnosen ein gewisses Therapiesetting verbunden ist und mit der Entlasshauptdiagnose ein davon divergierendes, im § 21 Datensatz letztlich jedoch nur die Hauptdiagnose zum Entlassungszeitpunkt übermittelt wird, ist es aus Sicht der Autoren durchaus vorstellbar, dass mit den unterschiedlichen Diagnosen auch unterschiedliche Kosten verbunden wären. Folglich ist es sicherlich lohnenswert, darüber nachzudenken, die Kodierung so anzupassen, dass auch ein tagesbezogener Wechsel der Hauptdiagnose systembedingt möglich wäre, zumal das System in seinen Grundzügen auf der Prämisse der tagesbezogenen Kalkulation von Relativgewichten beruht. Bisher gibt es diese Möglichkeit jedenfalls nicht.

Das Merkmal körperliche/somatische Komorbidität als aufenthaltsstabiles Merkmal der BI-Modelle 6.1 und 7.1 findet sich bei den anderen BI-Modellen zum Teil im Bereich der tagesvariablen Merkmale wieder. Wenngleich hiermit zweifelsohne stabile somatische Begleiterkrankungen, wie zum Beispiel chronischer Bluthochdruck erfasst werden sollen, stellt sich zumindest die Frage, wie mit einer Dekubituserkrankung oder ähnlichen somatischen Erkrankungen umgegangen werden soll, die sich im Zeitablauf verbessern oder auch verschlechtern können. Diese Frage ist umso dringender, wenn diese Modelle national für alle Häuser anwendbar sein müssen, also z. B. auch für gerontopsychiatrische Stationen.

Die Merkmale psychiatrische Komorbidität sowie psychosoziale und umgebungsbedingte Faktoren finden sich in den anderen BI-Modellen nicht wieder. Dies kann unterschiedliche Gründe haben. Die psychiatrische Komorbidität wird über die ICD-Kodierung mittels Haupt- und Nebendiagnose ausgedrückt und die psychosozialen und umgebungsbedingten Faktoren finden sich in der psychiatrischen Basisdokumentation wieder, die wiederum kein kalkulationsrelevantes Merkmal darstellt. Es sei denn Elemente der Basisdokumentation werden als Verteilungsschlüssel für Gemeinkosten genutzt. Hierüber haben die Autoren jedoch keine Kenntnis, dass dies bei einer der vorhandenen Kostenkalkulationen umgesetzt worden ist.

Mittels der Erfassung von aufenthaltsstabilen Faktoren kann folglich keine Variabilität von Tag zu Tag, sondern nur von Patient zu Patient generiert werden. Folglich haben diese Modelle auch tagesvariable Eingruppierungsmerkmale, mit denen eine Variabilität von Tag zu Tag generiert werden kann. Sie stellen somit eine Kombination von tagesvariablem BI-Modell mit aufenthaltsstabilen Merkmalen dar.

## Tagesvariable Merkmale

Die tagesvariablen Merkmale bilden eine Menge von Kriterien, um unterschiedliche Verhaltensweisen des Patienten, die sich täglich verändern können, abzubilden. Hierzu werden z. B. Merkmale wie Aggression, Desorientiertheit, Kooperationsfähigkeit und Selbstständigkeit verwendet. Die Merkmale sollten so gewählt sein, dass zwischen ihnen keine direkte Abhängigkeit besteht. Bei der gleichzeitigen Nutzung von Desorientiertheit und Selbstständigkeit kann davon jedoch nicht immer ausgegangen werden. Eine Unabhängigkeit zwischen den Merkmalen hat den Vorteil, dass unterschiedlichste Betreuungssituationen getrennt voneinander abgebildet werden können. Des Weiteren erfordert es eine individuelle Bewertung jedes einzelnen Merkmals. Auf diese Weise kann die Bewertung nicht auf wenige Merkmale des BI-Modells komprimiert und somit eine Gruppenbildung nicht vorweggenommen werden. In der Praxis erweist sich dies sicherlich nicht immer ganz einfach. Werden z. B. Desorientiertheit und Selbstständigkeit genutzt, so kann sicherlich davon ausgegangen werden, dass bei einer deutlich ausgeprägten Desorientiertheit ein gewisses Maß an fehlender Selbstständigkeit vorhanden sein muss. Daher muss die Unabhängigkeit der Merkmale untereinander sicherlich als Leitfaden für die Ausgestaltung der Merkmale angesehen werden.

Wenn an dieser Stelle ein Zwischenfazit zur Verteilung von tagesvariablen und aufenthaltsstabilen Merkmalen gezogen werden darf, so ist anhand der Anlage 13 aus dem Kalkulationshandbuch Version 1.0 festzustellen, dass nur zwei von neun BI-Modellen aufenthaltsstabile Merkmale verwendet werden und damit eindeutig ein Trend hin zu tagesvariablen Merkmalen besteht. Ob dieser Trend richtig oder falsch ist, steht außerhalb der Kompetenz der Autoren. Eines ist jedoch deutlich erkennbar, dass bei einer Kalkulation, die den Tag als Kostenträger heranzieht, eine Konzentration der Anstrengung auf den Tag ausgerichtet ist und behandlungsübergreifende Aspekte eher in den Hintergrund geraten. In einem Vortrag durch den Geschäftsführer des InEK, Dr. Heimig, zu den Ergebnissen der Probekalkulation am 19. August 2011 wies er darauf hin, dass sich die Hypothese zur fehlenden Kostentrennung von Modellen mit rein aufenthaltsstabilen Merkmalen bestätigt hätte.[8] Daher ist davon auszugehen, dass in Zukunft nur noch Modelle verwendet werden, die sich auf tagesvariable Merkmale stützen. In wie weit hier ein Wochenbezug hinzugenommen wird, können die Autoren noch nicht abschätzen.

**Gemeinsamer Nenner von Betreuungsintensitätsmodellen**
Im Folgenden soll nun der Versuch unternommen werden, den kleinsten gemeinsamen Nenner der aktuellen Betreuungsintensitätsmodelle zu finden, um auf dieser Basis die besonderen Anforderungen an ein Betreuungsaufwandsmodell diskutieren zu können. Hierbei wurden alle Modelle der Anlage 13 des Kalkulationshandbuches in der Version 1.0 herangezogen. Bei einem Abgleich der dort aufgeführten BI-Modelle ergibt sich folgendes Bild:[9]

- Insgesamt 20 tagesvariable Merkmale und vier aufenthaltsstabile Merkmale
- Sieben tagesvariable Merkmale weisen einen direkten Bezug zum psychopathologischen Befund auf
- Merkmale Aggressivität, Desorientiertheit sowie Kooperationsfähigkeit finden in sieben Modellen Anwendung
- Merkmale Selbstständigkeit und somatischer Versorgungsbedarf finden in sechs Modellen Anwendung
- Alle anderen tagesvariablen Merkmale werden dreimal oder weniger angewendet
- Sieben von neun Modellen weisen eine Eignung für die Allgemeinpsychiatrie auf
- Je vier Modelle eignen sich für die Gerontopsychiatrie oder Abhängigkeitserkrankungen

---

[8] Vgl. hierzu Heimig (2011a, S. 231).
[9] Vgl. hierzu InEK (2010, S. 202 ff).

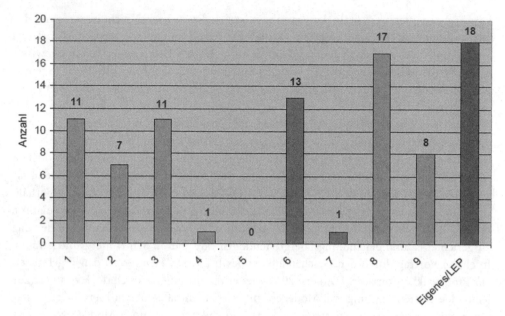

**Abb. 6.3** Häufigkeitsverteilung der Betreuungsintensitätsmodelle. (Quelle: InEK 2011; Vgl. hierzu Heimig 2011, S. 29)

- Je ein spezielles Modell für die Kinder- und Jugendpsychiatrie sowie Psychosomatik
- Keines der Modelle hat einen ausgewiesenen Bezug zur tagesklinischen Versorgung

Anhand dieses ersten Vergleiches wird noch einmal deutlich, dass tagesvariable Merkmale in der Praxis deutlich öfter angewendet werden als aufenthaltsstabile Merkmale. Wie die reale Verteilung der Anwendung der aufgeführten Modelle aus dem Kalkulationshandbuch sich darstellt, kann der nachfolgenden Grafik des InEK entnommen werden.

Die Fachgebiete der Kinder- und Jugendpsychiatrie (Modell 8.1) sowie der Psychosomatik (Modell 9.1) bedürfen anscheinend jeweils ein eigenes BI-Modell, um den in diesen Fachgebieten anfallenden Ressourcenverbrauch im Stationsbereich korrekt abbilden zu können. Bei genauerer Betrachtung erscheinen diese beiden Modelle jedoch nicht so unterschiedlich zu den anderen. Beide verwenden Aggressivität, Kooperationsfähigkeit und somatischer Versorgungsbedarf, die auch bei den meisten anderen Modellen verwendet werden. Allein der Aufsichtsbedarf und die Gruppenfähigkeit bei der Kinder- und Jugendpsychiatrie sowie die Dissoziation bei der Psychosomatik lassen diese beiden Modelle auf den ersten Blick besonders erscheinen. Sie sind damit jedoch nicht außergewöhnlicher als Modell 7.1, dass als einziges das tagesvariable Merkmal Sturz- und Weglauftendenz nutzt und für die Bereiche Allgemeinpsychiatrie, Gerontopsychiatrie sowie Abhängigkeitserkrankungen geeignet erscheint.

Die Modelle 6.1 sowie 7.1 verwenden beide für die Abbildung von aufenthaltsstabilen Merkmalen identische Merkmale. In Summe kann ein gemeinsamer Nenner aller aufgeführten BI-Modelle gefunden werden. In der folgenden Tab. 6.1 wird daher der Versuch

**Tab. 6.1** Basis eines allgemeingültiges Betreuungsintensitätsmodell. (Vgl. hierzu InEK 2010, S. 202 ff.)

| Merkmal | 1 Punkt | 2 Punkte | 3 Punkte | 4 Punkte | 5 Punkte |
|---|---|---|---|---|---|
| Aggressivität | Keine Aggressivität | Geringe Anzahl verbal-aggressiven Verhaltens, Suizidabsichten | Deutlich ausgeprägte Aggressivität, mittelgradige Suizidgefahr | Hohes (auch körperliches) Aggressionsverhalten, hochgradige Suizidgefahr | Kontinuierliches (körperliches) aggressives Verhalten, akute Suizidgefährdung |
| Desorientiertheit | Orientiert | Zeitweise gestörte Orientierung in einer Qualität | Andauernde gestörte Orientierung in einer Qualität | Andauernde gestörte Orientierung in mehr als einer Qualität | Dauerhafte und alle Qualitäten betreffende Orientierungsstörung |
| Kooperationsfähigkeit | Kooperativ | Leichte bzw. zeitweise Einschränkung | Oft bzw. starke Einschränkung | Unkooperativ | Destruktiv |
| Selbstständigkeit | Keine Einschränkung | Gelegentliche Einschränkung, Anleitung notwendig | Anleitung in mehreren Bereichen erforderlich | Umfassende Anleitung in mehreren Bereichen erforderlich | Vollständige Einschränkung |
| Somatischer Versorgungsbedarf | Selbstständige Körperpflege | Geringer Pflegeaufwand, 30–60 min | Ärztlich/pflegerische Überwachung, 60–90 min | Ärztlich/pflegerische Überwachung, Intervention erforderliche, größer 90 min | Vitale Gefährdung, engmaschige Überwachung |

unternommen, hieraus die Basis für ein allgemeingültiges BI-Modell mit den am häufigsten verwendeten tagesvariablen Merkmalen aufzustellen.

Mit dem in Tab. 6.1 aufgeführten BI-Modell wäre aus Sicht der Autoren der Diskussionseinstieg geschafft, sich auf ein BI-Modell in der Erwachsenenpsychiatrie einigen zu können und dieses in Ergänzung von maximal ein oder zwei Merkmalen als Standardmodell zu verwenden.[10] Sicherlich wird jede kalkulierende Einrichtung an dieser Stelle Einwände gegen dieses Grundmodell haben, da es die Besonderheiten der eigenen Einrichtung nicht konkret abbilden kann. Die Frage hierbei muss jedoch sein, ob jede Besonderheit abgebildet werden muss oder ob es nicht vielmehr ausreichend für die Aufwandsabbildung ist, wenn die Merkmale vereinheitlicht werden – genauso wie die Skalenbereite. In der Formulierung der einzelnen Ausprägungen könnte in Ergänzung dann sicherlich die „persönliche" Note jeder Einrichtung untergebracht werden.

Im Folgenden wird daher erst einmal zu prüfen sein, welchen Anforderungen ein BI-Modell genügen muss, um darauf aufbauend bewerten zu können, ob dieses Grundmodell mit den ggf. erforderlichen Anpassungen tatsächlich als allgemeingültiges Modell in die Erwachsenenpsychiatrie Einzug halten kann. Hierfür erscheinen neben den strukturellen Anforderungen insbesondere die Überlegungen in Kap. 6.3 bedeutungsvoll. Denn ohne einen Konsens in Hinblick auf die dort aufgeworfenen Fragen wird es zweifelsohne schwierig werden, ein Modell zu erarbeiten, dass für alle PSY-Häuser in Deutschland gleichermaßen geeignet ist, vor allem aber den damit verbundenen kalkulatorischen Nutzen erfüllt. Dies gilt ebenfalls für die Entwicklung eines standardisierten Modells in der Psychosomatik, das ich mit Ausnahme der Merkmale Desorientierung und Dissoziation gar nicht so sehr von dem der Psychiatrie unterscheiden wird. Den Erfahrungen der Autoren nach wird hierbei die sprachliche Ausgestaltung den Unterschied ausmachen.

Ungeachtet aller offenen Fragen, haben sich die Einrichtungen der Kinder- und Jugendpsychiatrie, die Mitglied in der Bundesarbeitsgemeinschaft psychiatrischer Träger (BAG) sind, hingegen schon auf die allgemeingültige Anwendung des Modells 8.1 der Anlage 13 geeinigt.[11] Das heißt, dieses Modell soll in allen Einrichtungen der KJP für die Abbildung der Betreuungsintensität genutzt werden. Mit dieser Entscheidung sind die Träger kinder- und jugendpsychiatrischer Einrichtung als Erste den Schritt zu einem allgemeingültigen Modell gegangen. Ob dies für die korrekte Abbildung des Betreuungsaufwandes erforderlich ist, bleibt bisher noch ungeklärt – genauso wie die Frage, ob es das richtige Modell ist. Was es jedoch deutlich verbessert, ist die Vergleichbarkeit der Ergebnisse untereinander.

An sich erscheint es schon sehr unwahrscheinlich die Ergebnisse der Betreuungsintensität innerhalb einer Einrichtung vergleichen zu können, dies aber auch noch einrichtungsübergreifend bei gleichzeitiger Nutzung verschiedener Modelle lässt von vornherein jeden Versuch des Benchmarks scheitern. Mit einem einrichtungsübergrei-

---

[10] Vgl. hierzu insbesondere die Ausführungen in Kap. 6.3.
[11] Vgl. hierzu Schepker und Fegert (2012, S. 5).

fenden Modell wäre zumindest hierfür eine Grundlage geschaffen, die Ergebnisse der Betreuungsintensität zu vergleichen.

Diesen oder anderen Gedanken nachgehend wird z. Zt. beim InEK an einem einheitlichen BI-Modell gearbeitet. Bisher gab es noch keine Veröffentlichungen, die den aktuellen Bearbeitungsstand erkennen lassen.

## 6.2.2  Spreizung der BI-Modelle

In diesem Abschnitt wird nur noch auf die tagesvariablen Merkmale Bezug genommen, da sie auf Basis des bisherigen Kenntnisstands besonders geeignet erscheinen, eine tagesbezogene Vergütung im neuen PSY-System zu unterstützen.[12] Inhaltlich ist diesbezüglich zu konstatieren, dass jedes BI-Modell eine gewisse Anzahl von Merkmalen aufweisen muss. Wie viele dies jedoch sein müssen, ist nicht definiert. Die BI-Modelle der Anlage 13 aus dem Kalkulationshandbuch Version 1.0 weisen zwischen vier und acht Merkmalen auf. Die Herkunft der Merkmale lässt sich zum Teil aus dem psychopathologischen Befund herleiten. Dieser enthält folgende grobe Sortierung:[13]

- Bewusstsein
- Orientierung
- Aufmerksamkeit und Gedächtnis
- Formales Denken
- Inhaltliches Denken
- Ich-Erleben
- Wahrnehmungsstörungen
- Affekt
- Antrieb und Psychomotorik
- Aggressivität
- Suizidalität
- Ablehnung der Behandlung

Bei der Mindestspreizung der BI-Modelle hat sich das InEK an der PPR (Pflege-Personalregelung) orientiert. Diese weist von der Mindestpunktzahl bis zur Maximalpunktzahl eine Spreizung von vier auf und stellt somit das Mindestmaß in der Differenzierung der BI-Modelle dar.[14] Ob hier die Orientierung an der PPR die richtige Ausgangsbasis ist, scheint fraglich, da dieses Modell auf den Ressourcenverbrauch im Pflegedienst ausgerichtet ist und nur in somatischen Einrichtungen Anwendung findet. Eventuell wird die PPR in abgewandelter Form noch in psychosomatischen Einrichtungen genutzt, aber in

---

[12] Vgl. hierzu auch Heimig (2011a, S. 29).

[13] Vgl. hierzu Zeugmann (2010, S. 2 ff).

[14] Vgl. hierzu InEK (2010, S. 139).

psychiatrischen Einrichtungen findet sie sicherlich keine Anwendung, da hier die Psych-PV (Psychiatrie-Personalverordnung) vorherrschend ist.

## Spreizung in der Psych-PV

Um ein Gefühl für eine mögliche Spreizung innerhalb der Psych-PV zu erhalten, wird an dieser Stelle auf eine Analyse der BARMER-GEK verwiesen.[15] Diese Krankenkasse hat es sich zur Aufgabe gemacht, einen Ansatz zur Ermittlung von pauschalierten Entgelten in der Psychiatrie zu erarbeiten. Hierbei wurde während der Untersuchung ein Kostengewicht pro Tag und Psych-PV-Behandlungseinheit gebildet. Grundlage hierfür waren die Psych-PV-Minutenwerte pro Behandlungsbereich und Berufsgruppe. Diese wurden anhand der Bruttopersonalkosten pro Berufsgruppe gegenseitig ins Verhältnis gesetzt, wobei die Kosten pro Arztminute als „1" gesetzt wurden. Anhand dieser Berechnung ergaben sich am Beispiel für den Behandlungsbereich A1–A5 folgende kostengewichtete Minuten je Behandlungsbereich.[16]

| | | |
|---|---|---|
| A1 | 185,53 | Entspricht 1,00 |
| A2 | 259,54 | Entspricht 1,40 |
| A3 | 160,03 | Entspricht 0,86 |
| A4 | 183,66 | Entspricht 0,99 |
| A5 | 136,20 | Entspricht 0,73 |
| A6 | | Wurde nicht ermittelt |

Wird nun der Behandlungsbereich A1 mit seinen 185,53 gewichteten Minuten als Referenzwert herangezogen und somit auf 1,00 gesetzt ergibt sich eine Spanne von 0,73 für A5 und 1,40 für A2. Damit hätte die Psych-PV eine Spreizung 1,92. Anhand dieses Ergebnisses kann die Psych-PV als Betreuungsintensitätsmodell aufgrund ihrer geringen Spreizung nicht herangezogen werden, da das (theoretische) Mindestmaß von vier per se nicht erreicht werden kann.

## Spreizung mittels GAF und BSS

In der Abb. 6.4 ist eine Häufigkeitsverteilung für ein BI-Modell der Erwachsenenpsychiatrie aufgeführt, dessen Grundlage eine Kombination aus den beiden Skalen GAF (Global Assessment of Functioning) und BSS-Pflege nach Schepank (Beeinträchtigungsschwere) darstellt.

Der GAF ist eine psychologische Skala zur Erfassung des allgemeinen Funktionsniveaus. Beim BSS werden psychische und körperliche sowie Störungen der sozialen Kommunikation bewertet. Beide Skalen GAF und BSS sind im Anhang genauer erläutert. Mit diesem BI-Modell wurde der Versuch unternommen aus schon in der Routine vorhandenen Daten ein BI-Modell zu schaffen, dass im Alltag keinen Mehraufwand verursacht. Nach Rücksprache mit dem InEK wird es für die Kalkulation des Datenjahres 2012 jedoch nicht

---

[15] Vgl. hierzu grundlegend Petrovsky et al. (2011).

[16] Vgl. hierzu Petrovsky et al. (2011, S. 116).

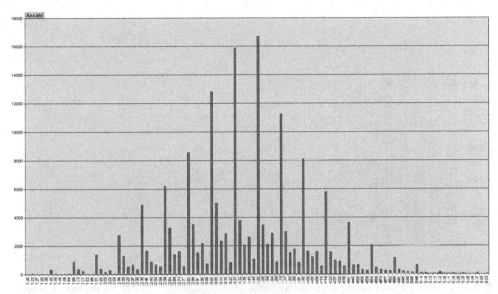

**Abb. 6.4** Häufigkeitsverteilung der Betreuungsintensitätspunkte nach einem kombinierten Modell aus GAF und BSS aus einer Erwachsenenpsychiatrie, eigene Darstellung

mehr zugelassen, da beide Faktoren ausschließlich Funktionseinschränkungen bzw. Beeinträchtigungen bewerten und somit kein ausreichender kausaler Zusammenhang mit dem dahinterliegendem Aufwand vorhanden ist.

In diesem Kontext ist bei Abb. 6.4 auffällig, dass regelmäßige Spitzen der Häufung vorhanden sind. Dies hängt aus Sicht der Autoren wahrscheinlich damit zusammen, dass der GAF eine Spannbreite von 1 bis 100 aufweist und es in den Grunddaten zur GAF-Bewertung Häufigkeiten bei einem Vielfachen von fünf gibt. Die Spreizung dieses BI-Modells für die Erwachsenenpsychiatrie liegt bei drei und die Spreizung des BI-Modells für die Kinder- und Jugendpsychiatrie liegt bei über vier.

## Spreizung in ausgewählten Modellen des Kalkulationshandbuches

Laut Kalkulationshandbuch kann in Ausnahmefällen auch eine Spreizung bis zu sechs vorhanden sein.[17] In den BI-Modellen nach Anlage 13 weisen sechs Modelle eine Spreizung von sechs oder mehr auf. Modell 5.1 vergibt sogar Maximalwerte von sieben Punkten pro Merkmal und Modell 6.1 von neun Punkten.

Das Modell 6.1 wird nach Meinung der Autoren wahrscheinlich keine Anwendung mehr im Kalkulationshandbuch für das Jahr 2012 finden, da es sich zum größten Teil auf aufenthaltsstabile Merkmale stützt und für die tagesvariable Einstufung nur ein Merkmal vorsieht. Diese Haltung ist auch in den Hinweisen zur Kalkulation 2012 der InEK bestätigt worden. Das Modell ist für das Datenjahr 2011 als BI-Modell nicht mehr zugelassen. Somit ist der

---

[17] Vgl. hierzu InEK (2010, S. 139).

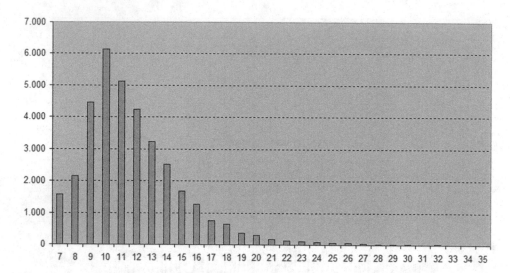

**Abb. 6.5** Häufigkeitsverteilung der Betreuungsintensitätspunkte nach Modell 3.1 aus einer Erwachsenenpsychiatrie, eigene Darstellung

Ausnahmefall bezogen auf die vorhandenen BI-Modelle wohl eher die Regel und die Kliniken bringen damit zum Ausdruck, dass eine Spreizung von vier zu gering für die Abbildung
des Ressourcenverbrauchs ist.

Im Kalkulationshandbuch wird von einer theoretischen Spreizung des BI-Modells ausgegangen. Es wird keine Aussage darüber getroffen ob die beabsichtigte Spreizung auch
in den Echtdaten vorhanden sein muss bzw. wie die Verteilung des Betreuungsaufwandes
sich in der Realität abbilden sollte. Vielmehr muss hier die Frage gestellt werden ob die
maximale Punktzahl in der Realität überhaupt erreicht werden kann. Beim BI-Modell 3.1
der Anlage 13 würde sich die Maximalpunktzahl wie folgt darstellen, wenn alle Merkmale
auf fünf Punkte gesetzt sind:

- (Auto-)Aggressivität: akute Selbstgefährdung, akute Fremdgefährdung
- Desorientiertheit: schwerster geistiger Abbau, körperliche Störungen
- Kooperationsbereitschaft: destruktiv
- Beziehungs- und Kontaktstörung: Beziehungsabbruch/Trennungsunfähigkeit
- Unselbstständigkeit in der persönlichen Lebensführung: komplette Einschränkungen,
  komplette Übernahmen notwendig
- Somatische Pflege: mehr als 120 min pro Tag
- Erhöhter Informationsaustausch: Fokus, Fallsupervision
- Ausnahmesituationen: 1:1 Betreuung 18–24 Stunden

In der Realität sind Patienten mit solch einer Ausprägung sicherlich die Ausnahme. Daher
muss untersucht werden, wie sich die Verteilung der Betreuungsintensität in der Realität
darstellt. Bezogen auf dieses Modell kann dazu in Abb. 6.5 folgendes Ergebnis für den
stationären Bereich präsentiert werden.

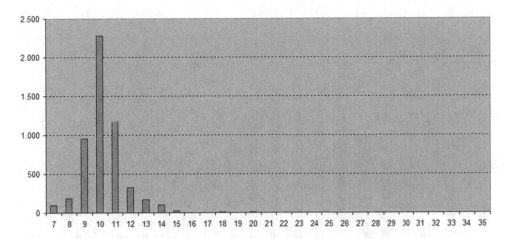

**Abb. 6.6** Häufigkeitsverteilung der Betreuungsintensitätspunkte nach Modell 3.1 aus einer Tagesklinik, eigene Darstellung

Tatsächlich ist in diesem Modell eine Maximalpunktzahl von 33 dokumentiert worden,
wobei das Maximum bei 35 Punkten gelegen hätte. Damit kann für dieses Modell nicht
nur eine theoretische Spreizung von fünf deklariert werden, sondern auch eine praktische
von 4,7. Einschränkend ist jedoch hervorzuheben, dass sich auch in diesem Modell die
augenscheinliche Spreizung im Bereich vom sieben (Mindestpunktzahl) bis 16 bewegt, da
diese Punktzahlen am häufigsten vergeben worden ist. Auch dies macht nur eine Spreizung
von 2,3 aus, die damit nicht viel höher liegt als der Versuch, die Psych-PV als Verteilungsschlüssel zu verwenden. Allerdings haben 8 % der Patienten dieser Klinik eine höhere
Spreizung aufzuweisen, da sie mehr als 17 Punkte zugeordnet bekommen haben. In der
Kostenrechnung wiederum geht es ja letztlich auch um die Isolierung dieser Ausreißer, um
für diese Tage ggf. höhere Relativgewichte vergeben zu können. Im Vergleich dazu ist der
Psych-PV-Ansatz nicht für diese Genauigkeit im Ergebnis geeignet.

Das BI-Modell 3.1 wurde in dieser Klinik auch für eine Tagesklinik angewandt. Wie aus
der Abb. 6.6 hervorgeht, ist hierbei nur eine augenscheinliche Spreizung von zwei erreicht
worden, was letztlich auch daran liegt, dass die teilstationären Patienten deutlich aufent-
haltsstabiler sind als die Patienten in der Erwachsenenpsychiatrie. Der maximal vergebene
Wert lag bei 20, so dass die tatsächliche Spreizung bei 2,9 lag. Sie liegt damit deutlich unter
den angestrebten vier aus der PPR. Folglich scheint die These, dass ggf. ein Modell für
den stationären und teilstationären Bereich der Psychiatrie ausreichen könnte zumindest
fraglich.

In der Abb. 6.7 ist ebenfalls die Häufigkeit der Betreuungsintensitätspunkte über die
Spannbreite von möglichen Betreuungsintensitätspunkten aufgeführt.

Grundlage hierbei war ein BI-Modell für eine Kinder- und Jugendpsychiatrie, das sich
stark am Modell 8.1 der Anlage 13 orientiert hat. Die Punkteverteilung zeigt eine annähern-

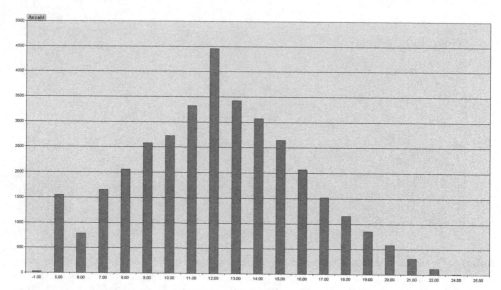

**Abb. 6.7** Häufigkeitsverteilung der Betreuungsintensitätspunkte nach Modell 8.1 aus einer Kinder-und Jugendpsychiatrie, eigene Darstellung

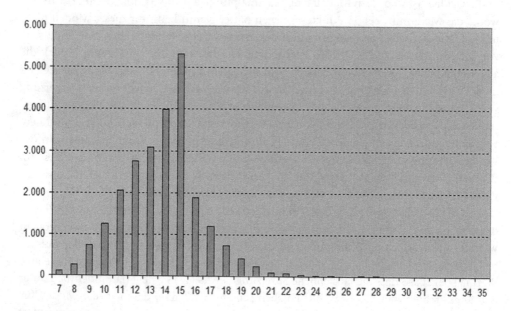

**Abb. 6.8** Häufigkeitsverteilung der Betreuungsintensitätspunkte eines kombinierten Modells 3.1 und Modell 9.1 aus einer Psychosomatik, eigene Darstellung

de Normalverteilung der Werte an, wobei der Mittelpunkt bei 12 Punkten von Maximal 25 Punkten liegt. Die Untergrenze liegt systembedingt bei 5 Punkten (mindestens 1 Punkt pro Merkmal). In wenigen Fällen ist −1 Punkt vergeben worden. Für diese Behandlungstage sind die Merkmale nicht korrekt ausgefüllt und damit mit −1 bewertet worden.

Für die Psychosomatik existiert aktuell nur ein Modell im Kalkulationshandbuch. Dieses wurde von einer Probekalkulationsklinik mit dem Modell 3.1 gekreuzt und vom InEK genehmigt. Das entsprechende Ergebnis ist im Anhang hinterlegt. Der maximal vergebene Wert liegt bei 29, so dass eine Spreizung von 4,1 erreicht werden konnte. Einschränkend ist jedoch auch hier zu konstatieren, dass die augenscheinliche Spreizung bei drei liegen wird.

In Ergebnis soll an dieser Stelle kein Fazit zu den Vor- und Nachteilen des ein- oder anderen Modells gezogen werden, sondern nur verdeutlicht werden, warum bewährte Instrumente, wie zum Beispiel die Psych-PV, GAF oder BSS, nicht geeignet sind, um als Kostentrenner im neuen PSY-Entgeltsystem zu fungieren. Darüber hinaus fehlen einer Reihe von Häusern Erfahrungswerte zu den Betreuungsintensitätsmodellen, da diese nur von Kalkulationshäusern verpflichtend anzuwenden sind. Insofern ist an dieser Stelle festzuhalten, dass die Modelle in der Theorie eine Mindestspreizung von vier haben müssen, die in den obigen Modellen mit Ausnahme der Tagesklinik zumeist mit den Spitzenwerten auch erreicht wurden. Aus den obigen Häufigkeitsverteilungen geht aber auch hervor, dass sich die tatsächliche Spreizung im Sinne eines Mittelwertes in der Praxis wohl häufig um den Wert drei sammeln wird, was aus Sicht der Autoren für das erste Kalkulationsjahr durchaus als Erfolg zu werten ist, zumal im Sinne einer Lernkurve in den nächsten Jahren mit einer Optimierung der Datenqualität zu rechnen ist.

Für die tagesklinische Behandlung ist dagegen allein anhand der Merkmalsausprägung zu erkennen, dass die Maximalwerte selten bis gar nicht erreicht werden können. Daher ist zu überlegen ob für die tagesklinische Behandlung ein eigenes BI-Modell gewählt werden sollte. Gemäß dem Kalkulationshandbuch ist dies zwar nicht erforderlich, allerdings ist eine Gleichschaltung der Aufwandsabbildung zwischen vollstationärer und teilstationärer Versorgung auch nicht sehr realitätsnah. Die Autoren empfehlen dementsprechend die Aufnahme eines BI-Modells in das Kalkulationshandbuch, dass speziell auf die Behandlungssituation in Tageskliniken ausgelegt ist.

## Spreizung durch die Gewichtung von Merkmalen

Um das Thema Spreizung vollständig abzubilden, muss auch noch der Aspekt der Gewichtung von Merkmalen untereinander herangezogen werden. Es ist sicherlich nachvollziehbar, dass beim Basismodell in Tab. 6.1, das den kleinsten gemeinsamen Nenner aller BI-Modelle im Kalkulationshandbuch darstellt, vier Punkte beim Merkmal Selbständigkeit nicht gleichbedeutend sein müssen mit vier Punkten bei der Aggressivität. Zweifelsohne ist der Interventionsaufwand bei einer solch hohen (Auto-)Aggression höher zu bewerten, wie die Hilfe bei Defiziten im Bereich der lebenspraktischen Fähigkeiten oder tagesstrukturierenden Maßnahmen. Voraussetzung hierfür ist jedoch, dass die mit diesen Merkmalen assoziierten Leistungen nicht mittels der (ko-)therapeutischen Leistungsdokumentation erfasst wurden.[18]

---

[18] Vgl. hierzu weiterführend Kap. 7.3.

**Tab. 6.2** Validierung des Merkmals Aggressivität. (Quelle: in Anlehnung an InEK 2010, S. 202 ff.)

| Merkmal | 1 Punkt | 2 Punkte | 3 Punkte | 4 Punkte | 5 Punkte |
|---|---|---|---|---|---|
| Aggressivität | Keine Aggressivität | Geringe Anzahl verbal-aggressiven Verhaltens, Suizidabsichten | Deutlich ausgeprägte Aggressivität, mittelgradige Suizidgefahr | Hohes (auch körperliches) Aggressionsverhalten, hochgradige Suizidgefahr | Kontinuierliches (körperliches) aggressives Verhalten, akute Suizidgefährdung |

Bisher sehen die vorgegebenen BI-Modelle eine solche Gewichtung der Merkmale untereinander nicht vor, aber in der Praxis ist diese Gewichtung sicherlich vorhanden. Wie die Gewichtung aussehen kann und soll, ist aktuell noch Aufgabe jeder Einrichtung. Sie sollte aber nach Findung von einheitlichen Modellen für die Erwachsenenpsychiatrie, die Kinder- und Jugendpsychiatrie, die Tageskliniken und die Psychosomatik durch das InEK, die Selbstverwaltung oder andere Interessengruppen validiert werden.

Aus Sicht der Autoren sollten sich Häuser jedoch erst dann mit dieser Gewichtung auseinandersetzen, wenn das Modell und die damit verbundene Erfassung in der Klinik etabliert werden konnte. Sofern eine Gewichtung eingeführt wird, muss diese für alle Merkmale erfolgen. Im Anschluss daran ist noch eine Umrechnung erforderlich, damit wiederum eine Spreizung von vier bis sechs erreicht werden kann.

## 6.2.3  Validierung der Merkmalsausprägungen

Neben der Spreizung ist für ein erfolgreiches BI-Modell ebenfalls entscheidend, dass die verwendeten Merkmalsausprägungen eindeutig innerhalb einer Einrichtung verstanden werden und in ihrem Abstand zueinander gleich verteilt sind.

Am Beispiel des BI-Modells aus Tab. 6.1 soll verdeutlicht werden, wir schwer sich dies in der Praxis gestaltet. Die einzelnen Beschreibungen der Merkmalsausprägungen dienen dazu, klarzustellen, welcher Ressourcenverbrauch hierfür erforderlich ist. Am Beispiel des Merkmals Aggressivität (s. Tab. 6.2) werden die unterschiedlichen Anforderungen nun geprüft.

Prüfung 1:  Der Abstand zwischen zwei Merkmalsausprägungen ist immer identisch.

Erhält ein Patient beim Merkmal Aggressivität zwei Punkte, so muss der Aufwand bzw. Ressourcenverbrauch auf der Station doppelt so hoch sein, wie der Ressourcenverbrauch bei einem Patienten, der kein aggressives Verhalten zeigt. Im gleichen Verhältnis steht auch die Merkmalsausprägung bei vier Punkten im Vergleich zu zwei Punkten. Ein Patient mit hohem aggressiven Verhalten und hochgradiger Suizidgefahr erzeugt doppelt so viel Ressourcenverbrauch wie ein Patient mit zwei Punkten und geringem aggressiven Verhalten und geäußerten Suizidabsichten.

Wie kann nun geprüft werden ob die Verteilung innerhalb dieses Merkmales gleich verteilt ist. Im ersten Schritt ist es erforderlich, sich vorzustellen, welche Maßnahmen auf der Station mit welchen Merkmalsausprägungen verbunden sind. Diese können an klassischen Situationen, wie sie häufig auf der Station vorkommen abgebildet werden, um es praxisnäher zu gestalten. Wenn die Umsetzung in den Arbeitsalltag stattgefunden hat, muss noch geprüft werden ob die dazugehörigen Situationen tatsächlich im gleichen Abstand in Bezug zum Ressourcenverbrauch stehen. Wenn dies der Fall ist, dann kann davon ausgegangen werden, dass die Abstände innerhalb des Merkmals gleich verteilt sind. Entscheidend ist hierbei aber die geistige Trennung von Leistungsdokumentation und Betreuungsintensität. Denn der zu betrachtende Ressourcenverbrauch im BI-Modell bezieht sich letztlich immer nur auf den Teil, der nicht mittels elektronischer Leistungsdokumentation erfasst werden kann respektive soll. Das heißt zum Beispiel, dass Kriseninterventionsgespräche nicht unter der Betreuungsintensität zu subsummieren sind, da diese im Rahmen des OPS erfasst und in der Kostenmatrix in der Kostenartengruppe 23 ausgewiesen werden. Dafür könnten aber zum Beispiel stündliche Kontrollgänge inhaltlich unter dem BI-Modell subsummiert werden oder im Extremfall auch der Aufwand, den ein Krisenteam verursacht, um einen Patienten deeskalieren zu können.

Prüfung 2:   Die Interpretation der Merkmalsausprägungen wird von allen Mitarbeitern auf der Station gleich vorgenommen.

Um eine eindeutige Interpretation zu erzeugen wird es notwendig sein, unterschiedliche Mitarbeiter zu bitten, ihre Interpretation der Merkmalsausprägung anhand eines praktischen Beispieles zu nennen. Erst wenn sich diese Interpretationen sehr ähneln, kann davon ausgegangen werden, dass eine identische Bewertung von unterschiedlichen Mitarbeitern zum selben Sachverhalt vorgenommen wird. Hierfür wird es erforderlich sein, die Formulierungen der Merkmalsausprägungen mehrmals im Validierungsprozess anzupassen.

Dieses Vorgehen muss bei allen Merkmalen vorgenommen werden. Um den Grad der Allgemeingültigkeit noch zu erhöhen, kann dieser Prozess innerhalb der ganzen Einrichtung vorgenommen werden. Hierbei muss natürlich sichergestellt sein, dass die ganze Einrichtung dieselben Merkmale mit der identischen Spreizung verwendet, wenn es keine Unterteilung in die einzelnen Fachgebiete geben soll. Was jedoch die Beschreibung der Merkmalsausprägungen angeht, so kann sicherlich stationsweise variiert werden, um etwaigen Schwerpunkten, wie zum Beispiel der Gerontopsychiatrie, der Psychotherapie oder den geschlossenen Stationen gerecht zu werden. Sollte zur Dokumentation der Betreuungsintensität eine Software genutzt werden, so kann sich die Umsetzung einer stationsgebundenen Ausformulierung wahrscheinlich etwas schwieriger gestalten.

Tipp: Um einen schnellen Start des BI-Modells zu gewährleisten wäre es vorteilhaft, wenn für jede Organisationseinheit mehrere Beispielpatienten entworfen werden, um dem Personal eine Orientierungshilfe für die Praxis zur Verfügung zu stellen. Gerade in der täglichen

Umsetzung des BI-Modells treten durchaus Probleme auf, die sich auf die Bewertung aus-wirken. Auch mit einer Validierung und Orientierung anhand von Beispielpatienten kann bei unterschiedlichen Situationen auf einer Station nicht immer dafür Sorge getragen wer-den, dass die Bewertung von externen Einflüssen auf den Stationsalltag unberührt bleibt. So kann es sicherlich sein, dass an einem Tag mit erhöhter Aufnahmeanzahl und überdurch-schnittlichem Krankenstand beim Personal die Merkmale unterschiedlich bewertet. Damit möchten die Autoren darauf hinweisen, dass auch Einflüsse, die in erster Linie nichts mit dem Patienten zu tun haben, Einfluss auf die Bewertung der Betreuungsintensität nehmen können.

## 6.3   Offene Flanken der Betreuungsintensitätsmodelle

Wie bereits zum Eingang des Kapitels deklariert, stellt die Betreuungsintensität den Ant-agonisten zur (ko-)therapeutischen Leistungsdokumentation dar. Im Umkehrschluss heißt dies aber auch, dass es ohne eine standardisierte Leistungsdokumentation keine stan-dardisierten Betreuungsaufwandsmodelle geben kann. Schließlich soll und darf es keine Schnittmenge zwischen den beiden Erfassungsmöglichkeiten geben. Darüber hinaus ist es fraglich, ob alle Merkmale der Betreuungsintensität für alle Berufsgruppen die gleiche Bedeutung haben und identisch sein müssen. Auch dies korreliert nicht selten mit der (ko-)therapeutischen Leistungsdokumentation, so dass diese beiden Aspekte im Folgenden noch einmal tiefergehend beleuchtet werden sollen.

### 6.3.1   Standardisierung der (ko-)therapeutischen
Leistungsdokumentation

Im Kalkulationsverfahren werden nach der Residualgrößenbildung[19] auf Basis der (ko-)therapeutischen Leistungsdokumentation, deren Grundlage die Zeiterfassung am Patienten ist, alle therapeutischen Kosten in den Kostenstellengruppen 23–26 verursa-chungsgerecht auf den Kostenträger verteilt. Wie in Kap. 5 – Leistungsdokumentation im Rahmen der KTR ausführlich dargestellt, divergiert die Leistungserfassung in den Häusern extrem, so dass diesbezüglich keine gemeinsame Basis existiert. Während einige Kliniken nur die 25-minütigen Leistungen im Sinne des OPS erfassen, dokumentieren andere sogar Kurzkontakte bis hin zu 2 min.[20]

---

[19] Vgl. hierzu weiterführend Kap. 7.3.4.
[20] Vgl. hierzu auch Winkler (2010).

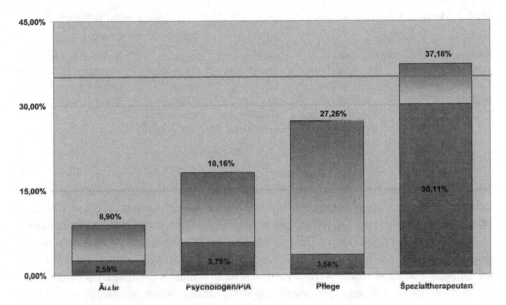

**Abb. 6.9** OPS-fähige Arbeitszeit, eigene Darstellung

## Erfassung von Kurzkontakten

Rufen wir uns in diesem Kontext noch einmal die Auswertung eines Hauses in Erinnerung, das in 2011 alle geplanten Leistungen und alle ungeplanten Leistungen ab einer Dauer von 10 min dokumentiert hat.

In der dazugehörigen Abb. 6.9 entspricht die höhere Prozentangabe der abgebildeten Arbeitszeit über die verwendete Leistungsdokumentation. Die niedrigere zeigt den Prozentanteil der Arbeitszeit, der zur OPS-Berechnung herangezogen werden konnte. Allein diese Auswertung zeigt für diese eine Klinik, dass für den pflegerischen Dienst rund 27,50 % der Arbeitszeit am Patienten dokumentiert wurde, davon wiederum jedoch nur 3,50 % in den OPS überführt werden konnten.

Bei dieser Auswertung ist letztlich aber noch nicht berücksichtigt, dass die ungeplanten Kurzkontakte, also alle (ko-)therapeutischen Kontakte unterhalb der 10-minütigen Schwelle, gar nicht erst erfasst worden sind. Diese werden in dem zu betrachtenden Haus über ein eigenes Merkmal im Betreuungsintensitätsmodell dokumentiert, um unter anderem den Aufwand für jene Patienten abbilden zu können, die permanent am Dienstzimmer stehen oder die über kurze Gespräche mit einer Dauer von 2 bis 5 min beruhigt und/oder thematisch befriedigt werden können.

Dieses Merkmal umschreibt anklammernde, verweigernde, kränkbare oder misstrauische Patienten, die ggf. auch Beziehungsabbruchtendenzen aufweisen, aus denen auch eine Reihe von (ko-)therapeutischen Kurzkontakten resultieren können.

Diese Dimension ist jedoch nur auf dieses spezielle Haus mit diesem spezifischen Konzept zur Leistungsdokumentation zugeschnitten, da eine Prämisse der BI-Modelle ja heißt,

**Tab. 6.3** Merkmal Beziehung- und Kontaktstörung. (Quelle: in Anlehnung an InEK 2010, S. 204)

| Merkmal | 1 Punkt | 2 Punkte | 3 Punkte | 4 Punkte | 5 Punkte |
|---|---|---|---|---|---|
| Beziehungs- und Kontakt- störung | Beziehungs- und kontaktfä- hig | Leichte Einschrän- kungen und/oder mindestens fünf Kurz- kontakte | Mittlere Einschrän- kungen und/oder mindestens zehn Kurz- kontakte | Schwere Einschrän- kungen und/oder mindestens 15 Kurzkon- takte | Beziehungsabbruch/ Trennungsunfähigkeit und/oder mindestens 20 Kurzkontakte |

keine Überschneidungen von Leistungsdokumentation und Betreuungsintensität zu ge-nerieren. In einem Haus, das tatsächlich nur 25-minütige Leistungen im Sinne des OPS erfasst, wären alle kürzeren Leistungen per se Kurzkontakte. Wo aber bleiben die Prozente, die Häuser mit einer dezidierteren Leistungsdokumentation erreichen? Muss hierfür in das Ausgangsmodell zur Standardisierung der Betreuungsintensität in Tab. 6.1 diese Dimen-sion integriert werden? Andersherum stellt sich natürlich auch die Frage, ob Häuser, die eine minutengenaue Leistungsdokumentation von 2 min aufweisen, überhaupt eine solche Dimension benötigen, da sie ihre Kurzkontakte ja bereits über die Leistungsdokumentation erfassen?

Je nach Perspektive kann diese Frage mit ja oder nein beantwortet werden. Die Autoren selbst können an dieser Stelle nur an die Systemverantwortlichen appellieren, bei der Standardisierung der Betreuungsintensitätsmodelle nicht das Wechselspiel zur (ko-)therapeutischer Leistungsdokumentation zu vergessen.

Erst beide Instrumente zusammenstellen den Agonisten und Antagonisten in der Kal-kulation der zukünftigen Relativgewichte im PSY-System dar. Eine Standardisierung der BI-Modelle ist daher ohne eine gleichzeitige Standardisierung der Leistungsdokumentation nicht möglich.

Im Kalkulationsverfahren selbst werden über die Residualgrößenbildung von und auf Station entweder Personal- und Sachkosten von der Station in den Therapiebereich umge-bucht oder vice versa Personal- und Sachkosten aus dem Therapiebereich auf die Station.[21] Letztlich muss es auch bei diesem Arbeitsschritt zu einer Standardisierung kommen, da eini-ge Häuser für diesen Rechenschritt die kalkulatorische Leistungszeit nehmen und wiederum andere nur die Nettotherapiezeit.[22]

### Erfassung von Teamzeiten

So stellt sich zum Beispiel für eine Physikalische Therapie oder für die Ergotherapie, die über ihre patientenbezogene Leistungsdokumentation zwischen 40 und 60 % ihrer Arbeitszeit am Patienten dokumentieren können, die Frage, wie die verbleibende Arbeits-zeit verursachungsgerecht auf den Kostenträger verteilt werden kann.(Berechnungen eines

---

[21] Vgl. hierzu ausführlich Kap. 7.3.4.
[22] Vgl. hierzu ausführlich Kap. 5.

**Tab. 6.4** Merkmal Informationsaustausch. (Quelle: in Anlehnung an InEK 2010, S. 204)

| Merkmal | 1 Punkt | 2 Punkte | 3 Punkte | 4 Punkte | 5 Punkte |
|---|---|---|---|---|---|
| Information-saustausch | Normaler Informationsaustausch | Gesteigerter Informationsaustausch | Kleines Team | Großes Team, Team-supervision | Fokus, Fallbe-sprechung, Fallsupervision |

Probekalkulationshauses, das nicht nur alle geplanten Leistungen dokumentiert, sondern auch alle ungeplanten Leistungen ab einer Dauer von 10 min). Um die sogenannte Residualgröße auf Station verringern zu können, wäre es im ersten Schritt kalkulatorisch sinnvoll, neben der reinen Therapiezeit auch die Vor- und Nachbereitungszeit (inklusive Dokumentationszeit) zu nutzen.

Mit der Verwendung der kalkulatorischen Therapiezeit könnte der Anteil, der in den Kostenstellengruppen 23–26 ausgewiesen wird, für diese beide Beispielkostenstellen zweifelsohne auf 50 bis 70 % erhöht werden. Nun wiederum stellt sich die Frage, welche Tätigkeiten für diese Berufsgruppen in der verbleibenden Zeit anfallen. Hierbei können, wie zuvor beschrieben, sicherlich kurze Gesprächskontakte mit den Patienten vor oder nach den Therapien einen gewissen Arbeitsanteil ausmachen. Letztlich werden die betroffenen Mitarbeiter aber auch an einer Reihe von Teamsitzungen teilnehmen und Patienten besprechen, die selbst gar nicht anwesend sind. Folglich ist wiederum standardisiert zu definieren, wie diese Leistungen im neuen PSY-System erfasst werden sollen. Diese könnte zum einem über die Leistungsdokumentation und zum anderem über die Betreuungsintensität erfolgen.

Wenngleich die Autoren aus primär EDV-technischen Gründen für eine Dokumentation von Besprechungszeiten im Kontext der Leistungserfassung optieren, ist umgekehrt nicht auszuschließen, dass hierfür tatsächlich eine eigene Dimension im BI-Modell (wie in Tab. 6.4 dargestellt) notwendig sein dürfte, da die Teamsitzungen ja zur weiteren Behandlungsplanung der Patienten durchgeführt werden und nicht immer eine Korrelation zu Merkmalen, wie z. B. der (Auto-)Aggressivität bestehen muss. Dies gilt insbesondere für die psychotherapeutisch arbeitenden Stationen.

Dieses Merkmal wird dem Umstand gerecht, dass der Patient Gegenstand von Besprechungen innerhalb oder unter den einzelnen Berufsgruppen sein kann.

Eine elektronische Dokumentation der Teamsitzungen scheint vor den Überlegungen des Kap. 6.3.1 durchaus interessant, insbesondere dann, wenn in etwaigen Komplexkodes die Teamsitzung als Strukturmerkmal vorausgesetzt wird. Hierzu kann exemplarisch wiederum die somatische DRG B49Z herangezogen werden, die als Kodierungsvoraussetzung eine wöchentliche Teamsitzung mit allen beteiligten Therapeuten bedingt.[23] Würde diese nun elektronisch dokumentiert werden, könnte zum einem die EDV diese Daten auslesen und im Sinne eines Erfüllungstatbestandes mit den entsprechenden Therapiemindestzeiten, die pro Woche zu dokumentieren wären, als „erfüllt" respektive „nicht erfüllt" deklarieren.

---

[23] Vgl. hierzu InEK, DRG-Fallpauschalenkatalog (2012b).

Zum anderem wäre damit gleichermaßen in der Kostenkalkulation sichergestellt, dass diese Kosten vergleichbar mit den Kosten einer Gruppe auf alle besprochenen Patienten aufgeteilt werden könnten.

Dies ist aktuell sicherlich in beiden Kalkulationsverfahren noch ein Schwachpunkt in der Kalkulation. In der somatischen DRG-Kalkulation gibt es aktuell noch gar keine Möglichkeit, obligatorische und/oder freiwillige Teamsitzungen auf Kostenebene den Patienten zuzuordnen. Diese Kosten werden im Sinne des Gemeinkostenzuschlags stets auf alle Patienten verteilt. Im PSY-Bereich hätte man durch die Integration einer Dimension, wie dem Informationsaustausch, aber zumindest die Möglichkeit, solche Kosten den Kostenträgern zuzuordnen, die viel und/oder häufig in Teamsitzungen besprochen werden.

Ob der ein oder andere Weg bestritten werden sollte, muss letztlich durch die Systemgestalter definiert werden. Vielleicht ist es ja auch durch die Gewichtung der Merkmale eine Korrelation zu den Besprechungen und Teamsitzungen herzustellen. In jedem Fall sollte der Informationsaustausch zwischen den Berufsgruppen in irgendeiner Form miterfasst werden, da er ein zentraler Bestandteil des Therapieansatzes in der sprechenden Medizin ist.

## Erfassung von somatischen Leistungszeiten auf Station

Die Frage, wie ein standardisiertes BI-Modell aussehen soll, bedingt letztlich auch die Frage, warum die somatischen Leistungen auf Station aktuell noch keine Relevanz im Sinne des OPS haben. Gerade in der Psychosomatik nehmen somatische Anamnesegespräche, Medizinsprechstunden oder somatische Visiten einen großen Platz ein. Ähnliches gilt sicherlich auch für die Gerontopsychiatrie. Insofern stellt sich den Autoren zumindest die Frage, wie mit diesen Leistungen umgegangen werden soll. Auf der einen Seite ergibt es aus terminplanerischer Sicht zweifelsohne Sinn, diese planbaren Termine in den Patiententerminkalender zu integrieren. Andererseits bringt diese Erfassung grundsätzlich keinen direkten Vorteil in der Kostenkalkulation, da diese Leistungen nicht direkt in der aktuellen Kostenmatrix ausgewiesen werden können. Rein technisch können Sie nur in Betreuungsintensitätspunkte gemappt werden, wofür aktuell nur das Merkmal somatischer Aufwand zur Verfügung steht.

## Erfassung von administrativen Tätigkeiten

Ähnliches gilt sicherlich auch für den Sozialdienst, der zwar einen gewissen Arbeitsanteil am Patienten erbringt, einen Großteil seiner restlichen Arbeitszeit aber entweder in Teamsitzungen verbringt oder administrativ für die Patienten tätig ist und zum Beispiel mit dem Sozialamt, der Krankenkasse oder anderen Amtsträgern kommuniziert und versucht Probleme aus der Welt zu schaffen. Diese Tätigkeiten korrelieren aus der Erfahrung der Autoren jedoch nur selten mit dem Merkmal Unselbständigkeit in der persönlichen Lebensführung, so dass einige Kalkulationshäuser bereits dazu übergegangen sind, auch die administrativen Tätigkeiten kumuliert pro Patient und Tag zu erfassen. Einige dieser Häuser dürfen nach Rücksprache mit dem InEK diese administrativen Leistungen auch direkt in der Kostenmatrix im Bereich der Kostenstellengruppe 23–26 ausweisen. Andere Häuser mappen diese administrativen Leistungen und überführen sie in Betreuungsintensitätspunkte, wobei dieses Merkmal bei der Verteilung der Residualgröße auf den Kostenträger nur für die Berufsgruppe des Sozialdienstes angewandt wird.

Unter dem Strich soll mit den zurückliegenden Ausführungen das Zusammenspiel von Betreuungsintensität und Leistungsdokumentation verdeutlicht werden, wobei der Tenor der Autoren relativ klar formuliert werden kann. Ohne eine definierte und vor allem standardisierte Leistungserfassung im PSY-Bereich ist keine Standardisierung der BI-Modelle möglich. Denn das Ziel einer validen Kostenkalkulation auf Tagesebene muss letztlich auch die verursachungsgerechte Zuordnung von Kosten auf den Kostenträger Tag haben. Hierbei ist in den zurückliegenden Ausführungen noch ein weiterer Aspekt herausgearbeitet worden. Die Residualgröße unterscheidet sich prozentual deutlich in den einzelnen Kostenartengruppen und offensichtlich sind einige Merkmal mehr oder weniger gut geeignet, um diese Kostengrößen auf den Kostenträger verteilen zu können.

## 6.3.2   Kostenartenabhängige Merkmale

Mittels der gewichteten Pflegetage, deren Grundlage die Punktevergabe über das BI-Modell ist, werden die Personalkosten der Kostenartengruppen 1–3c sowie die Sachkosten der Kostenartengruppen 4a (Arzneimittel) und 6a (Sachkosten) verteilt, die nicht mittels der Leistungsdokumentation exakt den Kostenträgern zugeordnet werden konnten. Die Kostenartengruppen 1–3c teilen sich dabei auf die nachfolgenden Berufsgruppen auf.

| Kostenartengruppe | |
|---|---|
| 1 | Ärztlicher Dienst |
| 2 | Pflege-/Erziehungsdienst |
| 3 | Medizinisch-technischer Dienst, Funktionsdienst |
| 3a | Psychologen |
| 3b | Sozialarbeiter, Sozial-/Heilpädagogen |
| 3c | Spezialtherapeuten |

In der Anlage 12 des Kalkulationshandbuches Version 1.0 ist eine weiter ausdifferenzierte Zuordnung von Berufsgruppen zu den Kostenartengruppen 2, 3 und 3c vorhanden.[24] Diese umfasst in Summe 50 verschiedene Berufsgruppen, die mittels der BI-Punkte verteilt werden. Wenn nun, wie in Tab. 6.1, der kleinste gemeinsame Nenner von Merkmalen aller aktuellen BI-Modelle herangezogen wird, so sollte auch darüber nachgedacht werden, ob alle dort aufgeführten Merkmale für jede Berufsgruppe gleichbedeutend sind.

---

[24] Vgl. hierzu InEK (2010, S. 201).

**Tab. 6.5** Zuordnungsmatrix der BI-Merkmale zum Personal. (Eigene Darstellung)

| | KoArt-Grp. 1 | KoArt-Grp. 2 | KoArt-Grp. 3a | KoArt-Grp. 3b | KoArt-Grp. 3c | KoArt-Grp. 3 |
|---|---|---|---|---|---|---|
| | Ärztlicher Dienst | Pflege-/Erziehungs-dienst | Psychologen | Sozialarbeiter/Sozial/Heilpädagogen | Spezialthe-rapeuten | Med.-techn. Dienst/Funktionsdienst |
| Aggressivität | X | X | X | | | |
| Desorientiertheit | X | X | | | | X |
| Kooperationsfähigkeit | X | X | X | X | X | X |
| Selbstständigkeit | | X | | X | | |
| Somatischer Versorgungsbedarf | X | X | | X | | X |

Die Tab. 6.5 gibt an dieser Stelle einen kurzen Denkanstoß. Erzeugt ein desorientierter Patient bei allen Berufsgruppen, die über die BI-Punkte auf den Kostenträger verteilt werden, wirklich den gleichen Aufwand? Ist es nicht auch vorstellbar, dass eine vorhandene Desorientierung unter dem Strich den gleichen Aufwand verursacht wie Patienten mit einer vollen Orientierung – zumindest für die Berufsgruppen der Kostenartengruppen 3a, 3b und 3c? Denn entscheidend ist hierbei ja letztlich der Aufwand, der nicht mittels der Leistungsdokumentation dokumentiert werden konnte. Vielleicht dauert die Therapiesitzung mit einem desorientierten Patienten in Summe mehr oder weniger Minuten als die der orientierten Patienten. Die Frage der Betreuungsintensität ist aber letztlich: Welchen Aufwand verursachen diese Patienten außerhalb der (ko-)therapeutischen Leistungsdokumentation?

Mit dieser Frage nähert man sich nach den Ausführungen in Kap. 7.3.4 langsam aber sicher der Denksportaufgabe, welche Merkmale überhaupt geeignet erscheinen, die Residualgröße der einzelnen Berufsgruppen zu verteilen, wenn zwischen der (ko-)therapeutischen Leistungsdokumentation und der Betreuungsintensität keine Schnittmenge bestehen darf. Bezogen auf die Spezialtherapeuten (KoArtGrp. 3c) bedeutet dies zum Beispiel, dass aus Sicht der Autoren nur die Kooperationsfähigkeit aus dem Modell mit dem kleinsten gemeinsamen Nenner (Tab. 6.1) zum Einsatz kommen dürfte. Hiermit wäre abgegolten, dass Patienten in der Gruppe selbst mehr Aufmerksamkeit erhalten als andere Patienten, da sie zum Beispiel versuchen, die Gruppe zu sprengen oder, dass Patienten zu Gruppen- oder Einzelterminen abgeholt und/oder begleitet werden müssen, da sie ansonsten gar nicht erst zu ihren Therapien gehen. Umgekehrt gelangt das Merkmal Aggressivität nicht zum Einsatz, da es in seinen höheren Ausprägungen, insbesondere bei akuter Suizidgefährdung, sehr wahrscheinlich ist, dass diese Patienten temporär gar keine Leistungen mehr von den Spezialtherapeuten erhalten. Folglich ist das ganze Merkmal ungeeignet die Residualgröße der Spezialtherapeuten zu verteilen.

Im Gegensatz dazu scheinen die in Kap. 6.3.1 ausgearbeiteten Merkmale Informationsaustausch und Beziehungs- und Kontaktstörung zur Erfassung von Kurzkontakten geeigneter die Residualgröße dieser Berufsgruppe zu verteilen. Dies wiederum ist jedoch sehr stark von der Ausgestaltung der hausspezifischen Leistungsdokumentation abhängig.

Das Aufstellen dieser Beziehungen zwischen den Merkmalsausprägungen und den Kostenartengruppen -kombiniert mit der Frage, welche Merkmale denn tatsächlich die Residualgröße außerhalb der Leistungsdokumentation beschreiben- wäre dann die nächste Stufe in der Ausdifferenzierung der Zugehörigkeit eines Merkmals zu einer Kostenartengruppe. Wahrscheinlich ist auch, dass nicht jede Merkmalsausprägung für jede Berufsgruppe zutrifft. Die hier gesetzten Beziehungen mögen sicherlich aus Sicht der betroffenen Berufsgruppen anders gesetzt werden als in Tab. 6.5 dargestellt, aber eine Erkenntnis ist bestimmt, dass nicht alle Merkmale für alle Berufsgruppen in gleichem Maße zutreffend sind. Diese Beziehungen können letztlich aber nicht ohne die genaue Kenntnis der Inhalte der Leistungsdokumentation herausgearbeitet werden.

Aus diesem Grund wäre es vorteilhaft, wenn jede kalkulierende Einrichtung solch eine Beziehungsmatrix für sich aufstellt und diese Beziehungen bei der Kostenverteilung über den gewichteten Pflegetag berücksichtigt. Das Gleiche ließe sich auch für die Kostenartengruppen 4a (Sachkosten Arzneimittel) und 6a (Sachkosten übriger medizinischer Bedarf) durchführen. Auch diese beiden Kostenartengruppen werden mit ihren Kosten in der Kostenstellengruppe 21 (Station – Regelbehandlung) und 22 (Station – Intensivbehandlung) über den gewichteten Pflegetag auf den Patienten und den einzelnen Behandlungstag verteilt.

Ob nun weitere berufsgruppenspezifische Merkmale, wie z. B. der Informationsaustausch, die Kurzkontakte oder die administrativen Tätigkeiten des Sozialdienstes, in ein BI-Modell integriert werden sollen, stellen die Autoren nicht zur Diskussion. Ihnen geht es hierbei vielmehr um ein Bewusstsein zur Bedeutung der Betreuungsintensität und der damit verbundenen Aufwandsdokumentation zur Kostenverteilung im Kalkulationsverfahren.

## 6.4  Organisation der Betreuungsintensitätsmodelle

Nachdem in den zurückliegenden Abschnitten vor allem die strukturellen Anforderungen an die Betreuungsintensitätsmodelle beleuchtet wurden und die Verflechtungen zur (ko-)therapeutischen Leistungsdokumentation herausgearbeitet wurden, stehen nun die primär organisatorischen Aspekte in Hinblick auf die Anwendung der BI-Modelle in der Praxis im Fokus.

### 6.4.1  Durchführung der Bewertung

Idealerweise ist die Bewertung mittels der Betreuungsintensität eine Teamentscheidung, da sie zur Kostenverteilung verschiedener ärztlich-, therapeutisch- und pflegerisch tätiger Berufsgruppen dienen soll. Weiterhin ist sie täglich für jeden stationären Patienten durchzuführen. Anhand der Erfahrung der Autoren erscheint dieser Anspruch als illusorisch. Um dies umsetzen zu können, müsste sich jeden Tag -inklusive Wochenenden und Feiertagen-

**Tab. 6.6** Plausibilisierung des Merkmals Aggressivität. (Quelle: in Anlehnung an InEK 2010, S. 202 ff.)

| Merkmal | 1 Punkt | 2 Punkte | 3 Punkte | 4 Punkte | 5 Punkte |
|---|---|---|---|---|---|
| Aggressivität | Keine Aggressivität | Geringe Anzahl verbal-aggressiven Verhaltens, Suizidabsichten | Deutlich ausgeprägte Aggressivität, mittelgradige Suizidgefahr | Hohes (auch körperliches) Aggressionsverhalten, hochgradige Suizidgefahr | Kontinuierliches (körperliches) aggressives Verhalten, akute Suizidgefährdung |

das Behandlungsteam zusammenfinden und die verschiedenen Merkmale in einem Konsensprozess festlegen. In der Praxis sieht es sicherlich nicht annähernd so aus. Hier werden unterschiedliche Verfahren genutzt.

a. eine Berufsgruppe übernimmt die Bewertung
b. die Bewertung wird wöchentlich einer Prüfung im Team unterzogen
c. die Bewertung wird fortgeschrieben bis ein Umstand zu einer Neubewertung führt

Auch eine Kombination der hier aufgeführten Verfahren ist denkbar. Diese könnte zum Beispiel so aussehen: Täglich wird in der Übergabe der Spätschicht des Pflegedienstes die vorhandene Bewertung dahingehend geprüft, ob sich wesentliche Veränderungen ergeben haben. Einmal in der Woche wird im therapeutischen Team die aktuelle Bewertung geprüft und ggf. neu vorgenommen.

Für eine lückenlose Dokumentation der Betreuungsintensität muss ein Verfahren etabliert werden, mit dem sichergestellt wird, dass für jeden Tag ein Wert vorhanden ist. Dies kann z. B. durch ein automatisiertes Fortschreiben des Wertes vom Vortag erfolgen. Hierbei sollte aber eine Freigabe des Wertes erfolgen. Ansonsten kann es schnell vorkommen, dass zu Beginn des Aufenthaltes eine Bewertung vorgenommen wird und diese bis zur Entlassung keine Veränderung mehr erfährt. Stationsintern kann zur Unterstützung eine personengebundene Dokumentationsverantwortung vergeben werden, in dessen Verantwortung dann die Vollständigkeit der Dokumentation liegt. Im Alltag muss auf die Vollständigkeit großen Wert gelegt werden, da die Betreuungsintensität im Kalkulationsverfahren eine wesentliche Rolle für die Kostenverteilung einnimmt.

## 6.4.2 Plausibilisierung der durchgeführten Betreuungsintensitätsbewertung

Mittels der Merkmale aus den BI-Modellen werden dem Patienten Verhaltensweisen zugeordnet, die sich eventuell auf andere Klassifikationen auswirken können bzw. auch dort abgebildet sind. Am Beispiel des Merkmals Aggressivität lässt sich dies sehr gut verdeutlichen.

Ab mindestens drei Punkten kann von einer vorliegenden Suizidgefahr gesprochen werden. Akute Suizidgefahr ist gleichzeitig ein Trigger zur Auslösung eines OPS-Kodes aus dem Bereich der Intensivbehandlung. Zu den Intensivmerkmalen dieses Primärkodes zählen in 2012 folgende sieben Kriterien:[25]

1. Anwendung von besonderen Sicherungsmaßnahmen
2. Akute Selbstgefährdung durch Suizidalität oder schwer selbstschädigendes Verhalten
3. Akute Fremdgefährdung
4. Schwere Antriebsstörung (gesteigert oder reduziert)
5. Keine eigenständige Flüssigkeits-/Nahrungsaufnahme
6. Akute Selbstgefährdung durch fehlende Orientierung oder Realitätsverkennung
7. Entzugsbehandlung mit vitaler Gefährdung

Die aufgeführten Intensivmerkmale nach OPS enthalten aber noch weitere Hinweise auf mögliche Merkmalsausprägungen eines BI-Modells. Wenn wir an dieser Stelle noch einmal das Modell in Tab. 6.1 (Basis eines allgemeingültigen Modells) heranziehen, so sind z. B. die fehlende Orientierung ab vier Punkten beim Merkmal Desorientiertheit oder auch fünf Punkte beim Merkmal somatischer Versorgungsbedarf ebenfalls übereinstimmend mit den aufgeführten Intensivmerkmalen. Über diese Verbindung wäre eine Plausibilisierung der durchgeführten Dokumentation möglich bzw. erforderlich. Das heißt, dass durch die Angabe eines entsprechenden Merkmales aus dem BI-Modell zwangsläufig ein OPS-Kode aus dem Bereich der Intensivbehandlung kodiert werden muss oder vice versa mit der Kodierung eines Intensivkodes bestimmte Mindesteingruppierungen im BI-Modell erfüllt sein müssen. Ob dies in der Praxis mit den bestehenden IT-Systemen schon standardisiert möglich ist, bezweifeln die Autoren deutlich. Hierfür sind sehr wahrscheinlich individuelle Programmierungen innerhalb der Klinischen Informationssysteme erforderlich.

Des Weiteren ist eine Prüfung erforderlich, die Auskunft darüber gibt, wie häufig die Punktwerte über den Behandlungsverlauf wechseln. Es ist sehr unwahrscheinlich, dass über die vollständige Behandlungsdauer die vergebenden Punktwerte stabil bleiben. Zumindest kurz vor der Entlassung sollte ein Absinken vorhanden sein, da zu erwarten ist, dass die medizinische Behandlung Auswirkungen auf die Verhaltensweisen des Patienten gemäß den BI-Merkmalen haben wird. Sicherlich ist auch ein Wechsel der BI-Punkte zu erwarten, wenn ein Patient von einer Station auf eine andere verlegt wird, da die Bewertung von zwei unterschiedlichen Teams durchgeführt wird und die Verlegung sicherlich einen divergierenden therapeutischen Hintergrund haben dürfte.

Weiterhin wäre es denkbar, dass mit den vergebenden Punkten auch therapeutische Prozesse angestoßen werden bzw. deren Erfolg gemessen werden kann. Dies könnte zum Beispiel für das Merkmal Kooperationsfähigkeit der Fall sein. So lange ein Patient noch unkooperativ (vier Punkte beim Merkmal Kooperationsfähigkeit in Tab. 6.1) ist, erscheint das Angebot einer Gruppentherapie nicht sinnvoll. Sollte die Punktzahl jedoch auf drei oder

---

[25] Vgl. hierzu DIMDI (2011b, S. 489).

zwei Punkte sinken, so wird automatisch mittels IT-Unterstützung dem behandelnden Personal die Beteiligung an einer Gruppentherapie vorgeschlagen. Inhaltlich sind demnach die vergebenen Punkte über die Betreuungsintensität ganz eng mit dem Behandlungskonzept verbunden und zahlreiche Bezüge zur Plausibilisierung und therapeutischen Entwicklung des Patienten denkbar.

## Literatur

DIMDI: ICD 10 GM. http://www.dimdi.de/dynamic/de/klassi/downloadcenter/icd-10-gm/version2012/systematik/x1gbp2012.zip (2011a). Zugegriffen: 1.3.2012

DIMDI: OPS-Katalog 2012 – Bd. 1 Systematisches Verzeichnis. Berlin (2011b)

Heimig, F.: Entgeltsystem im Krankenhaus 2012, Foliensatz der Veranstaltung Vorstellung des Entgeltsystems im Krankenhaus 2012 für die Vertragspartner auf Bundesebene am 19.08.2011. Berlin (2011a)

Heimig, F.: Einführung eines pauschalierenden Entgeltsystems für psychiatrische und psychosomatische Einrichtungen gemäß § 17 d KHG, Vortrag bei einem Expertenworkshop am 04.07.2011. Berlin (2011b)

InEK: Kalkulation von Behandlungskosten. Handbuch zur Kalkulation psychiatrischer und psychosomatischer Leistungen in Einrichtungen gem. § 17d KHG – Version 1.0. http://www.g-drg.de/cms/content/download/2906/19229/version/2/file/Kalkulation+von+Behandlungskosten_V10_16112010.pdf (2010). Zugegriffen: 03.08.2011

InEK: Hinweise zur Kalkulation (Datenjahr 2011), offizielle Email der InEK an die Kalkulationsteilnehmer Datenjahr 2011 vom 19.01.2012. (2012a)

InEK: DRG-Fallpauschalenkatalog: Download auf der www.g-drg.de, Siegburg (2012b)

Petrovsky, J., Garmann-Rolfes, B., Rutz, S, Repschläger, U.: BARMER GEK Gesundheitswesen aktuell 2011 – Ein Ansatz zur Ermittlung von pauschalierten Entgelten für die psychiatrische Versorgung, S. 100–127. Berlin (2011)

Schepker, R., Fegert, J. M.: Kinder sind anders und haben altersentsprechende, spezifische Versorgungsbedürfnisse! – Strategiepapier zur Entgeltsystementwicklung bzgl. der Kinder- und Jugendpsychiatrie an die Ministerien und Interessenvertreter, 03.02.2012. Ravensburg (2012). http://www.bkjpp.de. Zugegriffen: 26.2.2012

Winkler, S.: Empfehlung zur InEK-konformen Umsetzung einer Kostenträgerrechnung im Rahmen der Kalkulation der neuen Entgelte in psychiatrischen und psychosomatischen Einrichtungen, Bachelor-Arbeit an der Fachhochschule Ludwigshafen. (2010)

Zeugmann, S.: Grundlagen der Diagnostik, psychopathologischer Befund, Vorlesungsskript Psychopathologie und Psychiatrische Krankheitslehre II der Charité im SS 2010. http://www.charite-psychiatrie.de/fileadmin/pdf/lehre/2010/psy/Psychopathologischer_Befund. pdf (2010). Zugegriffen: 26.02.2012

Mario C. Birr und René Berton

Das neue Entgeltzeitalter in der Psychiatrie und Psychosomatik rückt beständig näher. Dabei dienen die staatlich eingeräumten Übergangsfristen von 2013 bis 2015 vor allem als Experimentierphase, in denen sich die betroffene Häuser die notwendigen Basiskompetenzen aneignen können, um auch unter den veränderten Rahmenbedingungen überleben zu können.[1] Eine davon betrifft die Fähigkeit Kosten, die für die Behandlung eines Patienten entstehen, sachgerecht tages- und fallbezogen kalkulieren zu können.

Da die Autoren in diesem Kontext nicht nur auf die Teilnahme am Prä-Test, an der Probekalkulation sowie der ersten Echtkalkulation im PEPP-System zurückblicken können, sondern auch auf mehrere Kalkulationen im DRG-Bereich, soll es im Rahmen dieses Kapitels nicht um die Rezitierung des offiziellen Handbuches gehen. Es soll vielmehr der Versuch unternommen werden, in kompakter Art und Weise die zentralen Gemeinsamkeiten und Unterschiede zwischen diesen beiden Kalkulationsverfahren darzulegen, um darauf aufbauend überblicksartig die der KTR inhärenten Bausteine deskribieren zu können. Dabei soll der Residualgrößenbildung, welche im neuen PSY-Kalkulationsverfahren das Herzstück der Kostenzuordnung auf den Kostenträger darstellt, besonders viel Platz eingeräumt werden.

---

[1] Vgl. zum Ablauf von Liberalisierungsprozessen in regulierten Branchen und Märkten grundlegend, Rasche (2002, S. 97).

---

M. C. Birr (✉)
Kliniken im Theodor-Wenzel-Werk, Berlin,
Deutschland
E-Mail: mario.birr@tww-berlin.de

R. Berton
Pfalzklinikum, Klingenmünster, Deutschland
E-Mail: rene.berton@pfalzklinikum.de

F. Studenski et al. (Hrsg.), *Neues Entgeltsystem in der Psychiatrie und Psychosomatik*,
DOI 10.1007/978-3-8349-4165-7_7, © Gabler Verlag | Springer Fachmedien Wiesbaden 2013

Als absolutes Highlight dieses Kapitels wird mit der Residualgrößenbildung auf Station ein Arbeitsschritt aufgezeigt, der für eine Reihe von Kliniken innerhalb des Kalkulationsverfahrens zwar durchaus erforderlich sein dürfte, der aktuell jedoch noch nicht im offiziellen Kalkulationshandbuch des InEK aufgenommen worden ist. Gleichzeitig wird abweichend vom Kalkulationshandbuch neben dem vorgenannten Arbeitsschritt auch noch ein vereinfachtes, aber handhabbareres Verfahren für die Residualgrößenbildung von Station aufgezeigt, das dem Inkrementalismus von virtuellen Kostenstellen zumindest partiell entgegensteuern vermag und die Plausibilisierung der kalkulierten Therapiekosten insgesamt vereinfacht.

Im Sinne des angestrebten Benchmarks von Kliniken hinsichtlich ihrer Kosten- und Leistungsdaten bleibt das Ziel der Autoren die nationale Verbreitung der dargelegten Kalkulationsmethodik, um durch einen gesetzten Standard im Kalkulationsverfahren plausible und vor allem benchmarkfähige Ergebnisse generieren zu können.[2]

## 7.1 Das Instrument der (InEK-konformen) Kostenträgerrechnung

Adäquat zur DRG-Einführung in der Somatik 2003/2004 (und in einzelnen Kliniken teilweise auch noch 2005) lassen sich derzeit viele Diskussionen zur Sinnhaftigkeit, Ausgestaltung und Zukunftsperspektive des neuen Entgeltsystems beobachten.[3] Basis dieser Diskussionen sind vor allem die Erfahrungen aus dem Prä-Test und der Probekalulation, die nunmehr im Rahmen der ersten Echtkalkulation im PEPP-System neuen Nährboden erhalten haben. Wenngleich eine Reihe dieser Kritikpunkten aus Sicht der Autoren durchaus gerechtfertigt erscheinen und bei der weiteren Entwicklung des neuen Entgeltsystems zwingend berücksichtigt werden sollten, darf ein nicht zu unterschätzender Teil dieser politischen Diskussionen aber durchaus auch als temporäre Verzögerungstaktik gewertet werden. Letztlich führt dieses „Spiel auf Zeit" jedoch in eine strategische Sackgasse, da die Implementierung des neuen Entgeltsystems per se als lernendes System angelegt worden ist und evidente Mängel bei der weiteren Entwicklung zu berücksichtigen sind. Hinzu kommt, dass durch das Fehlen internationaler Erfahrungen kein perfekt ausgereiftes Entgeltsystem für die anvisierte budgetneutrale Einführung in 2013 erwartet werden darf.

Aus Sicht der Autoren empfiehlt es sich daher prospektiv mit dem Instrument der InEK-konformen Kostenträgerrechnung im PEPP-System auseinanderzusetzen, um strategisch vorsteuernd Kompetenzen bei der Generierung und Bewertung von Kalkulationsergebnissen, die über die reinen Kostendatensätze weit hinausreichen, aufzubauen. Letztlich lassen sich erst auf dieser Grundlage echte Benchmarks realisieren und -mit Ausnahme weniger Tatbestände, wie z. B. den bereits heute bekannten Mangel beim Erfüllungsgrad der Psych-PV in den Einrichtungen- evidente Mängel im neuen PSY-Entgeltsystem offen

---

[2] Vgl. hierzu weiterführend Kap. 13.

[3] Vgl. hierzu auch Berton und Birr (2011c, S. 37).

legen, konstruktiv diskutieren und bei Konsens im Sinne des lernenden Systems beheben. Bei einem potentiellen Dissens stehen den Einrichtungen darüber hinaus – wenn sicherlich auch nur eingeschränkt – die Instrumente des Political Mix zur Verfügung, um durch geeignete Interventionsmaßnahmen die weitere Systementwicklung zum eigenen Vorteil zu beeinflussen. So oder so bildet die Kostenkalkulation die Grundlage dieser beiden Optionen.

In den zurückliegenden Monaten wurde (z. B. von der DGPPN) zwar immer wieder vor Problemen bei der Einführung des neuen PSY-Entgeltsystem, wie z. B. dem fehlenden sektorenübergreifenden Arbeitsansatz oder dem Zeitaufwand bei der Dokumentation der OPS-Leistungen, gewarnt, aber aus Sicht der Autoren wurde der Prozess als solches in Gänze nicht wirklich konterkariert. Dieser Logik folgend, ist die KTR das Instrument der Stunde, da nur mit einer konventionalisierten Kalkulationsmethodik die angestrebten Relativgewichte der zukünftigen Tagespauschalen ermittelt werden können. Folglich wird im weiteren Verlauf dieses Kapitels die vom InEK entwickelte Kalkulationsmethodik in den Fokus rücken, welche im Rahmen des Prä-Tests 2010 mit Hilfe von 17 Einrichtungen auf ihre Praxistauglichkeit hin überprüft worden ist. Hierzu ist zu konstatieren, dass sich das offizielle Handbuch zur Kalkulation psychiatrischer und psychosomatischer Tagespauschalen in der Version 1.0 im Großen und Ganzen kaum vom Kalkulationsleitfaden des Prä-Testes unterscheidet.[4] Allerdings konnte von den Prä-Testhäusern ein wichtiger Beitrag an einigen zentralen Stellen geleistet werden, so z. B. bei der Weiterentwicklung der Betreuungsintensitätsmodelle, die für die Verteilung der Kosten des Bereiches Station auf den Behandlungstag und/oder -fall erforderlich sind.[5] Während der Prä-Test nur die Kosten- und Leistungsdaten des zweiten Quartals 2010 einschloss und aus organisatorischen Gründen hinsichtlich der Teilnahme limitiert war, stand es im Rahmen der Probekalkulation, die sich auf das ganze Jahr 2010 bezog, allen (teil-)stationären psychiatrischen und psychosomatischen Einrichtungen frei, sich unabhängig von der Qualität der Ausgangsdaten an diesem Verfahren zu beteiligen.

Hierzu hat das InEK am 13. und 15. Dezember 2010 zwei kostenfreie Informationsveranstaltungen durchgeführt, im Rahmen derer nicht nur für Teilnahme an der Probekalkulation geworben, sondern auch die Inhalte des Kalkulationshandbuches kompensiert dargestellt wurden. Ziel war es, die an der Kalkulation interessierten Häusern hinsichtlich der Probekalkulation umfassend zu informieren sowie die Eckpunkte der Kalkulationsmethodik, die Erfordernisse bei der (zukünftigen) Leistungsdokumentation, den Anpassungsbedarf bei der Kostenarten-, Kostenstellen- und Kostenträgerrechnung sowie die Voraussetzungen für eine (erfolgreiche) Zusammenarbeit mit dem InEK darzulegen. Insgesamt wohnten diesen beiden Veranstaltungen mehr als 500 Besucher bei, was auf ein äußerst hohes Interesse bei den betroffenen Einrichtungen schließen lässt.

An der zurückliegenden Echtkalkulation haben insgesamt 63 Einrichtungen teilgenommen, deren Kalkulationsergebnisse als Basis für die Ermittlung der ersten Relativgewichte

---

[4] Vgl. hierzu auch Berton und Birr (2011a, S. 35).
[5] Vgl. hierzu ausführlich Kap. 6.

im neuen PEPP-System herangezogen wurden.[6] Wenngleich die Anzahl der 44 bewerteten und 31 unbewerteten PEPPS im ersten Augenblick gering erscheinen mag, kann aus Sicht der Autoren konstatiert werden, dass sich die Kalkulationsmethodik auch unter schwierigen Rahmenbedingungen bewährt zu haben scheint.[7] Allerdings bleibt abzuwarten, ob das InEK zukünftig in der Lage sein wird, aus der fallbezogenen Tageskostenkalkulation eine echte Tageskostenkalkulation, mit ihren inhärenten und in Kapitel 11 beschriebenen Besonderheiten, umzusetzen. Wenn nicht, scheint die aufwendigere Kostenkalkulation im PEPP-System aus Sicht der Autoren obsolet und der Weg zu einem echten DRG-System in der Psychiatrie und Psychosomatik bereits jetzt vorgezeichnet.

Zu der Frage, ob sich die Kalkulationsmethodik auch unter diesen schwierigen Rahmenbedingungen bewährt und welche Ergebnisse aus dieser Probekalkulation abgeleitet werden konnten, gibt es vom InEK aktuell noch keine Rückmeldung.

## 7.2 DRG-Fallkostenkalkulation vs. PSY-Tageskostenkalkulation

Wenngleich man auf den ersten Blick vermuten könnte, das der einzige Unterschied zwischen der offiziellen DRG-Fallkostenkalkulation[8] und der offiziellen PEPP-Tageskostenkalkulation[9] der Kostenträger ist, geht aus der Betrachtung der modularen Kalkulationsmatrizen beider Verfahren (Tab. 7.1 und 7.2) eindeutig hervor, dass es darüber hinaus noch weiterreichende Unterschiede geben muss. Gleichzeitig erschließen sich aber auch gewisse Ähnlichkeiten, die es nachfolgend näher zu betrachten gilt.

### 7.2.1 Gemeinsamkeiten zwischen beiden Kalkulationsverfahren

Gemein ist beiden Verfahren, dass die Kostenträgerrechnung eine Vollkostenrechnung auf Ist-Kostenbasis darstellt, wobei sich die für die Kalkulation verwendeten Kostendaten aus dem testierten Jahresabschluss des Krankenhauses ableiten lassen müssen.[10] Hierzu ist jedoch zu konstatieren, dass zu Beginn des Kalkulationszeitraums am 31. März sicherlich nicht in allen Kalkulationshäusern ein testierter Jahresabschluss vorliegen wird. Dieser sollte jedoch bis zum Ende des Kalkulationszeitraums, das in der Regel auf den 25. Mai fällt, durch die externe Prüfgesellschaft erstellt worden sein. In die Kalkulation fließen daher nur die Aufwendungen ein, die von der Finanzbuchhaltung tatsächlich verbucht worden

---

[6] Vgl. hierzu Heimig (2012, S. 165).

[7] Vgl. hierzu Heimig (2012, S. 188 ff.).

[8] Vgl. hierzu grundlegend InEK (2007).

[9] Vgl. hierzu grundlegend InEK (2010).

[10] Vgl. hierzu InEK (2007, S. 5) sowie InEK (2010, S. 5).

**Tab. 7.1** Kalkulationsmatrix der DRG-Fallkostenkalkulation. (Quelle InEK 2007, S. 125)

| | 1 Personalkosten ärztlicher Dienst | 2 Personalkosten Pflegedienst | 3 Personalkosten med.-techn. Dienst/Funktions-dienst | 4a Sachkosten Arzneimittel | 4b Sachkosten Arzneimittel | 5 Sachkosten Implantate/ Transplantate | 6a Sachkosten übriger medizinischer Bedarf | 6b Sachkosten übriger medizinischer Bedarf | 7 Personal- und Sachkosten med. Infrastruktur | 8 Personal- und Sachkosten nicht med. Infrastruktur |
|---|---|---|---|---|---|---|---|---|---|---|
| 1 Normalstation | Pflegetage | PPR-Minuten[2] | Pflegetage | PPR-Minuten[2] | Ist-Verbrauch Einzelkostenzuordnung | nicht relevant | PPR-Minuten[2] | Ist-Verbrauch Einzelkostenzuordnung | Pflegetage | Pflegetage |
| 2 Intensivstation | Gewichtete Intensivstunden | Gewichtete Intensivstunden | Gewichtete Intensivstunden | Gewichtete Intensivstunden | Ist-Verbrauch Einzelkostenzuordnung | Ist-Verbrauch Einzelkostenzuordnung | Gewichtete Intensivstunden | Ist-Verbrauch Einzelkostenzuordnung | Intensivstunden | Intensivstunden |
| 3 Dialyse-abteilung | Gewichtete Dialysen[4] | Gewichtete Dialysen[4] | Gewichtete Dialysen[4] | Gewichtete Dialysen[4] | Ist-Verbrauch Einzelkostenzuordnung | nicht relevant | Gewichtete Dialysen[4] | Ist-Verbrauch Einzelkostenzuordnung | Gewichtete Dialysen[4] | Gewichtete Dialysen[4] |
| 4 OP-Bereich | Schnitt-Naht-Zeit mit GZF und Rüstzeit[5] | nicht relevant | Schnitt-Naht- Zeit/HLM mit GZF und Rüstzeit[5] | Schnitt-Naht-Zeit mit GZF und Rüstzeit[5] | Ist-Verbrauch Einzelkostenzuordnung | Ist-Verbrauch Einzelkostenzuordnung | Schnitt-Naht-Zeit mit Rüstzeit[5] | Ist-Verbrauch Einzelkostenzuordnung | Schnitt-Naht-Zeit mit Rüstzeit[5] | Schnitt-Naht-Zeit mit Rüstzeit[5] |
| 5 Anästhesie | Anästhesiologiezeit[7] und GZF[6] | nicht relevant | Anästhesiologiezeit[7] | Anästhesiologiezeit[7] | Ist-Verbrauch Einzelkostenzuordnung | nicht relevant | Anästhesiologiezeit[7] | Ist-Verbrauch Einzelkostenzuordnung | Anästhesiologiezeit[7] | Anästhesiologiezeit[7] |
| 6 Kreißsaal | Aufenthaltszeit Patientin im Kreißsaal | nicht relevant | Aufenthaltszeit Patientin im Kreißsaal | Aufenthaltszeit Patientin im Kreißsaal | Ist-Verbrauch Einzelkostenzuordnung | nicht relevant | Aufenthaltszeit Patientin im Kreißsaal | Ist-Verbrauch Einzelkostenzuordnung | Aufenthaltszeit Patientin im Kreißsaal | Aufenthaltszeit Patientin im Kreißsaal |
| 7 Kardiologische Diagnostik/ Therapie | 1. Eingriffszeit / 2. Punkte lt. Leistungskatalog | nicht relevant | 1. Eingriffszeit / 2. Punkte lt. Leistungskatalog | 1. Eingriffszeit / 2. Punkte lt. Leistungskatalog | Ist-Verbrauch Einzelkostenzuordnung | Ist-Verbrauch Einzelkostenzuordnung | 1. Eingriffszeit / 2. Punkte lt. Leistungskatalog | Ist-Verbrauch Einzelkostenzuordnung | 2. Punkte lt. Leistungskatalog | 2. Punkte lt. Leistungskatalog |
| 8 Endoskopische Diagnostik/ Therapie | 1. Eingriffszeit / 2. Punkte lt. Leistungskatalog | nicht relevant | 1. Eingriffszeit / 2. Punkte lt. Leistungskatalog | 1. Eingriffszeit / 2. Punkte lt. Leistungskatalog | Ist-Verbrauch Einzelkostenzuordnung | Ist-Verbrauch Einzelkostenzuordnung | 1. Eingriffszeit / 2. Punkte lt. Leistungskatalog | Ist-Verbrauch Einzelkostenzuordnung | 1. Eingriffszeit / 2. Punkte lt. Leistungskatalog | 1. Eingriffszeit / 2. Punkte lt. Leistungskatalog |
| 9 Radiologie | Punkte lt. Leistungskatalog | nicht relevant | Punkte lt. Leistungskatalog | Punkte lt. Leistungskatalog | Ist-Verbrauch Einzelkostenzuordnung | Ist-Verbrauch Einzelkostenzuordnung[9] | Punkte lt. Leistungskatalog | Ist-Verbrauch Einzelkostenzuordnung | Punkte lt. Leistungskatalog | Punkte lt. Leistungskatalog |
| 10 Laboratorien | 1. Eingriffszeit / 2. Punkte lt. Leistungskatalog | nicht relevant | Punkte lt. Leistungskatalog | 1. Eingriffszeit / 2. Punkte lt. Leistungskatalog | Ist-Verbrauch Einzelkostenzuordnung | Ist-Verbrauch Einzelkostenzuordnung | Punkte lt. Leistungskatalog | Ist-Verbrauch Einzelkostenzuordnung | 1. Eingriffszeit / 2. Punkte lt. Leistungskatalog | 1. Eingriffszeit / 2. Punkte lt. Leistungskatalog |
| 11 Übrige diagnostische und therapeutische Bereiche | 2. Punkte lt. Leistungskatalog | 2. Punkte lt. Leistungskatalog | 2. Punkte lt. Leistungskatalog | 2. Punkte lt. Leistungskatalog | Ist-Verbrauch Einzelkostenzuordnung | Ist-Verbrauch Einzelkostenzuordnung | 2. Punkte lt. Leistungskatalog | Ist-Verbrauch Einzelkostenzuordnung | 2. Punkte lt. Leistungskatalog | 2. Punkte lt. Leistungskatalog |

1) Bewertung der Einzelkosten über Anschaffungspreise bzw. Durchschnittspreise
2) Neben der PPR sind ähnliche sachgerechte Systeme zugelassen
3) In Einzelfällen relevant
4) Gewichtete Dialysen nach Dialysearten
5) Hausindividuelle Standards der Rüstzeiten können gebildet werden
6) In der Regel GZF 2 (bei HLM GZF 1)
7) Anästhesiologiezeit : Übernahme/Übergabe des Patienten, d.h. unter Einbezug eventueller Rüstzeiten
8) GZF ist standardisiert 1,0 in medizinisch begründeten Ausnahmefällen auch höher
9) Nur für Transplantationskosten bei Knochenmark-/Stammzelltransfusion

**Tab. 7.2** Kalkulationsmatrix der PSY-Tageskostenkalkulation. (Quelle InEK 2010, S. 129)

| | Personalkosten ärztlicher Dienst (1) | Personalkosten Pflege-/Erziehungsdienst (2) | Personalkosten Psychologen (3a) | Personalkosten Sozialarbeiter/Heilpädagogen (3b) | Personalkosten Spezialtherapeuten (3c) | Personalkosten med.-techn. Dienst/Funktionsdienst (3) | Sachkosten Arzneimittel (4a) | Sachkosten Arzneimittel (4b¹) | Sachkosten übriger medizinischer Bedarf (6a) | Sachkosten übriger medizinischer Bedarf (6b¹) | Personal- und Sachkosten med. Infrastruktur (7) | Personal- und Sachkosten nicht med. Infrastruktur (8) |
|---|---|---|---|---|---|---|---|---|---|---|---|---|
| Station Regelbehandlung (21) | Gewichtete Pflegetage | Gewichtete Pflegetage | Gewichtete Pflegetage | Gewichtete Pflegetage | Gewichtete Pflegetage | Gewichtete Pflegetage | Gewichtete Pflegetage | Ist-Verbrauch EK-zuordnung | Gewichtete Pflegetage | Ist-Verbrauch EK-zuordnung | Pflegetage | Pflegetage |
| Station Intensivbehandlung (22) | Gewichtete Pflegetage | Gewichtete Pflegetage | Gewichtete Pflegetage | Gewichtete Pflegetage | Gewichtete Pflegetage | Gewichtete Pflegetage | Gewichtete Pflegetage | Ist-Verbrauch EK-zuordnung | Gewichtete Pflegetage | Ist-Verbrauch EK-zuordnung | Pflegetage | Pflegetage |
| Psychotherapie (23) | Leistungszeit<br>Punkte lt. Leistungskatalog | Leistungszeit<br>Punkte lt. Leistungskatalog | Leistungszeit<br>Punkte lt. Leistungskatalog | Leistungszeit<br>Punkte lt. Leistungskatalog | Leistungszeit<br>Punkte lt. Leistungskatalog | Leistungszeit<br>Punkte lt. Leistungskatalog | Leistungszeit<br>Punkte lt. Leistungskatalog | Ist-Verbrauch EK-zuordnung | Leistungszeit<br>Punkte lt. Leistungskatalog | Ist-Verbrauch EK-zuordnung | Leistungszeit<br>Punkte lt. Leistungskatalog | Leistungszeit<br>Punkte lt. Leistungskatalog |
| Physikalische Therapie (24) | Leistungszeit<br>Punkte lt. Leistungskatalog | Leistungszeit<br>Punkte lt. Leistungskatalog | Leistungszeit<br>Punkte lt. Leistungskatalog | Leistungszeit<br>Punkte lt. Leistungskatalog | Leistungszeit<br>Punkte lt. Leistungskatalog | Leistungszeit<br>Punkte lt. Leistungskatalog | Leistungszeit<br>Punkte lt. Leistungskatalog | Ist-Verbrauch EK-zuordnung | Leistungszeit<br>Punkte lt. Leistungskatalog | Ist-Verbrauch EK-zuordnung | Leistungszeit<br>Punkte lt. Leistungskatalog | Leistungszeit<br>Punkte lt. Leistungskatalog |
| Ergotherapie (25) | Leistungszeit<br>Punkte lt. Leistungskatalog | Leistungszeit<br>Punkte lt. Leistungskatalog | Leistungszeit<br>Punkte lt. Leistungskatalog | Leistungszeit<br>Punkte lt. Leistungskatalog | Leistungszeit<br>Punkte lt. Leistungskatalog | Leistungszeit<br>Punkte lt. Leistungskatalog | Leistungszeit<br>Punkte lt. Leistungskatalog | Ist-Verbrauch EK-zuordnung | Leistungszeit<br>Punkte lt. Leistungskatalog | Ist-Verbrauch EK-zuordnung | Leistungszeit<br>Punkte lt. Leistungskatalog | Leistungszeit<br>Punkte lt. Leistungskatalog |
| Andere Therapie (26) | Punkte lt. Leistungskatalog | Punkte lt. Leistungskatalog | Punkte lt. Leistungskatalog | Punkte lt. Leistungskatalog | Punkte lt. Leistungskatalog | Punkte lt. Leistungskatalog | Punkte lt. Leistungskatalog | Ist-Verbrauch EK-zuordnung | Punkte lt. Leistungskatalog | Ist-Verbrauch EK-zuordnung | Punkte lt. Leistungskatalog | Punkte lt. Leistungskatalog |
| Kardiologische Diagnostik/Therapie (7) | 1. Eingriffszeit<br>2. Punkte lt. Leistungskatalog | nicht relevant | nicht relevant | nicht relevant | nicht relevant | 1. Eingriffszeit<br>2. Punkte lt. Leistungskatalog | 1. Eingriffszeit<br>2. Punkte lt. Leistungskatalog | Ist-Verbrauch EK-zuordnung | 1. Eingriffszeit<br>2. Punkte lt. Leistungskatalog | Ist-Verbrauch EK-zuordnung | 1. Eingriffszeit<br>2. Punkte lt. Leistungskatalog | 1. Eingriffszeit<br>2. Punkte lt. Leistungskatalog |
| Endoskopische Diagnostik/Therapie (8) | 1. Eingriffszeit<br>2. Punkte lt. Leistungskatalog | nicht relevant | nicht relevant | nicht relevant | nicht relevant | 1. Eingriffszeit<br>2. Punkte lt. Leistungskatalog | 1. Eingriffszeit<br>2. Punkte lt. Leistungskatalog | Ist-Verbrauch EK-zuordnung | 1. Eingriffszeit<br>2. Punkte lt. Leistungskatalog | Ist-Verbrauch EK-zuordnung | 1. Eingriffszeit<br>2. Punkte lt. Leistungskatalog | 1. Eingriffszeit<br>2. Punkte lt. Leistungskatalog |
| Radiologie (9) | Punkte lt. Leistungskatalog | nicht relevant | nicht relevant | nicht relevant | nicht relevant | Punkte lt. Leistungskatalog | Punkte lt. Leistungskatalog | Ist-Verbrauch EK-zuordnung | Punkte lt. Leistungskatalog | Ist-Verbrauch EK-zuordnung | Punkte lt. Leistungskatalog | Punkte lt. Leistungskatalog |
| Laboratorien (10) | Punkte lt. Leistungskatalog | nicht relevant | nicht relevant | nicht relevant | nicht relevant | Punkte lt. Leistungskatalog | Punkte lt. Leistungskatalog | Ist-Verbrauch EK-zuordnung | Punkte lt. Leistungskatalog | Ist-Verbrauch EK-zuordnung | 1. Eingriffszeit<br>Punkte lt. Leistungskatalog | Punkte lt. Leistungskatalog |
| Übrige Diagnostik und Therapeut. Bereiche (11) | 1. Eingriffszeit<br>2. Punkte lt. Leistungskatalog | 1. Eingriffszeit<br>2. Punkte lt. Leistungskatalog | nicht relevant | nicht relevant | nicht relevant | 1. Eingriffszeit<br>2. Punkte lt. Leistungskatalog | 1. Eingriffszeit<br>2. Punkte lt. Leistungskatalog | Ist-Verbrauch EK-zuordnung | 1. Eingriffszeit<br>2. Punkte lt. Leistungskatalog | Ist-Verbrauch EK-zuordnung | 1. Eingriffszeit<br>2. Punkte lt. Leistungskatalog | 2. Punkte lt. Leistungskatalog |

1) Bewertung der Einzelkosten über Anschaffungspreise bzw. Durchschnittspreise

sind und die in Zusammenhang mit der Erbringung der allgemeinen Krankenhausleistung stehen.[11]

Das Leistungsangebot im Krankenhaus lässt sich in zwei grundsätzliche Bereiche unterteilen, in Kern- und Wahlleistungen. Während der durch die Krankenversicherung des Patienten abgedeckte Kernbereich alle medizinisch- und pflegerisch notwendigen Leistungen sowie die Verpflegung und Unterbringung des Patienten umfasst, werden darüber hinaus gehende Leistungen als Wahlleistungen bezeichnet. In diesem Kontext beinhalten ärztliche Wahlleistungen die Behandlung und Betreuung durch den jeweiligen Chefarzt oder dessen Stellvertreter und nichtärztliche Wahlleistungen Hotelleistungen, wie zum Beispiel Ein- oder Zweitbettzimmer.

Andere Kosten, wie z. B. periodenfremde Aufwendungen oder Kosten für die Erbringung ambulanter Therapieleistungen, sind über den Arbeitsschritt der Kostenabgrenzung aus der Kalkulationsgrundlage auszugliedern.[12]

Aufwendungen für Zuführungen zu Rückstellungen sind grundsätzlich auch als nicht kalkulationsrelevante Kosten abzugrenzen. Die einzige Ausnahme bilden die Rückstellungsaufwendungen für nicht in Anspruch genommenen Urlaub und für nicht vergütete oder nicht in Freizeit ausgeglichene Mehrarbeit. Diese Aufwendungen sollen in allen Häusern einheitlich als kalkulationsrelevante Kosten in die Kalkulationsgrundlage einfließen.

Die gebuchten Aufwendungen in der Finanzbuchhaltung müssen zudem gemäß dem obligatorischen Kontenplan der Krankenhausbuchführungsordnung (KHBV) gegliedert sein, während der klinikinterne Kostenstellenplan am Kostenstellenrahmen der KHBV ausgerichtet sein muss.[13] Der Kostenstellenplan muss darüber hinaus der erweiterten Mindestanforderung des InEK genügen.[14]

Für beide Verfahren gilt das „Prinzip der zeitlichen Kongruenz", welches besagt, dass die verwendeten Kosten- und Leistungsdaten stets dem gleichen Datenjahr entstammen müssen.[15] Unter dem Begriff der Leistungsdaten wird dabei der Umfang der eingesetzten Personal- und Sachmittelressourcen pro Kostenträger subsummiert, die ihm im Weiteren Verlauf der Kalkulation entweder als Einzel- oder Gemeinkosten zugerechnet werden.[16] Hierzu gehören neben allen diagnostischen, therapeutischen und sonstigen Leistungen, wie z. B. den PPR-Minuten,[17] den Betreuungsintensitäten oder den Schnitt-Naht-Zeiten, auch die Pflegetage des Patienten.

Beide Kalkulationsmethodiken basieren zudem auf der Prämisse, dass die jeweiligen kalkulationsrelevanten Kosten auf den Kostenstellen verbucht sind, auf denen sie im

---

[11] Vgl. hierzu weiterführend Tscheulin (2002, S. 36 ff).

[12] Vgl. hierzu InEK (2007, S. 48) sowie InEK (2010, S. 46).

[13] Vgl. hierzu InEK (2007, S. 5f) sowie InEK (2010, S. 5f).

[14] Vgl. hierzu InEK (2007, S. 6) sowie InEK (2010, S. 6).

[15] Vgl. hierzu InEK (2007, S. 5) sowie InEK (2010, S. 5).

[16] Vgl. hierzu InEK (2007, S. 23) sowie InEK (2010, S. 23).

[17] Vgl. zur Pflege-Personalregelung grundlegend Schöning et al. (1995).

Krankenhaus auch tatsächlich angefallen sind.[18] Sollte dies im Echtsystem nicht gegeben und/oder nicht möglich sein, ist dies über die Arbeitsschritte der Belegkorrektur und der Personalkostenverrechnung im sekundären Buchungskreis sicherzustellen.

Während dem Arbeitsschritt der Personalkostenverrechnung in beiden Handbüchern jeweils ein eigenes Kapitel gewidmet ist, wird der Arbeitsschritt der Belegkorrektur nur indirekt expliziert, so zum Beispiel, wenn im Kalkulationshandbuch geschrieben steht, das vor Durchführung der IBLV Kosten der Kostenartengruppe 4–6 möglichst vollständig von den indirekten Kostenstellen auf die direkten Kostenstellen umgebucht werden sollten.[19]

Im Arbeitsschritt der innerbetrieblichen Leistungsverrechnung (IBLV) sind anschließend alle indirekten Kostenstellen der medizinischen Infrastruktur und nicht medizinischen Infrastruktur verursachungsgerecht über verbindlich vorgegebene Verrechnungsschlüssel entweder mit Hilfe des Anbauverfahrens bei der ersten Kalkulationsteilnahme oder von Anfang an über das Stufenleiter- respektive Gleichungsverfahren auf die direkten Kostenstellen umzulegen.[20]

Die dem Kostenträger zugerechneten Kosten werden, wie in Tab. 7.1 und 7.2 zu sehen, als Ergebnis der KTR modulweise in einer Kostenmatrix ausgewiesen.[21] Das heißt, dass unter einem definierten Regelwerk nach der IBLV respektive der Residualgrößenbildung die auf den direkten Kostenstellen gebuchten Kosten zu Kostenartengruppen und die direkten Kostenstellen wiederum zu Kostenstellengruppen zusammengefasst werden.[22] Die dem Kostenträger zugeordneten Einzelkosten sind dabei in Abhängigkeit von der Art der Einzelkosten ebenfalls in jeweils eigenen Kostenmodulen auszuweisen.[23]

Zu guter Letzt sind als aktives Kalkulationshaus in Ergänzung zu der vorgegebenen Datensatzstruktur gemäß § 21 KHEntG (Krankenhausentgeltgesetz) zwei weitere csv.Dateien zu übermitteln, nämlich die Kosten.csv und die Kostenmodul.csv. Während in der erstgenannten die errechneten Kosten in Abhängigkeit des Kostenträgers in modularer Gliederung bereit zustellen sind, werden in der letztgenannten die Umlageschlüssel pro Kostenmodul hinterlegt. Über diese erweiterte Datenlieferung hinaus sind die Kalkulationshäuser verpflichtet, ergänzende Daten zu liefern, deren Umfang und Struktur durch das InEK vorgegeben wird.[24] Darüber hinaus übermitteln die Kalkulationshäuser zu jeder ergänzenden Datenbereitstellung und zu jeder Kostendatenlieferung mehr oder wenig umfängliche Informationsdateien, die dem InEK wiederum zu Konformitäts- und Plausibilitätszwecken dienen. Sollte ein Kalkulationshaus am Ende des Kalkulationsprozesses den Mindestqualitätsansprüchen des InEK genügen, so erhält es für die erfolgreiche Teilnahme eine Rückvergütung, die sich aus einem fixen Anteil, der für alle Kalkulationshäuser iden-

---

[18] Vgl. hierzu grundlegend InEK (2007) sowie InEK (2010).

[19] Vgl. hierzu InEK (2007, S. 34 ff.) sowie InEK (2010, S. 34 ff).

[20] Vgl. hierzu InEK (2007, S.83 ff.) sowie InEK (2010, S. 82 ff).

[21] Vgl. hierzu InEK (2007, S. 6) sowie InEK (2010, S. 6).

[22] Vgl. hierzu InEK (2007, S. 84 ff.) sowie InEK (2010, S. 83 ff).

[23] Vgl. hierzu InEK (2007, S. 84 ff.) sowie InEK (2010, S. 83 ff).

[24] Vgl. hierzu InEK (2007, S. 6) sowie InEK (2010, S. 6).

tisch ist, und einem variablen Anteil, der sich krankenhausindividuell aus dem Volumen der bereitgestellten Kostendatensätze ergibt, zusammensetzt.

## 7.2.2 Unterschiede zwischen beiden Kalkulationsverfahren

Wie bereits mehrfach in diesem Buch dargelegt, besteht der Hauptunterschied zwischen dem DRG- und PEPP-Kalkulationsverfahren in der Wahl des Kostenträgers. Während im erstgenannten Verfahren die Fallkosten im Fokus stehen, sind es im letztgenannten die Tageskosten.

Aus den Kalkulationsmatrizen beider Kalkulationsmethodiken (Tab. 7.1 und 7.2) lässt sich ebenfalls ein deutlicher Unterschied zwischen den beiden Verfahren ableiten. Die Kalkulationshandbücher geben zwar eine verbindliche Grundstruktur für die Durchführung einer Kostenträgerrechnung vor, die mit der Kostenmatrix (jeweils Anlage 5) abgeschlossen wird. Dennoch gibt es bei der Umsetzung dieser Struktur durchaus Spielraum, da nicht alle Leistungsdaten, Umlagen und Verteilungsschlüssel in allen Häusern identisch sind. Hinzu kommt, dass in der Kalkulation auch divergente Krankenhausstrukturen abgebildet werden, die sich per se unterscheiden können.[25]

So ist die Kalkulationsmatrix im PEPP-Bereich beispielsweise um eine Reihe von Kostenarten- und Kostenstellengruppen erweitert worden, was nicht nur zu einer genaueren Abbildung des Leistungsgeschehens innerhalb dieser Kliniken führt, sondern zugleich auch die Bildung von so genannten Residualgrößen als einen weiteren zentralen Kalkulationsschritt bedingt, um das Leistungsgeschehen in die drei Bereiche Station, Therapie und Diagnostik differenzieren zu können.[26]

Konkret bedeutet dies, dass die im DRG-Bereich als Sammelbecken benutzte Kostenartengruppe 3 im PSY-Bereich deutlich weiter differenziert wird und um die Kostenartengruppe 3a–3c ergänzt wird.[27] Da in den meisten Häusern die Personalkosten der Psychologen, Spezialtherapeuten und Mitarbeiter im Sozialdienst wohl mehrheitlich noch als medizinisch-technischer Dienst bzw. Funktionsdienst sowie die der Psychotherapeuten in Ausbildung nicht selten als Sonderdienst verbucht sein werden, wird eine Reihe von Häuser nicht umhin kommen, mit virtuellen Kostenarten in der Kalkulation zu arbeiten.[28]

Denn in beiden Kalkulationsverfahren gilt die Prämisse, dass jede Kostenart nur genau einer Kostenartengruppe zugeordnet werden darf, so dass je nach Ausgangslage entweder im Echtsystem oder virtuell im Rahmen der Personalkostenverrechnung jeweils eine eigene Kostenart für den Lohn & Gehalt, die gesetzlichen Sozialabgaben, die Aufwendungen für die Altersversorgung etc. der betroffenen Berufsgruppen geschaffen werden muss.[29] Spannend

---

[25] Vgl. hierzu auch Berton und Birr (2011b, S. 64).

[26] Vgl. hierzu auch Berton und Birr (2011a, S. 35).

[27] Vgl. hierzu InEK (2007, S. 125) sowie InEK (2010, S. 129).

[28] Vgl. hierzu auch Berton und Birr (2011b, S. 64).

[29] Vgl. hierzu InEK (2007, S. 34 ff.) sowie InEK (2010, S. 34 ff).

ist dies vor allem für Häuser, die an beiden Kalkulationen teilnehmen (wollen), da ein und dieselben Personalkosten in beiden Kalkulationsverfahren jeweils in unterschiedlichen Kostenartengruppen ausgewiesen werden müssen.

Gleiches gilt auch für alle direkten Kostenstellen mit (ko-)therapeutischen Charakter, da bei der Zuordnung der direkten Kostenstellen zu den Kostenstellengruppen ebenfalls die Prämisse gilt, dass eine Kostenstelle genau immer nur einer Kostenstellengruppe zugeordnet sein darf.[30] Während direkte Kostenstellen, wie zum Beispiel die Physikalische Therapie, die Logopädie oder die Neuropsychologie im DRG-Bereich in der Kostenstellengruppe 11 zusammengefasst werden, sind diese im PSY-Bereich in Abhängigkeit der erbrachten Leistung den Kostenstellengruppen 23–26 zuzuordnen.[31] Das heißt, es macht im Rahmen der PEPP-Kalkulation einen deutlichen Unterschied, ob ein Patient vom Spezialtherapeuten beispielsweise eine Rückenmassage oder ein Biofeedback erhält. Während die erstgenannte Leistung klassisch der Kostenstellengruppe 24 (Physikalische Therapie) zuzuordnen ist, gehört die psychophysiologische Leistung in die Kostenstellengruppe 23 (Psychotherapie).[32] Allein dieses eine Beispiel zeigt, dass ein und dieselbe Kostenstelle durchaus Leistungen in unterschiedlichen Kostenstellengruppen erbringen kann, wobei zu konstatieren ist, dass die DRG-Fallkostenkalkulation eine solch weitreichende Differenzierung bei der therapeutischen Kostendarstellung bisweilen nicht kennt. Um dies kostenrechnerisch abbilden zu können, müssen direkte Kostenstellen virtualisiert und Leistungen in Hinblick auf ihren Ausweis in der Kostenmatrix konkretisiert werden, was gleichzeitig gänzlich neue Anforderungen an die etablierten Softwareanbieter stellt, insbesondere wenn ein Haus sowohl den DRG-Bereich als auch den PEPP-Bereich kalkulieren möchte.[33]

Die Kostenstellengruppen 1 und 2 der DRG-Matrix sind durch die Kostenstellengruppen 21 und 22 in der PSY-Matrix substituiert worden. Während die Kostenstellengruppen 1 und 2 dazu dienen, die Kosten eines somatischen Patienten während seines Aufenthaltes auf der Normalstation und/oder der Intensivstation auszuweisen, trägt die Differenzierung von Kostenstellengruppe 21 und 22 dem Umstand Rechnung, dass sich ein psychiatrischer oder psychosomatischer Patient im Rahmen der tagesbezogenen Kostenkalkulation in unterschiedlichen Stadien der OPS-Kodierung befinden kann.[34] Immer dann, wenn sich ein Patient in der Regel- oder Komplexbehandlung für den zu kalkulierenden Tag befindet, sind seine Tageskosten in der Kostenstellengruppe 21 (Station – Regelbehandlung) auszuweisen.[35] Befindet er sich dagegen in der Intensivbehandlung, sind seine Tageskosten adäquat in der Kostenstellengruppe 22 (Station – Intensivbehandlung) auszuweisen.[36] Zu dieser Regelung ist genau ein alternatives Vorgehen zugelassen, nämlich genau dann, wenn

---

[30] Vgl. hierzu InEK (2007, S. 84 ff.) sowie InEK (2010, S. 83 ff).

[31] Vgl. hierzu InEK (2007, S. 240 f.) sowie InEK (2010, S. 191f).

[32] Vgl. hierzu InEK (2010, S. 145 ff).

[33] Vgl. hierzu auch Berton und Birr (2011b, S. 66).

[34] Vgl. hierzu InEK (2007, S. 127 ff.) sowie InEK (2010, S. 130 ff).

[35] Vgl. hierzu InEK (2010, S. 143).

[36] Vgl. hierzu InEK (2010, S. 143).

der weitaus überwiegende Anteil der Pflegetage einer Station in der Intensivbehandlung erbracht wird, wie dies zum Beispiel auf den geschlossenen Stationen vorstellbar wäre.[37] Wenn jedoch 25 % oder mehr der in der Kostenstelle anfallenden Pflegetage in der Regel- oder Komplexbehandlung erbracht werden, ist die zuvor beschriebene Differenzierung in Kostenstellengruppe 21 und 22 zwingend vorgeschrieben.[38]

Die Kostenstellengruppen 3 (Dialyseabteilung), 4 (OP-Bereich), 5 (Anästhesie) und 6 (Kreissaal) sind gänzlich aus der PSY-Matrix gestrichen, obwohl zum Beispiel elektrische Konvulsionstherapien durchaus auch anästhesiologischer Leistungen bedürfen. Diesbezüglich dürfte es sich aus Sicht der Autoren aber mehr um eine Konvention zugunsten der psychiatrischen und psychosomatischen Einrichtungen handeln, da in diesen im Vergleich zu den somatischen Häusern tatsächlich exorbitant weniger anästhesiologische Leistungen anfallen. Folglich sind die Anästhesiekosten im PEPP-Bereich immer auf der Kostenstelle auszuweisen, auf der sie auch angefallen sind, während sie im DRG-Bereich immer in der Kostenstellengruppe 5 auszuweisen sind, unabhängig davon, für welchen Bereich sie erbracht werden. Sollte ein psychiatrischer oder psychosomatischer Patient während seiner Behandlung im PSY-System Dialyseleistungen bedürfen, operiert werden oder zur Entbindung ins Krankenhaus überwiesen werden müssen, würde er gleichsam auch immer in das somatische DRG-Entgeltsystem entlassen werden, so dass die Nichtberücksichtigung der Kostenstellengruppen 3, 4 und 6 in der PSY-Matrix aus Sicht der Autoren nachvollziehbar und transparent erscheint.

Einen speziellen Sonderfall bildet die Kostenstelle des Sozialdienstes. Sie fungiert in der DRG-Fallkostenkalkulation als eine indirekte Kostenstelle der medizinischen Infrastruktur und wird im Rahmen der IBLV entweder über den Verteilungsschlüssel betreute Patienten (der idealerweise noch mit der Betreuungszeit gewichtet ist) auf alle empfangenden direkten Kostenstellen umgelegt. Alternativ könnte der Sozialdienst aber auch über den relativ ungenauen Verteilungsschlüssel Pflegetage, der entsprechend auch nur die Priorität zwei hat, auf alle empfangenden direkten Kostenstellen umgelegt werden.[39]

In der PSY-Tageskostenkalkulation wiederum stellt der Sozialdienst eine direkte Kostenstelle dar, so dass die dort erbrachten Leistungen in Abhängigkeit der Leistungsart in den Kostenstellengruppen 23–26 auszuweisen sind.[40]

Nachdem die bisher explizierten Unterschiede vor allem struktureller Natur sind, wird mit der Kostenkalkulation auf den direkten Kostenstellen der große inhaltliche Unterschied zwischen den beiden Verfahren deutlich. Während für alle diagnostischen Leistungen in beiden Verfahren das Prinzip der Gemeinkostenkalkulation gilt, welches im Wesentlichen besagt, dass nicht am Patienten verbrachte Arbeitszeit auf die dokumentierten Leistungen aufgeschlagen wird, um den Kostensatz pro Modul zu bilden, divergiert dieses Prinzip

---

[37] Vgl. hierzu InEK (2010, S. 143).

[38] Vgl. hierzu InEK (2010, S. 143).

[39] Vgl. hierzu InEK (2007, S. 248).

[40] Vgl. hierzu InEK (2010, S. 194).

bei den therapeutischen Leistungen.[41] Während im DRG-Bereich das zuvor beschriebene Verfahren anzuwenden ist, wird im PEPP-Bereich in der Regel nur die kalkulatorische Therapiezeit am Patienten zur Kostensatzbildung verwendet.[42] Diese wiederum ergibt sich aus der Nettoarbeitszeit am Patienten zuzüglich der Vor- und Nachbereitungszeit sowie der Dokumentationszeit.[43] Die verbleibende Arbeitszeit ist als Residualgröße auf der Station auszuweisen und wird dort über Betreuungsintensitätspunkte auf den Kostenträger Tag umgelegt.[44]

## 7.2.3  Kostenabgrenzung

Bei gleichzeitiger Kalkulation von Somatik und Psychiatrie/Psychosomatik müssen bei einigen leistungserbringenden Kostenstellen Besonderheiten berücksichtigt werden. In diesem Kontext optieren die Autoren grundsätzlich dafür, die Kostenabgrenzung zwischen den unterschiedlichen Patientengruppen (ambulant, DRG, BPflV etc.) grundsätzlich erst nach der Leistungsdokumentation über das Merkmal der Patienten vorzunehmen. Am Beispiel des Leistungserbringers Physikalische Therapie bedeutet dies in der Praxis, dass ihr die Kosten der indirekten Kostenstellen (wie z. B. Strom, Wasser oder Wärme) ohne vorherige Kostenabgrenzung im Rahmen der IBLV in vollem Umfang verursachungsgerecht zugerechnet werden.

Anschließend ist im Rahmen der Kostenträgerrechnung der Kostensatz pro Modul mit allen dokumentierten Leistungen, also nicht nur mit denen im DRG-Bereich, sondern auch mit denen im PSY-Bereich und mit denen im ambulanten Bereich, zu bilden, wobei in der PSY-Kostenmatrix letztlich nur die Fälle mit dem BPflV-Merkmal ausgewiesen werden.

Mit diesem vom Handbuch abweichenden Verfahren lassen sich nicht nur die Vollkosten einer jeden Leistung mit den offiziellen Tarifwerken, wie z. B. dem GOÄ-Katalog, benchmarken, sondern aus Sicht des Autors wird die Kalkulationsgrundlage damit auch deutlich genauer, zumindest aber handhabbarer. Denn der Baustein der Kostenabgrenzung impliziert im offiziellen Handbuch, dass vor Kalkulationsbeginn alle indirekten und alle direkten Kostenstellen um den nicht-PEPP-relevanten Kostenanteil bereinigt werden müssen, bevor mit der eigentlichen Kalkulation begonnen wird.[45] Während die Kostenabgrenzung auf den direkten Kostenstellen sicherlich kein Problem darstellen dürfe, scheint die Genauigkeit bei der Abgrenzung von anteiligen Strom-, Wasser- oder Heizungskosten etc. auf den indirekten Kostenstellen für die Behandlung von nicht-PEPP-relevanten Patienten aus Sicht des Autors zumindest fraglich.

---

[41] Vgl. hierzu InEK (2007, S. 124 ff.) sowie InEK (2010, S. 103 ff).

[42] Vgl. hierzu InEK (2007, S. 124 ff.) sowie InEK (2010, S. 103 ff).

[43] Weiterführende Informationen zur Bedeutung der kalkulatorischen Leistungszeit finden sich auch in Kap. 5.

[44] Vgl. hierzu InEK (2010, S. 119 ff).

[45] Vgl. hierzu InEK (2007, S. 42 ff).

Selbstverständlich sind in diesem Kontext Kostenarten, die ihrer Art nach nicht kalkulationsrelevant sind, wie z. B. periodenfremde Aufwendungen, bereits zu Kalkulationsbeginn per Kostenartendefinition aus der Kalkulationsgrundlage ausgeschlossen. Gleiches gilt auch für alle Kosten, die auf Kostenstellen gebucht sind, die per Kostenstellendefinition nicht kalkulationsrelevant sind, wie z. B. das Bistro. Abweichend zum offiziellen Handbuch empfiehlt es sich aus Sicht der Autoren ebenfalls die anteiligen Kosten, die diesen Kostenstellen von indirekten Kostenstellen zugerechnet werden müssen, nicht vor Kalkulationsbeginn abzugrenzen, sondern erst im Rahmen der IBLV selbst.[46] Das heißt, die abgegrenzten Kostenstellen können nach ihrem Ausschluss zwar nicht mehr verteilt werden, bleiben aber trotzdem weiterhin bebuchbar und werden erst nach der innerbetrieblichen Leistungsverrechnung, das heißt, mit ihren originären und empfangenen Kosten aus der IBLV, komplett aus der Kalkulation ausgeschlossen.

## 7.2.4   Residualgröße

Bei gleichzeitiger Kalkulation von Somatik und Psychiatrie/Psychosomatik sind die bisweilen gänzlich unterschiedlichen Anforderungen beider Kalkulationshandbücher zu berücksichtigen. Das vorgestellte Verfahren zur Kostenabgrenzung ist hierbei wesentlich, da in beiden Kalkulationsverfahren alle diagnostischen (direkten) Kostenstellen in den gleichen Kostenstellengruppen ausgewiesen werden und mit dem Prinzip des Gemeinkostenzuschlags arbeiten.

Zur größten Herausforderung avanciert aufgrund der eklatant unterschiedlichen Rechenmodelle bei der Kostenkalkulation der (ko-)therapeutischen Leistungen zweifelsohne die Modellierung und -konfiguration der damit assoziierten direkten Kostenstellen. Dabei erschweren zwei Punkte diese Arbeiten, auf die nachfolgend kurz eingegangen werden soll. Zum einem wird im PSY-Kalkulationshandbuch zwar relativ ausführlich expliziert, wie eine Residualgrößenbildung -ausgehend von der Stationskostenstelle- theoretisch funktioniert, allerdings wird der umgekehrte Weg, nämlich die Residualgrößenbildung auf Station, nur theoretisch mit dem Satz umrissen, dass therapeutische Kostenstellen nur das Leistungsvolumen auszuweisen haben, das mit dem unmittelbar am Patienten erbrachten Therapieleistungen verbunden ist.[47] Folglich stehen alle Einrichtungen, die ihre therapeutischen Leistungen in einem räumlich abgegrenzten Bereich außerhalb der Station erbringen und hierfür eigene Kostenstellen gebildet haben, gezwungenermaßen vor der Herausforderung einen plausiblen und transparenten Rechenschritt für die Residualgrößenbildung auf Station zu entwickeln.

Die in diesem Kontext entwickelte Lösung wird ausführlich in Kap. 7.3.4.2 dargestellt. Zum anderen kulminiert diese Lösung in einer Nichtvergleichbarkeit der Kalkulationsergebnisse, sofern in einer Klinik nur das vom InEK vorgeschlagene Verfahren zur

---

[46] Vgl. hierzu InEK (2007, S. 45 ff).
[47] Vgl. hierzu InEK (2010, S. 119 ff).

Residualgrößenbildung angewandt werden kann. Diese resultiert aus dem Umstand, dass das InEK die Residualgrößenbildung zeitsynchron mit der Personalkostenverrechnung durchführt und bei der Kostenumbuchung auf die (virtuellen) Kostenstellen in den Therapiebereich nur die Kostenartengruppen 1–6 inkludiert.[48] Dies führt einerseits zu der Prämisse, dass die therapeutischen Leistungen lediglich aus der IBLV Kosten der Kostenartengruppen 7 und 8 empfangen können, was aus Sicht der Autoren zumindest zweifelhaft erscheint. Gleichzeitig kann aus Sicht der Autoren aber auch darüber gemutmaßt werden, ob die virtuell angelegten Kostenstellen im Rahmen der IBLV tatsächlich die Kosten zugeordnet bekommen, die sie auch verursacht haben. So werden zum Beispiel Kriseninterventionsgespräche nicht nur im Arztdienstzimmer durchgeführt, sondern je nach Situation und Berufsgruppe auch im Patientenzimmer, im Stationsdienstzimmer oder im Stationsaufenthaltszimmer. Gleichzeitig finden in diesen Räumen aber auch typische Stationsleistungen, wie z. B. die somatische Anamnese statt, die nach heutigem Stand der Dinge nicht als Leistungen in der Kostenmatrix ausgewiesen werden dürfen.[49] Folglich stellt sich zumindest die theoretische Frage, wie exakt die Nutzflächen einer Station den empfangenen (virtuellen) Kostenstellen zugeordnet werden können, zumal es auf der Ebene der einzelnen Leistung wiederum zu beachten gilt, welcher Kostenstellengruppe diese zuzuordnen ist.

Da die Leistungsdokumentation von Jahr zu Jahr divergieren wird, muss man aus Sicht der Autoren sicherlich kein Prophet sein, um zu unterstellen, dass viele Kliniken dazu tendieren werden, im Rahmen der IBLV nur die indirekten Kostenstellen in den Therapiebereich mit einzubeziehen, die über Vollzeitkräfte verteilt werden und wenn überhaupt, alle anderen Kosten, wie z. B. Strom-, Heizungs- oder Gebäudekosten entweder gar nicht oder nach besten Wissen und Gewissen, in den seltensten Fällen aber verursachungsgerecht in die Umlage zu integrieren. Vor diesem Hintergrund ist eine vom offiziellen Handbuch abweichende Vorgehensweise bei der Bildung der Residualgröße von Station entwickelt worden, die in Kap. 7.3.4.1 vorgestellt wird. Diese führt zwar auch zu gewissen Ungenauigkeiten im Kalkulationsergebnis, ist aber zumindest mit der Residualgrößenbildung auf Station im zeitlichen Sinne kompatibel und aus Sicht des Autors zudem auch deutlich übersichtlicher als das offizielle InEK-Verfahren.

Über diese zentralen Abweichungen hinaus gibt es keine weiteren Unterschiede zu den offiziellen Handbüchern, so dass die weiteren Ausführungen in diesem Kapitel eher überblicksartig skizziert werden, zumal sie im Zweifel auch in den Primärquellen nachgelesen werden können.[50] Lediglich die Ausführungen zur Residualgrößenbildung in Kombination mit den Betreuungsintensitätsmodellen werden noch einmal etwas tiefer beleuchtet, wobei die Autoren dafür optieren, dass diese Lösungen national eine noch größere Beachtung finden und aufgrund ihrer leichteren Handhabbarkeit zukünftig von möglichst vielen Einrichtungen der Psychiatrie und/oder Psychosomatik übernommen werden.

---

[48] Vgl. hierzu InEK (2010, S. 119 ff).
[49] Vgl. hierzu InEK (2010, S. 135f).
[50] Vgl. hierzu grundlegend InEK (2007) sowie InEK (2010).

## 7.3    Zentrale Bausteine der Kostenträgerrechnung

Zuvor gilt es jedoch noch die zentralen Bausteine einer KTR zu beleuchten, um ein Gefühl dafür zu entwickeln, was die Generierung solcher Ergebnisse für eine Vorarbeit von Seiten der Klinik erfordert. Denn nicht selten haben die Autoren erleben müssen, dass der Gedanke vorherrscht, man brauche doch „einfach" nur auf einen Knopf drücken und schon berechnet die EDV in Windeseile das Ergebnis wie von selbst. Grundsätzlich ist dem auch so, allerdings hängt die Qualität der Ergebnisse extrem davon ab, wie die Kosten in der Finanzbuchhaltung gebucht worden sind. Da diese zumeist nicht nach den Anforderungen des InEK gebucht werden können, ergeben sich eine Reihe von Arbeitsschritten, die es im Folgenden vorzustellen gilt. Die Kostenabgrenzung wird dabei außen vor gelassen, da sie bereits in Kap. 7.2.3 thematisiert worden ist.

### 7.3.1    Belegkorrektur

In der Kalkulationspraxis somatischer Häuser hat es sich bewährt, die Daten der Finanzbuchhaltung zu spiegeln und alle erforderlichen Kalkulationsschritte in dem neu geschaffenen sekundären Buchungskreis vorzunehmen.[51] Dies ist nicht zuletzt auch deshalb für den PSY-Bereich sinnvoll, da für eine InEK-konforme Kostenträgerrechnung Umbuchungen vorgenommen werden müssen, die durch die Verantwortlichen meist nur ungern im Echtsystem realisiert werden möchten. Insofern wird die verursachungsgerechte Umbuchung von Sach- und Infrastrukturkosten im sekundären Buchungskreis in diesem Kontext als Belegkorrektur bezeichnet und beinhaltet die Prüfung, ob alle existierenden und virtuell angelegten Kostenstellen sachgerecht in Hinblick auf die zuvor genannten Kostenartengruppen bebucht worden sind.

Eine entsprechende Umbuchung kann in der betrieblichen Praxis zum Beispiel dann erforderlich sein, wenn eine allgemeine (indirekte) Sammelkostenstelle existiert, auf der eine Reihe von Sach- und Infrastrukturkosten „zwischengeparkt" werden. So ist es zum Beispiel vorstellbar, dass für die Kosten der Abfallwirtschaft im Echtsystem keine adäquate Kostenstelle angelegt ist. Diese müsste dann im sekundären Buchungskreis virtuell geschaffen, die entsprechenden Sach- und Infrastrukturkosten identifiziert und die Buchungen entsprechend korrigiert werden. Dies ist zudem von Bedeutung, da diese Kosten im Rahmen der IBLV mit unterschiedlichen Verteilungsschlüsseln umgelegt werden. Während die Kostenstelle Abfallwirtschaft über den Schlüssel $m^2$ Nutzfläche verteilt wird, ist für die Sammelkostenstelle in der Regel der Schlüssel Vollzeitkräfte anzuwenden.[52]

In Hinblick auf die Kostenarten kann es ebenfalls erforderlich sein, Belegkorrekturen vorzunehmen, so z. B. im Bereich der Wartungskosten für die Medizintechnik. Während die Wartungskosten der Medizintechnik in der Kostartengruppe 7 auszuweisen sind, müssen

---

[51] Vgl. hierzu auch Berton und Birr (2011c, S. 38).
[52] Vgl. hierzu auch Berton und Birr (2011c, S. 38).

Wartungskosten für andere technische Anlagen oder Geräte, wie z. B. die der Rauchmelder auf den Stationen, in der Kostenartengruppe 8 ausgewiesen werden. In der betrieblichen Praxis existieren im primären Buchungskreis meist jedoch nur einige wenige Konten für die Verbuchung der Wartungskosten. Da jede Kostenart aber jeweils nur genau einer Kostenartengruppe zugeordnet werden darf, kann diese dazu führen, dass die Wartungskosten der Medizintechnik über die Konten des primären Buchungskreises nicht der erforderlichen Kostenartengruppe zugeordnet werden können. In diesem Fall wäre im sekundären Buchungskreis eine virtuelle Kostenart anzulegen, die eineindeutig der Kostenartengruppe 7 zugeordnet wird. Anschließend wären die entsprechenden Buchungen zu identifizieren und im Rahmen der Belegkorrektur auf Kostenarten- und gegebenenfalls auch auf Kostenstellenebene umzubuchen.[53]

Vor diesem Hintergrund sind letztlich alle indirekten und direkten Kostenstellen mit der „InEK-Brille" auf eventuelle Auffälligkeiten zu durchsuchen und entsprechende Umbuchungen vorzunehmen, sofern diese Einfluss auf das Kalkulationsergebnis haben können. Für neue Kalkulationshäuser ist in diesem Zusammenhang eine enge und vor allem vertrauensvolle Zusammenarbeit mit der Finanzbuchhaltung von großen Vorteil, zumal die projektbezogene Einführung einer KTR auch immer ein gewisses Konfliktpotential in sich birgt, da die Arbeit der Finanzbuchhaltung zur Aufarbeitung der Kalkulationsdaten mit der „InEK-Brille" geprüft wird.[54] Letztlich lässt sich im sekundären Buchungskreis zwar alles korrigieren, vor dem Hintergrund begrenzter Ressourcen ist es jedoch sinnvoll zu prüfen, welche zwingend erforderlichen Anpassungen gegebenenfalls auch im Echtsystem realisiert werden können.

## 7.3.2 Personalkostenverrechnung

Die Personalkostenverrechnung ist eng mit der Belegkorrektur verwoben, nämlich immer dann, wenn im sekundären Buchungskreis entsprechend der erweiterten Mindestanforderung neue (virtuelle) Kostenstellen angelegt werden müssen. In diesen Fällen ist grundsätzlich zu prüfen, ob neben den Sach- und Infrastrukturkosten (Belegkorrektur) auch Personalkosten umgebucht werden müssen. Dies könnte zum Beispiel der Fall sein, wenn im Echtsystem die Kostenstelle Krankenhausseelsorge nicht angelegt ist und die dazugehörigen Kosten auf einer allgemeinen Sammelkostenstelle verbucht sind.

Den beiden Arbeitsschritten ist zudem gemein, dass zu jeder Umbuchung eine Kommentierung zum Grund der Umbuchung gemacht werden sollte, da nach der Belegkorrektur und Personalkostenverrechnung die Summen- und Saldenliste des testierten Jahresabschlusses nicht mehr mit der Summen- und Saldenliste der Kalkulationsgrundlage im sekundären Buchungskreis übereinstimmen wird.[55] Der Projektleiter oder der verantwort-

---

[53] Vgl. hierzu auch Berton und Birr (2011a, S. 39).
[54] Vgl. hierzu auch Berton und Birr (2011c, S. 39).
[55] Vgl. hierzu auch Berton und Birr (2011c, S. 39).

liche Mitarbeiter im Routinebetrieb muss auf Nachfrage des InEK jedoch in der Lage sein, die entsprechenden Abweichungen zu erklären.

Im Rahmen der Personalkostenverrechnung ist letztlich sicherzustellen, dass alle Personalkosten genau dort verbucht sind, wo sie in der betrieblichen Praxis auch tatsächlich angefallen sind. In beiden Kalkulationshandbücher steht zwar geschrieben, dass indirekte Kostenstellen nur dann an der Personalkostenverrechnung teilnehmen, wenn personalbezogene Leistungsbeziehungen zu den direkten Kostenstellen vorliegen, dies ist jedoch aus Sicht der Autoren äußerst unglücklich formuliert, da dies per se unterschiedliche Kalkulationsergebnisse -bezogen auf den modularen Ausweis der Kosten- in den Häusern provoziert. Denn natürlich existieren in den Häusern auch indirekte Sammelkostenstellen, auf denen Personalkosten „zwischengeparkt" werden. Würden diese im Rahmen der Personalkostenverrechnung nicht verursachungsgerecht auf die indirekten Kostenstellen umgebucht werden, wäre auch nicht gewährleistet, dass indirekte Kostenstellen der medizinischen Infrastruktur und nicht medizinischen Infrastruktur im Rahmen der IBLV aufgrund der fehlenden Personalkosten sachgerecht in die Kostenartengruppen 7 und 8 der direkten Kostenstellen umgelegt werden. Hierdurch verlieren Konformitätsprüfungen des InEK, insbesondere bei Hinweisen zu den Kostenverteilungen in der medizinischen und nicht medizinischen Infrastruktur, zumindest in Teilen ihre Glaubwürdigkeit, da es sicherlich eine Reihe von Häusern geben wird, die bei der Aufbereitung der Kalkulationsgrundlage auf eine Personalkostenverrechnung im Bereich der indirekten Kostenstellen verzichtet haben. Allerdings scheint das InEK diese Problematik erkannt zu haben, da es im somatischen Kalkulationsverfahren mit den Kosten- und Leistungsdaten aus 2010 erstmals auch den Anteil der Personalkosten auf den indirekten Kostenstellen im Kontext der Informationsgrundlagenbereitstellung abgefragt hat.

Dies ist in Zukunft sicherlich für den psychiatrischen und psychosomatischen Bereich zu erwarten, so dass neue Kalkulationshäuser ihre Personalkostenverrechnung prospektiv wohl gleich auf die indirekten Kostenstellen ausweiten sollten.[56]

Können diese Umbuchungen nicht auf Basis von dokumentierten Leistungsdaten getätigt werden, so müssen die betroffenen Mitarbeiter, um ihre Meinung in Form von „Expertenschätzungen" gebeten werden. Dies ist insbesondere bei der Umbuchung von Personalkosten aus dem stationären in den ambulanten Bereich der Fall oder wenn Mitarbeiter in Personalunion für mehrere Kostenstellen arbeiten, die sich nicht nur in indirekte Kostenstellen der medizinischen und nicht medizinischen Infrastruktur differenzieren lassen, sondern die darüber hinaus auch jährlich jeweils unterschiedliche Stundenkontingente in Anspruch nehmen.[57]

Ähnlich wie bei der Belegkorrektur wird das Ergebnis in der Regel jedoch nicht mit den originären Buchungen im Echtsystem identisch sein, wobei der große Unterschied zwischen den beiden Bausteinen letztlich darin besteht, dass jede Personalkostenumbuchung in der Vollbeschäftigtenstatistik nachvollzogen werden muss. Bezogen auf die beispielhafte An-

---

[56] Vgl. hierzu grundlegend InEK (2007, S. 34) sowie InEK (2010, S. 35).
[57] Vgl. hierzu auch Berton und Birr (2011c, S. 39).

lage der virtuellen Kostenstelle Krankenhausseelsorge bedeutet dies, dass im Rahmen der Personalkostenverrechnung neben den Personalkosten, auch der entsprechende VK-Anteil (VB-4-Wert) in der Vollbeschäftigtenstatistik umgebucht werden muss. Dies ist erforderlich, da diese Statistik im Rahmen der IBLV als Verteilungsschlüssel herangezogen wird und mit den getätigten Umbuchungen im Personalbereich identisch sein muss, da es ansonsten zu unplausiblen Kostenverteilungen im Rahmen der IBLV kommen könnte.[58]

Unter dem Strich stellen mehr als zwei Drittel der Gesamtkosten eines Krankenhauses Personalkosten dar, so dass in diesem Baustein entsprechend viel Sorgfalt investiert werden sollte und eine enge Zusammenarbeit mit dem Personalwesen anzustreben ist.

### 7.3.3   Innerbetriebliche Leistungsverrechnung

Laut Kalkulationshandbuch sind drei grundlegende Verfahren für die innerbetriebliche Leistungsverrechnung erlaubt, nämlich das Anbauverfahren, das Stufenleiterverfahren und das Gleichungsverfahren, wobei letzteres sicherlich das Eleganteste ist, da es sämtliche Leistungsbeziehungen zwischen allen Kostenstellen berücksichtigt.[59] Etwas einfacher und für den Anwender nachvollziehbarer ist das Stufenleiterverfahren, da es die Leistungsverflechtungen zwischen den Kostenstellen anhand einer Prioritätenliste zu berücksichtigen versucht.

Beim Stufenleiterverfahren werden alle indirekten Kostenstellen in einer Prioritätenliste aufgereiht und Schritt für Schritt entweder auf die darunter liegenden indirekten Kostenstellen und/oder auf die direkten Kostenstellen verteilt. Anders als beim Gleichungsverfahren ist in diesem Kontext jedoch keine Verteilung mehr an die darüberliegenden indirekten Kostenstellen möglich, so dass der Gestaltung der Prioritätenliste eine besondere Bedeutung zufällt. In diesem Kontext optiert das InEK in ihren Kalkulationshandbüchern dafür, mit der Kostenstelle zu beginnen, die die höchsten gebuchten Kosten aufweist. Dies ist aus Sicht der Autoren zumindest fraglich, da dies nicht selten bedeutet, dass die Umlage mit der kostenintensiven Küche begonnen werden müsste. Sofern in dieser noch selbst produziert wird, würde diese indirekte Kostenstelle der nicht medizinischen Infrastruktur im Rahmen IBLV aber keinerlei Strom- oder Wasserkosten abbekommen, da diese indirekten Kostenstellen höchstwahrscheinlich deutlich später priorisiert wären. Folglich würden indirekte Kostenstellen der medizinischen Infrastruktur, wie zum Beispiel die Krankenhausseelsorge, überproportional stark mit Strom- und Wasserkosten belastet werden, was wiederum Schieflagen im modulbezogenen Kostenausweis der direkten Kostenstellen provoziert. Denn die indirekten Kostenstellen der nicht medizinischen Infrastruktur werden im Rahmen der IBLV mit all ihren Kosten gesammelt in die Kostenartengruppe 8 der direkten Kostenstellen umgelegt, wohingegen indirekte Kostenstellen der medizinischen

---

[58] Vgl. hierzu auch Berton und Birr (2011c, S. 39).

[59] Vgl. hierzu InEK (2007, S. 90) sowie InEK (2010, S. 90).

Infrastruktur gesammelt in der Kostenartengruppe 7 auszuweisen sind. Vor diesem Hintergrund avanciert die Aufstellung der Prioritätenliste zu einem erfolgskritischen Moment, da viele Kostenstellen verflechtende Leistungsbeziehungen untereinander haben, letztlich aber nacheinander angeordnet werden müssen. Die Autoren optieren daher dafür, nach dem Grundsatz vom Allgemeinen zum Speziellen zu verfahren, da es sich in der Praxis bewährt hat, mit den allgemeineren Kostenstellen, wie zum Beispiel Grundstück, Gebäude oder Heizung, gefolgt von EDV oder Mitarbeitervertretung, zu beginnen, um diese Kosten auch auf die spezielleren Kostenstellen, wie z. B. Küche, Ärztlicher Schreibdienst oder Krankenhaushygiene umlegen zu können. Die Priorisierung der indirekten Kostenstellen ist ein zentraler Baustein im Stufenleiterverfahren, da eine Veränderung in der Reihenfolge große Auswirkungen auf das Gesamtgebilde der innerbetrieblichen Leistungsverrechnung haben kann. Dementsprechend sollte bei der Anlage der Prioritätenlisten große Sorgfalt an den Tag gelegt werden.[60]

Am einfachsten und daher nur einmalig bei der ersten Kalkulationsteilnahme erlaubt ist dagegen das Anbauverfahren, bei dem etwaige Leistungsbeziehungen zwischen den indirekten Kostenstellen gar nicht berücksichtigt werden, sondern die indirekten Kostenstellen ausschließlich auf die direkten Kostenstellen umgelegt werden.[61]

Eine weitere Herausforderung im Rahmen der IBLV besteht in der Erstellung der Umlageschlüssel, mit denen die Kosten zwischen den Kostenstellen verteilt werden. In diesem Kontext liefern die Kalkulationshandbücher jedoch eine sehr gute Hilfestellung mit klar definierten Vorgaben in den Anlagen 8 und 9. In den Anlagen 8 und 9 werden jeweils differenziert für die indirekten Kostenstellen der medizinischen und der nicht medizinischen Infrastruktur Umlageschlüssel der Priorität eins bis drei vorgegeben, wobei wann immer möglich, die Schlüssel mit der höchsten Priorität eins angewendet werden sollten. Grundsätzlich ist es jedem Kalkulationsteilnehmer zwar erlaubt, auch eigens erstellte Umlageschlüssel zu verwenden, wenn diese die Leistungsbeziehung zwischen den Kostenstellen sachgerecht darstellen, diese müssen jedoch zuvor vom InEK genehmigt werden und betreffen in der Regel auch nur solche indirekten Kostenstellen, für die im Handbuch keine adäquate Vorgabe existiert.[62]

Diese differenzieren die indirekten Kostenstellen darüber hinaus bereits in indirekte Kostenstellen der medizinischen Infrastruktur und der nicht medizinischen Infrastruktur. Dies ist wichtig, da es bei der Verteilung der Kosten einer indirekten Kostenstelle gleich ist, was auf dieser verbucht ist und welche Kosten sie im Rahmen der IBLV erhalten hat. Die auf ihr verbuchten Gesamtkosten werden schlussendlich kumuliert als ein Kostenblock verteilt.[63] Das heißt, die Kosten einer indirekten Kostenstelle der medizinischen Infrastruktur werden komplett in die Kostenartengruppe 7 der empfangenden Kostenstellen verteilt und die der indirekten Kostenstellen der nicht medizinischen Infrastruktur entsprechend in

---

[60] Vgl. hierzu grundlegend InEK (2007, S. 90 f.) sowie InEK (2010, S. 90f).

[61] Vgl. hierzu InEK (2007, S. 90 f.) sowie InEK (2010, S. 90f).

[62] Vgl. hierzu InEK (2007, S. 248 f.) und InEK (2010, S. 197f).

[63] Vgl. hierzu InEK (2007, S. 97) sowie InEK (2010, S. 98).

die Kostenartengruppe 8.[64] In diesem Kontext lässt sich sicherlich noch konstatieren, dass insbesondere neue Kalkulationshäuser einer Reihe von potenziellen Fehlerquellen und Auffälligkeiten unterliegen können, die den betroffenen Häusern im Rahmen der Plausibilitäts- und Konformitätsprüfungen jedoch durch das InEK rückgemeldet werden, so dass diese gezielt behoben werden können.

So ist es für neue Kalkulationshäuser sicherlich nicht ungewöhnlich, dass die erstellten Umlageschlüssel während des Abgabezeitraumes immer weiter verfeinert werden müssen, da ihnen zum Beispiel noch die Gewichtung fehlt oder diese noch nicht differenzierend genug erscheint. Laut Handbuch reicht es beispielsweise nicht aus, für die Verteilung der Reinigungskosten den Schlüssel Reinigungsfläche zu verwenden, da dieser noch mit der Reinigungsfrequenz, die wiederum nach Voll- und Sichtreinigung differenziert werden könnte, zu gewichten wäre.[65]

Wie bereits in Kap. 8.2.3 dargelegt, sind Teile dieser Kosten aber auch auf abgegrenzte Kostenstellen, wie zum Beispiel die Psychiatrischen Institutsambulanzen, umzulegen, so dass schlussendlich nicht alle aufgeführten Kosten auf den direkten Kostenstellen der Kalkulationsgrundlage landen. Darüber hinaus ist bei diesen Umlagen ebenfalls zu berücksichtigen, dass beim diesem Vorgehen im Rahmen der Kostenkalkulation der diagnostischen und therapeutischen Leistungen auf den direkten Kostenstellen ebenfalls noch einmal nicht kalkulationsrelevante Kosten abgegrenzt werden, insbesondere dann, wenn diese Leistungen für ambulante Patienten erbracht worden sind.

## 7.3.4 Residualgrößenbildung

Als Residualgröße, die ausschließlich im PEPP-Bereich zu bilden ist, wird der Kostenwert definiert, der nicht mit Hilfe von Leistungen im Bereich Diagnostik und Therapie ausgewiesen wird, sondern als Restgröße auf der Station verbleibt.[66] Nach der Korrektur etwaiger Kosten mit Hilfe der Belegkorrektur und/oder der Personalkostenverrechnung sowie dem damit inhärenten Ausweis von Kosten im Diagnostikbereich gibt es zwei Arten, die Residualgröße zu bestimmen. Zum einem können die (ko-)therapeutischen Leistungen vornehmlich auf der Station stattfinden, so dass der Anteil eruiert werden muss, der von der Station in den therapeutischen Bereich (KoStGrp. 23–26) umgebucht werden muss. Als Residualgröße wird dann der Kostenteil tituliert, der auf der Station verbleibt. Zum anderen ist es möglich, dass die (ko-)therapeutischen Leistungen vornehmlich in einem räumlich abgegrenzten Bereich außerhalb der Station stattfinden und der Kostenanteil ermittelt werden muss, der als Residualgröße „auf die Station" (KoStGrp. 21–22) verbucht werden muss.

---

[64] Vgl. hierzu InEK (2007, S. 97) sowie InEK (2010, S. 98).

[65] Vgl. hierzu InEK (2007, S. 249) sowie InEK (2010, S. 198).

[66] Vgl. hierzu grundlegend InEK (2010, S. 119 ff).

**Tab. 7.3** Kostenstellenvirtualisierung im Kontext der Residualgrößenbildung von Station. (Eigene Darstellung)

| KST-Gruppe | Virtuelle KST | Zweck und Funktion |
|---|---|---|
| 20a | 951100 | Originäre Kostenstelle des Echtsystems, der die Kosten im Rahmen der IBLV zugeordnet werden |
| 20e | v951100 00 | Verteilung der Residualgröße nach Primärkode |
| 21 | v951100 21 | Ausweis der Tageskosten im Primärkode Regel- und Komplexbehandlung |
| 22 | v951100 22 | Ausweis der Tageskosten im Primärkode Intensivbehandlung |
| 23 | v951100 23 | Ausweis der psychotherapeutischen Leistungen |
| 24 | v951100 24 | Ausweis der physikaltherapeutischen Leistungen |
| 25 | v951100 25 | Ausweis der ergotherapeutischen Leistungen |
| 26 | v951100 26 | Ausweis der anderen Therapieleistungen |

## Residualgrößenbildung von Station

Das offizielle PSY-Kalkulationshandbuch sieht vor, dass die Residualgrößenbildung von Station über die Arbeitsschritte der Personalkostenverrechnung und der innerbetrieblichen Leistungsverrechnung abgewickelt werden. Die Autoren haben sich aus den in Kap. 8.2.4 genannten Gründen dazu entschlossen, die Residualgröße von Station nach der IBLV zu bilden. Beide Wege sind aus Sicht der Autoren kritisch zu bewerten, denn während im offiziellen Verfahren latent die Gefahr besteht, dass über die IBLV zu wenig Kosten in den Therapiebereich (d. h. in den Kostenstellengruppen 7 und 8) umgelegt werden, besteht bei diesem Verfahren durchaus die Gefahr, dass zu viele Kosten in diese Kostenartengruppen umgelegt werden. Vor dem Hintergrund, dass hierbei für jede Station einzeln die Residualgröße gebildet wird, liegt der Charme dieses Verfahrens vor allem in dessen Übersichtlichkeit. Da letztlich jede direkte Stationskostenstelle (ko-)therapeutische Leistungen erbringen kann und der Ausweis der Tageskosten auf Station von der Eingruppierung im Primärkode abhängt, bedeutet dies, dass alle Stationskostenstellen nach folgenden Muster zu virtualisieren sind (Tab. 7.3).

Im Anschluss werden von jeder Stationskostenstelle die kumulierten Arbeitsminuten pro Berufsgruppe, jeweils differenziert nach den Kostenartengruppen sowie die Informationen aus der Leistungsdokumentation benötigt. Letztere sind im Rahmen der Kostenkalkulation, über die in Kap. 5 dargelegten Informationen hinaus, mit einer Schnittstellentabelle so zu konkretisieren, dass die Kalkulationssoftware diese den vorgesehenen Modulen zuordnen kann. Darüber hinaus sind die Gruppenleistungen so aufzubereiten, dass sie zeitwerttechnisch auf die Patienten aufgeteilt werden können.

Dies bedeutet zum Beispiel, dass eine dokumentierte Stationsgruppe, die von einer Pflegekraft mit einer Dauer von 90 min und einer Teilnehmerzahl von 20 Patienten durchgeführt wurde, entsprechend der Arbeitszeit der Pflegekraft auf 4:30 min pro Patient aufzuteilen ist. Mit diesem aufbereitenden Arbeitsschritt in Hinblick auf die Leistungs-

**Tab. 7.4** Residualgrößenbildung von Station Teil 1. (Eigene Darstellung)

| | KA-Gruppe 1 | KA-Gruppe 2 | KA-Gruppe 3a |
|---|---|---|---|
| | Ärztlicher Dienst | Pflegedienst | Psychologen/PIA |
| Kosten der KST 951100 (€) | −75.236,23 | −153.632,13 | −37.532,36 |
| Arbeitsminuten der KST | 161.081,60 | 462.236,00 | 103.440,00 |
| Kostensatz pro Minute (€) | −0,47 | −0,33 | −0,36 |
| *Dok. (ko-)therapeutische Arbeitszeit der Berufsgruppen in Minuten* | *32.456* | *145.639* | *87.236* |
| Davon für v951100 23 (KST-Grp. 23) | 30.833 | 87.383 | 87.236 |
| Davon für v951100 24 (KST-Grp. 24) | | 7.282 | |
| Davon für v951100 25 (KST-Grp. 25) | 1.623 | 36.411 | |
| Davon für v951100 26 (KST-Grp. 26) | | 14.563 | |
| *Umzubuchende Personalkosten (€)* | *−15.159,19* | *−48.405,64* | *−31.652,87* |
| Davon auf v951100 23 (KST-Grp. 23) (€) | −14.401,14 | −29.043,25 | −31.652,87 |
| Davon auf v951100 24 (KST-Grp. 24) (€) | | −2.420,30 | |
| Davon auf v951100 25 (KST-Grp. 25) (€) | − 758,05 | −12.101,83 | |
| Davon auf v951100 26 (KST-Grp. 26) (€) | | −4.840,26 | |
| *Residualgröße (Personalkosten) (€)* | *−60.077,04* | *−105.226,49* | *− 5.879,49* |

daten liegen nach der IBLV alle relevanten Informationen zur Residualgrößenbildung von Station vor.

Dies gilt auch für die nach Kostenartengruppen geclusterten Personalkosten, da etwaige Arbeitszeiten für die Diagnostik oder interne Konsilleistungen in diesem Kontext ja bereits in der Personalkostenverrechnung von der Stationskostenstelle umgebucht worden sind.

Tabelle 7.4 – Residualgrößenbildung von Station Teil 1 zeigt daher exemplarisch für die Stationskostenstelle 951100, wie deren Personalkosten anhand der dokumentierten (ko-) therapeutischen Leistungsdaten in den Bereich Therapie umgebucht werden und wie in diesem Kontext der erste Teil der Residualgröße für die Personalkosten gebildet wird, der auf der Station verbleibt.

Auf den virtuellen Kostenstellen im Bereich Therapie sind bisweilen nur Personalkosten angekommen, so dass noch die fehlenden Sach- und Infrastrukturkosten von der Kostenstelle 951100 in den Therapiebereich umgebucht werden müssen. Während das offizielle InEK-Handbuch für die Umbuchung der Sachkosten den Quotienten aus originären und umgebuchten Personalkosten vor der IBLV nutzt, und alle virtuell angelegten Kostenstellen in die IBLV eingebunden wissen möchte, wird bei diesem Verfahren der Quotient für die Umbuchung der Sach- und Infrastrukturkosten nach der IBLV genutzt. Tabelle 7.5 – Residualgrößenbildung von Station Teil 2 verdeutlicht diese Vorgehensweise.

Insgesamt werden 35,74 % der Sach- und Infrastrukturkosten von der Stationskostenstelle 951100 in den Therapiebereich umgebucht, wobei diese Umbuchung auf die

**Tab. 7.5** Residualgrößenbildung von Station Teil 2. (Eigene Darstellung)

| | |
|---|---|
| *Originäre Personalkosten gesamt:* | −266.400,72 € |
| *Umgebuchte Personalkosten gesamt* | −95.217,70 € |
| Davon auf v951100 23 (KST-Grp. 23) | −75.097,49 € |
| Davon auf v951100 24 (KST-Grp. 24) | −4.840,56 € |
| Davon auf v951100 25 (KST-Grp. 25) | −12.859,37 € |
| Davon auf v951100 26 (KST-Grp. 26) | −2.420,28 € |
| *Gesamtumlageschlüssel für die Sach- und Infrastrukturkosten* | 35,74 % |
| Davon auf v951100 23 (KST-Grp. 23) | 28,18 % |
| Davon auf v951100 24 (KST-Grp. 24) | 0,91 % |
| Davon auf v951100 25 (KST-Grp. 25) | 4,83 % |
| Davon auf v951100 26 (KST-Grp. 26) | 1,82 % |

Kostenartengruppen 4a, 6a, 7 und 8 beschränkt ist. Im Rahmen der Kostenträgerrechnung werden dann die Personal-, Sach- und Infrastrukturkosten auf den einzeln zu betrachtenden virtuellen Kostenstellen im Bereich Therapie anhand der dokumentierten Leistungen auf den Kostenträger Tag weiterverrechnet. Hierbei ist ebenfalls sicherzustellen, dass eine rein pflegerische (ko-)therapeutische Leistung niemals Personalkosten in den KoArtGrp. 1 und/oder 3a, 3b, 3c respektive 3 enthalten darf, sondern obligat Kosten in den Kostenartengruppen 2, 4a, 6a, 7 und 8 ausweisen muss. Darüber hinaus sollte die Leistungszeit optimalerweise nicht nur die reine Netto-Leistungszeit beinhalten, sondern auch die Vor- und Nachbereitungszeit sowie die Zeit für die erforderliche Dokumentation der Leistung.[67] Dies spiegelt zum einem realistischer die aufgebrachte Arbeitszeit für den einzelnen Patienten wider und zum anderen wird dadurch die auf der Station verbleibende Residualgröße verringert, die ja letztlich eher indirekt über Betreuungsintensitätspunkte bzw. Pflegetage auf den Kostenträger Behandlungstag verteilt wird.

Wie bereits mehrfach expliziert und für den interessierten Leser an dieser Stelle sicherlich auch noch besser nachvollziehbar, gibt es bei Anwendung des offiziellen InEK-Verfahrens nur wenige logische Ansätze, wie z. B. die Strom- oder Heizungskosten im Rahmen der IBLV in den therapeutischen Bereich mit einbezogen werden können. So wäre es zum Beispiel vorstellbar, dass die Nutzfläche der Station anhand der Arbeitszeiten in entsprechende Anteile für die Kostenstellengruppen 21–26 aufgeteilt wird und diese Größen wiederum als Umlageschlüssel für die vorgenannten indirekten Kostenstellen dienen. Des Weiteren ist es sicherlich auch kein allzu großes Problem, neben den Personalkosten auch die VK-Anteile in die Vollbeschäftigtenstatistik für die virtualisierten Kostenstellen umzubuchen. Allerdings warnen die Autoren in diesem Kontext vor einem ausufernden Inkrementalismus und geben zu bedenken, dass bei dieser Vorgehensweise nicht nur die psychiatrischen und psychosomatischen Stationskostenstellen in die IBLV einzubeziehen wären, sondern nochmals mindestens die vierfache Menge an zusätzlichen virtuellen Kostenstellen. In Kombination

---

[67] Vgl. hierzu weiterführend Kap. 5.

mit den direkten Kostenstellen, die eine Residualgröße auf Station bilden (müssen) und ebenfalls einer Vielzahl von virtuellen Kostenstellen bedürfen, sowie in Abhängigkeit davon, an welcher Stelle die Aufteilung der Stationskostenstelle in die KoStGrp. 21 und 22 erfolgt, sind schnell mehr als 100 kalkulatorische Kostenstellen zusätzlich in die IBLV mit einzubeziehen.

Dieser Inkrementalismus provoziert aus Sicht der Autoren latente Schieflagen in der Kalkulation, da diese Massendaten aktuell sicherlich nur von wenigen Anwendern beherrscht werden können. Einschränkend geben die Autoren jedoch zu bedenken, dass auch mit diesem Verfahren die gleiche Anzahl an kalkulatorischen Kostenstellen benötigt wird, um ein plausibles Kalkulationsergebnis generieren zu können. Allerdings kommt die IBLV mit deutlich weniger Kostenstellen aus, da die Bildung der Residualgröße von bzw. auf Station sowie die Verteilung der Residualgröße auf die Kostenstellengruppen 21 und 22 als eigener Baustein zeitlich nach der IBLV im KTR-Konzept angelegt wird.

Hierdurch gewinnt nicht nur das ganze Kalkulationsverfahren an Transparenz, sondern es werden auch potentielle Fehlerquellen minimiert, zumindest aber auffindbarer gemacht. Dem gegenüber steht jedoch eine gewisse Ungenauigkeit bei der Verrechnung von Kosten in den Therapiebereich, da z. B. auch die von der Küche empfangenen Kosten anteilig von der Stationskostenstelle in den Therapiebereich umgelegt werden.

Nichts desto trotz optieren die Autoren für das vorgestellte Verfahren, zumal dieses zeitlich kompatibel mit der Residualgrößenbildung auf Station ist, das für sich beanspruchen kann, keinen derartigen Ungenauigkeiten zu unterliegen.

## Residualgrößenbildung auf Station

Die Residualgrößenbildung auf Station findet zeitgleich mit dem zuvor vorgestellten Arbeitsschritt nach der IBLV statt und ist im aktuellen Handbuch (noch) nicht hinterlegt. Er ist erforderlich, da das offizielle InEK-Verfahren zur Residualgrößenbildung unter Prämisse steht, dass alle Personal- und Sachkosten auf der Station verbucht sind und von dort aus in den Therapiebereich umgelegt werden.[68] Dies ist in der Praxis jedoch nicht immer gegeben, insbesondere dann nicht, wenn es sich um einen sachlich, das heißt räumlich abgegrenzten Bereich außerhalb der Station handelt, der zudem noch für mehrere Fachabteilungen und/oder Stationen (ko-)therapeutische Leistungen erbringt.

In der betrieblichen Realität treffen solchen Ausgangsbedingungen beispielsweise auf die Physikalische Therapie, die Ergotherapie oder die Logopädie zu, genauso aber auch auf einen psychologischen und psychotherapeutischen Dienst, der stationsübergreifend arbeitet. Vor diesem Hintergrund stehen eine Vielzahl von Kliniken und ihre kooperierenden Softwareanbieter vor der Herausforderung, auch für diese Situation eine kalkulatorische Lösung zu erarbeiten. Hierbei gilt es zusätzlich zu beachten, dass einige dieser direkten Kostenstellen sowohl im DRG-Bereich als auch PEPP-Bereich tätig sein können, so dass es die unterschiedliche Kalkulationsmethodik bei diesem neu entwickelten Arbeitsschritt

---

[68] Vgl. hierzu InEK (2010, S. 119 ff).

**Tab. 7.6** Kostenstellenvirtualisierung im Kontext der Residualgrößenbildung auf Station. (Eigene Darstellung)

| KST-Gruppe | virtuelle KST | Zweck und Funktion |
|---|---|---|
| 11 | v927500 11 | Ausweis aller (ko-)therapeutischen Leistungen für den DRG-Bereich |
| 20b | 927500 | Originäre Kostenstelle des Echtsystems, der die Kosten im Rahmen der IBLV zugeordnet werden |
| 20d | v927500 00 | Aufnahme der Residualgröße zur Weiterverteilung auf die virtuellen Kostenstellen der KoStGrp. 20e |
| 23 | v927500 23 | Ausweis der psychotherapeutischen Leistungen |
| 24 | v927500 24 | Ausweis der physikaltherapeutischen Leistungen |
| 25 | v927500 25 | Ausweis der ergotherapeutischen Leistungen |
| 26 | v927500 26 | Ausweis der anderen Therapieleistungen |

**Tab. 7.7** Residualgrößenbildung auf Station Teil 1. (Eigene Darstellung)

|  | In Minuten | In Prozent (%) |
|---|---|---|
| Arbeitszeit gesamt | 249.674 | 100 |
| Dokumentierte Arbeitszeit | 123.601 | 49,50 |
| Davon Station 1 (DRG-Bereich) | 43.440 | 17,40 |
| Davon Station 3 (PEPP-Bereich) | 30.491 | 12,21 |
| Davon Station 5 (PEPP-Bereich) | 11.813 | 4,73 |
| Davon Station 7 (PEPP-Bereich) | 13.986 | 5,60 |
| Davon Ambulanz | 23.871 | 9,56 |
| Nicht dokumentierte Arbeitszeit | 126.073 | 50,50 |
| *Gemeinkostenzuschlagsfaktor: 2,02* | | |

ebenfalls zu berücksichtigen gilt. Entsprechend dieser Prämisse sind die betroffenen Kostenstellen nach dem Muster in Tab. 7.6 – Kostenstellenvirtualisierung im Kontext der Residualgrößenbildung auf Station zu virtualisieren.

Im ersten Schritt ist wiederum die Gesamtarbeitszeit und zusätzlich die dokumentierte Arbeitszeit pro anfordernder Kostenstelle von Nöten, um den Gemeinkostenzuschlagsfaktor berechnen zu können. Dieser besagt, dass nicht am Patienten dokumentierte Arbeitszeit auf die dokumentierte Arbeitszeit aufgeschlagen wird, um alle Kosten der direkten Kostenstelle verteilen zu können. Er ergibt sich damit, wie aus Tab. 7.7 – Residualgrößenbildung auf Station Teil 1 hervorgeht, aus dem Quotienten von dokumentierter Arbeitszeit zu nicht dokumentierter Arbeitszeit.

Wie aus diesem Beispiel hervorgeht, ist auf der exemplarischen Kostenstelle 927500 fast die Hälfte der Arbeitszeit über Leistungen am Patienten dokumentiert worden. Das heißt, dass auf jede Minute, die am Patienten dokumentiert wurde, zu kalkulatorischen Zwecken noch einmal 1:02 min aufgeschlagen werden, um die Gesamtkosten dieser di-

**Tab. 7.8** Residualgrößenbildung auf Station Teil 2. (Eigene Darstellung)

|                                                    | In Minuten | In Prozent (%) |
|----------------------------------------------------|------------|----------------|
| Arbeitszeit gesamt                                 | 249.674    | 100,00         |
| Kalkulatorische Gesamtarbeitszeit AMB-System       | 48.219     | 19,31          |
| Kalkulatorische Gesamtarbeitszeit DRG-System       | 87.749     | 35,15          |
| Kalkulatorische Gesamtarbeitszeit PEPP-System      | 113.706    | 45,54          |
| *Davon Nettoarbeitszeit PEPP-System*               | *56.290*   | *22,55*        |
| *Davon Residualgröße*                              | *57.416*   | *22,99*        |

rekten Kostenstelle verteilen zu können. Hierbei ist jedoch wiederum zu beachten, dass bei dieser Auswertung die Gruppendauer bereits auf die einzelnen Patienten herunter gebrochen sein muss. Dies ist über die arbeitszeitwerttechnische Aufbereitung der Gruppen hinaus erforderlich, da diese Therapiekostenstellen vornehmlich stationsübergreifende Gruppen anbieten und der patientenbezogene Arbeitsanteil in diesem Verfahren korrekt der anfordernden Kostenstelle zugeordnet werden muss.

Der in diesem Zusammenhang ermittelte Gemeinkostenzuschlagsfaktor wird letztlich jedoch nur auf die DRG-Fälle und auf die ambulanten Fälle angewandt. Wie aus Tab. 7.8 hervorgeht, entfallen auf letztere 19,31 % der kalkulatorischen Gesamtarbeitszeit, so dass von den Gesamtkosten der direkten Kostenstellen dieser Anteil aus jedem Kostenmodul abgegrenzt wird. Auf die DRG-Fälle entfallen 35,15 % der Kosten, die ebenfalls modulbezogen von der Kostenstelle 927500 auf die virtuelle Kostenstelle v927500 11 umgebucht werden. Letztere ist dabei eindeutig der Kostenstellengruppe 11 der DRG-Matrix zugeordnet und dient dem Ausweis von (ko-)therapeutischen Leistungen, ohne dass dabei auf weitere Differenzierungen zu achten ist. Das sieht in der PSY-Matrix wiederum anders aus. Hier wurde zwar bereits die Nettoarbeitszeit an den Patienten ermittelt, so dass von der direkten Kostenstelle 22,55 % der Kosten in den Therapiebereich modulbezogen umzubuchen sind, allerdings ist diese Umbuchung abhängig von der Leistung selbst. Insofern muss mit Hilfe der Schnittstellentabelle wiederum definiert werden, welche Leistung welcher Kostenstellengruppe zuzuordnen ist und welche Kostenanteile damit für die Umbuchung verbunden ist.

Anschließend wird von der direkten Kostenstelle 927500 der Residualgrößenanteil auf die virtuelle Kostenstelle v927500 00 umgebucht und von dort wiederum mit Hilfe des Anteils der angeforderten Leistungen auf die entsprechenden virtuellen Stationskostenstellen der (zu kalkulatorischen Zwecken) eingerichteten Kostenstellengruppe 20e. Das heißt, es wird aus allen (ko-)therapeutischen Leistungen der psychiatrischen und psychosomatischen Patienten der Summenwert gebildet und anschließend der entsprechende angeforderte Anteil der Station eruiert. Mit Hilfe dieses Verteilungsschlüssel wird wiederum die virtuelle Kostenstelle v927500 00 entlastet und alle virtuellen Stationskostenstellen, in diesem konkreten Fall die v951300 00, die v951500 00 und die v951700 00 mit den um-

**Tab. 7.9** Residualgrößenbildung auf Station Teil 3. (Eigene Darstellung)

|                                        | In Minuten | In Prozent (%) |
|----------------------------------------|-----------:|---------------:|
| *Arbeitszeit gesamt*                   | 249.674    | 100            |
| Nettoarbeitszeit PSY-System            | 56.290     | 22,55          |
| Davon KST-Grp. 23                      | 33.774     | 13,53          |
| Davon KST-Grp. 24                      | 2.815      | 1,13           |
| Davon KST-Grp. 25                      | 18.294     | 7,33           |
| Davon KST-Grp. 26                      | 1.407      | 0,56           |
| *Angeforderte Leistungen PSY-System*   | 56.290     | 100,00         |
| Davon Station 3                        | 30.491     | 54,17          |
| Davon Station 5                        | 11.813     | 20,99          |
| Davon Station 7                        | 13.986     | 24,84          |
| *Residualgröße PSY-System*             | 57.416     | 22,99          |
| Davon Station 3 (v951300 00)           | 31.102     | 12,46          |
| Davon Station 5 (v951500 00)           | 12.052     | 4,82           |
| Davon Station 7 (v951700 00)           | 14.262     | 5,71           |

gebuchten Kosten belastet. In Tab. 7.9 – Residualgrößenbildung auf Station Teil 3 ist das eben geschilderte Vorgehen noch einmal zusammengefasst.

Mit der hier vorgestellten Methodik, deren Basis die Virtualisierung sämtlicher direkter Kostenstellen mit Kontakt zum Therapiebereich ist, können sowohl die Anforderungen des DRG-Handbuches als auch die Anforderungen des PEPP-Handbuches erfüllt werden. Aus Sicht der Autoren bleibt daher zu hoffen, dass dieser entwickelte Arbeitsschritt so oder so ähnlich als bald Einzug in das PSY-Kalkulationshandbuch hält, zumal er von den Autoren in verschiedenen Seminarreihen erfolgreich propagiert wird.

Abschließend sei noch einmal zusammengefasst, dass mit den beiden Arbeitsschritten der Residualgrößenbildung nunmehr alle relevanten Kosten in den Therapiebereich umgebucht sind und etwaige nicht kalkulationsrelevante Kosten über das Merkmal des Patienten (z. B. AMB) aus der Kalkulationsgrundlage abgegrenzt werden können. Auf eine weiterführende Explizierung des diagnostischen Bereiches wird an dieser Stelle bewusst verzichtet, da dieses aufgrund des standardisierten Vorgehens aus Sicht der Autoren keine größeren Probleme darstellen dürfte. Denn sowohl in der DRG-Fallkostenkalkulation als auch in der PSY-Tageskostenkalkulation ist das auf dem Grundgedanken des Gemeinkostenzuschlages basierende Verfahren jeweils identisch. Demgegenüber soll nachfolgend in aller Kürze das weitere Vorgehen bei der Residualgrößenverteilung auf die Kostenstellengruppen 21 und 22 umrissen werden, da dies ebenfalls ein gänzlich neuer Arbeitsschritt im PSY-Kalkulationsverfahren ist. Zuvor muss aus primär didaktischen Gründen jedoch ein kurzer Exkurs zur Betreuungsintensität gemacht werden.

## Exkurs Betreuungsintensität

Im Rahmen der Kostenträgerrechnung werden die auf den Stationskostenstellen der Psychiatrie und Psychosomatik gebildeten Residualgrößen über die ungewichteten und gewichteten Pflegetagen auf den Kostenträger Tag verrechnet.[69] Hinter dem gewichteten Pflegetag versteckt sich letztlich die Betreuungsintensität, die für jeden psychiatrischen und psychosomatischen im stationären und teilstationären Bereich täglich zu erfassen ist, genauso wie die PPR-Minuten für Patienten im somatischen Bereich.

Die Betreuungsintensität ist letztlich ein Hilfsinstrument, um einen Großteil der Kosten, die für die Behandlung der Patienten auf Station, das heißt außerhalb des Bereichs Diagnostik und Therapie, anfallen, aufwandsgerecht auf den Behandlungstag verteilen zu können. Die Betreuungsintensität orientiert sich dabei an patientenbezogenen Merkmalen, wie z. B. der Orientierung, in Kombination mit einer Punktwertskala. Ist ein Patient am Eingruppierungstag zum Beispiel teilweise orientierungslos, werden für ihn drei Punkte erfasst. Ist er dagegen dauerhaft ohne Orientierungsvermögen, wird der Maximalwert von fünf Punkten dokumentiert. Und ist er gut orientiert, wird der Minimalwert von einem Punkt vermerkt. Nach diesem Muster wird für alle stationären und teilstationären Patienten der Psychiatrie und Psychosomatik eine tägliche Eingruppierung bei allen relevanten Merkmalen und Verhaltensweisen vorgenommen. Dabei sollte die Prämisse gelten, dass betreuungsintensivere Patienten im Sinne des Modells mehr Punkte erhalten als jene, die weniger betreuungsintensiv erscheinen.

Nicht immer ist für den einzelnen Mitarbeiter der Unterschied zwischen Betreuungsintensität und Therapieintensität nachvollziehbar. Die Betreuung eines Patienten, der viel Therapie erhalten hat, sei schließlich auch aufwendig, so eine oftmals verbreitete Meinung. Diese Ansicht ist zwar grundsätzlich nicht falsch, im Sinne des PSY-Kalkulationshandbuches jedoch nicht korrekt. Denn der therapeutische Aufwand wird über die Leistungsdokumentation abgewickelt und separat in der Kostenmatrix ausgewiesen. Nicht berücksichtigt wird bei dieser Dokumentation jedoch zum Beispiel, ob ein Patient zur Gruppe gebracht werden muss oder ob sich ein Patient destruktiv innerhalb der Gruppentherapie verhält, zumal ein solches Verhalten in der Regel längere Gesprächszeit in den Team- oder Fokusrunden beansprucht, in denen über dieses Verhalten supervidiert wird, wobei der Patient selbst nicht anwesend ist. Dieser Aufwand lässt sich unter dem Strich nur über die Betreuungsintensität abbilden.[70]

Denn je höher die Gesamtpunktzahl, die aus der täglichen Eingruppierung resultiert, umso höher sind auch der Aufwand und damit die Kosten, die auf die Betreuung des Patienten an diesem Behandlungstag umgelegt werden.

Aktuell sind im Kalkulationshandbuch neun verschiedene Modelle zur Abbildung der Betreuungsintensität aufgeführt, die sich wiederum in zwei grundlegende Typen differenzieren lassen.[71] Bei einer tagesvariablen Erfassung der Betreuungsintensität wird jeden Tag

---

[69] Vgl. hierzu grundlegend InEK (2010, S. 135 ff).

[70] Vgl. hierzu auch Berton und Birr (2011a, S. 37).

[71] Vgl. hierzu InEK (2010, S. 138 ff).

eine Dokumentation der Merkmale und Verhaltensweisen zum Patienten vorgenommen.[72] Bei einer Kombination von aufenthaltsstabilen und tagesvariablen Merkmalen und Verhaltensweisen, werden bestimmte Parameter, wie z. B. der Grad der Persönlichkeitsstörung, einmal für den gesamten Aufenthalt definiert, da sich diese zwar von Patient zu Patient unterscheiden können, wohl aber nicht von Tag zu Tag bei Betrachtung ein und desselben Patienten. Zusätzlich zu dieser Einmaleinstufung werden dann täglich die variablen Merkmale und Verhaltensweisen erfasst.[73] Jedes dieser neun Modelle ist nach Aussage des InEK dazu geeignet, Kostenunterschiede zwischen den Patienten auszuweisen.[74]

Sollte ein Kalkulationshaus ein weiteres Modell entwickeln wollen, das sich nicht an die im Anhang dargelegten Modelle des offiziellen Kalkulationshandbuches anlehnt, ist dieses vor der Verwendung mit dem InEK abzustimmen.[75] Umgekehrt heißt dies, dass den Häusern eine eigene Ausgestaltung der Gewichtungsmodelle in Anlehnung der im Handbuch vorgeschlagenen Modelle jederzeit, und das ist wichtig, ohne weitere Rücksprache gestattet ist.[76] Perspektivisch zielt das InEK jedoch darauf ab, ein einheitliches BI-Modell für alle Einrichtungen vorzugeben, so dass die Eingruppierung standardisiert und einheitlich auf nationaler Ebene erfolgt.[77] Ob die Eingruppierung weiterhin auf Basis von Merkmalen erfolgen wird oder ob am Ende Eingruppierungsstufen vergleichbar mit den PPR-Minuten in der Somatik vorgegeben werden, bleibt aus Sicht der Autoren abzuwarten. Eine ausführlichere Auseinandersetzung mit dem Thema Betreuungsintensität finden Sie im Kap. 7 – Betreuungsintensität.

## Residualgrößenaufteilung in Kostenstellengruppe 21 und 22

Nach diesem kurzen Exkurs zur Betreuungsintensität gilt es den abschließenden Arbeitsschritt im Kontext der Residualgrößenbildung überblicksartig zu explizieren. Wie zurückliegend aufgezeigt, sind nunmehr alle Residualkosten über zwei Verfahren auf die virtuellen Stationskostenstellen der KST-Gruppe 20e, also auf den virtuellen Kostenstellen mit der Doppelnull am Ende, verteilt worden. Von dort aus werden sie nun über die gewichteten und ungewichteten Pflegetage auf die virtuellen Stationskostenstellen in den Kostenstellengruppen 21 und 22 weiterverteilt. Hierbei gelangen für die Modulkosten 1, 2, 3a, 3b, 3c, 3, 4a und 6a die Betreuungsintensitätspunkte zur Anwendung, die mit der Primärkode-Eingruppierung kombiniert werden (Tab. 7.10).

Exemplarisch sind als Ergebnis der Leistungsdokumentation auf der Kostenstelle 951100 im zu betrachteten Datenjahr insgesamt 51.042 Betreuungsintensitätspunkte erfasst worden, von denen insgesamt 20.154 Punkte in der Regel- und Komplexbehandlung sowie 30.888 Punkte in der Intensivbehandlung dokumentiert wurden. Folglich sind von den

---

[72] Vgl. hierzu InEK (2010, S. 138).

[73] Vgl. hierzu InEK (2010, S. 138).

[74] Vgl. hierzu auch Berton und Birr (2011a, S. 37).

[75] Vgl. hierzu InEK (2010, S. 138).

[76] Vgl. hierzu InEK (2010, S. 138).

[77] Vgl. hierzu Heimig (2012, S.299).

**Tab. 7.10** Residualgrößenverteilung in Kostenstellengruppe 21 und 22. (Eigene Darstellung)

| KST-Gruppe | virtuelle KST | Zweck und Funktion |
| --- | --- | --- |
| 20e | v951100 00 | Verteilung der Residualgröße nach Primärkode |
| 21 | v951100 21 | Ausweis der Tageskosten in der Regel- und Komplexbehandlung |
| 22 | v951100 22 | Ausweis der Tageskosten in der Intensivbehandlung |

zuvor definierten Modulkosten 39,5 % auf die virtuelle Kostenstelle v951100 21 umzulegen und die verbleibenden 60,5 % auf die virtuelle Kostenstelle v951100 22.

Für die Modulkosten 7 und 8 gelangt stets der ungewichtete Pflegetag zur Anwendung. Exemplarisch seien auf der Kostenstelle 951100 für das Datenjahr insgesamt 5.657 Pflegetage angefallen, von denen 2.368 in der Regel- und Komplexbehandlung sowie 3.289 Pflegetage in der Intensivbehandlung waren. Aufgrund dieser Leistungsdaten werden diese Modulkosten zu 42 % auf die virtualisierte Stationskostenstelle in der Kostenstellengruppe 21 und zu 58 % auf die virtualisierte Stationskostenstelle in der Kostenstellengruppe 22 verteilt.

Diese beispielhafte Umlage wird nun für jede virtualisierte Stationskostenstelle mit der Doppelnull am Ende durchgeführt, so dass nach Abschluss dieses Kalkulationsschrittes nunmehr (fast) alle Kosten auf den direkten Kostenstellen in den Modulen ausgewiesen sind, in denen sie zur Verteilung auf den Kostenträger stehen müssen.

## 7.3.5 Kostenträgerrechnung

Hiervon ausgenommen sind letztlich nur noch die Einzelkosten, die im Rahmen der Kostenträgerrechnung noch dem Behandlungstag des Patienten zugerechnet werden müssen. Unter dem Strich erfordert dieser Arbeitsschritt keine große Kompetenz oder gar besondere technische Möglichkeiten, wenngleich es bei der Zuordnung der Einzelkosten auf den Tag und Behandlungsfall zu Schwierigkeiten kommen kann.[78] Diese können zum Beispiel entstehen, wenn extern erbrachte Leistungen mit einer OPS-pflichtigen Kodierung (z. B. MRT oder CT) erst Wochen oder vielleicht Monate später abgerechnet werden, da nicht jedes Finanzbuchhaltungssystem eine Rückbuchung in einen abgeschlossenen Monat erlaubt. Genauso gravierend ist es, wenn eine Rückbuchung zwar möglich ist, neben dem Beleg- und Buchungsdatum letztlich aber kein Leistungsdatum im Buchungssatz verarbeitet werden kann. Ist dies der Fall so ist eine Importtabelle zu installieren, mit der die Einzelkosten in der Kalkulation in den richtigen Modulen direkt auf den Behandlungstag ausgewiesen werden können. Limitierend ist dazu jedoch zu konstatieren, dass mit solchen Dateien nicht selten nur modulbezogene Umbuchungen auf ein und derselben Kostenstelle möglich sind.

---

[78] Vgl. hierzu auch Berton und Birr (2011d, S. 25).

Für die Laborkosten, die buchhalterisch nicht selten auf der Stationskostenstelle gebucht werden, würde dies zum Beispiel bedeuten, dass sie im ersten Schritt über die Belegkorrektur von der Stationskostenstelle, die per Kostenstellendefinition der KST-Gruppe 20a zugeordnet ist, auf die Laborkostenstelle, die per Kostenstellendefinition der KST-Gruppe 10 zugeordnet ist, umgebucht werden müssen. Gleichzeitig findet mit dieser Umbuchung ein Kostenartenwechsel statt, da die originär gebuchte Kostenart 6609000 (Untersuchungen in fremden Instituten) per Kostenartendefinition der KA-Gruppe 6a zugeordnet ist, Einzelkosten im PSY-Bereich aber nur in den Kostenartengruppen 4b und 6b ausgewiesen sein dürfen. Mit der Korrektur in die virtuelle Kostenart v6609001 (Untersuchungen in fremden Instituten EK), die per Kostenartendefinition der KA-Gruppe 6b zugeordnet ist, ist der Ausweis der Gesamtlaborkosten im Modul 10.6b sichergestellt.

Mit der Integrationsdatei wird nun der kumulierte Umbuchungsbetrag durch die patienten- und tagesbezogenen Einzelkosten substituiert. Sofern mit dem Ausweis der Einzelkosten keine Umbuchung auf eine andere Kostenstelle verbunden ist, kann der alleinige Kostenartenwechsel stets problemfrei über die Integrationsdatei sichergestellt werden. So zum Beispiel, wenn externe Konsilleistungen, die in der gebuchten Kostenart 6618000 in der KA-Gruppe 6a ausgewiesen sind, entweder im Modul 21.6b oder 22.6b als Einzelkosten über die virtuelle Kostenart v6618001, die per Kostenartendefinition der KA-Gruppe 6b zugewiesen ist, ausgewiesen werden sollen. Der Ausweis in der richtigen Kostenstellengruppe wird dabei vom System automatisch sichergestellt, da das Leistungsdatum mit dem Primärkode an diesem Tag automatisch gekoppelt wird.

Determinierend ist hierbei letztlich die Existenz von Einzelkostendaten in elektronischer Form, die zugleich alle für den Einzelkostenausweis erforderlichen Parameter enthalten. Hierfür müssen klinikintern sicherlich eine Reihe von administrativen Prozessen reorganisiert werden, so dass alle relevanten Rechnungen, wie z. B. Labor, MRT oder Krankentransport, nicht nur in Papierform, sondern auch in elektronischer Form zur Verfügung gestellt werden. Darüber hinaus sollte in Abwägung von Aufwand und Nutzen jährlich geprüft werden, ob die nicht in elektronischer Form vorliegenden Einzelleistungen, wie z. B. externe Konsile, patienten- und nunmehr auch tagesbezogen nacherfasst werden können.

Teilweise liegen in den PSY-Kliniken zu den teuren Arzneimitteln mittlerweile auch elektronische Daten vor, aber leider oftmals nur mit Bezug auf den Behandlungsfall, nicht aber auf den Behandlungstag. Vor diesem Hintergrund und vor dem Hintergrund, dass es sich aus Sicht der Autoren hierbei um eine relativ irrelevante Kostengröße handelt, deren Zurechnung auf den Kostenträger Tag aktuell noch unverhältnismäßig viel Aufwand bedarf, der an anderen Stellen -und aus Sicht der Autoren auch relevanteren Stellen- zu Engpässen führen kann, ist dieser Teilarbeitsschritt sicherlich nicht die höchste Priorität einzuräumen. Nichts desto trotz fordert das PSY-Kalkulationshandbuch von den Häusern, Einzelkosten für Arzneimittel auszuweisen, sobald die Kosten pro Wirkstoff und Tag 10 € überschreiten.[79] Bei Depotpräparaten ist es nach aktuellem Kenntnisstand der Autoren

---

[79] Vgl. hierzu InEK (2010, S. 109).

dagegen wohl (noch) erleichternd erlaubt, die Kosten über die Wirkungsdauer gleichmäßig zu verteilen. Ob dies für die weiteren Echtkalkulationen beibehalten wird, bleibt offen.

Abschließend sei zu den Einzelkosten noch erwähnt, dass diese immer dann für Plausibilitätsprüfungen durch das InEK prädestiniert sind, wenn diese mit einer OPS-Kodierung in Verbindung gebracht werden können. Der Grundgedanke dieser Plausibilisierung lässt sich exemplarisch am Beispiel einer MRT-Leistung vom 24.03.2012 für 450 € mit dem OPS-Kode 3-800 (OPS-Version 2012) verdeutlichen. Die zuvor genannten MRT-Kosten sollten in der Kalkulationsmatrix am 24.03.2012 im Modul 9.6b (Kostenstellengruppe 9 in Kombination mit Kostenartengruppe 6b) ausgewiesen sein, wenn wir unterstellen, dass diese Leistung extern eingekauft wurde, und dem InEK mit Hilfe des § 21 KHEntG-Datensatzes über die Datei Kosten.csv zur Verfügung gestellt werden. Gleichzeitig sollte in der Datei OPS.csv des § 21 KHEntG-Datensatzes der OPS-Kode 3-800 am selben Behandlungstag hinterlegt sein. Weicht nun eine dieser Informationen voneinander ab, so wird im automatisch generierten Fehlerprotokoll des InEK eine Unplausibilität gemeldet, die bei der nächsten Datenlieferung behoben werden sollte. Ursächlich hierfür könnte zum Beispiel sein, dass zwar die MRT-Kosten am 24.03.2012 richtig ausgewiesen sind, der OPS-Kode aber fälschlicherweise am 25.03.2012 im KIS angelegt wurde, oder, dass ein anstelle des MRT-OPS-Kodes ein OPS-Kode für CT-Leistungen dokumentiert wurde, so dass dem InEK die gemeldeten Kosten von 450 € unplausibel hoch erscheinen. Hier ergeben sich letztlich eine Reihe von logischen Prüfalgorithmen, so dass Kalkulationshäuser im Kontext der Einzelkostenzurechnung zu einer extrem hohen Genauigkeit gezwungen sind, insbesondere dann, wenn sich diese mit obligatorischen OPS-Kodes plausibilisieren lassen.[80]

Allen Einzelkosten ist zudem gemein, dass sie die Kostenstellen, auf denen sie gebucht sind, entlasten und dem Fall (Somatik) oder Behandlungstag (Psychiatrie und Psychosomatik) direkt zugeordnet werden. Sie sind daher kein Bestandteil der Residualgrößenbildung, sondern stellen einen eigenen Arbeitsschritt im Kontext der Kostenträgerrechnung dar.

Mit der Fertigstellung der Einzelkostenzuordnung sind alle wesentlichen Bausteine einer Kostenträgerrechnung durchlaufen, und damit ist die Basis für die Kostenkalkulation auf den direkten Kostenstellen geschaffen worden. Jetzt ist die Kalkulationssoftware an der Reihe und komprimiert die aufbereiteten Kosten- und Leistungsdaten eines Datenjahres über den Arbeitsschritt der Kostenträgerrechnung auf den einzelnen Behandlungstag eines Patienten. Dieser Arbeitsschritt wird nicht mehr weiter vertieft werden, da die hierfür erforderlichen Rechenschritte in einer komplexen Software verrichtet werden. Nichts desto trotz konnte aus Sicht der Autoren in den zurückliegenden Ausführungen ein Eindruck davon vermittelt werden, wie die Kostenartengruppen einer jeder direkten Kostenstelle mit Kostdaten befüllt werden und welche Leistungsdaten auf den direkten Kostenstellen ausgewiesen werden sollen. Im Rahmen der Kostenträgerrechnung werden diese Leistungsdaten nun entweder mit oder ohne Gemeinkostenzuschlag kalkuliert und in der Kostenmatrix modulbezogen entweder als Einzelkosten oder als Kosten mit oder ohne Gemeinkostenzuschlag ausgewiesen.

---

[80] Vgl. hierzu auch Berton und Birr (2011d, S. 25).

Das Ergebnis ihrer Berechnung ist eine mit Ist Kosten gefüllte Kostenmatrix, die sich nun nach verschiedensten Auswertungskriterien entweder nach Kosten pro Tag oder Kosten pro Fall bezogen auf die neu geschaffenen PEPPs, die Hauptdiagnosen, den Primärkode, die Psych-PV etc. auswerten lässt.

Unter dem Stich ist zu konstatieren, dass die Einführung einer InEK-konformen KTR in der Psychiatrie und Psychosomatik kein Selbstläufer darstellt, die nebenbei im Tagesgeschäft implementiert werden kann. Sie sollte vielmehr als Projekt behandelt werden, um diese über die reine Kostenkalkulation der zukünftigen Tages- und Fallpauschalen auch als Mittel zum Zweck bei der Schaffung von operativer Exzellenz im Tagesgeschäft und als Ausgangsbasis bei der strategischen Steuerung psychiatrischer und psychosomatischer Fachabteilungen sowie als Instrument zur Schaffung von Transparenz im Sinne eines umfassenden Controllings nutzen zu können. Darüber hinaus erfordert deren Implementierung von vielen Berufsgruppen eine engagierte Teilnahme, wobei hierbei nicht nur die diagnostisch und/oder (ko-)therapeutisch arbeitenden Berufsgruppen, wie z. B. Ärzte, Psychologen, Pflegekräfte oder Spezialtherapeuten betroffen sind, sondern auch viele der administrativ tätigen Berufsgruppen, wie z. B. Facility Management, Finanz und Rechnungswesen oder die Personalabteilung.[81]

Zu einem Projekt wiederum gehören ein Projektauftrag, ein genehmigtes Budget, das Projekt-Team und ein Projektleiter mit klar definierten Kompetenzen. Ohne einen Projektauftrag und damit die vollständige Unterstützung der Geschäftsführung sollte das Vorhaben aus Sicht der Autoren nicht angegangen werden. Denn es ist nicht auszuschließen, dass das Projekt irgendwann an einen Punkt gelangt, an dem dieses noch nur durch verbindliche Anweisungen seitens der Geschäftsführung fortgeführt werden kann. Insofern sollte diese regelmäßig über den aktuellen Stand der Umsetzung informiert werden und bei der Konstitution des Projektteams in besonderer Weise die Bedeutung dieses Projektes untermauern. Im Projekt-Team selbst sollten wiederum Vertreter aus den medizinischen sowie administrativen Bereichen vertreten sein.

Des Weiteren sollte ein Mitarbeiter aus der IT mitwirken, wenn möglich ein Mitarbeiter mit Fähigkeiten zur Anpassung der Oberfläche für die Dokumentation sowie soliden Kenntnissen der vorhandenen Datenbanktabellen und -strukturen im KIS. Die Projektleitung fällt dabei in der Regel einem Mitarbeiter aus dem (Medizin-)Controlling zu, wobei es aus Sicht der Autoren viel wichtiger ist, dass es ein Mitarbeiter ist, der nicht nur einen guten Überblick über das Leistungsgeschehen innerhalb der Klinik hat, sondern auch die Kalkulationsmethodik verinnerlicht hat, um die Leistungsstruktur des Hauses adäquat in der Kostenmatrix abbilden zu können.

Hinzu kommt, dass er sich nicht für das Kalkulationsergebnis verantwortlich zeichnet, sondern auf Nachfrage des InEK auch in der Lage sein muss, das Ergebnis und/oder etwaige Auffälligkeiten inhaltlich zu explizieren.

---

[81] Vgl. hierzu auch Berton und Birr (2011a, S. 36).

# Literatur

Berton, R., Birr, M.C.: Umdenken erforderlich. Teil I: Leitfaden durch die Kostenträgerrechnung in Psychiatrie und Psychosomatik. KU Gesundheitsmanag. **2011**(3), 35–37 (2011a)

Berton, R., Birr, M.C.: Die Chancen einer InEK-konformen Kostenträgerrechnung nutzen. Leitfaden durch die Kostenträgerrechnung in Psychiatrie/Psychosomatik, Teil II. KU Gesundheitsmanag. **2011**(4), 64–67 (2011b)

Berton, R., Birr, M.C.: Die Bausteine einer Kostenträgerrechnung. Leitfaden durch die Kostenträgerrechnung in Psychiatrie/Psychosomatik, Teil III. KU Gesundheitsmanag. **2011**(5), 37–39 (2011c)

Berton, R., Birr, M.C.: Die letzten Schritte der KTR. Leitfaden durch die Kostenträgerrechnung in Psychiatrie/Psychosomatik, Teil IV. KU Gesundheitsmanag. **2011**(6), 25–28 (2011d)

Heimig, F.: Entgeltsystem im Krankenhaus 2013, Foliensatz der Ergebnispräsentation zugunsten der Selbstverwaltungspartner nach § 17 KHG am 04.September 2012, Berlin (2012)

InEK: Kalkulation von Fallkosten. Handbuch zur Anwendung in Krankenhäusern – Version 3.0. http://www.g-drg.de/cms/content/download/1191/7805/version/1/file/Kalkulationshandbuch_V3_070918.pdf (2007). Zugegriffen: 03.08.2011

InEK: Kalkulation von Behandlungskosten. Handbuch zur Kalkulation psychiatrischer und psychosomatischer Leistungen in Einrichtungen gem. § 17d KHG – Version 1.0. http://www.g-drg.de/cms/content/download/2906/19229/version/2/file/Kalkulation + von + Behandlungskosten_V10_1611.pdf (2010). Zugegriffen: 03.08.2011

Rasche, C. Multifokales Management – Strategien und Unternehmenskonzepte für den pluralistischen Wettbewerb. Deutscher Universitäts-Verlag, Wiesbaden (2002)

Schöning, B., Luithlen, E., Scheinert, H.: Pflege-Personalregelung. Kommentar mit Anwendungsbeispielen für die Praxis. 2. überarbeitete Aufl. Stuttgart (1995)

Tscheulin, D.K.: Krankenhaus-Marketing/Grundlagen und Historie des Marketing, Vorlesungsskript im Rahmen des Management Circle-Seminars „BWL im Krankenhaus". W. Kohlhammer Verlag, S. 1–68 (2002)

# Teil IV
## Ansätze der Personalentwicklung

# Medizincontrolling in der Psychiatrie – eine sinnvolle Perspektive!

Frank Studenski und Wolfgang Münster

Die Elemente des Controllings lassen sich gut aus dem „Controller Leitbild" der International Group of Controlling (IGC)[1] ableiten und zum großen Teil auch auf das Controlling im Gesundheitswesen (Medizincontrolling, Finanzcontrolling, strategisches Controlling, …) übertragen. Controlling hat eine Service- und Dienstleistungsfunktion:

- Transparenz der Prozesse, Ergebnisse, Finanzen und Strategien
- Versorgung des Unternehmens mit internen betriebswirtschaftlichen Daten und Informationen und Vergleich mit externen Daten
- Organisation des Berichtswesens
- Begleitung und Beratung des Managements zur zielorientierten Steuerung
- Koordination von Teilzielen und Teilplänen
- Gestaltung und Pflege der Controllingsysteme

Alle genannten Elemente spielen im Medizincontrolling eine unterschiedlich wichtige Rolle. Die Funktion des Medizincontrollings ist jedoch nur durch ein gutes Schnittstellenmanagement effektiv umzusetzen. Schnittstellen sind Wertschöpfungspartnerschaften, in denen das Medizincontrolling eine aktiv gestaltende Rolle übernimmt.

Zu den relevanten Schnittstellen zählen: die klinischen Abteilungen, Abrechnung, Personalcontrolling, Finanzcontrolling Qualitäts- und Risikomanagement, Unternehmensentwicklung und die Leitungen der im klinischen Bereich tätigen Berufsgruppen.

---

[1] IGC (2002).

---

F. Studenski (✉)
Pfalzklinikum, Klingenmünster, Deutschland
E-Mail: frank.studenski@pfalzklinikum.de

W. Münster
münster & partner, Diespeck, Deutschland
E-Mail: info@krankenhaus-beratung.com

F. Studenski et al. (Hrsg.), *Neues Entgeltsystem in der Psychiatrie und Psychosomatik*,
DOI 10.1007/978-3-8349-4165-7_8, © Gabler Verlag | Springer Fachmedien Wiesbaden 2013

## 8.1  Entwicklung des Medizincontrollings in der somatischen Medizin

Der Begriff des Medizincontrollings wurde geprägt mit der Entwicklung des leistungsorientierten pauschalierten Entgeltsystems in der somatischen Medizin. Begonnen wurde
1996 mit Fallpauschalen und Sonderentgelten für definierte Fälle. Im nächsten Schritt
wurde zum 30.6.2000 der § 17b KHG[2] ein pauschalierendes Entgeltsystem in der Somatik, den DRGs (Diagnosis Related Groups), beauftragt und erstmals 2003 in somatischen
Krankenhäusern praktisch umgesetzt.

Die Vergütungsform mit tagesgleichen Pflegesätzen, ähnlich wie in der heutigen Psychiatrie, war die alleinige Finanzierungsgrundlage der stationären Patientenbehandlung bis
1996. Die Budgetverhandlung wurde mit den wirtschaftlichen Daten und Belegungsdaten
des Krankenhauses geführt, die das Finanz- und Rechnungswesen vorbereitete. Im Rahmen der dualen Finanzierung wird seit 1972 der Investitionsbedarf bei der Landesregierung
deklariert und mitfinanziert.

Die Vorstellungen über die Entwicklung des jeweiligen Krankenhauses wurden bei
den sog. Strukturgesprächen (Leistungsentwicklung, Personalausstattung) von Seiten
der Krankenhausleitungen mit den Krankenkassen diskutiert. Eine Transparenz über
die Behandlung der Patienten, über die am Patienten erbrachten Leistungen und der
Fallabbildung war nur begrenzt gegeben. Datengrundlage waren in der Regel Belegungstage, Verteilung der Hauptdiagnosen, die Verweildauer der Fälle und die Fallzahlen.
Die Aufgaben des Medizincontrollings haben sich mit den verschiedenen Reformen des
Gesundheitswesens entwickelt.

Primäre Intention des im Rahmen des KHRG 1999[3] ist die differenzierte Fallabbildung mit Haupt- und Nebendiagnosen als ICD-Kode verschlüsselt, sowie Leistungen
als OPS-Kode kodiert und eine falladäquate Vergütung. Im Zuge des pauschalierenden
Entgeltsystems entwickelten sich auch die Merkmale primäre und sekundäre (Verweildauern) Fehlbelegung, Zusatzentgelte und Komplexpauschalen als wichtige Faktoren der
Erlössicherung und Fallprüfung.

Die Bedeutung des Medizincontrollings für alle erlösrelevanten Prozesse wurde in den
letzten Jahren erkannt. Nachfolgend das Aufgabenportfolio mit der Ausrichtung auf das
Erlösmanagement:

- Sicherstellung des Right coding
- Fallsteuerung (Case Management)
- Standardisierung von Behandlungsabläufen
- Berichtswesen (spezifische steuerungsrelevante Kennzahlen)
- MDK-Management
- Sicherstellung der externen Qualitätssicherung
- Mitwirkung beim gesetzlichen Qualitätsbericht

---

[2] Bundesministerium der Justiz, § 17b KHG (1999).
[3] Bundesministerium der Justiz, KHG (1999).

- Beratung der Krankenhausleitung, der oberen und mittleren Führungsebenen
- Vorbereitung und Mitwirkung bei der Leistungsplanung, den Budgetverhandlungen mit den Kostenträgern
- Mitwirkung bei den internen Budget- und Leistungsgesprächen mit den abteilungsleitenden Chefärzten, leitenden Ärzten oder den dualen Leitungen

Viele dieser Aufgaben haben sich in den letzten Jahren so spezifisch weiterentwickelt, dass die Medizincontroller eine eigene Expertise für die Themengebiete gewonnen haben.

## 8.2   Nutzen des Medizincontrollings in der Psychiatrie

Der Ist-Stand der Bearbeitung der notwendigen Aufgaben in den Abteilungen und Einrichtungen vor der Einführung des § 17d KHG stellt sich wie folgt dar. Ein großer Teil der nachstehenden Aufgaben konnten vor der Einführung nur unzureichend (unvollständig, Zeitverzug, Bedeutung nicht klar) erbracht werden:

- Die Kodierung der Diagnosen und Prozeduren erfolgt in den Abteilungen durch den fallführenden Therapeuten.
- Die MDK-Prüfungen und medizinischen Begründungen bei Verlängerungsanzeigen der Abteilungen werden in der Regel vom Stations- oder Oberarzt erledigt.
- Die Abrechnung erfolgt durch die Übermittlung der § 301-Entlassungsdaten. In den, von den Autoren durchgeführten Stichprobenprüfungen psychiatrischer Kliniken, wurde 2010 für den Zeitraum von der Entlassung bis zur Rechnungsstellung ein Mittelwert von 11 Tagen festgestellt. In Einzelfällen waren jedoch auch mehrere Monate keine Seltenheit.
- Die Bearbeitung von externen Anfragen wie Krankenhausstatistik, § 21-Daten etc. erledigt ein Mitarbeiter der Verwaltung oder benannter der Mitarbeiter aus der Abteilung.

Das neue pauschalierende Entgeltsystem stellt folgende Anforderungen an die Kliniken und Abteilungen:

- Eine sach- und fachgerechte Fallabbildung, über kodierte Diagnosen und Prozeduren
- Abbildung der spezifisch psychiatrischen, patientenbezogenen Leistungen. Sie werden als OPS-Kodes abgebildet, die über Leistungseinheiten und Erfüllung definierter Struktur- und Mindestmerkmale generiert wer den. Definierte Behandlungsarten oder besonders aufwendige Leistungskomplexe oder Settings werden über eigene OPS-Zusatzkodes abgebildet.
- Kodierung der tagesgenauen Psych PV Einstufung (gesetzliche Pflicht bis Ende 2016)

- Eigene Abrechnungsregeln für die Abrechnung des neuen psychiatrischen Entgeltsystems ab 2013, spätestens relevant für alle Leistungserbringer ab 2015
- Die anlassbezogenen Fallprüfungen nach § 295 SGB V[4] im neuen System bieten neben den bisherigen Prüfungsanlässen wie der Hauptdiagnose, Psych PV Einstufung und sekundären Fehlbelegung zahlreiche neue Prüfungsansätze (Behandlungsart). Die Dokumentation als Nachweis spielt hier die entscheidende Rolle bzgl. der Erlössicherung
- Die externe Qualitätssicherung in der Psychiatrie wird ab 2017 eingeführt[5] und wird weitere Anforderungen an die Leistungserbringer stellen.

Die daraus resultierende Aufgabenvielfalt ist ähnlich umfangreich wie im DRG-System und stellt die Abteilungen vor große Herausforderungen. „... sind die Anforderungen an psychiatrische Kliniken im Bereich Medizincontrolling ähnlich: ein komplett neuer Tätigkeitsbereich entsteht und muss strukturiert aufgebaut werden."[6]

Die Autoren empfehlen, ein Medizincontrolling zu implementieren und mit Gestaltungsmacht auszustatten. Nicht alle Kliniken haben diese Notwendigkeit erkannt und ein Medizincontrolling aufgebaut bzw. sind im Aufbau begriffen. Eine Umfrage des deutschen Krankenhausinstituts (DKI) hat für 2011 ergeben, „... mehr als ein Drittel der Psychiatrischen Fachkrankenhäuser (36,7 %) hat derzeit noch keinen Medizincontroller."[7]

Nachstehend die Ziele, die am besten unter aktiver Beteiligung und Überwachung des Medizincontrollings zu erreichen sind:

- Schaffung interner Transparenz über das patientenbezogene Leistungsgeschehen (anhand Behandlungsarten, Therapieeinheiten, Behandlungsplanung), das Patientenklientel (Falldaten wie Diagnosen, Scoringwerte für Krankheitsschwere), aufwendige (kostenintensive) interne und externe Leistungen (Konsile, kostenintensive diagnostische Verfahren, EKT).
- Kontrolle und Korrektur der § 301-Daten zur Sicherstellung einer zeitnahen, realistischen Fallabbildung (im Sinne der Kodierrichtlinien = right coding) vor der Datenübermittlung und Rechnungsstellung.
- Systematische Strukturierung der administrativen Abläufe (Dokumentationsvorlagen) und der Behandlungsabläufe in Hinblick auf die zukünftigen Prüffaktoren wie primäre und sekundäre Fehlbelegung (Begründung stationäre Behandlung, Umgang mit ambulantem Potenzial), Kodierung erlösrelevanter Diagnosen und Prozeduren sowie aufwendige Komplexpauschalen, Sicherstellung der Struktur- und Mindestmerkmale
- Schulung und Complianceförderung im Behandlungsteam für die Anforderungen des pauschalierenden Entgeltsystems (DKR Psych, rechtliche Verpflichtungen, Aufbau des Entgeltsystems ... )

---

[4] § 275 SGB V (2004).

[5] Bundesministerium für Gesundheit, Psych Entgeltgesetz (2012).

[6] Nikolai von Schroeders (2011).

[7] Janßen und Blum (2012, S. 116).

- Aufbau eines systematischen und strukturierten MDK-Managements, von Standardformularen für Nachweisdokumentation zum Workflow von Normal- und Problemfallbearbeitung bis zur eigentlichen Bearbeitung der MDK-Prüfung
- Aufbau und Etablierung eines Berichtswesen der Leistungszahlen, der erzielten Fallpauschalen und Zusatzentgelte, wichtiger steuerungsrelevanter Medizincontrolling-Kennzahlen
- Die Beratung der Krankenhausleitung und Begleitung bei internen Planungsgesprächen
- Die Vorbereitung der Budget- und Leistungsverhandlungen mit den Kostenträgern
- Die Sicherstellung der Umsetzung der zukünftigen externen Qualitätssicherung

Die Entwicklung einer Medizincontrolling-Struktur ist eine hoch wichtige, strategische Entscheidung. Sie sollte in Abstimmung mit den relevanten Abteilungen innerhalb der Verwaltung, dem Arzt- und Therapeutendienst (Pflege integriert) erfolgen.

Die personelle Besetzung kann durch einen geeigneten Mitarbeiters aus den eigenen Reihen, am besten mit profunden medizinischen Kenntnissen erfolgen. Die Alternative mit einem externen Bewerber ist auf Grund der aktuellen Arbeitsmarktsituation kaum möglich bzw. sehr kostenintensiv. Die erforderliche Qualifizierung kann in der Regel nur extern erfolgen.

Folgende Aufgaben sollten vom Medizincontrolling in der Psychiatrie und Psychosomatik mit höchster Priorität kompetent sichergestellt werden.

## 8.2.1   Die Kodierung von Diagnosen und OPS

Der Medizincontroller ist der Kodierexperte. Sollten Kodier- oder Dokumentationsassistenten tätig sein, sind sie in der Regel dem Medizincontroller unterstellt. Er ist verantwortlich für die Umsetzung der Kodierung im Dokumentationssystem und in den § 301-Daten. Die Überprüfung der Kodierung vor der Übermittlung an die Kostenträger ist eine seiner Kernaufgaben.

Folgende Kennzahlen können für die Überprüfung der Kodierung genutzt werden:

- Verteilung Hauptdiagnosegruppen
- Mittlere Verweildauern nach Hauptdiagnosegruppen
- Mittlere Anzahl Nebendiagnosen- psychiatrisch, somatisch, Aufwands- diagnosen Pflegedienst/Spezialtherapeuten
- Verteilung Nebendiagnosen nach CCL-Werten (ab 2013)
- Top fünf der geprüften Haupt- und Nebendiagnosen
- Anzahl der Kodes mit 0 TE (9-604, 9-614.0) bzw. keinem Kode in der Kinder- und Jugendpsychiatrie bei Intensivstatus
- Anteile nur ein OPS-Kode pro Behandlungswoche

## 8.2.2 Berichtswesen Leistungszahlen

Um die Anforderungen des § 17d umfänglich zu erfüllen, ist der Aufbau eines Reporting-systems (Berichtswesens) erforderlich, dazu sollten in erster Linie Regeldaten verwandt werden. Neben den Fallpauschalen und Zusatzentgelten sind das folgende Kennzahlen und Messgrößen, die bereitgestellt werden: NUB, erlöste Punktewerte, mittlere Punktewerte und die Erlössituation des nicht gedeckelten Bereichs wie Pflegefälle, Belastungserprobun-gen, vor- und nachstationäre Leistungen und ambulante Leistungen. Die Leistungs- und Erlösdaten mit den relevanten Kennzahlen sind als Rückmeldung für die obere und mittlere Führungsebene unverzichtbar.

Um Entwicklungen zu erkennen und zeitnah reagieren zu können, sollten sie im Monats-rhythmus bereitgestellt werden. Die Werte sollten einem Vorjahresvergleichswert, einem Benchmarkwert und einem mit den Abteilungsleitungen vereinbarten Zielwert gegenüber gestellt werden.

Vorschlag für Leistungszahlen und abgeleitete Werte in der Erwachsenenpsychiatrie (Vormonat, Gesamtjahr, Vorjahreswert, Zielwert):

- Belegungstage (Vereinbarter Wert, Ist-Wert)
- Verweildauer gesamt mit Bezug Hauptdiagnosegruppe (Zielverweildauer, Ist-Verweildauer)
- Mittlere Verweildauern nach Fallpauschalen (ab 2013)
- Auslastung in Prozent
- Anzahl Pflegefalltage
- Tage Belastungserprobung
- erzielter Gesamtpunktwert für die Fallpauschalen (ab 2013)
- Mittlerer Punktwert (analog (case mix index) (ab 2013)
- erzielte Zusatzentgelte (ab 2013)
- erzielte NUBs (ab 2013)
- Verteilung tagesbezogene Psych PV Einstufung
- Verteilung der Psych OPS Behandlungsarten (Regel, Intensiv, Psycho- therapie, Psy-chosomatik) nach Einstufung und nach Auslösung des Kodes (9-60ff, 9-61ff, 9-62ff, 9-63ff)
- TOP 5 Fallpauschalen (ab 2013)
- Anzahl/Anteile Diagnostikkode
- Anzahl Krisenkodes
- Anzahl 1:1 Betreuung

Besondere Kennzahlen:

- Anteile Entlassung mit Psych-PV Intensiveinstufungen und mit Intensiv-Behandlungseinstufung

- Ableitung mittlere TE pro Behandlungstag und Mittelwert Leistungsminuten pro Behandlungstag nach den vier Berufsgruppen Ärzte, Psychologen, Pflegedienst, Spezialtherapeuten und den Hauptdiagnose gruppen und Fallpauschalen (ab 2013)
- Empfehlung für spezifische Leistungszahlen in der Kinder- und Jugendpsychiatrie:
- allgemeine Kennzahlen wie in der Erwachsenenpsychiatrie
- Verteilung Psych OPS Behandlungsarten (Regel, Intensiv, Eltern-Kind- Setting) nach Einstufung und nach Auslösung des Kodes (9-65 ff, 9-66 ff, 9-67 ff, 9-68 ff)
- Anteile Kleinstgruppe und Einzelbetreuung in Prozent

Das Berichtswesen dient der Transparenz, offensichtliche Dokumentationslücken fallen auf, das klinische Profil der Abteilungen und Stationen bildet sich ab. Mit diesem sehr differenzierten Berichtswesen ist die Leistungsstruktur so abgebildet, dass daraus strategische Überlegungen und Wirkungen verschiedener Einflussfaktoren gut simuliert werden können.

### 8.2.3   Ableitung besonderer Kennzahlen

Es ist erforderlich, Kennzahlen für besondere Klientel zu definieren: Besondere Fragstellungen, Ereignisse, Risikogruppen, Modellprojekte, Erlösrelevanz usw. Beispiele:

- Die Frage der Anzahl der nach Psych KG oder Unterbringungsgesetz untergebrachten Patienten und die Tagzahl der Unterbringung sind Abbildung eines ungeplanten und besonderen, zum Teil aufgrund der juristischen Bedürfnisse sehr intensiven Ressourcenaufwands.
- Ein spezielles Klientel sind Patienten, die aufgrund einer psychiatrisch relevanten Komorbidität und einer Schlafstörung nur in einem Schlaflabor unter psychiatrischer Leitung die notwendigen diagnostischen und/oder therapeutischen Leistungen erhalten können.
- Wenn körperliche schwere Behinderungen mit besonderem Aufwand bei psychiatrisch Erkrankten vorliegen, wie Taubheit oder extreme Schwerhörigkeit, kann sich der Bedarf einer auf deren Bedürfnisse ausgerichteten Abteilung ergeben.

### 8.2.4   Management der Aufgaben bzgl. des Medizinischen Dienstes der Krankenversicherung (MDK)

Der Medizinische Dienst der Krankenversicherung ist das juristisch verankerte (legitime) und ausführende Instrument der Krankenversicherung, anlassbezogene Stichprobenprüfung der § 301-Daten und Abrechnungsdaten nach § 295 SGB V[8] durchzuführen. Im

---

[8] Bundesministerium der Justiz, § 275 SGB V (2004).

Bereich der somatischen Krankenhauslandschaft hat sich der Prüfungsaufwand durch den MDK in den letzten 10 Jahren um ein Vielfaches erhöht. Prüfquoten von über 20 % der Fälle sind keine Seltenheit, bei einer mittleren Verweildauer von knapp 6 Tagen besteht hier ein hoher Aufwand. Die § 301-Daten für die Fallvergütung führen zur systematischen Erfassung und Beurteilung durch die Kostenträger. Über interne Prüfungsprotokolle wird eine Fallprüfung Kassen-intern durchgeführt, die dann zu entsprechenden Fallprüfungen vor Ort führen können. Die Ergebnisse der Fallprüfungen vor Ort werden im System (Datenbank) der Kostenträger gespeichert.

Dieses lernende System hat über die Jahre zu genaueren, erfolgversprechenden und zielorientierten Anfragen von Seiten der Kostenträger geführt. Die Einführung einer 300 € Vergütung für die Krankenhäuser bei gewonnen Fällen (alle Prüfungsanlässe zu Gunsten des Krankenhaus entschieden) hat die Prüfungsanzahl kaum reduziert. Die Schärfe und Präzision der Prüfungen hat sich merklich erhöht. Die generellen Prüfungsanlässe bleiben unverändert.

Das Medizincontrolling ist in der somatischen Medizin verantwortlich für die Bearbeitung der MDK-Anfragen, was zum Teil dennoch die inhaltliche Mitarbeit der ärztlichen Kollegen der Abteilung erfordert. Auch das Medizincontrolling hat sich im Lauf der Jahre weiter entwickelt um die Anfragen des MDK effizienter zu bearbeiten.

- Übernahme des MKD-Managements durch das Medizincontrolling
- Standardisierung Behandlungsprozesse mit Standardnachweisdokumenten für stationäre Behandlungsnotwendigkeit (nach G-AEP- Kriterien), Komplexbehandlungen (Checklisten, klinische Behand- lungspfade) etc.
- Detailliertes, monatliches MDK-Berichtswesen
- Erfahrungsaustausch zwischen den Kliniken, Fachgesellschaften (Deutsche Gesellschaft für Medizincontrolling etc.) und der jeweiligen Krankenhausgesellschaft
- Durchführung der MDK-Prüfungen vor Ort (z. B. Rheinland-Pfalz)

In vielen Einrichtungen der Psychiatrie und zum Teil auch der Psychosomatik, die nach BPflV ihre Erlöse erzielen, liegt derzeit die Erledigung der MDK-Anfragen in der Hand der Abteilungsärzte. Die Verwaltung ist rein administrativ (Abarbeitung der Ergebnisse wie 300 €-Forderung, Rückzahlungen etc.) tätig.

Die aktuelle Rechtssituation ist den Mitarbeitern zum Teil nicht klar, die Rechte und Pflichten sind nicht bewusst.

Transparenz, Rechtssicherheit und eine effektive Erlössicherung kann nur durch die Zentralisierung der Bearbeitung und das Controlling der MDK-Anfragen erreicht werden. Eine Aufgabe des Medizincontrollings!

Die Auseinandersetzung mit den Ergebnissen des MDK-Berichtswesens in den Abteilungen ist die Grundlage für Lernen und daraus resultierende Verbesserungen. Wenn jetzt die MDK-Anfragen noch relativ unproblematisch erscheinen, werden sie im neuen pauschalierenden Entgeltsystem ganz andere Auswirkungen haben. Einige Krankenhäuser bemerken bereits jetzt ein verändertes Anfrageverhalten und Prüfungsschärfe der Kostenträger.

Folgende Kennzahlen gehören zum MDK-Management:

- Fallzahl und Belegungstage gesamt im Berichtszeitraum
- Anzahl der Fallprüfungen MDK gesamt
- Anzahl der Medizinischen Begründungen (MBeg) bei Verlängerungsanträgen (Prüfung sekundäre Fehlbelegung)
- Verteilung Fallprüfungen auf die Prüfungsanlässe
- Wirtschaftliches Risiko (Prüfungssumme) der Fallprüfungen in Euro
- Anzahl positiv entschiedener Fälle für die Abteilung (300 €-Fälle)
- Anzahl negativ entschiedener Fälle ohne Widerspruch oder Klage und Betrag Niederschlagung in Euro
- Klagefälle mit wirtschaftlichem Risiko

Die Analyse in einem Krankenhaus, das nach eigenen Angaben keine Probleme mit dem MDK habe, ergab, dass über 15 % der Fälle geprüft wurden, entweder als Fallprüfung nach Entlassung oder als MBeg. Die Fallprüfungen wurden zu über 98 % für das Krankenhaus entschieden, die MBeg aber nur zu knapp 80 %. Wirtschaftliches Ergebnis: Eine Erlöseinbuße von über 2 % klingt nicht hoch, bei einem Jahresbudget von 50 Mio. sind dies aber dennoch 1.000.000 €!

Mit der Einführung des pauschalierenden Entgeltsystems ab 2013 für die Optionshäuser, spätestens ab 2015 für alle Krankenhäuser und Abteilungen werden sich, ähnlich dem DRG-System, weitere Prüfungsmodalitäten und -themen entwickeln. Die Autoren empfehlen deshalb, das Berichtswesen dann um folgende Kennzahlen zu erweitern:

- Verteilung Fallprüfungen auf Prüfungsanlass (primäre Fehlbelegung, sekundäre Fehlbelegung, Kodierung (Psych PV, Psych OPS, Hauptdiagnose, Nebendiagnose, somatische Prozedur, Zusatzentgelte)
- TOP fünf Prüfungshäufigkeit Fallpauschalen

## 8.3   Nutzung der Daten des Personal-/Finanzcontrollings

Das Personalcontrolling spielt in der Psychiatrie und Psychosomatik sowohl in der BPflV als auch in einem neuen pauschalierenden Entgeltsystem wegen der anteilig hohen Personalkosten eine signifikante Rolle. Das Medizincontrolling als Bindeglied zwischen der Ökonomie und dem klinischen Bereich kann die Bewertung von Personaldaten im Hinblick auf das Leistungsgeschehen unterstützen. Dafür wird die bidirektionale Schnittstelle zwischen dem Medizincontrolling und den Abteilungen Personal und Finanzen genutzt.

Zur Auslösung von Fallpauschalen werden Personalzahlen, -qualifikationen und die Anzahl von in der Abteilung tätigen Berufsgruppen in einer Empfehlung 2017 definiert werden. Diese normativen Festlegungen entsprechen nicht den Personaldaten der Psych

PV, sind aber zum Teil aus der Psych PV abgeleitet. Das Personalbudget wird seit Jahren über die Psych PV Stichtagserhebungen in der BPflV ermittelt, verhandelt und festgelegt. In den meisten Krankenhäusern liegt die Psych PV Umsetzung unter 95 % oftmals unter 90 %, es wird ein „landes-üblicher" oder „träger-üblicher" Umsetzungsgrad festgelegt. Die Psych PV spielt ab 2017 nach dem Psych EntgG keine Rolle mehr.

Zudem spielen die Ausfallzeiten durch Urlaub, Krankheit und Fortbildung in Abteilungen, die beispielsweise mit 18,4 % als Benchmark gesetzt wird, eine Rolle für das Leistungspotenzial. Eine erhöhte Ausfallquote hat eine direkte Auswirkung auf das Leistungsgeschehen. Dies ist kritisch und systematisch zu überprüfen, z. B. bei Umstellung der Behandlungsstandards und der Stationskonzepte auf die neuen Fallpauschalen. Ein ähnliches Zeichen kann der Anstieg der Mehrarbeitszeit (MAZ) sein. Ist das Personal unterbesetzt oder verursachen die Patienten durch eine Änderung des Klientels einen höheren Personalaufwand?

Vorschlag von Kennzahlen des Personalcontrollings auf Abteilungs- und Stationsebene:

- Personal: VK nach Berufsgruppen: Ist und Soll
- Personalkosten Ist und Soll
- Psych PV Erfüllung in % des Personals nach Berufsgruppen Ist und Soll
- Mehrarbeitszeit (MAZ Ist), Vorjahr, ausgezahlt mit Betrag in Euro
- Ausfallzeiten differenziert nach Urlaub, Krankheit, Fortbildung in % Ist und Soll nach Bereichen
- Produktivitätsquote (Belegungstage/Case mix, Ist-VK, Ausfallquote)

Das Finanz- und Rechnungswesen liefert u. a. Daten zu Sachkosten, die auf die Abteilung bezogen wichtig sind. In der psychiatrischen und psychosomatischen Medizin sind die Sachkosten zwar nicht so hoch wie in der somatischen Medizin, dennoch sind z. B. außergewöhnlich hohe Einzelkosten (externe Kosten wie Konsile, somatische Behandlung, Transportkosten) steuerungsrelevant.

Die Empfehlung lautet daher, die in der Höhe wesentlichen Sachkosten bis auf Stationsebene herunter zu berichten und in einem zweiten Schritt auch ein Budget dafür festzulegen:

- Arzneimittelkosten: Mittelwert Tagesaufwand pro Belegungstag, Summe teurer Medikationen im Betrachtungszeitraum (Tagestherapiekosten > 10 €)
- Kosten externe Konsile (incl. Transportkosten)
- Kosten interner und externer aufwendiger apparativer Verfahren (Computertomographie, Kernspintomographie)

Vielfach ist ein Anordnungsverhalten zu beobachten, dass die Sachkosten für Untersuchungen ausblendet. Hierzu müssen ebenfalls Kennzahlen und Messgrößen festgelegt werden, z. B. die Kosten müssen den jeweiligen Stationen oder Abteilungen zugeordnet werden und Grenzwerte sind festzulegen.

Denn in der Anlage des Psych EntgG wird eine „Nachweispflicht für die zweckentsprechende Mittelverwendung" (Personal- und Sachkosten) definiert, nicht zweckentsprechende Mittel sind zurück zu zahlen."[9]

## 8.4   Teilhabe Kostenträgerrechnung (KTR)

Eine ökonomisch nutzbringende Aufgabe wird es sein, die Kosten einer Fallpauschale in der eigenen Abteilung zu ermitteln. Ende September 2012 werden der Fallpauschalenkatalog und die Definitionshandbücher veröffentlicht. Nach den bisherigen Datenauswertungen durch InEK in den Optionshäusern wissen die Autoren, dass die Kostenunterschiede bei den tagesbezogenen Fallkosten bei weitem nicht so weit auseinander liegen wie im DRG-System. Dennoch muss davon ausgegangen werden, dass die Kostenunterschiede zu Minderlösen führen, auf die reagiert werden muss, beispielsweise mit der Umstrukturierung von Behandlungsbereichen und Abläufen. Die Treiber sind Qualität, Zeit und Kosten.

Die interne Kosten- und Kennzahlenanalyse wird die Krankenhausleitung dabei effektiv unterstützen können. Das Medizincontrolling hat die Aufgaben, mit Hilfe einer etablierten Kostenträgerrechnung die entsprechenden Analysen durchzuführen.

## 8.5   Externe Qualitätssicherung und gesetzlicher Qualitätsbericht

Mit Qualitätskennzahlen im Rahmen der gesetzlichen Qualitätssicherung soll Struktur-, Prozess- und Ergebnisqualität valide gemessen werden. Die Kennzahlen stellen den Versuch dar, die erzielten Effekte beim komplexen psychiatrischen Patienten messbar zu machen und dadurch mehr Transparenz zu schaffen.

Die externe Qualitätssicherung ist für die psychiatrischen und psychosomatischen Krankenhäuser aktuell noch nicht von der Bedeutung, wie sie sich in den somatischen Krankenhäusern über viele Jahre entwickelt hat. Der Gemeinsame Bundesausschuss hat „... eine Frist bis zum 1. Januar 2017 für deren Einführung vorgegeben."[10] Der Auftrag der Entwicklung von „fundierte Indikatoren für die Qualitätsbewertung in Psychiatrie und Psychosomatik ... sowie Verfahren zu ihrer Erhebung und Auswertung in themenspezifischen Bestimmungen festzulegen"[11] ist definiert.

Darüber hinaus wurde bereits festgelegt „... dass die zur Veröffentlichung geeigneten Ergebnisse der Messungen zur Qualität der psychiatrischen und psychosomatischen Versorgung der Krankenhäuser in die Qualitätsberichte der Einrichtungen aufzunehmen sind."[12]

---

[9] DKI, Anlage Psych EntgG (2012).
[10] Bundesministerium für Gesundheit, Psych Entgeltgesetz (2012, S. 30).
[11] Bundesministerium für Gesundheit, Psych Entgeltgesetz (2012, S. 79).
[12] Bundesministerium für Gesundheit, Psych Entgeltgesetz (2012, S. 79).

Die Maßnahmen zur Qualitätssicherung in der psychiatrischen und psychosomatischen Versorgung sollen zeitgleich mit dem Beginn der Konvergenzphase zur Einführung des neuen Entgeltsystems in den stationären Einrichtungen greifen.

Insofern ist klar, ab 2017 wird dieses Thema umgesetzt werden müssen und die gesetzliche Qualitätssicherung in der Psychiatrie etabliert werden. Darüber hinaus werden die Qualitätsindikatoren in den gesetzlichen Qualitätsbericht einfließen.

## 8.6   Fazit

- Die Fachkompetenz und Überwachung bzw. Teilübernahme der Kodieraufgaben durch Medizincontroller oder deren nachgeordnete Mitarbeiter ist absolut notwendig und zielführend.
- Die Zentralisierung und Standardisierung des MDK-Managements und aller damit verbundenen Prozesse entlastet die knappe Ressource Arzt, schafft mehr Transparenz und führt zu Verbesserungen im Fallmanagement, Kodierverhalten und Leistungsmanagement.
- Der Aufbau bzw. die Verbesserung des Berichtswesen mit strategischrelevanten Kennzahlen aus den Bereichen Kodierung, Belegungsdaten, Leistungsgeschehen, MDK-Management, Personaldaten und Sachkosten schafft Transparenz und fördert das ökonomische Bewusstsein der Mitarbeiter.
- Die Einführung einer Qualitätssicherung ist sinnvoll auch für interne Zwecke mit eigenen Kennzahlen zur Verbesserung der Ergebnis- und Prozessqualität.
- Das primäre Ziel des Medizincontrollings ist jedoch unbestritten die Erlössicherung.

## Literatur

Bundesministerium der Justiz (22.12.1999): Gesetz zur wirtschaftlichen Sicherung der Krankenhäuser und zur Regelung der Krankenhauspflegesätze (Krankenhausfinanzierungsgesetz – KHG)§ 17b KHG(Gesetz) Einführung eines pauschalierenden Entgeltsystems für DRG-Krankenhäuser. http://www.bundesrecht24.de/cgi-bin/lexsoft/bundesrecht24.cgi?chosenIndex = 0708& source = link&highlighting = off&xid = 139500,21 (1999). Zugegriffen: 1.3.2012

Bundesministerium der Justiz (17.3.2009): Gesetz zum ordnungspolitischen Rahmen der Krankenhausfinanzierung ab dem Jahr 2009 (Krankenhausfinanzierungsreformgesetz – KHRG, http://www.buzer.de/gesetz/8675/index.htm (2009). Zugegriffen: 1.3.2012

Bundesministerium der Justiz (21.7.2004): § 275 Begutachtung und Beratung SGB V, http://www.gesetze-im-internet.de/sgb_5/_275.html (2004). Zugegriffen: 1.3.2012

Bundesministerium für Gesundheit (10.1.2012): Entwurf Gesetz zur Einführung eines pauschalierenden Entgeltsystems für psychiatrische und psychosomatische Einrichtungen (Psych-Entgeltgesetz – PsychEntgG), http://www.bmg.bund.de/fileadmin/dateien/Downloads/P/Psych-Entgeltgesetz/PsychEntgeltG_120118.pdf (2012). Zugegriffen: 1.3.2012

Janßen U, Blum K.: DKI-Barometer Psychiatrie 2011/2012, 1. Auflage, Deutsches Krankenhaus-Institut (2012)

DKG: Anlage Psych EntgG, Rundschreiben 222-12, http://www.dgkev/media/file/11854.RS222-12_AnlagePsychEntgG.pdf (2012). Zugegriffen: 1.3.2012

International Group of Controlling (IGC): Leitbild, 14.9.2002. http://www.igc-controlling.org/DE/_leitbild/leitbild.php (2002). Zugegriffen: 1.3.2012

Nikolai von Schroeders: Entgeltsystem stationäre Psychiatrie: Was die Somatik hinter sich hat, steht der Psychiatrie bevor. KU Gesundheitsmanag. 4/2011 (2011), S. 78.

# Medizinische Dokumentationsassistenten (MDA)-Lösungsansatz zur Erfüllung der Dokumentationsanforderungen in einem pauschalierenden Entgeltsystem?

Frank Studenski und Brigitte Anderl-Doliwa

Die Mitarbeit der medizinischen Dokumentations- oder Kodierassistenten sind im somatischen Krankenhaus seit Einführung des G-DRG-Systems übliche Praxis. Ist der Einsatz der MDA auch in der Psychiatrie mit den Vorgaben von § 17d KHG sinnvoll? Anhand der Erfahrungen und Ergebnisse als psychiatrische Klinik mit einem zweijährigen Pilotprojekt MDA in drei Abteilungen möchten wir diese Fragestellung offen diskutieren.

## 9.1 Medizinische Dokumentationsassistenten im somatischen Krankenhaus

Das Berufsbild der medizinischen Dokumentationsassistenten und/oder der medizinischen Kodierfachkraft gewinnt seit Einführung des G-DRG-Systems in der somatischen Medizin zunehmend an Bedeutung bzw. hat bereits in vielen Kliniken seinen festen Stellenwert. Das Berufsbild umfasst u. a. folgende Tätigkeiten:

- Sicherstellung der korrekten und vollständigen Dokumentation und Datenerfassung
- Das „right-coding" von Diagnosen und Prozeduren anhand vorliegender Nachweise
- Die vollständige Erfassung von Komplexbehandlungen, Zusatzentgelten und neuen Untersuchungs- und Behandlungsmethoden (NUB)

F. Studenski (✉)
Pfalzklinikum, Klingenmünster, Deutschland
E-Mail: frank.studenski@pfalzklinikum.de

B. Anderl-Doliwa
Pfalzklinikums, Kaiserslautern, Deutschland
E-Mail: b.anderl-doliwa@pfalzklinikum.de

F. Studenski et al. (Hrsg.), *Neues Entgeltsystem in der Psychiatrie und Psychosomatik*,
DOI 10.1007/978-3-8349-4165-7_9, © Gabler Verlag | Springer Fachmedien Wiesbaden 2013

- Die Optimierung des MDK-Managements mit Reduktion der Bearbeitungszeiten von Fallfreigabe, Übermittlung der § 301-Daten, Rechnungsstellung bis zur Bearbeitung von MDK-Anfragen

Primäres Ziel des Einsatzes der MDAs ist die Entlastung des ärztlichen Dienstes von Verwaltungsaufgaben mit gleichzeitiger Sicherstellung einer hohen Qualität im Rahmen der Dokumentation und Kodierung (sinngemäß nach[1]).

Durch den Einsatz vom MDAs werden Erlös sichernde und arbeitsökonomische Effekte im DRG-System erzielt. Das hat zum Ausbau der Funktion in den Kliniken selbst, aber auch zur zunehmenden Umsetzung in vielen Kliniken geführt. Die Effekte ergeben sich aus der (kostengünstigeren) Übernahme von ärztlichen Tätigkeiten im Rahmen der Kodierung. Zudem bilden die MDAs einen Teil des Teams Medizincontrolling mit zunehmender, spezifischer Fachkompetenz in den Bereichen Kodierung, Dokumentation, Fallsteuerung etc. In einigen somatischen Kliniken übernehmen die MDAs zudem Aufgaben in der externen Qualitätssicherung oder im Fallmanagement auf Station. Diese Aufgaben haben sich im Rahmen der Delegation von ärztlichen Tätigkeiten auf andere Berufsgruppen im Rahmen der Entlastung der knappen, kostenintensiven Ressource Ärzte entwickelt. Zudem spielt hier der strategische Gedanke der Erlössicherung, der Ökonomisierung und der Förderung des Kostenbewusstseins im Krankenhaus eine zentrale Rolle.

Markus Stein vom DVMD (Fachverband für Dokumentation und Informationsmanagement in der Medizin) stellte treffend fest: „Die gesamte Dokumentation eines Falles muss heute so gestaltet sein, dass Zusammenhänge zwischen Diagnostik und Therapie nachvollziehbar sind.[2] "Diese Anforderung betraf bis 2010 hauptsächlich die somatische, klinische, pauschaliert abgerechnete Medizin im DRG-System. Seit der Auftragserteilung 2009 des Bundesministeriums für Gesundheit (BMG) mit dem § 17d KHG die „Einführung eines pauschalierenden Entgeltsystems[3] "für psychiatrische und psychosomatische Einrichtungen umzusetzen, werden bzw. haben sich auch die Anforderungen für diese stationären und teilstationären Einrichtungen bezüglich der Dokumentation grundlegend verändern.

## 9.2 MDA in der Psychiatrie

Am 25.03.2009 wurde der § 17d KHG verabschiedet. Unter diesen neuen Rahmenbedingungen für die psychiatrischen und psychosomatischen Krankenhausträger und nach den Erfahrungen aus der Entwicklung und Umsetzung des DRG-Systems stellte sich die Frage, ob es zur Bewältigung der neuen Aufgaben nicht notwendig ist oder sinnvoll sein könnte, auch in diesen Bereichen die MDA zu etablieren.

---

[1] Mahler (2011).

[2] Stein (2010).

[3] Liebig (2009).

Einer der wesentliche Aufgaben ist die Übermittlung der Daten nach § 301 SGB V[4] inner-halb drei Werktagen nach Entlassung des Patienten. Diese Daten beinhalten die Kodierung über den OPS der tagesgenauen Psych PV Einstufung und die psychiatrischen OPS-Leistungskodes. Zudem sind „eine maßgebliche Hauptdiagnose und die Nebendiagnosen[5]" zu kodieren und übermitteln. Erste Kassen haben schon bei „fehlender" Kodierung Rech-nungen abgewiesen, mit dem Hinweis auf die Kodierverpflichtung nach § 17d KHG und die deutschen DKR Psych.

Diese zusätzlichen Pflichten sollen ohne einen Personalzuwachs geleistet werden (der Aufwand führt nicht zu einer Budgetsteigerung) und zudem natürlich inhaltlich korrekt er-folgen. Darüber hinaus müssen InEK-Kalkulationshäuser für jeden voll- und teilstationären Patienten des SGB V-Bereiches eine tägliche Betreuungsintensität erfassen.

Mit den folgenden Anforderungen an die Dokumentation werden die patientenbezogen tätigen Mitarbeiter in einer psychiatrischen Klinik seit 2010 neu konfrontiert:

- Präzise, zeitnahe Leistungserfassung mit Berufsgruppe, Leistungsdauer, Anzahl der Patienten (Gruppengröße), Leistungsart, Leistungsinhalt
- Kodierung aller psychiatrischen und somatischen Diagnosen und Prozeduren nach den deutschen DKR Psych
- Kodierung der (tagesgenauen) Einstufung nach Psych PV als „Pseudo-OPS" bei Aufnahme und bei jedem Bereichswechsel
- Ableitung und wöchentliche Kodierung aller psychiatrischen Leistungs-OPS, sowohl der reinen Behandlung als auch der täglichen Zusatzkodes für besondere Situationen, wie Krisenintervention oder Einzelbetreuung

Dazu wird ab 2013 nach Verabschiedung des neuen Patientenrechtegesetzes noch die „Rechenschaftspflicht"[6] kommen.

Diese zahlreichen, ab Umsetzung des neuen Entgeltsystems auch erlösrelevanten An-forderungen verursachen einen erheblichen zusätzlichen Aufwand, der mit einer Psych PV-Realisierung der Personalzahlen von zum Teil unter 90 % kaum zu bewältigen ist. Der höhere administrative Aufwand geht somit zu Lasten der direkten Leistungen am Patienten.

Das Pfalzklinikum war Prä-Test-Haus der InEK, hat an der Probekalkulation teilge-nommen und wird sich auch als Kalkulationshaus bewerben. Zur Bewältigung der neuen, sehr heterogenen Anforderungen wurde im Rahmen eines großen Projektes die elektro-nische, patientenbezogene Dokumentation auch als Leistungserfassung genutzt und eine elektronische, automatische Ableitung der OPS-Kodes aus den erfassten Leistungsdaten installiert. Im Rahmen eines zukunftsweisenden Change Managements wurde neben den Investitionen in eine elektronische Kodierhilfe in unserem Krankenhausinformationssy-stem auch ein klinikübergreifendes Medizincontrolling (MC) aufgebaut. Letzteres hat eine

---

[4] Bundesministerium der Justiz, § 301 SGB V (2004).

[5] Bundesministerium der Justiz, § 301 SGB V (2004).

[6] Bundesministerium der Justiz, Patientenrechtegesetz (2012).

monatliches MC-Berichtswesen und eine Regelkommunikation mit jeder Station aufgebaut und zahlreiche Schulungen sowie Systemkonfigurationen und Standardisierungen durchgeführt.

Die patientenbezogene Dokumentation gewinnt für die Leistungserbringer einen neuen Stellwert, dabei wird die Kodierung von Diagnosen und Prozeduren eine wesentliche Rolle spielen. Die Fallpauschalen werden über die Daten nach § 301 über einen Grouper ausgelöst werden. Dabei haben sowohl Qualität als auch Quantität der Daten den maßgeblichen Einfluss auf die Höhe des zu erlösenden Entgeltes. Die patientenbezogen tätigen Mitarbeiter kommen sowohl inhaltlich und auch von der Belastung hier klar an ihre Grenzen bzgl. dieser neuen Anforderungen. Höchste Priorität bei knappen Personalressourcen haben immer der Patient und die Behandlung. Da wird oft die Zeit knapp, selbst bei bester technischer Unterstützung, zumindest die Leistungen zu dokumentieren. Zudem müssen

Um diesem Dilemma zu begegnen, wurde in einem Bereich der Klinik im 2. Quartal 2010 ein Projekt zum Einsatz von MDAs in der Psychiatrie initiiert, um folgende mögliche Probleme zu vermeiden:

- Zeit-/Personalmangel bei den Behandlungstherapeuten (knappe Ressourcen sollten bevorzugt in der unmittelbaren Patientenbehandlung eingesetzt werden)
- Spezifische Anforderung der Fallabbildung mit den neuen deutschen DKR Psych
- Spezifische Anforderungen an die Kalkulationsteilnehmer (tagesgenaue Erfassung Betreuungsintensität, Kostenträgerrechnung)
- Etablierung einer kombinierten elektronischen Verlaufs- Leistungsdokumentation für alle Berufsgruppen und Leistungsstellen

Folgende Lösungsansätze bzgl. dieser Probleme wurden im Haus diskutiert:

- Die Delegation von Tätigkeiten der Behandlungstherapeuten an andere Berufsgruppen, z. B. die Ableitung von OPS-Kodes aus der Leistungserfassung, die Kodierung von Nebendiagnosen und OPS-Kodes aus Konsiluntersuchungen.
- Aufbau und Übernahme eines internen Medizincontrollings (betreffend Dokumentation, Kodierung, Mindestmerkmale) auf Stationsebene. z. B. durch MDA
- Aufbau Kennzahlableitung zur Qualitätssicherung und Erlössicherung
- Qualifikation von Mitarbeitern oder Einstellung qualifizierter Mitarbeiter zum Aufbau einer Fachexpertise für Kodierung und psychiatrische Leistungs-OPS in den Abteilungen und im Controlling
- Nutzung des Multiplikatoreneffekts durch Benennung und Schulung von verantwortlichen Mitarbeitern auf Station oder in Abteilungen, z. B. der so genannte DRG-Arzt, die Stationsmanagerin, die MDA etc. Diese Mitarbeiter haben die Funktion der bidirektionalen Informationsübermittlung, Top-Down die Informationen zum neuen Entgeltsystem, die Kennzahlen und deren Auswirkungen etc. Sie berichten die Rückmeldungen, Verbesserungsvorschläge von Station in die Leistungsebene.

- Die Entlastung aller patientenbezogenen Berufsgruppen (Therapeuten, Pflegedienst) von administrativen Tätigkeiten und Neustrukturierung der Aufgaben der Berufsgruppen.

## 9.3   Ausbildung MDA für die spezifischen Bedürfnisse der Psychiatrie

Die medizinischen Dokumentationsassistenten werden bereits seit Jahren nach einem Curriculum für den somatischen Bereich, z. B. nach dem Rahmenlehrplan der DVMD (Deutscher Verband der medizinischen Dokumentare)[7] ausgebildet.

Das Tätigkeitsfeld der MDAs wurde wie folgt definiert:

- Sicherstellung der Basisdokumentation nach § 301
- Übernahme der Kodierung von Diagnosen und Prozeduren
- Die Organisation, Kontrolle und (Teil)übernahme der patientenbezogenen Dokumentation,
- Die Überprüfung der klinischen und administrativen Daten auf Vollständigkeit und Plausibilität
- Übernahme von Aufgaben im Rahmen des Qualitätsmanagement (Qualitätssicherung, Fallmanagement)
- Umsetzung und Überprüfung von Standard Operation Procedures
- Pflege von Datenbeständen
- Übernahme von Aufgaben der Statistik (Datenaufbereitung, deskriptive Auswertung, Datenlieferung)
- Anwendungen, Anwenderschulungen und Anwenderbetreuung

Um die Tätigkeitsfelder für den psychiatrischen Bereich anzupassen wurde ein eigenes Curriculum für die Ausbildung von MDAs entwickelt.

Folgende Lehrinhalte wurden für die Tätigkeit in der psychiatrischen Klinik aus dem Curriculum (vgl.[8]) der MDAs, den zu erwartenden Vorkenntnissen den Kursteilnehmer und den Anforderungen aufgrund der Stellenbeschreibung und neuen Anforderungen an die Psychiatrie abgeleitet:

- Die Dokumentations- und Ordnungslehre
- Die Anforderungen und Grundlagen der Medizinischen (patientenbezogenen) Dokumentation
- Die Medizinische Terminologie
- Eine Einführung in die psychiatrische Krankheitslehre

---

[7] DVMD (2004).
[8] DVMD (2004).

- Der Struktur und Funktion des Krankenhausinformationssystems (KIS) der Klinik
- Die Medizinische Grundlagen des Kodierens von Diagnosen und Prozeduren: Klassifikationssysteme, DKR Psych, Praktisches Kodieren
- Umgang mit der Leistungsanforderung und Leistungserfassung im KIS
- Die Grundlagen der Leistungsabrechnung
- Die Struktur und notwendigen Daten der Administrativen Patientenaufnahme
- Die Abbildung der Materialwirtschaft und des Bestellwesens
- Die Schweigepflicht und Datenschutz

Die TeilnehmerInnen wurden über ein Jahr mit 80 Unterrichtsstunden geschult (theoretisch und praktisch) und zum Abschluss schriftlich und mündlich geprüft.

Die Ausbildung erfolgte dual, die KandiatInnen wurden bereits auf den Stationen eingesetzt, um ihre Funktion in den Bereichen zu platzieren. Sie übernahmen von Anfang an zahlreiche der Tätigkeiten und wurden in die Stationsteams integriert, nahmen regelmäßig an den wichtigen Besprechungen teil. Der Arbeitsplatz wurde so eingerichtet, dass die Kommunikation mit den Mitarbeitern auf Station problemlos möglich war, aber Störungen durch Patienten vermieden wurden.

Es findet seitdem eine monatliche Regelkommunikation mit dem Medizincontroller statt, in dem Probleme besprochen werden, Neuerungen geschult, Kennzahlen rückgemeldet werden, Rückmeldungen von den MDAS erfolgen.

Die Stellenbeschreibung der MDA umfasst folgende Ziele:

- Entlastung des ärztlichen und pflegerischen Dienstes
- Sicherstellung der vollständigen, plausiblen, zeitnahen Kodierung von medizinisch-therapeutischen sowie pflegerischen Diagnosen und Prozeduren
- Sicherstellung der gesamten patientenbezogenen, administrativen Prozesse der Station
- Dokumentation von patientenbezogenen Team-, Fallbesprechungen und Visiten
- Sicherstellung der internen Leistungserfassung incl. Erfassung der Betreuungsintensität
- Förderung der Kooperation mit anderen Berufsgruppen und des allgemeinen und speziellen Informationsaustausches
- Qualitätskontrolle Dokumentation und Kodierung (Nachweispflicht, Fokus erlösrelevante Kodes)

Somit sind vier wichtige Themen organisatorisch neu zugeordnet, die Sicherstellung der Kodierung, die patientenbezogene Administration, die Dokumentation von Teams und Visiten sowie die Qualitätskontrolle.

Die MDAs sind fachbezogen dem Medizincontroller unterstellt, daneben disziplinarisch der Stationsleitung. Zudem wurde eine Vertretungsregel eingeführt um die Kodierung für alle Stationen sicherzustellen.

**Tab. 9.1** Mittlere Anzahl Diagnosen pro Fall 2010 und 2011

| Anzahl Diagnosen/Fall | 2010 | 2011 | Δ (%) |
| --- | --- | --- | --- |
| Pilot 1 | 2,40 | 3,41 | 42,04 |
| Pilot 2 | 3,06 | 2,73 | − 10,62 |
| Referenz | 4,12 | 4,01 | − 2,68 |

## 9.4   Überprüfung der durch die MDA-Tätigkeit erzielten Ergebnisse

Die zu erreichenden Ziele auf den Stationen durch die Tätigkeit der MDAs sind vielfältig:

- Entlastung der Behandlungstherapeuten und des Pflegedienstes von administrativen Tätigkeiten
- Steigerung der Qualität der Leistungsdokumentation
- Signifikant höherer Erfüllungsgrad (quantitativ und inhaltlich) der administrativen Pflichten

Es gab negative Effekte:

- Wissensdefizite der Behandlungstherapeuten und des Pflegedienst bezüglich des neuen Entgeltsystems (durch Übernahme der relevanten Tätigkeiten durch die MDAs)
- Anstieg der Delegation von Dokumentation mit Reduktion der inhaltlichen Qualität (zum Teil nur noch Leistungsdokumentation wie ärztliches Einzelgespräch)
- Akzeptanzprobleme der MDAs bei den Therapeuten, vor allem bei kritischen Rückmeldungen
- Delegation weiterer, nicht abgestimmter Tätigkeiten auf die MDAs

Die messbaren Effekte über Kennzahlen wurden in den zwei Pilotkliniken verglichen mit dem Klinikstandort ohne MDA, der als Referenz gewählt wurde.

Die Anzahl der Diagnosen pro Fall ist ein Ausdruck der Umsetzung der Regeln der deutschen DKR Psych. Die Kodierung der somatischen, für die Behandlung relevanten Diagnosen ist für die Abteilungen eine neue Aufgabe und in den vergangen Jahren kaum gepflegt worden. Die MDAs haben in ihrem Aufgabenportfolio u. a. die Funktion die Kodierung somatischer Diagnosen aus Konsile und somatischen Befunden, z. B. aus Computertomographien, sicherzustellen (Tab. 9.1).

Das Ergebnis ist heterogen, in Pilot 1 ist ein signifikanter Anstieg festzustellen, in Pilot 2 und Referenz eher eine Stagnation. Zu erwarten ist ein klarer Anstieg der Diagnoseanzahl.

Ein weiterer, erlösrelevanter Aspekt ist die korrekte Einstufung der Patienten in die Behandlungsart nach den Kriterien des OPS-Katalogs. An den folgenden Daten wird die Einstufung in regel- und Intensivbehandlung sichtbar(Tab. 9.2):

**Tab. 9.2** Anteil Regel-
und Intensivbehandlung
pro Behandlungswoche
2010 und 2011

| Anteil/ Behandlungswoche | Regelbehandlung | | Intensivbehandlung | |
|---|---|---|---|---|
| | 2010 (%) | 2011 (%) | 2010 (%) | 2011 (%) |
| Pilot 1 | 76,4 | 77,9 | 23,5 | 22,0 |
| Pilot 2 | 90,3 | 88,2 | 9,6 | 11,7 |
| Referenz | 63,2 | 61,3 | 36,8 | 38,6 |

In den benannten Abteilungen ist das abgebildete Verhältnis Regel- zu Intensivbe-handlung 2010 und 2011 stabil, wobei die klinische Beurteilung eindeutig zeigt, dass die Intensiveinstufungen in Pilot 2 zu tief und im Referenz-Bereich zu hoch sind.

Das Ergebnis der MDA-Tätigkeit zeigt sich in den Kennzahlen im Vergleich zur Referenz zwar eher positiv, aber nicht unterschiedlich zur Referenz.

Das Problem in den Pilotkliniken ist relativ eindeutig. Die MDAS wurden dort eingesetzt, weil bereits im Vorfeld mit Problemen in diesen Kliniken bei der Umsetzung der neuen An-forderungen gerechnet wurde. Die mittlere Führungsebene hat sich gleich zu Beginn der Tätigkeit der MDAs aus dem Thema zurückgezogen. Die MDAs sollten aber kein voll-ständige Übernahme der Kodierung und Dokumentationsaufgaben sicherstellen, sondern unterstützen und beratend fungieren, die Verantwortung bleibt auf der ärztlichen Ebene.

## 9.5 Vorläufiges Fazit

Im Rahmen der Entwicklung eines neuen Entgeltsystems, das tief in die Struktur von Behandlungsabläufen, medizinische Dokumentation, die Leistungserfassung und die Ablei-tung von relevanten Größen für die Abrechnung eingreift, ist es nach unseren Erfahrungen sehr wichtig, dass sich die obere und mittlere Führungsebene profund mit dem neuen Sy-stem auseinandersetzt. Vor allem in der Entwicklungsphase bedeutet das einen erheblichen Aufwand für diese Mitarbeiter. Das neue System hat aber, wie im DRG-System deutlich geworden ist, einen so substantiellen Einfluss auf das gesamte System, dass die Leitungs-ebenen aktiv mit ihrem Know-how beteiligt werden müssen. Wenn sich im Rahmen des Veränderungsprozesses, die Notwendigkeit des Aufbaus neuer Strukturen, wie z. B. das Me-dizincontrolling, ergibt, enthebt dies die Führungsebenen nicht von ihrer Verantwortung und aktiven Teilhabe.

Der Einsatz von Dokumentations- oder Kodierassistenten ist sicher eine von vielen Möglichkeiten, dem neuen System zu begegnen. Das erfordert aber eine entsprechende Qualifikation der neuen Mitarbeiter, eine Stellenbeschreibung und eine Einbettung in die Organisationsstruktur. Zudem muss klar sein, welcher Aufwand (Kosten) welchem Nutzen entgegen steht und wie klar das neue System bereits differenziert ist.

Das Pilotprojekt zeigt eindeutig, das mit dem Einsatz von MDAs positiven Ergebnissen erzielt wurde, aber die Übernahme der Aufgaben im Behandlungsteam selbst gleiche Ergebnisse ermöglichen konnte.

## Literatur

Bundesministerium der Justiz: Sozialgesetzbuch V (SGB V). URL: http://www.sozialgesetzbuch. de/gesetze/05/index.php (2004). Zugegriffen: 1.3.2012

Bundesministerium der Justiz: Referentenentwurf eines Gesetzes zur Verbesserung der Rechte von Patientinnen und Patienten 22.12.2001, download unter http://www.bmj.de (2012). Zugegriffen am 1.3.2012

DVMD: Rahmenlehrplan für die Ausbildung zum Medizinischen Dokumentationsassistenten, Empfehlung des DVMD (Deutscher Verband Medizinischer Dokumentare e. V.) 3. Auflage (2004)

Mahler, N.: Berufsbild der medizinischen Kodierassistentin/des medizinischen Kodierassistenten im Sackpfeifer 1/2011. http://www.klinikum-weimar.net/datenbank/image/pdf/SP_2011.pdf (2011). Zugegriffen: 1.3.2012

Liebig, D.: § 17d Einführung eines pauschalierenden Entgeltsystems für psychiatrische und psychosomatische Einrichtungenhttp://www.buzer.de/gesetz/6105/al17658-0.htm(2009). Zugegriffen: 1.3.2012

Stein M: Die Datenjongleure, KMA Oktober (2010)

# Pflegedienst: Chancen und Risiken in einem neuen, pauschalierenden und leistungsorientierten Entgeltsystem der Psychiatrie und Psychosomatik

# 10

Brigitte Anderl-Doliwa und Frank Studenski

Unter den veränderten Rahmenbedingungen nach § 17d KHG[1] vom 17.03.2009 und Psych EntgG[2] vom 21.07.2012 gewinnt der Pflegedienst einen deutlich höheren Stellenwert.

In den deutschen Kodierrichtlinien (DKR) Psychiatrie (Psych) 2010 ist die Kodierung von Nebendiagnosen wie folgt definiert: „Eine Krankheit bzw. Störung oder Beschwerde, die entweder gleichzeitig mit der Hauptdiagnose besteht oder sich während des Krankenhausaufenthaltes entwickelt.[3]" Diese Regelung lässt die Kodierung von Nebendiagnosen auch für den Pflegedienst zu. „Für Kodierungszwecke müssen Nebendiagnosen als Krankheiten bzw. Störungen interpretiert werden, die das Patientenmanagement in der Weise beeinflussen, dass irgendeiner der folgenden Faktoren erforderlich ist; ... Erhöhter Betreuungs-, Pflege- und/oder Überwachungsaufwand.[4]" Mit diesen Hinweisen wird deutlich, dass das Ziel der DKR Psych nicht die Kodierung von zahlreichen Diagnosen ist, aber von allen von Nebendiagnosen, die einen besonderen Aufwand verursachen „Die Selbstverwaltung empfiehlt eine Überdokumentation von Symptomen zu vermeiden." Sie empfiehlt aber die Kodierung von Symptomen, die besondere Maßnahmen erfordern und deshalb für eine sachgerechte Fallabbildung erforderlich sind."[4]

---

[1] Bundesministerium der Justiz, § 17d KHG (2009).

[2] Bundesministerium der Justiz, Psych EntgG (2012)

[3] Bundesministerium der Justiz, DKR Psych (2010, S. 8).

[4] Bundesministerium der Justiz, DKR Psych (2010, S. 8).

[5] Bundesministerium der Justiz, DKR Psych (2010, S. 11).

---

B. Anderl-Doliwa (✉)
Pfalzklinikum, Kaiserslautern, Deutschland
E-Mail: b.anderl-doliwa@pfalzklinikum.de

F. Studenski
Pfalzklinikum, Klingenmünster, Deutschland
E-Mail: frank.studenski@pfalzklinikum.de

F. Studenski et al. (Hrsg.), *Neues Entgeltsystem in der Psychiatrie und Psychosomatik*, DOI 10.1007/978-3-8349-4165-7_10, © Gabler Verlag | Springer Fachmedien Wiesbaden 2013

Dies sollte der Pflegedienst als Signal verstehen, in Zukunft seinen besonderen Aufwand für bestimmte Diagnosen, u. a. den Pflegediagnosen und speziellen Symptomen als Nebendiagnose über die Kodierung abzubilden. In der Bundespflegesatzverordnung[6] mit einem an der Psychiatrie-Personalverordnung orientiertem System, war die Notwendigkeit der vollständigen Fallabbildung über Diagnosen oder OPS-Codes nicht gegeben, sondern entscheidend ist die Einstufung nach Psych PV.

## 10.1  Leistungsabbildung in psychiatrischen OPS-Kodes

Die Einführung der psychiatrischen OPS-Kodierung, erstmalig beschrieben in der OPS-Version 2010[7] am 29.09.2009, führte auch dazu, dass die Leistungen des Pflegedienstes als eigene Berufsgruppe über Therapieeinheiten abgebildet werden. Die anerkannten Leistungen sind in den OPS-Richtlinien klar definiert: „Als angewandte Verfahren; ... für Pflegefachkräfte gelten unter anderem folgende Verfahren ... [8]"

- Bezugstherapeutengespräche (Bezugspflegegespräche)
- Behandlung und spezielle Interventionen durch Pflegefachpersonen (z. B. alltagsbezogenes Training, Aktivierungsbehandlung)
- Spezielle psychosoziale Interventionen (z. B. Selbstsicherheitstraining, soziales Kompetenztraining...)
- Gespräche mit Behördenvertretern
- Angehörigengespräche, Gespräche mit Betreuern
- Physio- oder Bewegungstherapie (z. B. Sporttherapie)
- Sensorisch fokussierte Therapien (z. B. Genussgruppe, Snoezelen)
- Entspannungsverfahren (z. B. progressive Muskelrelaxation nach Jacobson, autogenes Training oder psychophysiologische Techniken wie Biofeedback)
- Übende Verfahren und Hilfekoordination zur Reintegration in den individuellen psychosozialen Lebensraum"[9]

Hier sind einige Verfahren originäre Pflegetätigkeiten, andere Verfahren sind spezielle Verfahren der psychiatrischen Pflegefachkräfte oder Verfahren, die Pflegefachkräfte nach spezieller Qualifikation übernehmen oder bei denen sie als Co-Therapeuten fungieren.

Unser Fazit der OPS-Definitionen: Die psychiatrischen Pflegeleistungen haben eine große Relevanz im neuen Entgeltsystem der Psychiatrie und Psychosomatik durch die Abbildung in eigenen OPS-Kodes.

---

[6] Bundesministerium der Justiz, Bundespflegesatzverordnung (1994)
[7] DIMDI, OPS-Version (2010).
[8] DIMDI, OPS-Version (2010).
[9] DIMDI, OPS-Version (2010).

**Abb. 10.1** Anteil
Therapieleistungszeit zu
Arbeitszeit für Ärzte und
Pflegefachkräfte 2010 und 2011

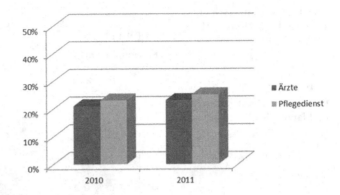

Der klare Ausschluss der „somatischen und psychiatrischen Grundpflege[10]" als zählende
Leistung für die psychiatrischen OPS-Kodes wird im gleichen Kontext klar beschrieben.
Über den Begriff der psychiatrischen Grundpflege lässt sich berechtigt diskutieren.

Die differenzierte, spezifische Leistungsabbildung der Pflegefachkräfte ist absolut
notwendig, um den Behandlungsverlauf, die Befunde und die angewandten Verfahren abzubilden. Die Dokumentation kann außerdem dafür genutzt werden, neben den OPS-Kodes
auch die Leistungszeiten abzuleiten.

In der folgenden Grafik wird die Leistungsdokumentation der Ärzte und Pflegefachkräfte über die Verlaufsdokumentation und die Leistungsstellen in Vergleich zur gesamten
Arbeitszeit gesetzt (Abb. 10.1).

Hierbei wird deutlich, dass sich in der Leistungsdokumentation über 25 % der Arbeitszeit der Pflegefachkräfte widerspiegeln, in Verfahren wie LEP[11] liegt der Anteil noch höher.
Damit liegt die Pflege über dem Anteil bei den Ärzten, obwohl viele Leistungen als Grundpflege nicht gezählt werden. Dies unterstreicht die Aussage, dass durch Berücksichtigung
der Pflege im neuen OPS und ICD, die Pflege erstmalig eine gleichwertige Position zu den
anderen, therapeutisch arbeitenden Berufsgruppen einnimmt. Mit einer Abbildungslei-
stung von fast 30 % der pflegerisch-therapeutischen Arbeit stellt diese Berufsgruppe bei der
Erzeugung einer leistungsabhängigen Vergütung pro Tag einen signifikanten Anteil dar.

## 10.2   Abbildung des besonderen psychiatrischen Aufwands über Zusatzkodes

Darüber hinaus spielen zwei in der Psychiatrie hoch relevante Behandlungsprozesse eine
große Rolle, die auch in spezifischen OPS-Kodes abgebildet werden:

1. die Krisenintervention
2. die 1:1 Betreuung

---

[10] DIMDI, OPS-Version (2010).
[11] Brügger et al., Leistungserfassung in der Pflege (LEP) (2002).

**Tab. 10.1** Anzahl Psych OPS
Zusatzcodes 2011 und 2012

|                    | 2011 | Jan 12 |
| ------------------ | ---- | ------ |
| 1:1 Behandlung     | 665  | 732    |
| Kriseintervention  | 4,5  | 13     |

**Abb. 10.2** Anzahl der
monatlichen Zusatzkodes 2011
und Januar 2012

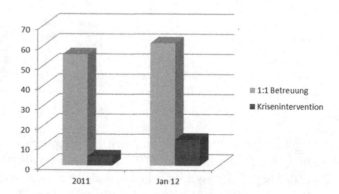

Die Kriseintervention bedeutet nichts anderes als der (ungeplante) therapeutische Handlandungsbedarf bei akuten, psychischen oder psychosozialen Krisen eines Patienten. Das kann ein Krisengespräch bedeuten oder auch eine aufwendigere Deeskalation. In vielen Kliniken ist die Deeskalation eine qualifizierte Aufgabe von speziell ausgebildeten Mitarbeitern.

> Es erfolgen vordringliche, ungeplante ... Orientierung gebende, einzeltherapeutische Kontakte (ggf. auch durch 2 Therapeuten oder Pflegefachpersonen) mit dem Patienten und/oder den Kontaktpersonen des Patienten.[12]

Seit 2012 löst die Kriseintervention durch Pflegefachpersonen, insofern die Mindestmerkmale und Leistungsdauer erfüllt sind, einen eigenen Zusatzcode aus.

Auch die Leistung der „1:1-Betreuung bedeutet, dass eine Person einen einzelnen Patienten zusammenhängend ggf. zusätzlich zu angewandten Verfahren betreut[13]". Die „Behandlung von Patienten, deren wesentliche Merkmale die akute Fremd- oder Selbstgefährdung infolge einer psychischen oder psychosomatischen Erkrankung sind[14]", wird hauptsächlich von Pflegefachpersonen geleistet und löst ab einer gesamten Leistungszeit von mindestens zwei Stunden einen täglichen Zusatzcode aus. Diese große Relevanz der Pflegefachkräfte für die Auslösung von erlösrelevanten Zusatzcodes unterstreicht die Bedeutung der qualifizierten Pflegeleistung. Der Vergleich des monatlichen Mittelwertes der Zusatzcodes in 2011 und 2012 macht den Effekt deutlich (Tab. 10.1; Abb. 10.2).

Die Anzahl der Kriseintervention hat sich verdreifacht, die 1:1 Behandlung ist stetig über die Pflegefachkräfte abgebildet.

---

[12] DIMDI, OPS-Version (2010).

[13] DIMDI, OPS-Version (2010).

[14] DIMDI, OPS-Version (2010).

Dieser hohen Bedeutung kann die Pflege nur Rechnung tragen, wenn sie zum einen dafür ausreichend qualifiziert ist, es von der personellen Situation leisten kann, aber auch der entsprechende Stellenwert der Pflege in der Klinik oder Abteilung als Teil des Behandlungsteams gegeben ist. Die Multidisziplinarität auf „Augenhöhe" muss wachsen und wird ein entscheidender Erfolgsfaktor sein.

Um diese Augenhöhe zu erreichen, benötigt jede Berufsgruppe ein Selbstbewusstsein über die eigene Identität und Klarheit über die speziellen Beiträge zum Gesamtbehandlungskonzept.

Zu dieser Klarheit haben die Definitionen der pflegerischen Verfahren im neuen Finanzierungssystem eindeutig beigetragen.

Die Pflege hat dadurch die Chance, deutlich an Profil und Reputation zu gewinnen, wenn sie die Verantwortung für die Organisation und Verknüpfung von Prozessen, die im klinischen Ablauf immer bedeutender werden, auch übernimmt.

## 10.3   Aufgaben zur Stärkung der Wertigkeit des Pflegedienstes

Wenn das neue Finanzierungssystem also zu einer Stärkung der Pflege führen soll, ergeben sich für die Domäne folgende Aufgaben:

### 10.3.1   Für die Pflegewissenschaft

Ein Verfahren, das die Erlöse an die Qualität der erbrachten und codierten Leistungen knüpft, erfordert von allen Berufsgruppen evidenzbasierte Versorgung.

Die wissenschaftliche Grundlage für eine Evidenzbasierte Diagnostik, Intervention und Evaluation psychiatrischer Pflegephänomene, Handlungen und deren Erfolgsmessung muss geschaffen werden.

Das heißt für die Pflegepraxis, dass verwendete Assessments, Pflegediagnostik und Interventionen auf ihre Evidenzbasierung hin zu prüfen und regelmäßig anzupassen sind.

Die Einflüsse anderer Behandlungsbestandteile werden nicht vollständig von den Ergebnissen der Pflegeinterventionen zu trennen sein. Das ist ja auch das Wesen der psychiatrischen Behandlung im Team mit anderen Professionen. Es gilt auch zu untersuchen, wie sich diese sinnvoll in berufsgruppenübergreifende Behandlungsprozesse integrieren lassen. Also zum Beispiel ein multiprofessionelles Aufnahme- und Entlassmanagement und Therapiepläne, wie sie im Pfalzklinikum bereits in einem Projekt entwickelt wurden.

## 10.3.2 Für die Ausbildung und Weiterbildung von Pflegenden in der Psychiatrie

Eine stärkere Differenzierung zwischen Spezialistenaufgaben (spezielle pflegerische Verfahren und Interventionen psychiatrischer Fachpflege oder Co-Therapeuten) und Generalistenaufgaben („Grundrauschen und Vorhalteaufgaben"), sowie fachlicher und vernetzender Kompetenzen führt zu neuen Anforderungen an die Ausbildung, Weiterbildung und Fortbildung der Pflege. Sie schafft auch die Notwendigkeit hochqualifizierter, akademisch ausgebildeter Pflegekräfte in der direkten Patientenversorgung.

## 10.3.3 Für das Pflegemanagement

Das neue Finanzierungssystem erfordert eine feste Zuordnung von Zuständigkeiten und Prozessverantwortung von Anfang bis Ende der Behandlung und eine hohe Termin- und Zielsicherheit in der Behandlungsorganisation. Die Managementstrukturen müssen dem folgen, indem Säulenstrukturen durch Matrixstrukturen ersetzt werden.

Nutzen Sie die Chancen, die das neue System für den Pflegedienst bieten!

## Literatur

Brügger, U. et al.: Beschreibung der Methode LEP® Nursing 2, verfügbar auf http://www.lep.ch (2002). Zugriff am 21.3.2012

Bundesministerium der Justiz (26.09.1994): Verordnung zur Regelung der Krankenhauspflegesätze (Bundespflegesatzverordnung – BPflV). http://www.gesetze-im-internet.de/bundesrecht/bpflv_1994/gesamt.pdf (1994). Zugegriffen: 1. März 2012

Bundesministerium der Justiz (17.03.2009): § 17d Einführung eines pauschalierenden Entgeltsystems für psychiatrische und psychosomatische Einrichtungen, Artikel 1 Änderung des Krankenhausfinanzierungsgesetzes KHG. http://www.buzer.de/gesetz/6105/a160326.htm (2009). Zugegriffen: 1. März 2012

Bundesministerium der Justiz: Psychiatrie-Entgeltgesetz: BGBl. Jg. 2012 Teil I Nr. 35 vom 25. Juli 2012

Brügger, U. et al.: Beschreibung der Methode LEP® Nursing 2, verfügbar auf http://www.lep.ch (2002). Zugriff am 21.3.2012

Deutsche Krankenhausgesellschaft (DKG), GKV-Spitzenverband, Verband der privaten Krankenversicherung (PKV), Institut für das Entgeltsystem im Krankenhaus (InEK GmbH): Deutsche Kodierrichtlinien für die Psychiatrie/Psychosomatik (DKR-Psych) Version2010. http://www.bdpk.de/media/file/619.Anlage_1_u._2_DKR-Psych.pdf (2010). Zugegriffen: 1. März 2012

Deutsches Institut für Medizinische Dokumentation und Information (DIMDI): Operationen- und Prozedurenschlüssel Version 2010. http://www.dimdi.de/static/de/klassi/prozeduren/ops301/opshtml2010/index.htm (2010). Zugegriffen: 1. März 2012

# Teil V
## Perspektiven

# Anreize im Neuen Entgeltsystem

René Berton und Mario C. Birr

Mit der Einführung eines Neuen Entgeltsystems werden auch neue Anreize gesetzt. Ob dies beabsichtigt ist oder nicht, sie werden vorhanden sein. In diesem Kapitel unternehmen die Autoren den Versuch, aus verschiedenen Perspektiven die möglichen Anreize, die sich ergeben werden, aufzuzeigen und kritisch zu diskutieren.

## 11.1 Erhaltung bzw. Steigerung der Behandlungsqualität

Im Gesetzesentwurf sind konkrete Forderungen nach Maßnahmen zur Sicherung der Struktur-, Prozess- und Ergebnisqualität vorhanden.[1] Diese sollen, wenn möglich, mittels geeigneter Indikatoren zur Beurteilung der Versorgungsqualität umgesetzt werden.[2] Die Erhebung und Übermittlung von Indikatoren soll mit dem Einstieg in die Konvergenzphase beginnen, ähnlich dem Modell der externen Qualitätssicherung in der Somatik. Welche Indikatoren dies sein könnten ist noch nicht definiert. Aus Sicht der Autoren sollten die Indikatoren jedoch so gewählt werden, dass Aussagen über die Versorgungsqualität erstellt werden können, um die psychiatrischen und psychosomatischen Behandlungsangebote

---

[1] Vgl. hierzu § 64b Abs. 5, Bundesministerium der Justiz, Gesetzesentwurf PsychEntgG (2012).
[2] Vgl. hierzu § 137 Abs. 1d, Bundesministerium der Justiz, SGB V (2004).

---

R. Berton (✉)
Pfalzklinikum, Klingenmünster, Deutschland
E-Mail: rene.berton@pfalzklinikum.de

M. C. Birr
Kliniken im Theodor-Wenzel-Werk, Berlin, Deutschland
E-Mail: mario.birr@tww-berlin.de

F. Studenski et al. (Hrsg.), *Neues Entgeltsystem in der Psychiatrie und Psychosomatik*,
DOI 10.1007/978-3-8349-4165-7_11, © Gabler Verlag | Springer Fachmedien Wiesbaden 2013

zukunftsweisend ausgestalten zu können. Gerade im Hinblick auf sektorenübergreifen-de Angebote sind Kriterien zur Outcome-Messung wichtiger denn je, um die knappen Ressourcen gezielt einsetzen zu können.

Weiterhin unklar bzw. im Gesetzesentwurf noch nicht abschließend beantwortet ist die Frage, ob eine nachgewiesene Qualität auch vergütungsrelevant sein wird. Ein An-spruch nach Transparenz und Veröffentlichung der Qualitätsergebnisse besteht zumindest im Rahmen der verpflichtend zu veröffentlichen Qualitätsberichte. In der Somatik haben die vorhandenen Qualitätsindikatoren bisher jedoch keine Erlöswirkung, jedenfalls nicht in größerem Umfang. Bei fehlender Abgabe droht eine „Strafgebühr" von 50 € pro fehlendem Datensatz, so dass diese Größenordnung im Vergleich zum gesamten Erlösvolumen einer somatischen Klinik oder Fachabteilung durchaus als nicht erlösrelevant tituliert werden kann. Somit steht dem Grunde nach die Forderung eines Qualitätsnachweises im Raum. An der exakten Ausgestaltung muss jedoch noch gearbeitet werden.

### 11.1.1 Ausgangsbasis Psych-PV

Bisher wird für die Psychiatrie zumeist der Psych-PV-Erfüllungsgrad als Kriterium an-gesehen, um die Strukturqualität einer Einrichtung beurteilen zu können. Damit lässt sich vereinfacht ausdrücken, dass viel Personal viel hilft. Diese Annahme beruht auf der These, dass mit mehr Personalressourcen aus den (ko-) therapeutisch tätigen Berufsgrup-pen auch mehr Therapieangebote offeriert werden können, die sich wiederum positiv auf den Heilungsprozess auswirken. Gegen diese Annahme ist aus Sicht der Autoren grund-sätzlich nichts einzuwenden. Ob die angebotenen Therapien in der richtigen Dosierung und der richtigen qualitativen Ausgestaltung erbracht werden, vermag der Psych-PV-Erfüllungsgrad jedoch nicht auszusagen. Daher ist diese Thematik eher ein Thema für die Pflegesatzverhandlung zur Ermittlung der Budgethöhe als ein Indikator zur Messung der Behandlungsqualität. Unabhängig vom aktuellen Psych-PV-Erfüllungsgrad sollte jede Klinik nach einer 100-prozentigen Erfüllung streben, um eine optimale Ausgangslage für den Umstieg in das Neue Entgeltsystem zu schaffen.

Zwar ist aktuell noch nicht absehbar, ob die Psych-PV ihre momentane Bedeutung in das neue PSY-Entgeltsystem herüber retten kann, aus Sicht der Autoren muss aber zumindest konstatiert werden, dass sie im Zusammenhang mit der Einführung des neuen Entgeltsystems gestärkt worden ist. Hierzu muss man wissen, dass der Umsetzungsstand des Personalbestandes nach den Vorgaben der Psych-PV in einer Reihe von Einrichtungen un-ter 90 % liegt, wenn die tatsächliche Ist-Leistung und nicht budgetrelevante Plan-Leistung der Kliniken bei der Berechnung der Psych-PV-Erfüllung herangezogen wird.[3] Im KHRG wurde wahrscheinlich auch daher der programmatische Satz in die BPflV verankert, dass das Ziel die vollständige Umsetzung der Psych-PV-Vorgaben ist und bleibt. Nach Meinung von Kunze et al. (2010) wird damit die Behebung der seit 1996 kumulierten Unterfinanzie-rung des Psych-PV-Personals durch den Gesetzgeber zumindest in Aussicht gestellt. Diese

---

[3] Vgl. hierzu Rau (2009, S. 201).

basiert letztlich vor allem auf dem Umstand, dass die Anforderungen an die psychiatrische Versorgung seit Einführung der Psych-PV deutlich gestiegen sind und mittlerweile circa 50 bis 60 % Patienten mehr pro Jahr behandelt werden als noch 1991. Umgekehrt ist die Psych-PV das letzte Mal 1994 angepasst worden und, wie oben bereits angedeutet, der Umsetzungsgrad der Psych-PV in den Häusern sehr unterschiedlich ausgeprägt.[4]

Das KHRG sieht diesbezüglich vor, dass bei einem Psych-PV-Umsetzungsgrad unterhalb von 90 % eine entsprechende Aufstockung auf mindestens 90 % und bei Nachweis eines entsprechenden Bedarfs auch darüber hinaus zu vereinbaren ist.[5] Bei einem Umsetzungsgrad zwischen 90 und 100 % ist unter der Voraussetzung des Nachweises des entsprechenden Personalbedarfs ebenfalls eine Erhöhung der Stellenzahl bis zur vollständigen Umsetzung der Vorgaben der Psych-PV vorzunehmen.[6] Zwar erhalten die psychiatrischen Kliniken nach jetzigem Stand der Dinge ihr Budget bis einschließlich 2013 weiterhin auf der Grundlage der BPflV und der Psych-PV, allerdings verhandeln sie dieses mit den Krankenkassen und nicht mit dem Gesetzgeber.

Folglich werden die Kassen genau auf diesen Nachweis schauen und Begründungsdruck aufbauen, um entsprechende Budgeterhöhungen ablehnen zu können. Im schlimmsten Fall könnten die Häuser gezwungen werden, die Erhöhung der Psych-PV-Stellen auf Basis ihrer Ist Kosten zu begründen.[7]

Eine etwaige nachteilige Vereinbarung mit den Kassen wäre jedoch grundsätzlich schiedsstellenfähig. Zwar dürfen die im Rahmen der obligatorischen OPS-Kodierung mittels § 301-Datensatz an die Kassen übermittelten Psych-PV-Eingruppierungen genauso wenig für die Verhandlungen der individuellen Krankenhausbudgets nach BPflV genutzt werden, wie für etwaige Einzelfallprüfungen nach § 275 SGB V oder für Stichprobenprüfungen nach § 17 c KHG, zumal die etablierten Stichtagserhebungen weiterhin die Grundlage für der Budgetverhandlung mit den Kassen darstellen sollen, allerdings ist bei deutlichen Abweichungen von Stichtagserhebung und regelhafter Übermittlung in Form der Pseudo-OPS trotz dieser Regelung nicht auszuschließen, dass die Kostenträger, sprich die Kassen, ins Nachdenken kommen könnten.[8]

Während im Referentenentwurf diesbezüglich noch anvisiert worden war, nur den Häusern, die in den Optionsjahren 2013 und 2014 auf das neue PSY-Entgeltsystem umsteigen würden, die Möglichkeit zu offerieren, die fehlenden Psych-PV-Personalstellen nachzuverhandeln, scheint dies nach den Beratungen des Gesundheitsausschusses am 15. Februar 2012 wohl endgültig vom Tisch zu sein, so dass während der budgetneutralen Phase von 2013 bis 2016 alle Häuser diese Möglichkeit erhalten.[9]

---

[4] Vgl. hierzu Kunze et al. (2010, S. 7).

[5] Vgl. hierzu Rau (2009, S. 201).

[6] Vgl. hierzu Rau (2009, S. 201).

[7] Vgl. hierzu Rolf et al. (2009, S. 391).

[8] Vgl. hierzu Roeder et al. (2010, S. 329).

[9] Vgl. hierzu BKG (2012, S. 1).

Wie bereits oben aufgeführt, optieren die Autoren in diesem Kontext für eine vollständige Umsetzung der Psych-PV als Ausgangsbasis, da ohne den Ausgleich der Unterfinanzierung der Psych-PV-Personalstellen der Start für das neue PSY-Entgeltsystem mit einer latenten Schieflage verbunden wäre. Denn mit der Tageskostenkalkulation auf Basis der Selbstkosten der Kalkulationshäuser würde die real existierende Unterfinanzierung nach Psych-PV als empirische Ausgangsbasis sicherlich auf Dauer festgeschrieben werden.

Während für die Psychiatrie zumindest noch ein Referenzrahmen existiert, der den (ko-)therapeutischen Personalbedarf über ein methodisches Konzept zu bestimmen versucht, ist für die Psychosomatik, die nicht den Regelungen der Psych-PV unterliegt, ein Fehlen adäquater Instrumente zu konstatieren. Zwar mag es auf Krankenhausebene individuell erarbeitete Lösungen zur Personalbemessung in der Psychosomatik geben, die größtenteils sicherlich auf einer Anpassung der Psych-PV oder der PPR-Minuten basieren, auf nationaler Ebene haben sich diese Instrumente jedoch nie durchsetzen können.

Insofern können die ersten Entwicklungsschritte für die Psychosomatik ausschließlich auf der Grundlage der dokumentierten Diagnosen und Prozeduren sowie den damit verbunden Kosten erfolgen. Dies impliziert aus Sicht der Autoren jedoch noch stärker als für die psychiatrischen Einrichtungen die Gefahr, dass die heutigen Therapiekosten mit der Echtkalkulation 2012 determiniert werden, ohne dass wissenschaftlich fundiert ist, welcher Bedarf für eine qualitative Behandlung der Patienten angemessen wäre.

Über die Echtkalkulation 2012 hinaus besteht zudem zu befürchten, dass aggressive Wettbewerber über die Teilnahme am offiziellen InEK-Kalkulationsverfahren die Behandlungskosten so lange reduzieren, bis damit systemische Auswirkungen verbunden sind. Denn durch die Vorgabe eines einheitlichen Gesamtpreises für eine festgelegte medizinische Leistung, der durch die Kalkulationsteilnahme aktiv beeinflusst werden kann, besteht aufgrund des Fehlens einer Psychosomatik-Personalstellenverordnung eher noch als in der Psychiatrie die Gefahr, dass es zu einem ökonomischen Ausleseprozess unter den angestammten Anbietern kommt, wie er im DRG-System seit dessen Anfängen mit Fallpauschalen und Sonderentgelten zu beobachten ist.[10]

## 11.1.2 Integration der Ergebnisqualität in das neue PSY-System

Demnach sind neben der Psych-PV weitere Indikatoren erforderlich, um valide Aussagen über die Behandlungsqualität treffen zu können. Dies ist auch die Haltung der Krankenversicherungen, die eine patientenbezogene Ergebnisqualität fordern.

Hierfür halten die Fachgebiete der Psychiatrie und Psychosomatik zahlreiche Skalen und psychometrische Testverfahren bereit, um im Einzelfall die Erreichung von Therapiezielen, Krankheitsschwere und anderen Parametern beurteilen zu können. Wirft man einen neutralen Blick in die Kliniken und Fachabteilungen, so wird bereits heute

---

[10] Vgl. hierzu auch Oberender und Hacker (1999, S. 348).

(fast) jede Einrichtung ausgesuchte Parameter verwenden, um die beschriebenen Qualitätskriterien beurteilen zu können. Ob diese nun allein im Rahmen von Studien oder flächendeckend eingesetzt werden, ist sicherlich von Klinik zu Klinik unterschiedlich. Daraus kann aus Sicht der Autoren jedoch abgeleitet werden, dass es bei diesem Thema nicht an Instrumenten fehlt, sondern an einer flächendeckenden Standardisierung auf nationaler Ebene. Somit wird es die Aufgabe der Selbstverwaltung, von Fachverbänden und weiteren Interessensverbänden sein, diesen Standard zu definieren und bundesweit einzuführen.

Eine Projektgruppe, welche von der DGPPN, dem BDK und der GSG Consulting GmbH gesponsert wird, nimmt sich aktuell der Aufgabe zur Entwicklung von versorgungsrelevanten Indikatoren in der Psychiatrie und Psychosomatik an. Hauptziel dieses Projektes ist es, Kennzahlen zu entwickeln, die eine valide Aussage zur Versorgung von psychiatrischen und psychosomatischen Patienten in Deutschland zulassen. Beteiligen können sich daran alle Einrichtungen nach § 17d KHG, so dass konstatiert werden kann, dass sich bereits heute Leistungserbringer auf freiwilliger Basis dieser Herausforderung stellen wollen. Datengrundlage für dieses Projekt ist ein erweiterter § 21 Datensatz mit ökonomischen Daten der Krankenhäuser sowie frei zugänglichen regionalen Informationen.[11]

Aufgrund der Komplexität dieses Themas ist es nachzuvollziehen, dass im Gesetzesentwurf der Einführungszeitpunkt für dieses Unterfangen auf den 01.01.2017 gelegt worden ist.[12] Als Anreiz zur Konzentration von Ressourcen innerhalb der Kliniken kann die Forderung eines Qualitätsnachweises im Gesetzesentwurf sicherlich nicht verstanden werden. Es handelt es sich hierbei eher um ein Entwicklungsthema, dass mittelfristig zur Standardisierung der Basisdokumentation führen wird. Ob mit einer Veröffentlichung der zukünftigen Qualitätsergebnisse im geforderten Qualitätsbericht Patientenströme in sauber aufgeteilten Versorgungsgebieten beeinflusst werden können, bleibt abzuwarten. Bei bundesweit tätigen Spezialkliniken oder Fachabteilungen ist die Wirkung, die sich aus der Veröffentlichung eines Qualitätsberichtes ergeben kann, sicherlich von Bedeutung, aber bei Kliniken, die im Wesentlichen Patienten aus dem eigenen Versorgungsgebiet behandeln, ist dieser Effekt eher zu vernachlässigen.

Daher sehen die Autoren hier primär einen Anreiz zur Transparenz der eigenen Leistungsfähigkeit als einen erlösrelevanten Anreiz. Für die Entwicklung von gemeindepsychiatrischen Angeboten, die über das SGB V hinausgehen, kann die somit gewonnene Transparenz zweifelsohne sehr hilfreich sein.

Bei der Entwicklung von Qualitätsindikatoren wäre es aus Sicht der Autoren zudem anzustreben, die institutionelle Trennung von Kalkulation und Indikatorenentwicklung aufzuheben. Denn die vorhandenen Massendaten aus dem Kalkulationsverfahren zu den tatsächlich erbrachten Leistungen, die dem InEK einerseits als Kostendaten und andererseits als OPS-Kodierung zur Verfügung stehen, wären allein für die inhaltliche Weiterentwicklung der vorhandenen OPS-Struktur von großer Bedeutung. Denn mit der Leistungsdokumentation auf Basis der Therapieeinheiten und somit 25-Minutenebene

---

[11] Vgl. hierzu Godemann et al. (2012, S. 2).

[12] Vgl. hierzu § 4 Abs. 1, Bundesministerium der Justiz, PsychEntgG (2012).

werden in einigen Kliniken vielleicht maximal 10 bis 15 % der medizinisch-therapeutischen Personalbindung abgebildet.[13] Im Kalkulationsverfahren selbst erheben einige dieser Kliniken ihre Leistungen aber schon ab fünf Minuten und bilden somit deutlich mehr Ressourcenbindung am Patienten ab. Anhand dieses Detaillierungsgrades wäre es durchaus möglich, deutlich bessere OPS-Kodes für die Abbildung der erbrachten Therapie abzubilden.

## 11.1.3   Integration von Komplexkodes in das neue PSY-System

Über den OPS und die darin enthaltene Komplexmaßnahmen werden konkrete Anforderungen an die Struktur- und Prozessqualität gestellt. Um eine Komplexmaßnahme kodieren zu dürfen, müssen demnach die geforderten Anforderungen erfüllt sein. Auf diese Weise werden Qualitätsanforderungen in die Kliniken und Fachabteilungen gebracht, ohne konkrete Qualitätsindikatoren definieren zu müssen. Wenn sich nun die OPS-Entwicklung an den etablierten medizinisch-pflegerischen Leitlinien orientiert und die Erbringung derer über die vorhandene Leistungsdokumentation aus dem Kalkulationsverfahren geprüft werden würde, könnte mittels des OPS-Kataloges eine realistische Mindestanforderung an die Leistungserbringung formuliert werden.

In diesem Kontext könnte auch ein Blick über den Tellerrand hilfreich sein, denn anders als allgemein angenommen, gibt es in der Somatik auch heute noch DRGs, die über Tagespauschalen vergütet werden. Dies ist nach aktuellem Kenntnisstand der Autoren immer dann der Fall, wenn nicht mindestens drei unterschiedliche Kliniken diese somatische DRG kalkulieren und in bestimmten Mindestmengen dem InEK bereitstellen können. Da die Teilnahme am Kalkulationsverfahren grundsätzlich freiwillig ist, können bestimmte DRGs aufgrund der fehlenden Kostendaten und/oder Leistungsmengen nicht mit Relativgewichten bewertet werden.

Eine davon ist die B49Z – Multimodale Komplexbehandlung bei Morbus Parkinson, die nur gegroupt werden kann, wenn der OPS 8-97d kodiert worden ist. Dieser wiederum definiert klare Therapiezeitvorgaben im Sinne von Mindestmengen pro Woche und gibt gleichermaßen vor, in welchen Bereichen Leistungen obligatorisch erbracht werden müssen. Zu den Mindestmerkmalen dieses Kodes gehört, dass ein Team unter fachärztlicher Leitung die Behandlung durchführt. Es muss eine wöchentliche Teambesprechung mit einer wochenbezogenen Dokumentation der bisherigen Behandlungsergebnisse und der weiteren Behandlungsziele stattfinden. Die Klinik muss mindestens eine Physiotherapie/Physikalische Therapie und eine Ergotherapie vorhalten, wobei in der Praxis nur in einem der beiden Bereiche obligatorisch Leistungen zu erbringen sind. Der Patient muss mindestens aus 3 Therapiebereichen in patientenbezogenen unterschiedlichen Kombina-

---

[13] Eigene Berechnung aus den Daten eines Prä-Test und Probekalkulationshauses.

tionen Leistungen von mindestens 7,5 Stunden pro Woche erhalten, wovon mindestens 5 Stunden in Einzeltherapie zu erbringen sind.[14]

Die Definition von Mindesttherapiezeiten pro Woche für die (ko-) therapeutischen Berufsgruppen ist sicherlich auch ein interessanter Weg für die Psychiatrie und Psychosomatik, der durch das InEK (bei Aufhebung der institutionellen Grenzen) zumindest aber durch die Fachverbände und andere relevante Interessengruppen in Zusammenarbeit mit dem DIMDI zukünftig forciert werden sollte. Dies wiederum würde zudem den Weg zu strukturierten Behandlungspfaden enorm beschleunigen und das Thema Behandlungsziel noch stärker als bisher in Fokus rücken.

Vor diesem Hintergrund versuchen die Autoren zusammen mit der Phoebus IT Consulting GmbH ein standardisiertes Kalkulations- und Leistungsdokumentationsverfahren zu entwickeln, dass allen Firmenkunden zur Verfügung gestellt wird, um mittels der vereinheitlichten Leistungsdatenerzeugung und deren späterer Kalkulation nach dem InEK-Schema eine vergleichbare Datenbasis zu schaffen. Mit Hilfe dieser sollen genau die Fragen beantwortet werden, die in Bezug auf den OPS gerade aufgeworfen wurden. Verbunden mit einem praktikablen Verfahren zur Outcome-Messung soll so ein kontinuierlicher Verbesserungsprozess bei der Leistungserbringung etabliert werden.

## 11.2 Anreize auf Leistungsebene

Die Abbildung der erbrachten Leistungen basiert im neuen PSY-Entgeltsystem zum einen auf der Anzahl der erbrachten Behandlungstage und zum anderen auf der erbrachten Anzahl medizinisch-therapeutischer Leistungen, die über den OPS abgebildet werden. Beide Parameter zusammen sind die wesentlichen Kriterien für die Bestimmung der zukünftigen Tagespauschale. Wie in der Bundespflegesatzverordnung (BPflV) ist auch im Neuen Entgeltsystem der Behandlungstag entscheidend. Dieser wird kombiniert mit einem tagesbezogenen Relativgewicht, was sich zum größten Teil aus der Hauptdiagnose und der OPS-Dokumentation ergeben wird. Gespeist wird diese Vermutung durch die bisherige Erfahrung aus dem DRG-System sowie den ersten Ergebnissen aus der Probekalkulation.[15] Darüber hinaus gibt es gewisse komplizierende Nebendiagnosen und Konstellationen, die als Kostentrenner bei der InEK ermittelt wurden. Die Diagnose ist hier bewusst nicht erwähnt worden, da laut Aussage des InEK diese bisher nicht als markanter Kostentrenner für die Bildung von kostenhomogenen Gruppen identifiziert werden konnte.[16]

---

[14] Vgl. hierzu DIMDI (2011, S. 461).
[15] Vgl. hierzu Heimig (2012, S. 67).
[16] Vgl. hierzu Heimig (2011, S. 205).

## 11.2.1  Leistungsausweitung

Nach Meinung der Krankenversicherung ist der Abrechnungsmodus über den Behandlungstag auch im Neuen Entgeltsystem weiterhin ein Anreiz dafür, die Behandlungsdauer nicht wesentlich zu reduzieren und damit kontraproduktiv für ambulante Angebote.[17] Hiervon unabhängig kann festgehalten werden, dass sich durch diese Regelung jedenfalls die bestehenden Anreizmechanismen aus der BPflV nicht verändert haben. Wesentlich für die Verweildauerentwicklung ist eher der Belegungsdruck in den Kliniken und Fachabteilungen. Kaum eine psychiatrische Klinik in Deutschland klagt wohl nicht über das Thema Überbelegung. Daher wird es für eine Vielzahl von Trägern auch ohne Entgeltsystemumstellung von Interesse sein, ambulante und damit stationsersetzende Angebote vorzuhalten, weiter zu entwickeln und neu aufzubauen. Im Einzelfall hängt dies natürlich stark von den besonderen regionalen Gegebenheiten und dem Konkurrenzdruck der Klinik im Allgemeinen ab.

Allein durch die Umstellung von Pflegesätzen auf Tagesrelativgewichte wird es wohl keine wesentlichen Veränderungen in den Behandlungsdauern geben. Auch deshalb nicht, da die bisherigen Kalkulationsergebnisse keine wesentlichen Kostenunterschiede zu unterschiedlichen Krankheitsbildern bezogen auf den Kostenträger Tag und Patient ergeben haben, wie der Leiter des InEK bei einem Vortrag zur Weiterentwicklung des Entgeltsystems im Krankenhaus am 19.08.2011 berichtet hat.[18]

Abbildung 11.1 zeigt deutlich, dass sich bei einer Verweildauer von 28 Tagen die Kosten pro Tag um den Mittelwert herum bewegen. Was zudem deutlich wird, ist das Absenken des Kostenverlaufs im Laufe der Behandlung mit einem Höchstwert um den Aufnahmezeitpunkt herum. In diesem Kontext lässt § 9 Abs. 1 Satz 1 des Gesetzesentwurfes PsychEntgG die Möglichkeit zu, dass in geeigneten Fällen Regelungen für Zu- und Abschläge vom ermittelten Relativgewicht pro Behandlungstag bei Über- oder Unterschreitung erkrankungstypischer Behandlungszeiten getroffen werden können.[19] Damit ist eine Gleichschaltung der systematischen Vorgehensweise zum DRG-System gegeben. Ob es untere Grenzverweildauern geben wird, bleibt abzuwarten, aber die Bildung von oberen Grenzverweildauern mit geringeren Relativgewichten pro Tag scheint bei der Betrachtung des Kostenverlaufes über die Behandlungsdauer sehr wahrscheinlich.

Ob diese Systematik jedoch wiederum Einfluss auf die durchschnittliche Verweildauer und damit die Belegung in den Einrichtungen haben wird, ist noch nicht abzusehen. Denn aus der obigen Grafik geht hervor, dass sich die Tageskosten bei 28 Tagen um den Mittelwert herum bewegen. Bei den sogenannten „Langliegern" könnte die Absenkung des Relativgewichtes daher Wirkung zeigen und damit die Bemühungen der Einrichtungen eine Anschlussbehandlung bzw. Unterbringung zu organisieren steigern. Ein wesentlicher Einfluss auf die Behandlungsdauer ist jedoch erst dann zu erwarten, wenn Abschläge auf das

---

[17] Vgl. hierzu o. V. (2011, S. 5).

[18] Vgl. hierzu Heimig (2011, S. 219).

[19] Vgl. hierzu § 9 Abs. 1, Bundesministerium der Justiz, Gesetzesentwurf PsychEntgG (2012).

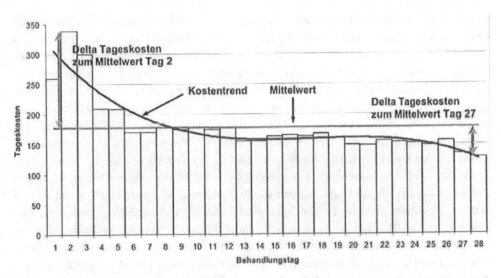

**Abb. 11.1** Durchschnittlicher Kostenverlauf über die Behandlungsdauer. (Quelle: InEK 2011; Vgl. hierzu Heimig 2011, S. 219)

Relativgewicht oberhalb einer definierten Anzahl von Behandlungstagen Einzug halten und diese monetär, ins Gewicht fallen. Sollte alternativ die Behandlungswoche als Abrechnungseinheit weiterentwickelt werden und entsprechende Abschlagsregelungen Einzug halten, so sind Verweildaueränderungen aus Sicht der Autoren leichter möglich, da die Psychiatrie und Psychosomatik im Gegensatz zur Somatik tendenziell eher in Wochen als in Tagen denkt. Wohin sich diese dann bewegen ist von den Abschlagsregelungen abhängig. In beiden Fällen wird die Bedeutung des Medizincontrollings zunehmen, um eine Feinsteuerung der Behandlungszeiten im klinischen Alltag wahrnehmen zu können. Argumentativ kann ohne belastbares Datenmaterial und vor dem Hintergrund, dass der ICD nach aktuellem Kenntnisstand als Kostentrenner auf Tagesebene eher ungeeignet ist, sicherlich dagegen gehalten werden, dass in Abhängigkeit des Krankheitsbildes die stationäre Behandlungsdauer per se schwerer zu steuern ist als in der Somatik. So kann eine Depression in fünf Tage abgeklungen sein, wenn ausschließlich eine Krisenintervention notwendig ist, sie kann sich aber auch bis zu einem halben Jahr und länger dauern, wenn der Patient schwer suizidal ist.[20] Die weitere Entwicklung dieses Themas wird daher spannend bleiben. Zumindest für 2013 werden die ICD Diagnosen und die Verweildauer eine Rolle spielen.

## 11.2.2 Anpassung von Therapieangeboten

Wesentlich wichtiger ist daher aktuell das Ergebnis der Leistungsdokumentation, dass sich wohl primär über den OPS abbilden wird. Denn so wie sich die Entgeltentwicklung aktu-

---

[20] Vgl. hierzu auch Gaede (2009, S. 23).

ell anbahnt, wird die über den OPS dokumentierte Leistung entscheidend die Höhe der tagesbezogenen Relativgewichte bestimmen. An dieser Stelle ist es wichtig, systemseitig darauf Einfluss zu nehmen, dass viel Leistung nicht automatisch auch gleich viel Erlös bedeutet. Sollte diese Prämisse nicht berücksichtigt werden, dann bleibt zu vermuten, dass die Kliniken bestrebt sein werden, möglichst lukrativ und gewinnbringend Therapieeinheiten zu generieren, unabhängig davon ob sie in der aktuellen Situation hilfreich sind oder nicht. Gleichzeitig wird auch die Therapieplanung und Dokumentation so aufgestellt werden, dass mit dem investierten Ressourceneinsatz soviel wie möglich Therapieeinheiten erzielt werden können. Hiervor warnen die Autoren ausdrücklich, zumal es heute schon Tendenzen gibt, dass bestehende Therapieangebote auf 25 min und ein Vielfaches davon angepasst werden. In der Praxis werden somit einstündige Gruppenangebote auf 50 min gekürzt, da voraussichtlich nur 50 min vergütet werden. Die Vorgabe von erlösrelevanten Zeiteinheiten als Therapiezeiten ist natürlich auch für die Einzelterminplanung zu beobachten. Diese Entwicklung würde die bisherige Therapieplanung, die zumeist über Jahre aufgebaut und kontinuierlich verfeinert wurde, ad absurdum führen. Auch wenn die Autoren diese Entwicklung für gefährlich halten, kann sie nicht von der Hand gewiesen werden und Anzeichen in diese Richtung sind in der Praxis deutlich vorhanden.

Vor diesem Hintergrund möchten die Autoren auf die möglichen Konsequenzen hinweisen, die sich während des Prä-Tests unter dem Begriff der Tautologie manifestiert haben.

Würden alle Häuser tatsächlich nur die 25 Minutenkontakte oder ein Vielfaches davon, also 50 min, 75 min, 100 min usw., erfassen, würde sich in der Kostenrechnung letztlich nur herausstellen, dass 25 min der richtige Therapiegrundwert für die Psychiatrie und Psychosomatik ist.

Wären die Häuser im Sinne des lernenden Systems dagegen bestrebt ihre tatsächlichen Therapiezeiten unabhängig vom OPS zu dokumentieren, würde das InEK von den Kalkulationsteilnehmern eine Kosten.csv mit den dazugehörigen Therapiekosten und eine OPS.csv mit den entsprechenden Therapieeinheiten erhalten.

Wie im Kap. 5.1 dargestellt, würde sich hierbei zweifelsohne bei einer Reihe von Kliniken ein Delta von den tatsächlich dokumentierten (ko-)therapeutischen Leistungen zu den OPS-pflichtigen Leistungen auftun. Da das InEK dafür bekannt ist, dass es nur das bewertet, was sich durch Zahlen belegen lässt, könnte es dieser eigenen Logik folgend, mit einem solch belastbaren Datenmaterial zumindest einen Anstoß zur Diskussion über den 25-minütigen Grundwert auf fachlicher Ebene geben. Aktuell sieht die Situation wohl eher so aus, dass die Psychiater sowie deren Verbände, wie z. B. die DGPPN, die neuen OPS-Kodes einerseits für zu umfangreich halten, anderseits aber bestimmte Differenzierungen vermissen, die sie für die spezifische Abbildung ihrer Leistungen für notwendig erachten. Die Krankenkassen wiederum kritisieren, dass sie über die eigentlichen Leistungsinhalte immer noch nichts aussagen und eher die Personalnutzung differenziert nach Berufsgruppen dokumentiert wird, so dass aus ihrer Sicht die Anreize zur Verkürzung der Verweildauer bzw. zur Optimierung der Therapie fehlen. Psychiater und Psychosomatiker halten wiederum dagegen und argumentieren ihrerseits, dass gerade der Therapieeinsatz in der sprechenden Medizin ein wesentliches Qualitätsmerkmal sei und, wie die Psych-PV seit mehr als 2 Jahrzehnten zeige, zum Therapieergebnis führe. In Summe argumentieren aber alle Parteien ohne ein belastbares Datenmaterial, das letztlich nur dem InEK oder von qualitativen Benchmark Projekten bereitgestellt werden kann.[21]

Dies wäre vor dem Hintergrund, dass der ICD im Vergleich zum OPS als Kostentrenner ungeeigneter erscheint, dann wohl auch im ureigensten Interesse des InEK. Denn das InEK allein zeichnet sich für die Gruppierung von Tagespauschalen im Kontext eines PSY-Browsers verantwortlich.

Losgelöst von der Diskussion, wie häufig in der Gerontopsychiatrie oder auf geschlossenen Stationen Therapiezeiten von 25 min oder mehr am Stück erbracht werden können, geben die Autoren an dieser Stelle auch zu bedenken, dass es im OPS bereits heute kumulative Kodes gibt.[22] Bei diesen ist letztlich nur entscheidend, dass pro Tag die Mindestminutenanzahl erreicht wird, unabhängig davon, ob zum Beispiel zu einer 120 min Krisenintervention durch Ärzte und Psychologen ggf. auch 10- oder 15-minütige Kontakte beigetragen haben. Folglich ist die OPS-Kodierung bereits heute nicht mehr konsistent auf den 25 Minutenwerten ausgerichtet. Ob man daraus schließen kann, dass die betroffenen Berufsgruppen schrittweise an kleinere Dokumentationseinheiten herangeführt werden sollen, kann an dieser Stelle nicht abschließend beantwortet werden, wohl aber die Frage, welche Leistungen heute bereits durch Chefärzte für ihre Privatpatienten abgerechnet werden. Ein Blick in die GOÄ zeigt dabei, dass diese bereits seit Jahren 10-Minutenkontakte dokumentieren und abrechnen.[23] Insofern ist das Argument, dass die neuen OPS-Anforderungen vielfach zu umfangreich seien, aus Sicht der Autoren zumindest fragwürdig, wenn man unterstellt, dass auch 10 Minutenkontakte für GKV-Patienten, so wie z. B. bei den kumulativen Kodes, eine Abrechnungsrelevanz besitzen.

Unter dem Strich sollte die Methodik des OPS aus Sicht der Autoren vielmehr dazu genutzt werden, um therapeutisch sinnvolle Leistungskomplexe zu definieren, die sich anschließend auch in der Bewertung ihres Aufwandes als Kostentrenner erweisen können. Hierbei sei auch noch einmal auf das Potential von Komplexkodes, die wochenbezogene Therapiestunden für alle Berufsgruppen vorgeben, verwiesen.[24] Auf diese Weise würden medizinisch sinnvolle Angebote die Vergütung beeinflussen.

### 11.2.3 Dokumentation von Leistungen

Eines kann mit Sicherheit festgehalten werden. Der Systemumstieg schafft eindeutig einen Anreiz bzw. eine Verpflichtung zu einem erhöhten Dokumentationsaufwand. Angefangen mit der täglichen Beurteilung des Psych-PV Behandlungsbereiches für jeden Patienten, über

---

[21] Vgl. hierzu auch Roeder et al. (2010, S. 324).

[22] Vgl. hierzu DIMDI (2011, S. 502).

[23] Vgl. hierzu o. V. (2002, S. 235).

[24] Vgl. hierzu Kap. 11.1.3

die Bewertung von Intensivmerkmalen bis hin zur umfangreichen Dokumentation von erbrachten Leistungen, die eine Zeitspanne von mindestens 25 min überschritten haben für
alle an der Therapie beteiligten Berufsgruppen. Damit wurde eine Dokumentationsver-
pflichtung für nahezu 100 % des medizinisch-therapeutisch tätigen Personals erreicht.
Dies steht weit über dem aus dem DRG-System bekannten Dokumentationsaufwand. Im
aktuellen OPS-Katalog 2012 sind die Seiten 485–518 allein der Leistungsdokumentation
der Psychiatrie und Psychosomatik gewidmet.[25] Um die darin abgebildeten Kodes generieren zu können, bedarf es einer Einzelleistungsdokumentation auf Patientenebene. Die
Berechnungsregeln sind alles andere als selbsterklärend und bereiten auch heute noch
der Softwareindustrie für professionelle Kodiersysteme Probleme. Dies gründet auf dem
Anspruch einer Vielzahl von Kliniken, die aus der durchgeführten Einzelleistungsdokumentation im eigenen KIS die entsprechenden OPS-Kodes vom externen Kodiersystem
automatisiert ermittelt wissen wollen. Eine genauere Zustandsbeschreibung dieser Problematik ist im Kap. 4 – Medizinische Dokumentation in der Psychiatrie und Psychosomatik
vorhanden.

Die Motivation zur Abbildung einer detaillierten Leistungsdokumentation ist letztlich
von dessen Einfluss auf den Erlös abhängig, der wiederum in großen Teilen durch den OPS
determiniert werden wird. Sollte es soweit kommen, dass eine Einzelleistungsdokumentation Einfluss auf den Erlös hat, so wird auch das Interesse der Krankenkassen an dieser
Dokumentation steigen. Dies wird zur Folge haben, dass durch den Medizinischen Dienst
der Krankenkassen (MDK) die Leistungsdokumentation im Auftrag der Krankenkassen
intensiv geprüft werden wird. Ob die erbrachten Leistungen im Einzelfall hätten zur Abrechnung herangezogen werden dürfen, wird im Prüfverfahren wohl nicht immer evident
werden. Denn um dies exakt bestimmen zu können, müsste das Maß des Notwendigen
für die jeweilige Therapie bekannt sein. Solange sich der OPS-Kode jedoch auf Basis einer
Einzelleistungsdokumentation ableitet und dieser automatisch durch Softwareprogramme
ermittelt wird, wird der MDK mit einer entsprechenden Prüfung nur nachweisen können,
ob die angewendete Software korrekt rechnet.

Wie im DRG-System geschehen, werden Kliniken ihr Leistungsspektrum mit Prüfalgorithmen auf Schwachstellen und erlössteigernde Punkte bei der Kodierung von Diagnosen
und Prozeduren untersuchen. Neue Berufsgruppen von Medizincontrollern und Kodierassistenten werden oder sind schon heute dabei sich zu entwickeln. Zwar kann der Aufwand
für die Dokumentation der Qualitätsindikatoren bisweilen noch nicht abgeschätzt werden, sollten diese jedoch intelligent gewählt werden, so entsteht ein hoher Anreiz bei
den Leistungserbringern, diese vollständig und korrekt zu erfassen. Eventuell lassen sich
daraus Versorgungslücken valide belegen, die wiederum den Anreiz zur Schaffung neuer
Versorgungsangebote schaffen.

---

[25] Vgl. hierzu DIMDI (2011, S. 485 ff.).

## 11.3   Anreize zum frühzeitigen Umstieg

Mit einem deutlich höheren Mindererlösausgleich für die beiden Optionsjahre 2013 und 2014 von 20 auf 75 % (§ 3 Abs. 5 Satz 2 BPflV n. F.) soll den potentiellen Umstiegshäusern die Angst vor Fehleinschätzungen genommen werden.[26] Durch diesen Passus wird mit Mehrausgaben für die gesetzliche Krankenversicherung von 16 bzw. 33 Mio. € gerechnet.[27] Ab 2015 ist die Einführung für alle Einrichtungen verpflichtend umzusetzen. Damit endet nach jetzigem Kenntnisstand auch der erhöhte Mindererlösausgleichssatz. Bei den Mehrerlösen findet keine grundlegende Veränderung statt, so dass es sich bei den Erlösausgleichen für 2013 und 2014 für die optierenden Einrichtungen primär um eine Absicherung nach unten handelt.

Aus der Erfahrung der Autoren heraus, wird die Mindererlösausgleichsregelung bei (akuten) Versorgungskliniken in der Praxis eher seltener Anwendung finden. Ein größerer Anreiz für einen frühzeitigen Umstieg war dagegen die im Regierungsentwurf vorgesehene Möglichkeit, dass die nicht optierenden Häuser in 2012 zum letzten Mal die Möglichkeit zur Nachverhandlung ihrer Psych-PV-Personalstellen erhalten sollten.[28] Mitte Februar 2012 hat jedoch der Gesundheitsausschuss des Bundesrates über den Regierungsentwurf zum Psychiatrie-Entgeltgesetz beraten und als ein zentrales Ergebnis dem Bundesrat empfohlen, in der budgetneutralen Phase (2013–2016) allen Häusern die Möglichkeit zur Nachverhandlung der Psych-PV zu offerieren.[29] Dies ist auch ins Psych EntgG übernommen worden.

Anhand dieser Regelungen sind keine wesentlichen Änderungen im Mengenverhalten der Einrichtungen zu erwarten. Diese werden sich voraussichtlich wie bisher im Bereich der Belegungssicherung sowie der strategischen Ausrichtung der Einrichtungen bewegen. Ob sich ein frühzeitiger Umstieg lohnt, muss daher jedes Haus für sich selbst entscheiden. Da aktuell noch kein PSY-Browser respektive Tagespauschalenkatalog und darüber hinaus auch noch kein Eurobetrag für den Basisentgeltwert existiert, ist eine potentielle Erlösabschätzung für alle Kliniken unmöglich. Wenn man dann bedenkt, dass diese Daten frühestens im 2ten Halbjahr 2012 veröffentlicht werden, wird den interessierten Umstiegskandidaten nur wenig Zeit bleiben, um die interne Prozesse und Strukturen auf das Neue System anzupassen. Nach jetzigem Kenntnisstand scheint aus Sicht der Autoren ein Umstieg in 2013 folglich nur für solche Kliniken geeignet, die bereits heute über eine gut funktionierende Leistungsdokumentation verfügen, da diese wohl einen relevanten Einfluss auf die zukünftige Vergütung haben wird. Für die meisten anderen Akteure bleibt abzuwarten, ob sich mit ihrem Leistungsspektrum eine Goldader in dem neuen System auftun wird oder nicht.

---

[26] Vgl. hierzu o. V. (2012b, S. 21).

[27] Vgl. hierzu Bundesministerium der Justiz, Gesetzesentwurf PsychEntgG (2012, S. 2).

[28] Vgl. hierzu Bundesministerium der Justiz, Gesetzesentwurf PsychEntgG (2012, S. 2).

[29] Vgl. hierzu BKG (2012, S. 1).

## 11.4    Anreize zur Kalkulationsteilnahme

Offen bleibt an dieser Stelle auch, wie viele Häuser an der nun folgenden Echtkalkulati-on teilnehmen und wie viele davon über die Qualitätshürden des InEK springen werden (können). In jedem Fall sollen die Ergebnisse aus der Echtkalkulation, die vom 02.04. bis zum 24.05.2012 aufbereitet werden und auf den Kosten- und Leistungsdaten 2011 basie-ren, erstmals entgeltrelevant sein. In diesem Kontext hat das InEK an verschiedenen Stellen bereits signalisiert, dass sie voraussichtlich auch solche Häuser in die Echtkalkulation auf-nehmen werden, die ihre Leistungsdokumentation erst im Laufe des Jahres 2011 auf die Anforderungen einer InEK-Kalkulation ausgerichtet haben. Wie groß das damit verbun-dene Fenster letztlich sein wird, können die Autoren jedoch nicht beurteilen. Mehr als ein oder zwei Quartale, in denen z. B. keine Betreuungsintensität oder alternativ keine Leistun-gen mit Hilfe der LEP erfasst wurden, werden es wahrscheinlich aber nicht sein. Schließlich müssen die Daten der Echtkalkulation ein gewisses Qualitätsniveau erreichen, damit sie im politischen Diskurs bestehen können.

Grundsätzlich steht es jedoch erst einmal allen Häusern frei, an der Echtkalkulation teilzunehmen. Mit dieser freiwilligen Teilnahme wäre nicht nur eine Rückmeldung zur ei-genen Datenqualität (insbesondere in der Kombination von Kosten- und Leistungsdaten) und zu etwaigen Weiterentwicklungspotentialen verbunden, sondern auch die Möglich-keit, Einfluss auf die nationalen Relativgewichte auszuüben, sofern die generierten Daten die Qualitätshürden des InEK überschreiten. Darüber hinaus wird jede erfolgreiche Kal-kulationsteilnahme mit einer Rückvergütung honoriert, die aus einem Fixum und einem variablen Anteil besteht. Während für kleinere Kliniken eine Summe von circa 15.000 € rea-listisch erscheint, können große regionale Versorger mit einer entsprechend hohen Anzahl von Pflegetagen durchaus mit Summen von 30.000 € und mehr rechnen.

Wesentlichster Anreiz ist und bleibt die Schaffung von Transparenz zur eigenen Kosten- und Leistungssituation.

## 11.5    Ambulante Angebote und Spezialisierungen

Modellvorhaben nach §64b SGB V sehen sieht grundsätzlich die Möglichkeit vor, ande-re Versorgungskonzepte als die bisherigen zu finanzieren. Diese erfolgt jedoch nach § 4c Psych EntgG[30] aus dem Gesamtbudget der Einrichtungen und stellt somit einen Aus-gliederungstatbestand dar. Gleiches gilt für Integrierte Versorgungsverträge nach § 140b SGB V.

Ungeachtet dessen bietet allein die DAK ihren Versicherten 24 Integrierte Versorgungs-verträge zu fast allen psychiatrischen Krankheitsbildern an.[31] Dieses Angebot wird mit

---

[30] Bundesministerium der Justiz, Psych EntgG (2012).

[31] Vgl. hierzu DAK-Gesundheit (2012).

14 Verträgen der Techniker Krankenkasse und mit drei Verträgen der AOK Niedersachsen ergänzt.[32] In Summe verfügen laut Auskunft eines Krankenkassen-Ratgebers 44 Krankenkassen über Integrierte Versorgungsverträge im Bereich der Psychiatrie.[33] Damit wird deutlich, dass heute schon das Instrument des Integrierten Versorgungsvertrages für die Erweiterung der Versorgungsangebote von Leistungserbringer und Krankenkasse genutzt wird.

So bietet zum Beispiel das ZfP Südwürttemberg in Kooperation mit den Krankenkassen DAK Gesundheit und Barmer GEK anhand eines Integrierten Versorgungsvertrages seine Leistungen einrichtungsübergreifend für alle psychisch erkrankten Menschen an und lässt sich dies über ein Jahresbudget pro Patient vergüten. Diese Angebotsform ähnelt einem Regionalbudget für diese Versicherten im Einzugsgebiet des ZfP Südwürttemberg und kann als Ergänzung zu den bestehenden Regionalbudgets im Bundesgebiet gesehen werden.[34]

Wie in der Somatik nutzen also einige psychiatrische und psychosomatische Leistungserbringer die bisherigen Möglichkeiten zur Angebotsgestaltung. Ob diese nun zusätzlich zum bestehenden Budget der stationären Versorgung oder als Teil davon finanziert werden ist nicht ersichtlich. Beides ist sicherlich vertreten. Daher ist davon auszugehen, dass auch zukünftig diese Instrumente genutzt werden. Aufgrund des nun fehlenden § 16 des Referentenentwurfes ist eine großartige Veränderung unter dem Strich nicht zu erwarten. Dies wird jedoch in einem konzertierten Positionspapier des AOK Bundesverbandes, Verband der Ersatzkassen, Aktion Psychisch Kranker e. V. sowie dem Arbeitskreis der Chefärztinnen und Chefärzten der Kliniken für Psychiatrie und Psychotherapie an Allgemeinkrankenhäusern in Deutschland im Rahmen der Ausgestaltung des Neuen Entgeltsystems erwartet.[35]

Das Grundproblem des § 17d KHG ist der alleinige Bezug zur Krankenhausfinanzierung und damit der Ausschluss ambulanter und komplementärer Leistungsanbieter, die für die Behandlung, Betreuung und Therapie psychisch Kranker einen wichtigen Stellenwert haben. Eine Aussage beziehungsweise Anmerkung kann am Ende jedoch getroffen werden: Eine Reihe von Krankenkassen und Leistungserbringer haben großes Interesse an alternativen Versorgungs- und Finanzierungsmodellen. Trauen sie dem Neuen Entgeltsystem etwa (noch) nicht?

## 11.6 Fallbezug statt Tagesbezug

Ende Februar 2012 ist ein weiterer Aspekt in die Kostenkalkulation der tagesbezogenen Relativgewichte eingeflossen. Der Leiter des InEK hat am 27.02.2012 in einem Seminar

---

[32] Vgl. hierzu o. V. (2012a).
[33] Vgl. hierzu o. V. (2012a).
[34] Vgl. hierzu weiterführend ZfP Südwürttemberg (2012).
[35] Vgl. hierzu AOK (2012).

**Tab. 11.1** Vorteile bei der Kalkulation auf Basis Tag vs. Fall. (Quelle: Heimig 2012; Vgl. hierzu Heimig 2012, S. 67)

| Tag | Fall |
| --- | --- |
| Einzelne Kalkulationsfehler haben einen schwer abschätzbaren Effekt auf die Analysemenge | Robuster gegen anfängliche Kalkulationsschwächen |
| Mögliche Basis für weitere Aggregationsebenen | Vereinfachung der Kalkulationssystematik möglich |
| Große Nähe zur Einzelleistungskalkulation bzw. -abrechnung | Kongruenz von Kosten und externer Leistungsdokumentation auf Fallebene ausreichend |
| Behandlungsart der TE-Kodes als Kostentrenner zurzeit robust | Diagnosen und Verweildauer als Kostentrenner robust |
| Interne und externe EDV-Tools benötigen mehr Anpassung | Interne und externe EDV-Tools benötigen geringere Anpassungen |

in Berlin dargestellt, dass aufgrund der aktuellen Datenlage eine Entwicklung von tagesbezogenen Relativgewichten sehr fehleranfällig ist. Daher wird von Seiten des InEK die Empfehlung ausgesprochen, bei der Kalkulation auf die Fallebene als Kostenträger zu wechseln. Des Weiteren wird erwähnt, dass bei einer fallbezogenen Kostendarstellung Diagnosen und Verweildauern robustere Kostentrenner darstellen können. Ein Gesamtergebnis zu den Vorteilen auf Tages- und Fallebene ist in Tabelle 11.1 abgebildet.

In diesem Sachverhalt ist ausreichend Sprengstoff für die Weiterentwicklung des Neuen Entgeltsystems vorhanden. Zwar sieht der § 17d KHG tatsächlich auch eine Prüfung auf Fallebene vor, dies jedoch nur für angemessene Krankheitsbilder, wie z. B. der klassischen Entgiftung, die in der Regel 7 bis 10 Tage dauert. Der Fokus lag bisweilen jedoch stets auf einem tagesbezogenen Relativgewicht, welches durch eine etwaige Kalkulationssystematik auf Fallebene nur ein Durchschnittswert über die Verweildauer widerspiegeln könnte.

Wie bereits zuvor deklariert, scheinen TE-Kodes robuste Kostentrenner zu sein. Dies wird in dieser Darstellung zum ersten Mal seit Diskussion um das Thema Therapieeinheit so formuliert. Welche Anreize damit gesetzt werden, ist in Kap. 12.1.3 Leistung beschrieben.

In Summe ist diese Darstellung ein Ausdruck dessen, dass das InEK aufgrund des gesetzlich gewollten Zeitdrucks einen Weg finden muss, um den Zeitplan einzuhalten und dieser Weg scheint aktuell nur die Kostenkalkulation auf Fallebene zu sein. Damit wird das Problem Kostenkalkulation auf Tagesebene zu einem Nagel, den wir mit dem Werkzeug Hammer in die Wand schlagen können, da wir nur den Hammer als Werkzeug zur Verfügung haben.

Die Autoren warnen eindrücklich vor diesem Weg. Nur weil es den Kliniken noch nicht möglich ist, aus dem Stehgreif eine Kostenkalkulation zu etablieren, die an Genauigkeit deutlich über dem Niveau der Fallkostenkalkulation liegt, muss doch nicht dieser systemisch richtige Ansatz verlassen werden, um Ergebnisse zu produzieren, die kalkulatorisch einfacher umsetzbar wären, aber die Realität nicht abbilden.

Wenn die Mitglieder der Selbstverwaltung (Deutsche Krankenhausgesellschaft, GKV-Spitzenverband, Verband der privaten Krankenversicherungen) als Gesellschafter des InEK mit diesem Schritt nicht erkennen, dass sich mit der Einführung des Fallbezuges und den sich daraus ergebenden Abrechnungsregel das Neue Entgeltsystem schneller zu einem Fallpauschalensystem entwickelt als uns allen lieb ist, dann müssen die Autoren mit Bedauern zur Kenntnis nehmen, dass alle geäußerten Befürchtungen wahr werden könnten. Vor diesem Hintergrund plädieren die Autoren deutlich dafür, dem lernenden System auch die Zeit zum Lernen zu geben.

## Literatur

AOK: Neustart für § 17d KHG: Sektorenübergreifende Versorgung psychisch Kranker. http://www.aok-gesundheitspartner.de/impria/md/gpp/bund/ krankenhaus/drg_system/ psychiatrie/kh_psych_entgeltsystem_ordnungsrahmen_ eckpunktepapier.pdf (2012). Zugegriffen: 18. Jan. 2012

BKG: Psychiatrie-Entgeltgesetz und Krankenhausfinanzierung 2012 – Beratungen im Bundesrat-Gesundheitsausschuss. **2012**(057), 1–2 (2012)

Bundesministerium der Justiz: Soziales Gesetzbuch V (SGB V). http://www. sozialgesetzbuch.de/gesetze/05/index.php?norm_ID=0530100 (2004). Zugegriffen: 1.3.2012

Bundesministerium der Justiz: Gesetz zur Einführung eines pauschalierenden Entgeltsystems für psychiatrische und psychosomatische Einrichtungen PsychEntgG, 21.7.2012, Bundesgesetzblatt Teil I Nr. 35 (2012)

DAK-Gesundheit: Integrierte Versorgung „Psychische Erkrankungen". http://www.krankenkasseninfo.de/krankenkassen/dak-gesundheit/dak-gesundheit-integrierte-versorgung-psychische-erkrankungen.html (2012). Zugegriffen: 18. Jan. 2012

DIMDI: OPS-Katalog 2012 – Bd. 1 Systematisches Verzeichnis, 1. Aufl. Deutscher Ärzte, Köln (2011)

Gaede, K.: Der Tagessatz bleibt. kma (Das Magazin für die Gesundheitswirtschaft).**2009**(01), 22–23 (2009)

Godemann, F., Wolff-Menzler, C., Maier, B.: Versorgungsrelevante Indikatoren in der Psychiatrie und Psychosomatik, Foliensatz vom Treffen der Fachgruppe Psychiatrie – Arbeitsgruppe Entgelt des Verbandes der Krankenhausdirektoren Deutschlands am 10. Feb. 2012, Berlin (2012)

Heimig, F.: Entgeltsystem im Krankenhaus 2012, Foliensatz der Veranstaltung Vorstellung des Entgeltsystems im Krankenhaus 2012 für die Vertragspartner auf Bundesebene am 19. Aug. 2011, Berlin (2011)

Heimig, F.: Das neue Psych-Entgeltsystem – Aktueller Stand der Entwicklung des neuen Vergütungssystems, Foliensatz der Veranstaltung Das neue Psych-Entgeltsystem am 27. Feb. 2012, Berlin (2012)

Kunze, H., Kaltenbach, L., Kupfer, K. (Hrsg.): Psychiatrie-Personalverordnung. Textausgabe mit Materialien und Erläuterungen für die Praxis, 6., aktualisiere und erweiterte Aufl. Kohlhammer, Stuttgart (2010)

Oberender, P., Hacker, J. Entwicklungsszenario für Krankenhäuser – Das wettbewerbsorientierte Krankenhaus 2010 -, in: Braun, G.E. (Hrsg.): Handbuch Krankenhausmanagement – Bausteine für eine moderne Krankenhausführung, Stuttgart, S. 343–365. Verlag Schäffer-Poeschel (1999)

o. V.: Dingerfelders neues Handbuch. Gebührenordnungen für Ärzte. Teil II Privatabrechnungen, 99. Ergänzungslieferung zur 57. Aufl. Deutscher Ärzte, Köln (2002)

o. V.: Grundsätze zur Ausgestaltung des ordnungspolitischen Rahmens zur Einführung eines pauschalierenden Entgeltsystems für psychiatrische und psychosomatische Einrichtungen nach

§ 17d Krankenhausfinanzierungsgesetz (KHG), Foliensatz der GKV und PKV im Rahmen einer Präsentation am 29. März 2011, Berlin (2011)

o. V.: krankenkassenratgeber.de – Bereich Integrierte Versorgung. http://www.krankenkassenra tgeber.de/integrierte-versorgung-der-gesetzlichen-krankenkassen/psychische-erkrankungen/ gestzliche-krankenkassen.html (2012a). Zugegriffen: 18. Jan. 2012

o. V.: Frühzeitiger Umstieg soll sich lohnen. Deutsches Ärzteblatt PP. **2012**(01), 21–22 (2012b)

Roeder, N., Bunzemeier, H., Brüning, K., Hellig, J.: Entgeltsystem Psychiatrie, Psychosomatik und Psychotherapie. das Krankenhaus. **2010**(04), 320–330 (2010)

Sozialgesetzbuch V, § 173 Abs. 1d

Rau, F. (2009): Regelungen des Krankenhausfinanzierungsreformgesetzes, in: Das Krankenhaus, Jg. 2009, Nr. 03, S. 198–208

Rolf, H., Roeder, N.. Schlüter, L., Becker, F. (2009): Gestärkt und doch nicht stark. Trotz KHRG bleiben psychiatrische Krankenhäuser und Abteilungen ohne MLB unterfinanziert. In: f&w (führen und wirtschaften im Krankenhaus), 2009 (4), S. 388–391.

ZfP Südwürttemberg: Integrierte Versorgung. http://www.zfp-web.de/integrierte_versorgung.html (2012). Zugegriffen: 18. Jan. 2012

# Einfluss- und Prognosefaktoren des pauschalierenden Entgeltsystem für Krankenhausträger in der Psychiatrie und Psychosomatik

12

Frank Studenski

Für viele Krankenhausträger stellt sich seit der Gültigkeit des § 17 KHG[1] und der Verabschiedung des psychiatrischen Entgeltgesetzes 2012[2] die Frage, welche Chancen und Risiken hat/haben unsere Einrichtung(en)/Klinik(en) in einem neuen pauschalierenden Entgeltsystem, welche strategischen Optionen bieten sich an? Dabei ist die Ist-Analyse folgende Merkmale und Ressourcen Voraussetzung:
externe Strukturen:

- Rechtliche Rahmenbedingungen des neuen Entgeltsystems
- Demografische Entwicklung im Einzugsgebiet und im Patientenklientel
- Sozioökonomie
- Morbidität der Patienten
- Patienteneinzug und Wettbewerb
- Marktpotenzial (gedeckt, ungedeckt, Modellprojekte)

interne Strukturen:

- Medizinische Leistungsangebote
- Nicht-medizinische Leistungsangebote
- Kooperationen und Vernetzungen

---

[1] Bundesministerium der Justiz, §17d KHG (2009).
[2] Bundesministerium für Gesundheit, Psych Entgeltgesetz (2012).

---

F. Studenski (✉)
Pfalzklinikum, Klingenmünster, Deutschland
E-Mail: frank.studenski@pfalzklinikum.de

F. Studenski et al. (Hrsg.), *Neues Entgeltsystem in der Psychiatrie und Psychosomatik*,
DOI 10.1007/978-3-8349-4165-7_12, © Gabler Verlag | Springer Fachmedien Wiesbaden 2013

- Wirtschaftliche Situation
- Marketing/Image
- Organisationsstrukturen (Behandlungskonzept
- Führungs- und Entscheidungsstrukturen
- Steuerungsinstrumente (vgl.[3])

Die budgetneutrale Umstellung auf das neue Vergütungssystem bedeutet für die Kostenträger eine Kostenbegrenzung („Deckelung"): „Die Einführung des Psych-Entgeltsystems hat auf die gesetzliche Krankenversicherung insgesamt keine finanziellen Auswirkungen, da nicht mehr Mittel verausgabt werden als bisher.[4]" Für die Leistungserbringer hat die Budgetneutralität jedoch zwei Seiten, zum einen geschützte Bedingungen mit Fortschreibung der Psych PV bis 2016 mit sehr begrenzten Möglichkeit der Erlössteigerung. Zum anderen jedoch die Preis-Kosten-Schere bei begrenzten Perspektiven einer Budgetsteigerung mit eher konstanten Erlöse (auch der anteilige Optionswert gleicht dies nicht vollständig aus) und relativ deutlich höher steigenden Personal- und Sachkosten.

Vor Analyse möglicher Einflussfaktoren des neuen Entgeltsystem ist die Betrachtung weitere Kerninhalte des Gesetze Voraussetzung: „die Vergütungsvereinbarungen, die Berücksichtigung des medizinischen Fortschritts, Möglichkeiten zur Stärkung sektorenübergreifender Ansätze sowie begleitende Maßnahmen.[5]"

Somit spielen die Einflussfaktoren auf die wirtschaftliche Prognose bei einer budgetneutralen Umsetzung des stationären und teilstationären SGB V-Bereiches unter den definierten Möglichkeiten eine wesentliche Rolle für die Einrichtungen. Aus der wirtschaftlichen Prognose im „gedeckeltem" Bereich und alternativen Optionen sind Überlegungen zur Positionierung der Einrichtung in der psychiatrischen Krankenhauslandschaft und der Region sowie strategische Perspektiven der Effizienz- und Effektivitätssteigerung sowie alternativer Angebote für das Management und die Abteilungsleitungen zu erarbeiten.

Die primäre Datenerhebung des Ist-Kosten-Stands der Einrichtung bzgl. Leistungs-, Personal- und Kostendaten ist als Analyseansatz eine notwendige Voraussetzung. Die zu erhebenden Daten sollten vergleichbar und standardisiert zu erheben sein, also Benchmark fähig sein. Die Verwaltung hat die entsprechenden wesentlichen variablen Einzel- und/oder Gemeinkosten (Personalkosten, Sachkosten, Kosten externer Leistungen (Konsile, Fahrtkosten Gebäude- und Instandhaltung, Strom, Wasser, Heizung) differenziert zu berichten. Auch notwendige und projektierte Investitionskosten sind wichtige Faktoren bei der Ist-Kosten-Erhebung. Die Kostenunterschiede zwischen Fachpsychiatrischen Kliniken und reinen Fachabteilungen in einem Allgemeinkrankhaus sollten deutlich werden. Eine Kostenträgerrechnung oder eine Deckungsbeitragsrechnung biete bezüglich aller Kostendaten natürlich einen deutlichen Vorteil bei der Datenerhebung und Datenkontrolle.

---

[3] Hessisches Sozialministerium: Strategische Zielplanung, Leitfaden für Krankenhäuser, 2009

[4] Vorblatt zum Entwurf eines Gesetzes zur Einführung eines pauschalierenden Entgeltsystems für psychiatrische und psychosomatische Einrichtungen (2012, S. 1).

[5] Bundesministerium der Justiz, § 17d KHRG (2009).

| Erfolgsfaktoren | 0 | 1 | 2 | 3 | 4 | 5 | 6 | 7 | 8 | 9 | 10 |
|---|---|---|---|---|---|---|---|---|---|---|---|
| ökonomisches Bewusstsein | | | | ◎ | | | ● | | | | |
| Erlösmanagement | | | ◎ | | | ● | | | | | |
| Kommunikationskultur | | | | | ◎ | ● | | | | | |
| Wettbewerb | ● | ◎ | | | | | | | | | |
| Personalentwicklung | | | | ◎ | | ● | | | | | |
| ◎ Ist-Stand | | | | | | | | | | | |
| ● Ziel Szenario 1 | | | | | | | | | | | |

**Abb. 12.1** fiktives Scoringmodell pauschalierendes Entgeltsystem Psychiatrie

Weitere notwendige Kerndaten sind Leistungs- und Belegungsdaten, die neben den § 21er-Daten auch qualitative Kennzahlen umfassen sollen, diese möglichst differenziert auf Abteilungs- und Stationsebene. Die Bewertung der Entwicklung wesentlicher Kennzahlen im Haus, z. B. der Auslastungsgrad, Hauptdiagnosegruppen, Altersentwicklung, Verweildauerentwicklungen zukünftig auch der Mittelwert der Bewertungsrelation der Patienten ist relevant für die Prognostische Bewertung.

Weitere relevante Qualitätsdaten und Kennzahlen für Personalentwicklung, Fort- und Weiterbildung, Prozess- und Ergebnisqualität sind abhängig der Fragestellung zu erheben. Ein Beispiel könnte die zeitliche Entwicklung der Mehrarbeitszeit, differenziert nach Berufsgruppe oder die Weiterbildungsquote darstellen.

Die Datenanalyse erfolgt zum einen zur Betrachtung intern auf der Zeitachse, zum anderen zum Vergleich im Benchmark mit anderen strukturgleichen oder – ähnlichen Einrichtungen. Die Analyse hat große Bedeutung zur bessern Einschätzung und Orientierung der Einrichtung. Dabei sollten die laufenden Veränderungen im System (als Lernfähiges System!) immer im Blick bleiben.

Die Bewertung von Daten in komplexen Sachverhalte können im „lernfähigen" System methodisch gut über geeignete Scoring–Verfahren erfolgen, dabei „. . . werden die einzelnen Merkmale. . . bewertet, gewichtet und in einer Gesamtscore aggregiert."[6] Das Ziel eines Scoringverfahrens ist es, „. . . umfassend zu beschreiben und diese Beschreibung zu quantifizieren."[7] Das Scoringergebnis kann, bei geeignetem Modell, eine valide Entscheidungshilfe und Bewertung darstellen.

Zur Visualisierung und Verdeutlichung wird in der folgenden Grafik ein fiktives Scoring-Modell mit Szenario dargestellt (Abb. 12.1).

Aus den Ist-Daten daraus können Stärken-Schwächen und Chancen-Risiken-Analyse erfolgen. Um so differenzierter und valider die Daten- umso besser auch die Aussagefähigkeit. Im nächsten Schritt können aus validen Daten Modellszenarien mit strategischen Maßnah-

---

[6] Arnold (2008, S. 97).

[7] Arnold (2008, S. 97).

men mit Variation der Einflussfaktoren entwickelt und beurteilt werden auf Erfolgsaussicht, Nebeneffekte, Einfluss aufs System etc.

Nach Literaturrecherche und Erfahrungsbündelung von Experten (u. a. aus Beratungsprojekten) kristallisieren sich mehrere Themengebiete als Basis für Einfluss- und Prognosefaktoren heraus:

1. Die Finanzierung (Erlöse, Kosten, Dualistik)
2. Das Erlösmanagement
3. Die Dokumentations- und Kommunikationskultur
4. Die Gesetzliche Regelungen und deren Anwendung
5. Die Qualifikation der Mitarbeiter, die Personalentwicklung und Personalausstattung
6. Neue Organisationsformen und Modellprojekte in der Krankenversorgung
7. Der Wettbewerb (vgl.[8])

Die Analyse der Daten, die Prüfung von Einflussfaktoren, die Entwicklung von Scoring-Verfahren, die Modellentwicklung mit validierten Entscheidungsfaktoren und die daraus abgeleiteten strategischen Empfehlungen sind ein wissenschaftliches Projekt der nächsten Jahre im Sinne einer Begleitforschung des neuen Entgeltsystem in der Psychiatrie und Psychosomatik.

Im Folgenden werden exemplarisch einige aus Autorensicht wichtige Einflussfaktoren für die Prognose der Einrichtungen und als Ansatzpunkte für strategische Entscheidungen erläutert.

## 12.1  Finanzierung (Erlöse, Kosten, Dualistik)

Bei einer budgetneutralen Umsetzung des neuen Entgeltsystems PEPP, in einem so genannten gedeckelten System, können folgende Fragestellungen für die Einrichtungsleitungen und Geschäftsführungen interessant sein:

- Wie erbringe ich am effektivsten die notwendige Leistung zur Erzielung des gedeckelten Zielbudgets (das ökonomische Prinzip)
- Wie limitiere ich ohne signifikante Qualitätseinbußen die dafür not wendigen Sach- Personal- und sonstigen Kosten
- Welche Möglichkeiten bieten sich für die Einrichtungen im „ungedeckelten" Bereich Erlössteigerungen zu erwirtschaften
- Ist ein sektorenübergreifender Ansatz oder ein Modellprojekt für die Einrichtung eine ökonomisch interessante Alternative

---

[8] Arnold (2008).

- Welchen Einfluss und welche Möglichkeiten kann das neue Entgeltsystem auf den Investitionsbedarf haben

Es stellt sich die auch die Frage ob es für die Pflichtversorgungseinrichtungen im neuen Entgeltsystem „zielgerichtete ökonomische Anreize zur Erfüllung des gesetzlichen Auftrags"[9] geben wird. Dies ist zu Zeit noch nicht absehbar, wird aber dann auch eine prognostische Rolle für die Einrichtungen spielen.

Zwei Einflussfaktoren werden im Folgenden kurz dargestellt.

### 12.1.1   Ökonomisches Bewusstsein der Mitarbeiter und der Führungskräfte

Die Bedeutung der Ressourcen (Finanzen, Personal) sollte jedem Mitarbeiter bewusst sein und von den Führungskräften vorgelebt werden. Da die finanziellen Ressourcen direkten Einfluss auf die wirtschaftliche Kosten-Erlös Bilanz haben ist ein Berichtswesen über die relevanten, vor allem behandlungsabhängigen Kosten notwendig. Die monatliche Rückmeldung der aktuellen Erlössituation im gedeckelten und ungedeckelten Bereich an die obere und mittlere Führungsebene und dem gegenüber gestellt die Situation der wichtigsten Kostenblöcke sind Grundlage die ökonomische Bewertung durch die Managementebenen zu fördern. In der Psychiatrie ist die wichtigste Kostengruppe die Personalkosten, darüber hinaus spielen die Sachkosten, z. B. für aufwendige Untersuchungsmethoden (Computer- und Kernspintomographie), die Kosten externer Laboruntersuchungen oder externe Konsilen oder Fahrtkosten eine hohe Relevanz auch bei der Steuerung der Behandlung und Ziel der Kostenreduktion. Die Sachkosten für Arzneimittel sind bei Werten zum Teil unter 3 € Tagestherapiekosten von nachrangiger Bedeutung. Die Personal- und Sachkosten können für die Abteilung budgetiert werden und positive Effekte auch honoriert werden ohne die Behandlungsqualität für den Patienten hier wesentlich zu reduzieren.

Dem am Patienten tätigen Mitarbeiter sollten in der Praxis relevante Kosten bekannt sein, wie Tagestherapiekosten der hausüblichen Arzneimittel, explizit Präparate mit besonders hohen Kosten, Kosten aufwendiger externer Leistungen (Konsile, Laboruntersuchungen, diagnostische Untersuchungen. . . ). Dies dient der Entwicklung eines Kostenbewusstseins, welches bereits bei den Leistungsanforderungen die Überlegung anregen soll, ob die Leistung medizinisch wirklich notwendig in diesem stationären Aufenthalt und dem Patienten einen Nutzen erbringt.

Ein weiterer Schwerpunkt liegt in der Ökonomisierung der Arbeitsprozesse und Strukturen um die Effektivität der Tätigkeit und der Arbeitsleistung zu steigern. Dafür ist es sinnvoll die Arbeitsprozesse zu definieren, die Kernprozesse sollten als Workflow jedem Mitarbeiter bekannt und gelebt sein. Das innerbetriebliche Vorschlagswesen für die am Patienten

---

[9] Initiatoren der Fachtagung Psychiatrie: Berliner Manifest (2012)

tätigen Mitarbeiter ist ein gutes Werkzeug um hier über die konstruktiven Rückmeldungen Optimierungen in den Prozessen zu erreichen. Ein Ansatz kann die Delegation von Tätigkeiten sein, z. B. die Dokumentation oder Kodierung, wo bisherige Aufgaben höher dotierten oder personell schwer zu rekrutierender Berufsgruppen an andere Berufsgruppen delegiert werden.

### 12.1.2 Potenzial der Leistungserbringung außerhalb des Budgets („ungedeckelter" Bereich)

Die strategische Ausrichtung auf das Ziel der Erlössteigerung nicht gedeckelter Einkünfte kann ein Erfolgsfaktor sein. Dafür muss die Einrichtungsorganisation strukturell und personell aber auch in der Lage sein oder strategisch in diese Richtung entwickelt werden. Viele somatische Krankenhäuser konnten nach Einführung des DRG-Systems das Abwandern des ambulanten Potenzials verhindern, indem die Krankenhäuser über ambulante Operationszentren oder ambulante diagnostische Leistungserbringung (Gastroskopie, Koloskopie. . . ) die Patienten an das Krankenhaus binden konnten. Dieser Leistungszugewinn erfolgte ohne Deckelung, allerdings darf der personelle und Kostenaufwand nicht vernachlässigt werden und eine Erlös-Kosten-Nutzenberechnung eine positive Beurteilung ergeben.

Ein Ziel der stationären psychiatrischen Versorgung bei Einrichtungen mit hohem Belegungsdruck ist die Reduktion der Überbelegung (in Relation zur in der Budgetvereinbarung getroffen Quote). Stattdessen können alternative Mittel der Patientenversorgung angeboten, die zudem nicht gedeckt sind. Das können z. B. ambulante Krisenzentren sein, die psychische Krisen der Patienten dort im ambulanten Setting behandeln und bei erfolgreicher Behandlung eine stationäre Aufnahme vermeidet.

Ein weiteres Potenzial besteht in den psychiatrischen Institutsambulanzen (PIA). Wenn die im Laufe des Jahres 2012 geplante vereinheitlichte bundesweite Leistungsabbildung (siehe[10]) auch später zu einer leistungsgerechten Vergütung führen sollte ergeben sich hier Optionen der Erlössteigerung. In den PIAs kann das „ambulante Potenzial" der bisher stationären behandelten Patienten unter gewissen Bedingungen teilweise übernommen werden, z. B. die Weiterführung einer psychotherapeutischen Behandlung oder spezifische Gruppentherapie. Hier ist die Wirtschaftlichkeitsberechnung natürlich abhängig von den vertraglichen Bedingungen und Erlöspauschalen.

### 12.2 Das Erlösmanagement

Das stationäre Erlösmanagement ist im System der Pflegetage mit Tagespauschalen und klaren Vereinbarungen mit den Kostenträgern nach BPflV eindeutig definiert. Die Sicherstellung der vereinbarten Belegungstage steht hier primär im Fokus. Die Erlöseinbussen

---

[10] GKV (2011).

durch Fallprüfungen des medizinischen Diensts der Krankenversicherungen (MDK) waren in den vergangenen Jahren relativ gering (< 1 % Erlösbudget in dem Autor bekannten Einrichtungen), so dass dem Thema bisher keine besondere Aufmerksamkeit geschenkt wird.

Im Rahmen einer leistungsorientierten pauschalierenden Vergütung ist es wichtig von vorne herein die neuen Aufgaben effektiv und qualitativ hochwertig im Sinne einer effektiven Erlössicherung zu leisten. Ob diese Funktionen des Erlösmanagements von einzelnen Mitarbeitern erbracht werden oder ein so benanntes und personell besetztes Medizincontrolling installiert wird ist nicht von entscheidender Bedeutung. Wichtig ist primär das Erkennen und zeitnahe Bearbeitung der Erlösrelevanten Aufgaben. Dazu gehört die Erstellung entsprechender Workflows und Standards, die Definition der jeweiligen Prozessverantwortlichen und die systematische Ergebnisüberprüfung über entsprechende Kennzahlen.

Folgende Kernaufgaben des Erlösmanagements sind hier leisten:

- Das Zeitnahe **right coding** (Diagnosen, vor allem Nebendiagnosen, psychiatrische OPS-Kodes (incl. Psych PV), somatische OPS-Kodes) als wesentliche auslösende Faktoren für Fallpauschalen und Zusatzentgelte
- das **MDK-Management** (von der systematischen Sicherstellung der Nachweise in der Dokumentation, Umsetzung von Standards z. B. bzgl. der Fehlbelegungsthematik, die Bearbeitung von MDK-Anfragen bis zum detaillierten MDK-Berichtswesen)
- das **Berichtswesen** der wichtigsten, steuerungsrelevanten Kennzahlen incl. Zielwerte und Budgets (Belegungsdaten, Erlösdaten des gedeckelten und ungedeckelten Bereichs, Personal- und Sachkosten-daten, MDK-Berichtwesen, relevante Kennzahlen der Bereiche)

Für die Schnittstelle zwischen der klinischen Arbeit am Patienten und der Ökonomie ist das Medizincontrolling ein effektives Werkzeug zur Verknüpfung der beiden Bereiche mit dem Ziel des effektiven Erlösmanagements.

## 12.3 Die Dokumentations- und Kommunikationskultur

Die patientenbezogene Dokumentation entwickelt sich im deutschen Gesundheitswesen immer mehr zur Basis von Behandlungsabbildung, Abrechnungsgrundlage, juristischen Nachweis und Qualitätsmerkmal. Das für 2013 zu verabschiedende Patientenrechtegesetz[11] hat die patientenbezogene Dokumentation ebenfalls im Fokus.

Die innerbetriebliche Kommunikation und die Kommunikation mit externen Schnittstellen ist nicht nur ein Thema im Qualitätsmanagement. Im Rahmen der Betriebsführung

---

[11] Referententwurf Patientenrechtegesetz (2012).

spielt die Kommunikationskultur, Systematik, Regelmäßigkeit, Vernetzung eine Kernrolle. Dies zeigt sich deutlich bei der Reorganisation der Organisation im Rahmen des seit 2009 § 17d KHG.

### 12.3.1 Dokumentationskonzept

Die Dokumentation gewinnt im Rahmen des § 17d KHG in der Psychiatrie und Psychosomatik an Bedeutung. Die Standardisierung der Dokumentation, deren Umsetzung und Weiterentwicklung ist ein sehr wichtiger Einflussfaktor. Diese Standardisierung sollte konzeptionell festgelegt berufsgruppenübergreifend sein. Die Erfahrungen aus Dokumentationsaudit belegen, dass viele wichtige Information zwar besprochen, aber nicht dokumentiert werden, uneinheitliche Dokumentationsmethodik, Redundanzen, Unvollständigkeiten etc. häufig auftreten.

Die zukünftigen Anforderungen bezüglich der Abrechnung, der Leistungsabbildung, der Abbildung von Sachkosten und Personalaufwand, der Nachweispflicht für die Fallprüfung, die Rechenschaftspflicht bzgl. dem Patient, der fachlich qualifizieren, juristisch streitfesten Dokumentation für den Rechtsstreit etc. ist für die meisten Krankenhäuser zur Zeit eher Vision als klares Ziel oder gar schon Wirklichkeit.

Ein strategisches Ziel soll genau das Erreichen dieser Vision, dieses Ziel sein. Dazu leistet ein übergreifendes Dokumentationskonzept, eine Neuausrichtung der Organisation der Dokumentationsmethodik, die Nutzung der technischen Möglichkeit z. B. eines Krankenhausinformationssystems als nützliche Mittel zur Erfolgssicherung ihren Beitrag.

### 12.3.2 Offene, übergreifende Kommunikationskultur

Die Kommunikation mit dem Patienten und im Behandlungsteam ist in den psychiatrischen und psychosomatischen Kliniken das wichtigste Behandlungswerkzeug.

Unter den Mitarbeitern und in den Bereichen werden nach den Erfahrungen des Autors zahlreiche Übergaben, Teambesprechungen etc. gepflegt.

Die Effektivität und der Nutzen der Kommunikationskultur werden durch verschiedene Aspekte bestimmt, die oft nicht im primären Fokus der Mitarbeiter liegen, die aber für die Organisation höchste Relevanz haben:

- Funktioniert die Kommunikation Top-Down, wie lange dauert es vom Sender zum Adressaten bis eine wichtige Information diesen erreicht, welche Qualität hat die Information dann noch
- Funktioniert die Kommunikation Bottom-up, kommen die Rückmeldung aus der Mitarbeiterschaft bei der Führung an

- Welche Kommunikationsmedien werden verwendet um wichtige Botschaften und Informationen, z. B. Strategische Themen, Qualitätsziele, Konzepte etc. zu vermitteln
- Wie offen ist die Kommunikation, haben Mitarbeiter die Möglichkeit sachliche, kritische Rück-meldungen zu machen, wie ist die Fehlerkultur in der Organisation
- Wie effektiv erfolgt die Kommunikation, der Aspekt von Zeitaufwand und Nutzen spielt eine große Rolle, werden Zeitvorgaben und Checklisten zur Sicherstellung der zeitlichen und fachlichen Effektivität verwendet

## 12.4   Gesetzliche Regelungen und deren Anwendung

Die gesetzlichen Regelungen bzgl. des Entgeltsystems incl. der dazu gehörigen Verordnungen, zu erwartenden Abrechnungsregeln („... die Vertragspartner bereiterklärt, die Abrechnungsbestimmungen spätestens im 3. Quartal 2012 zu vereinbaren...")[12] sind, wie im vorliegenden Buch bereits mehrfach diskutiert, ein großes zu bewältigendes Aufgabengebiet. Da die qualitativ bestmögliche, zeitnahe Bewältigung der daraus resultierenden Anforderungen in letzter Konsequenz direkt Erlösrelevanz hat sollte die qualifizierte und effektive Umsetzung ein strategisches Hauptziel für alle Einrichtungen sein. Dieses Ziel der Erlössicherung wurde bereits im Kap. 13.2 behandelt.

Ein wichtiger Erfolgsfaktor ist die profunde Kenntnis der Regelungen, die Beurteilung der Relevanz für die Einrichtungen oder Teile der Einrichtungen. Daraus resultieren dann Anpassungen von Prozessen und Workflows oder im extremsten Fall komplette Reorganisationen. Dieses Leistungspaket, diese Aufgabe bedarf eines Verantwortlichen, eines geeigneten Mitarbeiters, der sich kompetent darum „kümmert".

## 12.5   Wettbewerb

Die Bettenmessziffern in den Bundesländern und Regionen sind sehr unterschiedlich. Im tatsächlichen Wettbewerb stehen neben den Pflichtversorgern weitere Player ohne Versorgungsauftrag, die oft mit speziellen Angeboten für gewisse Patientengruppen ihre Leistungen anbieten und erbringen.

Der Wettbewerb kann in zwei Bereichen relevant sein, zum einen für die freien Anbieter in einer Region mit ihrem spezifischen Angebot, die zum Teil auch überregionale Patienten rekrutieren. Zum anderen gibt es auch Wettbewerber als für Anbieter von Nischenprodukten, wie z. B. einer Psychiatrischen Abteilung für Gehörlose Patienten oder ein psychiatrisches Schlaflabor oder klar definierte Modellprojekte.

---

[12] KGRP (2012).

Im Rahmen der pauschalierenden Vergütung und der zu erwartenden Abrechnungs-regeln bleibt abzuwarten, welchen Einfluss dies auf den Wettbewerb hat. Vor allem die Einrichtungen ohne Versorgungsauftrag werden sehr interessiert sein ihren Erlös zu sichern und strategisch sehr flexibel mit speziellen Lösungen auf das neue System zu reagieren:

- Ausbau von sehr spezifischen Leistungsangeboten
- Eigene Modellprojekte über Vereinbarungen mit Kostenträgern
- Ausrichtungen auf „gut" vergütete Fallpauschalen
- Fokussierung auf absolute Nischen
- Abdeckung von Erkrankungsbereichen mit sektorenübergreifenden Lösungen

Diese Lösungen sollten natürlich im Vorfeld mit ihren wirtschaftlichen, strukturellen und personellen Ergebnissen und Konsequenzen beurteilt werden.

## 12.6  Neue Organisationsformen und Modellprojekte in der Krankenversorgung

Seit mehreren Jahren sind in der psychiatrischen und psychosomatischen Versorgung in Deutschland neue Organisationsformen in Erprobung und Umsetzung.

Hier sind zum einen die integrierten Versorgungsmodelle zu nennen, die z. B. im Hamburger Modell für Psychose[13] Patienten eine sektoren-übergreifende Versorgung mit den Mitteln der Behandlung „vor Ort" über ein Home-Treatment-Team. Der primäre Einsatz mit Krisenintervention zu Hause oder sekundär nach stationärer Aufnahme unter früher Beteiligung des Home-Treatment-Teams dient der Vermeidung oder Reduktion des statio-nären Behandlungsbedarfs/-dauer. Die stärkere Gewichtung der ambulanten Behandlung führt zur Senkung der Rückfall- und Wiederaufnahmeraten (vgl.[14]). Dies ist eines von vielen Integrierte Versorgungsprojekten, die ja auch nach Gesetzestext des Psych EntgG[15] eine zugelassene, vergütete Alternative zur klassischen Versorgungsstruktur für die Kran-kenhausträger darstellen. Die Sicherstellung eines ausreichenden Deckungsbeitrags des Leistungsangebotes darf jedoch nicht außer Acht gelassen werden.

Eine andere Organisationsform ist das Regionalbudget, welches Prof. Deister in Itzehoe bereits seit über 9 Jahren umgesetzt hat. „Eine Klinik erhält einen für mehrere Jahre festge-legten Betrag für die psychiatrische und psychotherapeutische Versorgung einer definierten Region... Die Klinik ist völlig frei im Einsatz der jeweiligen Behandlungsart... Vereinbart wird die Behandlung einer bestimmten Zahl von Menschen pro Jahr (keine Behand-lungstage oder Fälle)... Die Klinik übernimmt eine Gewährleistung für die Qualität der

---

[13] Ohm (2008).
[14] Ohm (2008).
[15] Bundesministerium für Gesundheit, Psych EntgG (2012).

Behandlung.[16]" Das Budget ist eine Mischkalkulation der stationären, teilstationären und ambulanten Versorgung und enthebt die Kliniken von allen Pflichten der Psych PV.

Für neue Organisationsformen oder Modellprojekte ist immer eine Einigung mit den regionalen Kostenträgern, die Abstimmung mit anderen Versorgern incl. politischer Interessen in der Region notwendig. Zudem ist nicht jede Innovation im Sinne der Gesundheitsökonomie oder für die Behandlungsqualität am Patienten sinnvoll. Dennoch ist kann es für Krankenhausträger eine interessant, finanziell sinnvolle Option sein das Leistungsspektrum auf sektorenübergreifende Angebot zu erweitern.

## 12.7   Qualifikation der Mitarbeiter, Personalentwicklung und Personalausstattung

Kennzahlen dieses Themengebietes sind bereits von Arnold für somatische Krankenhäuser 2008 abgeleitet und geprüft worden „Ist-Situation der Qualifikation der Mitarbeiter und der Personalausstattung.[17]" Bei der Analyse der Personalausstattung ist zunächst interessant, ob alle Planstellen besetzt sind. Daneben kann die zeitliche Entwicklung der Personalbesetzungen (Ist/Soll der einzelnen Berufsgruppen) der letzten Jahren analysiert werden. Eine interessanter Aspekt kann die Frage sein, wie es überhaupt zu den zugrunde liegenden Personalbesetzungsdaten gekommen ist, wurde dies nach Psych PV korrekt berechnet oder sind dies historisch gewachsene Zahlen? Auch die Analyse der beruflichen Qualifikation (primäre Ausbildung, Aus- und Weiterbildung, Zusatzqualifikationen) führt zu wichtigen Erkenntnissen, vor allem angesichts der gesetzten Forderungen von Mindestmerkmalen, Leistungsdefinitionen etc.

Aus Personalausstattung und Personalentwicklung abgeleitet sind natürlich die entsprechende Kosten relevant, wie haben sich die Personalkosten entwickelt, welche Personalentwicklungskosten hatte ich bisher, welcher Bedarf zeichnet sich ab.

Zwei Einflussfaktoren auf der Personalebene werden im Folgenden erläutert.

### 12.7.1   Attraktivität des Arbeitsplatzes

Die Attraktivität des Arbeitsplatzes wird von vielen Faktoren bestimmt und sollte im Fokus der Führungskräfte liegen. Die Mitarbeiterzufriedenheit hat für die Leistungsbereitschaft eine hohe Relevanz, denn die Zufriedenheit korreliert mit Motivation, Freundlichkeit im Umgang etc. Wichtige Faktoren für die Attraktivität sind die Vergütung, die Angebot des Arbeitgebers an die Mitarbeiter (Kindergarten, Parkplätze, flexible Arbeitszeit, Gesundheitsvorsorge etc.), aber auch die Situation im Arbeitsalltag mit offener Kommunikation,

---

[16] Deister (2010).

[17] Arnold (2008).

Wertschätzung und gelebte Mitarbeitervorgesetztengespräche. Ein weiterer Faktor der Attraktivität eines Arbeitsplatzes ist die aktive strukturierte Personalentwicklung des einzelnen Mitarbeiters. Fort- und Weiterbildung, gezielte individuelle Qualifikation und Ausrichtung auf die neuen Anforderungen sind für den einzelnen Mitarbeiter Ansporn und positives Signal.

### 12.7.2   Personalentwicklung bzgl. dem neuen Entgeltsystem

Für die Krankenhausleitung und das Erlösmanagement ist der Anteil qualifizierter Mitarbeiter der einzelnen Berufsgruppen in Bezug auf die Struktur- und Mindestmerkmale der einzelnen psychiatrischen OPS-Leistungscodes von Interesse. Es gehen nur Leistungen von Mitarbeitern in die OPS-Kodes ein, die über eine definierte Mindestqualifikation verfügen, z. B. Diplom-Psychologen oder Pflegefachperson. Pflegestellen sind bisher oft mit Arzthelferinnen oder zweijährig (einjährig) ausgebildeten Mitarbeitern besetzt. Diese Mitarbeitergruppen sind zwar von den Personalkosten günstiger, deren Leistungen wird aber im neuen Entgeltsystem nicht als fachspezifische Leistung anerkannt. Daher wird es bei einer leistungsgerechten Vergütung im neuen Entgeltsystem ein strategischer Vorteil sein über die Personalqualifikation und die Personalentwicklung einen ausreichenden Anteil qualifizierter (im Sinne der Definition im OPS) Mitarbeiter in den Berufsgruppen zu verfügen. Da sowohl die Anzahl der Therapieeinheiten, als auch die Behandlungsart und die Zusatzkodes nach Aussagen von Dr. Heimig[18], Leiter des Instituts für Entgeltsystem 2012, erlösrelevant sein werden unterstreicht dies die Bedeutung der Personalqualifikation.

Die Konsequenz könnte die Umsetzung eine systematische Personalqualifikation orientiert an der Strategie der Sicherstellung der Strukturmerkmale für den besser bewerteten OPS-Leistungskode sein. Unter den neuen Rahmenbedingungen ist dies eine strategische Entscheidung für die Zukunft. Dennoch ist es zur qualitativen adäquaten Versorgung der Patienten notwendig wissenschaftlich fundiert zu wissen oder zu definieren „. . . welche personellen Qualifikationen in welcher Quantität für eine qualitative Versorgung erforderlich sind."[19]

Der zweite Aspekt der Personalentwicklung bzgl. des neuen Entgeltsystems betrifft die Qualifikation der Berufsgruppen zur Umsetzung der zahlreichen Anforderungen. Die Anforderungen der Leistungserfassung, der Kodierung, der Leistungsableitung als OPS-Kode, des MDK-Managements etc. sollte bis spätestens 2015 qualitativ valide umgesetzt werden. Es bieten sich dafür drei grundsätzliche Wege an:

1. Bewältigung der Aufgaben mit dem bisherigen Personalstamm. Dies erfordert eine entsprechende systematische, übergreifende Personalqualifikation und Festlegung der einzelnen Workflows und der Verantwortungen der einzelnen Mitarbeiter.

---

[18] Heimig, ZENO (2012).

[19] Initiatoren der Fachtagung Psychiatrie: Berliner Manifest (2012).

2. Die zweite prinzipielle Möglichkeit wäre die Delegation der notwendigen Tätigkeiten teilweise oder vollständig auf einzelne Mitarbeiter (z. B. Im Sinne eines Medizincontrollings oder Dokumentationsassistenten), die einer intensiven individuellen Personalentwicklung und entsprechenden Kompetenzen bedürfen.
3. Die dritte Lösung ist der Aufbau eines Medizincontrollings mit überwiegend neuen, externen Kräften, die dann alle notwendigen Aufgaben übernehmen.

Das Personal als Quelle der Kernleistungen in der Psychiatrie sollte daher in jedem Fall bzgl. Besetzung, Qualifikation, Kennzahlen ein strategischer Fokus jeder Einrichtungsleitung sein.

## Literatur

Arnold, C.: Entwicklung eines strateglschen Prognosemodells für Krankenhausunternehmen in Deutschland. dissertation.de Verlag im Internet GmbH, Berlin (2008)

Bundesministerium der Justiz (17.03.2009): § 17d Einführung eines pauschalierten Entgeltsystems für psychiatrische und psychosomatische Einrichtungen. http://www.gesetze-im-internet.de/khg/__17d.html (2009). Zugegriffen: 23. März 2012

Bundesministerium für Gesundheit (7.11.2011): Referentenentwurf: Gesetz zur Einführung eines pauschalierenden Entgeltsystems für Gesetz zur Einführung eines pauschalierenden Entgeltsystems für psychiatrische und psychosomatische Einrichtungen. http://www.bmg.bund.de/fileadmin/dateien/Downloads/Gesetze_und_Verordnungen/Laufende_Verfahren/P/Psychentgeltsystem/Gesetz_zur_Einfuehrung_eines_pauschalierenden_ Entgeltsystemsfuer_psychiatrische_und_psychosomatische_ Einrichtungen.pdf (2012). Zugegriffen: 23. März 2012

Deister, A.: Vom Fall zum Menschen, Ein Regionalbudget für die Psychiatrie, Vortrag beim 60. Wissenschaftlichen Kongress in Hamburg, 1.5.2010. http://www.aerzte-oegd.de/pdf/kongress/60_kongress/vortraege/deister_regionalbudget.pdf (2010). Zugegriffen: 1. März 2012

GKV (20.4.2011): PIA-Dokumentation, Konzept des GKV-Spitzenverbandes. http://www.gkv-spitzenverband.de/upload/2011_04_20_GKV-SV-Konzept_PIA-Doku_16471.pdf (2011). Zugegriffen: 1. März 2012

Initiatoren der Fachtagung Psychiatrie in Berlin: Berliner Manifest 2012, Kongresshandout (2012)

Heimig, F.: Das neue Psych-Entgeltsystem – Aktueller Stand der Entwicklung des neuen Vergütungssystems, Foliensatz der Veranstaltung Das neue Psych-Entgeltsystem am 27. Feb. 2012, Berlin (2012).

KGRP: Rundschreiben 129/2012. www.kgrp.de (2012). Zugegriffen: 31. März 2012

Ohm, G. (7.11.2008): Das Hamburger Modell des UKE, Integrierte Versorgung für Psychosepatienten. http://www.iv-hh.de/iv-2008/pdf/vortrag_ohm.pdf (2008). Zugegriffen: 1. März 2012

Referentenentwurf des Bundesministeriums der Justiz und des Bundesministeriums für Gesundheit (17.1.2012): Entwurf eines Gesetzes zur Verbesserung der Rechte von Patientinnen und Patienten (Patientenrechtegesetz). http://www.bmg.bund.de/fileadmin/dateien/Downloads/Gesetze_und_Verordnungen/Laufende_Vefahren/P/Patientenrechte/Referentenentwurf_Patientenrechte_BMJ_BMG_Endfassung_ 120116.pdf (2012). Zugegriffen: 1. März 2012

# Statusbericht Benchmark

René Berton und Mario C. Birr

Kaum waren strukturierte Daten im Rahmen der Umsetzung von § 17d KHG vorhanden, wurden fast schon inflationär Benchmarks angeboten. Grundlage dieser Benchmarks ist der Datensatz nach § 21 KHEntgG, da nun auch die Leistungen psychiatrischer und psychosomatischer Einrichtungen nach dem Datensatzformat der Somatik ausgewertet werden. Demnach sind zumindest theoretisch auch Informationen enthalten, die in diesen beiden Fachgebieten wohl nicht so schnell vorkommen werden. Hierzu können beispielsweise Beatmungsstunden, Beleghebammen oder Fallzusammenlegungen gezählt werden. Grundsätzlich besteht der § 21-Datensatz aus zehn unterschiedlichen Dateien, die insbesondere Auskunft über die Parameter Behandlungsdauer, Alter, Geschlecht, Aufnahmegewicht, Haupt- und Nebendiagnosen, OPS, Anzahl Betten, regionale Versorgungsverpflichtung, Entgeltbetrag und Entgeltanzahl geben. Alle Kalkulationshäuser stellen dem InEK neben diesen obligatorisch zu liefernden Dateien noch zwei weitere Dateien (Kosten.csv und Kostenmodul.csv) zur Verfügung, die letztlich Aufschluss über die Kosten der dazugehörigen Patienten auf Fall- bzw. Tagesebene liefern. Mit der Echtkalkulation 2012, bei der die Kosten- und Leistungsdaten aus dem Datenjahr 2011 handbuchbuchkonform aufbereitet werden, gewinnen diese Daten erstmals an politischer Brisanz, da sie die Basis der ersten Relativgewichte für die optierenden Häuser in 2013 bilden.

R. Berton (✉)
Pfalzklinikum, Klingenmünster, Deutschland
E-Mail: rene.berton@pfalzklinikum.de

M. C. Birr
Kliniken im Theodor-Wenzel-Werk,
Berlin, Deutschland
E-Mail: mario.birr@tww-berlin.de

F. Studenski et al. (Hrsg.), *Neues Entgeltsystem in der Psychiatrie und Psychosomatik*,
DOI 10.1007/978-3-8349-4165-7_13, © Gabler Verlag | Springer Fachmedien Wiesbaden 2013

## 13.1    Benchmark mit dem (zukünftigen) PSY-Browser

Grundsätzlich steht es jedoch erst einmal allen Häusern frei, an der Echtkalkulation teilzunehmen. Mit dieser freiwilligen Teilnahme wäre nicht nur eine Rückmeldung zur eigenen Datenqualität und zu etwaigen Weiterentwicklungspotentialen verbunden, sondern auch die Möglichkeit, Einfluss auf die nationalen Relativgewichte auszuüben, sofern die generierten Kostendaten die Qualitätshürden des InEK überschreiten. Adäquat zum DRG-System könnten Kostenführer dabei nicht nur die Durchschnittskosten einer Tagespauschale, sondern auch das damit verbundene Relativgewicht senken und Qualitätsführer respektive kostenintensivere Anbieter diese(s) vice versa steigern. Vor diesem Hintergrund inkludiert die Frage nach der freiwilligen Teilnahme an dem offiziellen PSY-Kalkulationsverfahren wiederum eine strategische Überlegung, wobei für teuere Anbieter die Teilnahme am offiziellen InEK-Kalkulationsverfahren fast schon obligat ist, insbesondere dann, wenn sie bei ihren medizinischen Kernleistungen über den Durchschnittskosten des zukünftigen PSY-Browsers liegen. In diesem Fall müssten sie im Sinne einer Doppelstrategie den Umstand nutzen, dass die nach den InEK-Vorgaben aufbereiteten Kosten- und Leistungsdaten eines Kalkulationsjahres stets erst zwei Jahre später ihre Wirkung im System entfalten. Das heißt zum Beispiel, dass die Kosten- und Leistungsdaten des Jahres 2012 InEK-konform im Jahr 2013 aufbereitet werden und als Grundlage für die Relativgewichte in 2014 dienen. Hierdurch hätte das betroffene Haus genügend Spielraum, um kostensenkende Maßnahmen einzuleiten, die spätestens in 2014 ihre volle Wirkung entfalten sollten. Denn die in diesem Jahr geltende Vergütungsregelung basiert im Wesentlichen auf den teuren Ist Kosten des Datenjahres 2012.

Solche strategische Fragestellungen werden zukünftig verstärkt auf die psychiatrischen und psychosomatischen Einrichtungen im stationären Sektor zukommen. Neben der Frage, wie viele Häuser dabei die vom InEK gestellten Qualitätshürden überspringen können, stellt sich sicherlich auch die Frage, ob die eigenen Kosten- und Leistungsdaten abgegeben werden sollen oder nicht. Wenngleich sich hier jedes Haus selbst hinterfragen muss, kann aus systemischer Betrachtungsweise sicherlich nur dafür optiert werden, dass die Krankenhäuser mit einem relativ hohen Pflegesatz tendenziell eher teilnehmen sollten als Häuser, die einen vergleichsweise günstigen Pflegesatz mit den Kassen verhandelt haben. So oder so kann aber erst die Kostenträgerrechnung die Frage beantworten, wie sich die eigenen Kosten im Vergleich zu denen des nationalen Durchschnitts verhalten. Ehrlicherweise muss hierzu aber auch konstatiert werden, dass dies wohl erst Mitte/Ende 2012 mit der Veröffentlichung des ersten PSY-Browsers möglich sein wird.

## 13.2    Erste Ergebnisse aktueller Benchmark Projekte

Folglich gibt es aktuell eine Vielzahl von Benchmark Projekten, die sich zum Ziel gesetzt haben, zumindest die Leistungsdaten aus dem § 21-Datensatz zu vergleichen, um Anhaltszahlen und Richtwerte für die neuen Kennzahlen im PSY-System liefern zu können.

Wie und ob diese Angaben im Vergleich den Trägern von psychiatrischen und psychosomatischen Einrichtungen bei der Einführung des Neuen Entgeltsystems helfen können,
soll anhand des durchgeführten Benchmarks des Krankenhauszweckverbandes Köln, Bonn
und Region im Auftrag der Krankenhausgesellschaft Rheinland-Pfalz auf Basis des § 21-
Datensatzes und der Leistungs- und Kalkulationsaufstellung geprüft werden.[1] Alternativ
hätten auch die Ergebnisse der Arbeitsgemeinschaft Westfälischer Krankenhausverbände
oder der DKTIG-Deutsche Krankenhaus Trust Center und Informations GmbH- oder anderer genutzt werden können, aber diese liegen den Autoren nicht vor. In Summe erscheint
es nicht wesentlich zu sein, welcher Benchmark für die Analyse genutzt wird, da alle auf
dem § 21-Datensatz beruhen und der Benchmark des Krankenhauszweckverbandes Köln,
Bonn und Region als systematische Basis für die Analyse dient.

Grundlage des Benchmarks waren folgende Fragestellungen:

- Prozentuale Verteilung der Hauptdiagnose auf Basis des 3-stelligen ICD-Kodes
- Hauptdiagnosebezogener Verweildauervergleich
- Häufigkeit von Nebendiagnosegruppen
- OPS-Primärkodes am Ende der Behandlung
- Anzahl von OPS-Kodes pro Fall (Arbeitsgemeinschaft Westfälischer Krankenhausver-
  bände)
- Anzahl von Therapieeinheiten pro Woche (Arbeitsgemeinschaft Westfälischer Kranken-
  hausverbände)
- Psych-PV-Einstufung
- Personalbindung anhand der OPS-Kodes
- Nutzung von medizinischen Großgeräten wie CT und MRT

Welche zusätzlichen Informationen können die Träger nun aus diesen Informationen gewinnen, die sie inhaltlich voranbringen? Diagnosenstatistiken mit den dazugehörigen
Verweildauern gab es schon bundesweit in unterschiedlichsten Vergleichen. Neu hinzu-
gekommen sind Informationen zu den Nebendiagnosen, die bisher keine und auch aktuell
noch keine Rolle spielen. Mit Vergleichen zu den Nebendiagnosen soll eher herausgefun-
den werden, ob in psychiatrischen Fachgebieten auch andere Kapitel des ICD-10 zum
Tragen kommen und ob möglicherweise schon heute erlösrelevante Diagnosen dokumentiert werden. Bei der Erlösrelevanz kann jedoch nur ein Vergleich zum DRG-System gezogen
werden.

Von größerem Interesse scheinen dagegen der Primärkode und die Personalbindung zu
sein, welche über die endstelligen OPS-Kodes abgebildet werden. Gerade der Wechsel des
Primärkodes während und am Ende der Behandlung gibt Aufschluss darüber, wie häufig
eine Einschätzung des Patienten vorgenommen wird und ob die Behandlung erfolgreich
gewesen sein könnte. Anzeichen hierfür kann der Anteil von Patienten geben, der mit
einem Intensivkode entlassen wird und diesen erst im Laufe der Behandlung erhalten

---

[1] Vgl. hierzu grundlegend Krankenhauszweckverbandes Köln, Bonn und Region (2010).

**Tab. 13.1** Prozentuale Verteilung der Berufsgruppenbeteilung an der Behandlung. (Quelle: KHZV 2010; Vgl. hierzu Krankenhauszweckverband Köln, Bonn und Region 2010)

| Berufsgruppe | Primärkode | | | | |
| --- | --- | --- | --- | --- | --- |
| | Regel-behandlung 9-600 (%) | Intensivbehandlung 9-610 (%) | Psychotherapeutische Komplexbehand-lung 9-620 (%) | Psychosomatische Komplexbe-handlung 9-630 (%) | Ohne OPS-Kode (%) |
| Arzt | 26,38 | 14,35 | 0,50 | 0 | 58,77 |
| Psychologe | 15,05 | 5,26 | 1,14 | 0 | 78,28 |
| Spezialtherapeut | 45,58 | 14,23 | 1,73 | 0 | 38,46 |
| Pflege | 48,78 | 23,77 | 1,47 | 0 | 25,99 |

hat. Gerade mittels der endstelligen OPS-Kodes erfährt eine Einrichtung einiges darüber, wie gut die durchgeführte Therapie und welcher Anteil an der zur Verfügung stehenden Arbeitszeit abgebildet wird. Des Weiteren wird deutlich, welche Berufsgruppen sich besser bzw. vollständiger über den OPS abbilden lassen.

Anhand der Tab. 13.1 wird deutlich, dass die psychotherapeutische und psycho-somatische Komplexbehandlung vernachlässigend gering im Jahr 2010 Anwendung fand. Das Ergebnis der Kodierung konzentrierte sich maßgeblich auf die Bereiche der Regel- und Intensivbehandlung. Dies kann eventuell daran liegen, dass im Teilnehmerkreis des durch-geführten Benchmarks wenige Einrichtungen mit psychotherapeutischer Spezialisierung bzw. psychosomatische Einrichtungen vertreten gewesen sind. Unabhängig davon ist aber auffällig, dass zumindest in der Regelbehandlung fast 50 % aller behandelten Patienten einen Kode aus dem Bereich der Spezialtherapeuten und Pflegefachkräfte aufweisen. Psy-chologen konnten nur zu 15 % und Ärzte zu 26 % ihre erbrachten Leistungen abbilden. Vor allem die Spalte „Ohne OPS-Kode" zeigt klar, dass bei einem Großteil der erbrachten Behandlungswochen kein OPS-Kode dokumentiert werden konnte und somit das Patien-tenklientel nicht 25 min zusammenhängend therapierbar war, wenn man eine vollständige Teilnehmerkreis unterstellt.

Sollte der OPS-Katalog in seiner aktuell gültigen Form erlösrelevant werden, so sor-gen die Berufsgruppe der Spezialtherapeuten sowie die des Pflegediensts wesentlich dafür, dass Erlöse außerhalb des sog. „Grundrauschens" generiert werden. Innerhalb der gewach-senen Strukturen einer Klinik müsste bei diesem Ergebnis sicherlich an der einen oder anderen Stelle umgedacht werden, wenn die eher kostengünstigeren Berufsgruppen die Erlössituation zu steigern vermögen.

Tabelle 13.2 zeigt das Verhältnis von abgeleiteten Therapieeinheiten im Vergleich zu dokumentierten Leistungsminuten pro Tag, wobei diese Kennzahlen kumuliert für alle Be-rufsgruppen ausgewertet worden sind. Die Spalte Therapieeinheiten/Behandlungstag stellt die für die OPS-Kodierung herangezogenen Therapieeinheiten dar. Die Spalte Leistungsmi-nuten/Behandlungstag stellt dagegen die tatsächlich über die Leistungsdokumentation am Patienten dokumentierten Leistungsminuten dar. Diese wurden in 25-Minuteneinheiten umgerechnet, um mit den Therapieeinheiten vergleichbar zu sein. Die Anzahl der Thera-

**Tab. 13.2** Dokumentierte Therapieeinheiten vs. Leistungsminuten pro Behandlungstag, eigene Berechnung

| Fachabteilung | Therapieeinheiten (TE)/ Behandlungstag | | Leistungsminuten (LM)/ Behandlungstag | |
|---|---|---|---|---|
| | 2010 | 2011 | 2010 | 2011 |
| Allgemeinpsychiatrie | 1,27 | 1,47 | 163 ≅ 6,52 TE | 129 ≅ 5,16 TE |
| Abhängigkeitserkrankung | 0,89 | 2,56 | 112 ≅ 4,48 TE | 261 ≅ 10,44 TE |
| Gerontopsychiatrie | 2,11 | 4,51 | 163 ≅ 6,52 TE | 219 ≅ 8,76 TE |
| Kinder- und Jugendpsychiatrie | 4,98 | 6,76 | 532 ≅ 21,28 TE | 684 ≅ 27,36 TE |

pieeinheiten/Behandlungstag sind von 2010 zu 2011 unterschiedlich stark angestiegen. Ein vergleichbarer Anstieg ist bei den dokumentierten Leistungsminuten nicht 1:1 nachzuvollziehen. Die Ausnahme bildet hier die Allgemeinpsychiatrie, bei der ein leichter Anstieg um ca. 16 % bei den Therapieeinheiten und ein Abfall von ca. 21 % bei den Leistungsminuten zu registrieren ist. Die anderen Fachgebiete haben bei beiden Werten einen deutlichen Anstieg zu verzeichnen.

Für einen Benchmark mit anderen Einrichtungen sind sicherlich die Veränderungen sowie die absoluten Werte interessant. Deutlich wird, dass es ein wesentliches Delta zwischen den OPS-relevanten Therapieeinheiten (TE) und den umgerechneten Leistungsminuten (LM) gibt. Die folgende Aufstellung setzt die Werte von 2011 zueinander in Beziehung:

- Allgemeinpsychiatrie TE/LM = 28 %
- Abhängigkeitserkrankung TE/LM = 24 %
- Gerontopsychiatrie TE/LM = 51 %
- Kinder- und Jugendpsychiatrie TE/LM = 25 %

Bis auf die Gerontopsychiatrie werden hier nur ca. 25 % der dokumentierten Leistungen im Neuen Entgeltsystem berücksichtigt. Als Weiterentwicklung für den OPS wäre es aus Sicht der Autoren sicherlich sinnvoll, bei der Ermittlung von Therapieeinheiten auf eine kumulative Berechnungsmethode pro Behandlungstag umzusteigen, um ein vollständigeres Bild der Leistungserbringung zu erhalten.

Wenn Auswertungen wie diese im Benchmark miteinander verglichen werden, dann könnte jede Einrichtung für sich ableiten, wie detailliert sich die eigene Leistungsdokumentation darstellt und wie groß der therapeutische Arbeitsanteil gegenüber der OPS-relevanten Therapieeinheit ist. Ob die hier präsentierten Referenzzahlen jedoch korrekt sind und der Wirklichkeit entsprechen, können auch die Autoren aktuell noch nicht sagen, da sich erst ein Gefühl für diese neue Kennzahlen entwickeln muss. Klinikintern wird eher darauf zu achten sein, dass sich die Dokumentationsrate konstant verhält und auch bei vergleichbaren Stationen ähnliche Dimensionen annimmt. Ob das Niveau aber zu niedrig oder zu hoch ist, ist aktuell noch nicht bewertbar.

An dieser Stelle soll noch kurz auf zwei Benchmark-Projekte hingewiesen, die sich aus den Reihen der Leistungserbringer ergeben haben, um aktiv an der Ausgestaltung des Neuen Entgeltsystems mitzuwirken.

a. „Versorgungsrelevante Indikatoren in der Psychiatrie und Psychosomatik"[2]
   Unter der Projektleitung von PD Dr. F. Godemann (Berlin), Dr. C. Wolff-Menzler (Göttingen) und Prof. Dr. B. Maier (Mannheim) hat dieses Projekt als Hauptziel die Entwicklung von Kennzahlen, mit denen Aussagen zur Versorgung psychiatrischer und psychosomatischer Patienten in Deutschland getroffen werden können. Hierbei wird deutlich herausgestellt, dass es sich nicht um ein Benchmark-Projekt handelt. Trotzdem wird es an dieser Stelle aufgeführt, da auch hier im Wesentlichen der § 21-Datensatz die Datengrundlage für dieses Projekt darstellt. Ziel ist jedoch nicht der Vergleich der Einrichtungen miteinander, sondern die Darstellung der Veränderung der Versorgungslandschaft durch die Einführung des Neuen Entgeltsystems. Projektpartner sind hierbei die DGPPN (Deutsche Gesellschaft für Psychiatrie, Psychotherapie und Nervenheilkunde) sowie die BDK (Bundesdirektorenkonferenz).
b. „Interessensgruppe Neues Entgeltsystem"
   Dieses Projekt ist deutlich anders aufgestellt. Unter der Leitung von M. Larbig, (Hamburg) und R. Berton (Klingenmünster) handelt es sich hierbei um einen Zusammenschluss von Einrichtungen, die mit ihrer Teilnahme am Projekt Einfluss auf die Entwicklung des Neuen Entgeltsystems nehmen wollen. Hierzu sollen in 2012 alle teilnehmenden Kliniken befähigt werden, an der InEK-Kostenkalkulation teilnehmen zu können sowie ein einheitlicher Leistungskatalog für alle therapeutisch arbeitenden Berufsgruppen entwickelt werden. Auf diesen sollen dann die eigenen, eventuell abweichenden Leistungsdokumentationen gemappt werden. Beides trägt dazu bei, dass die Einrichtungen Daten erzeugen, die vergleichbar sind. Bei dem sich daraus ergebenden Benchmark sollen strategische, ökonomische, therapeutische sowie ressourcenbezogene Fragestellungen beantworten werden. Bisherige Datengrundlage ist auch hier der § 21 Datensatz. Dieser soll künftig aber auch um die Kalkulationsdaten sowie Leistungsdaten ergänzt werden.

Auch diese beiden ambitionierten Projekte zeigen, dass die Psychiatrie und Psychosomatik bisher nur wenig Datenmaterial hat, um Benchmarks durchführen zu können. Heute und wahrscheinlich auch noch die nächsten drei Jahre wird der § 21-Datensatz die Benchmark Landschaft beherrschen.

---

[2] Vgl. hierzu grundlegend Godemann et al. (2012).

**Abb. 13.1** Kostenverteilung
auf Kostenstellengruppen der
InEK-Kalkulationsmatrix.
(Quelle: RedCom GmbH 2012,
S. 15)

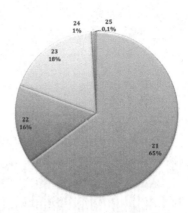

## 13.3   Erste Ergebnisse erfolgreicher Probekalkulationsteilnehmer

Bei der Nutzung der Kalkulationsdaten aus einer InEK-konformen Kostenträgerrechnung als Benchmark Basis können folgende Ergebnisse entstehen, die im Folgenden kurz dargestellt werden sollen.

Hierfür werden anonymisierte Kalkulationsergebnisse der RedCom GmbH genutzt. Aus Abb. 13.1 geht hervor, dass die Kostenstellengruppen 21 (Regelbehandlung) mit 65 % und 22 (Intensivbehandlung) mit 16 % zusammen 81 % der kalkulierten Gesamtkosten abbilden. Die Kostenstellengruppe 23 (Psychotherapie) ist der einzige Therapiebereich, der einen wesentlichen Kostenanteil ausmacht.

Wie sich diese Kosten auf den Behandlungsverlauf verteilen, sei anhand der Abb. 13.2 – Kostenverlauf über die Behandlungsdauer dargestellt. Dieser Verlauf stellt die Kosten eines einzelnen Patienten dar.

Anhand des Farbwechsels der senkrechten Balken wird deutlich, dass hier ein Wechsel von der Kostenstellengruppe 21 (Regelbehandlung) in die Kostenstellengruppe 22 (Intensivbehandlung) stattgefunden hat und wieder zurück. Interessant ist an diesem Einzelfall, dass der Patient am Ende seines Behandlungsaufenthaltes im Primärkode für die Intensivbehandlung eingestuft war und demnach die Stationskosten an diesen beiden Tagen in der Kostenstellengruppe 22 (Intensivbehandlung) ausgewiesen wurden.

Ein weiterer Kostenverlauf aus Abb. 13.3 – Kostenverlauf über die Behandlungsdauer II zeigt noch deutlicher, dass sich die Stationskosten über den Behandlungsverlauf kaum ändern. Diese sind an diesem Einzelbeispiel nahezu konstant bei ca. 240 € pro Tag. Bedenken wir hierbei, dass die Stationskosten über die Betreuungsintensität der Regel- oder Intensivbehandlung zugeordnet werden, so zeigt dieses Beispiel anhand des konstanten Wertes, dass sich die Betreuungsintensität über den Behandlungsverlauf fast nicht verändert hat und der Patient somit in seinem Verhalten, welches über die Betreuungsintensitätsmerkmale beschrieben wird, kaum Veränderungen aufwies.

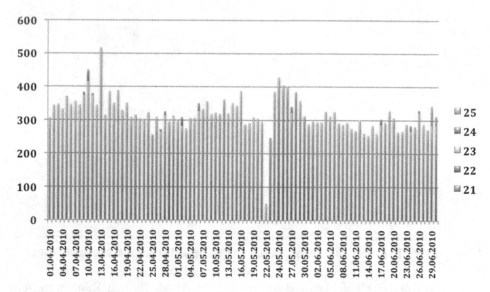

**Abb. 13.2** Kostenverlauf über die Behandlungsdauer I. (Quelle: RedCom GmbH 2012, S. 16)

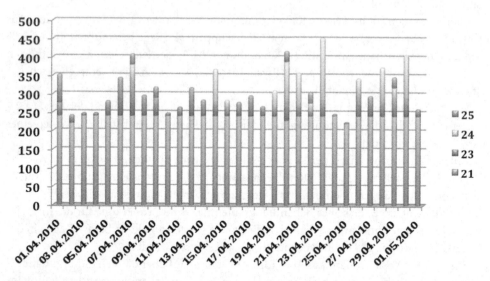

**Abb. 13.3** Kostenverlauf über die Behandlungsdauer II. (Quelle: RedCom GmbH 2012, S. 25)

Diese und weitere Informationen sind nicht aus dem obligatorischen § 21-Datensatz zu entnehmen. Diese können nur durch eine InEK-konforme Kostenkalkulation generiert werden, wobei die Kalkulation dieser Kostendaten auf dem Freiwilligkeitsprinzip beruht. Das einzige Problem hierbei wird sicherlich sein, dass nicht viele Kliniken aktuell dazu in der Lage sein werden, valide Kalkulationsdaten zu erzeugen und schon gar nicht für einen

Benchmark zur Verfügung zu stellen. Daher muss dieses Thema in der Psychiatrie und Psychosomatik noch wachsen.

## Literatur

Godemann, F., Wolff-Menzler, C., Maier, B.: Versorgungsrelevante Indikatoren in der Psychiatrie und Psychosomatik, Vortrag beim Treffen der Fachgruppe Psychiatrie - Arbeitsgruppe Entgelt des Verbandes der Krankenhausdirektoren Deutschlands am 10. Feb. 2012, Berlin (2012)

Krankenhauszweckverbandes Köln, Bonn und Region: Benchmark Daten aus dem Datenjahr 2010, Köln (2010)

RedCom GmbH: Psychiatrie – Psychosomatik, § 17d kommt – Sind Sie vorbereitet? Seminar-Folien aus Block IV, 30. Jan. 2012, Mannheim (2012)

# Schlafmedizin in der Psychiatrie im Rahmen des neuen pauschalierten Entgeltsystems

**14**

Frank Studenski und Hans-Günter Weeß

Psychiatrisch geleitete Schlafzentren/Schlaflaboratorien unterscheiden sich in ihrem Leistungsspektrum deutlich von den allgemeinen psychiatrischen Leistungen. Dies gilt es im Rahmen der Einführung eines neuen Entgeltsystems in der Psychiatrie zu berücksichtigen. Die Behandlungsschwerpunkte psychiatrisch geführter Schlafzentren liegen sowohl auf den primären und sekundären Insomnien, auf somatisch bedingten Schlafstörungen, welche eine im Behandlungsplan zu berücksichtigende psychiatrische Komorbidität aufweisen und auf seltenen somnologische Erkrankungen, wie beispielsweise den Parasomnien. Es wird darauf hingewiesen, dass in psychiatrischen Schlafzentren sowohl für psychische und psychiatrische Schlafstörungen, als auch für somatische Schlafstörungen mit psychiatrischer Komorbidität Behandlungskonzepte angeboten werden, welche an anderer Stelle im Gesundheitssystem nicht vorgehalten werden.

Vorhandene somatische schlafmedizinische Leistungen (Leistung an sich, Aufwand, Kosten) wurden mit Einführung der somatischen OPS und DRGs abgebildet und werden jährlich mit den Kalkulationsdaten angepasst. Diese orientieren sich am Behandlungsaufwand bei organisch bedingten Schlafstörungen in der Regel ohne relevante psychiatrische Komorbidität. Der Mehraufwand in Diagnostik und Therapie bei psychiatrisch bedingten Schlafstörungen und organische bedingten Schlafstörungen mit psychiatrischer Komorbidität bleibt dabei systematisch unberücksichtigt.

Die Bedeutung und Notwendigkeit psychiatrisch geführten Schlafzentren steht vor dem Hintergrund der Häufigkeit und Schwere psychisch bedingter Schlafstörungen außer Frage. Die im Vergleich zu somatisch geführten Schlafzentren ergebenden Unterschiede im

F. Studenski (✉)
Pfalzklinikum, Klingenmünster, Deutschland
E-Mail: frank.studenski@pfalzklinikum.de

H.-G. Weeß
Interdisziplinäres Schlafzentrums, Pfalzklinikums, Klingenmünster, Deutschland
E-Mail: hans-guenther.weess@pfalzklinikum.de

F. Studenski et al. (Hrsg.), *Neues Entgeltsystem in der Psychiatrie und Psychosomatik*,
DOI 10.1007/978-3-8349-4165-7_14, © Gabler Verlag | Springer Fachmedien Wiesbaden 2013

diagnostischen und therapeutischen Aufwand gilt es im neuen Entgeltsystem entsprechend abzubilden. Der sich ergebende Aufwand ist erlösseitig im pauschalierten Entgeltsystem der Psychiatrie entsprechend zu berücksichtigen.

Die psychiatrisch geführte, interdisziplinär tätige, schlafmedizinische Abteilung im Pfalzklinikum behandelt das gesamte Spektrum schlafmedizinischer Erkrankungen und hat mit seiner interdisziplinären Ausrichtung (Psychiatrie, Psychosomatik, Neurologie, Innere Medizin) ein Alleinstellungsmerkmal in Rheinland-Pfalz.

Die Spezialisierungen sind auf die medikamentöse und nichtmedikamentöse Insomnietherapie, die Tagesschläfrigkeitsdiagnostik (u. a. auch Fahreignungsdiagnostik, Arbeitsfähigkeitsdiagnostik) als auch die Behandlung von Hypersomnien (z. B. Narkolepsie) fokussiert. Das Schlafzentrum ist neben seiner klinischen Ausrichtung wissenschaftlich tätig und aktiv in der Deutschen Gesellschaft für Schlafforschung und Schlafmedizin (DGSM) engagiert.

Das Pfalzklinikum ist aktiver Partner bei der Entwicklung eines neuen Entgeltsystems für Psychiatrie und Psychosomatik nach § 17d KHG.[1] In diesem Rahmen hat sich das Pfalzklinikum auch mit seiner schlafmedizinischen Abteilung am Prätest 2010 und der Probekalkulation (Kostenträgerrechnung) für das Jahr 2010 beteiligt. Das Pfalzklinikum war das einzige Prätest-Krankenhaus mit schlafmedizinischer Abteilung.

Die Fallabbildung nach § 17d KHG erfolgt, ähnlich dem DRG-System, unter anderem durch die kodierten Diagnosen und Prozeduren, daneben durch die tagesbezogenen Kalkulationsdaten. Aufgrund der unzureichenden Abbildung psychiatrischer Erkrankungen oder Persönlichkeitsstörungen im ICD 10 GM[2] ist die Fallabbildung explizit in Bezug auf den besonderen Aufwand des spezifischen Patientenklientels nur sehr bedingt fachlich valide möglich.

Die Kodierung der Diagnosen nach den deutschen DKR Psych ergibt ein buntes Bild von somnologischen, somatischen und psychiatrischen Diagnosen. Dieses ist der interdisziplinären Ausrichtung der Abteilung und dem multifaktoriellen Bedingungsgefüge vieler Schlafstörungen geschuldet.

Die Analyse der kodierten Diagnosen 2010 und 2011 ergibt folgendes Bild (Abb. 14.1).

Im Durchschnitt weisen die Patienten sechs Diagnosen, davon fast eine psychiatrische F-Diagnose, auf. In der Einzelfallanalyse zeigt sich jedoch, dass sowohl psychische Compliance-Probleme als auch schwierige Persönlichkeitsstrukturen nicht abgebildet sind, aber großen Einfluss auf den individuellen Aufwand bedeuten.

Die psychiatrischen Haupt- und Nebendiagnosen (F-Diagnosen) sind nach den Hauptdiagnosegruppen in der folgenden Grafik differenziert dargestellt (Abb. 14.2).

Die Insomnie macht bei fast 40 % der Patienten einen großen Anteil der psychiatrischen Diagnosen aus, darüber hinaus spielt die F3* Gruppe (affektive Störungen) mit fast 30 % eine relevante Rolle. Dies bedeutet, dass immerhin über ein Drittel der Patienten im Schlafzentrum eine Insomnieerkrankung und fast 30 % eine relevante affektive Erkrankung hat.

---

[1] Bundesministerium der Justiz, § 17d KHG (2009).
[2] DIMDI (2012).

**Abb. 14.1**  Mittelwert Anzahl
Diagnosen im Schlafzentrum
2011

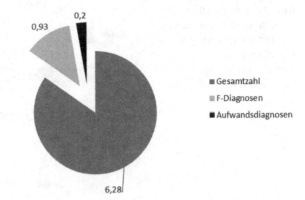

**Abb. 14.2**  Anteile
psychiatrischer (F-)Diagnosen
im Schlafzentrum 2011

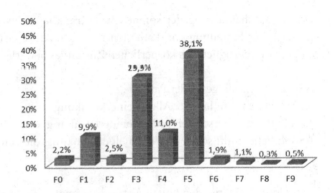

**Abb. 14.3**  Anteile der
schlafmedizinischen Diagnosen
im Schlafzentrum 2011

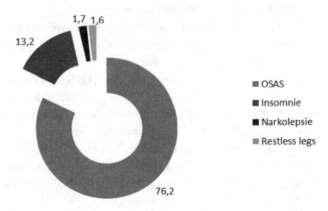

Eine hohe Zahl der Patienten weißt darüber hinaus in den somatischen Diagnosen eine
hohe Krankheitsschwere (s. auch Abb. 14.3) auf. Die Aufwandsdiagnosen anderer Berufsgruppen spielen keine große Rolle. Die somnologischen Diagnosen haben als Schwerpunkt
die OSAS.

**Abb. 14.4** fachärztliche Bewertung der körperlichen Morbidität der Patienten mit schlafbezogener Atmungsstörung des Schlafzentrums 2010

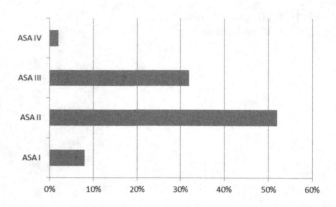

Zur Veranschaulichung der somatischen Krankheitsschwere wurde das Patientenkollektiv nach der Einteilung von Patienten in verschiedene Gruppen (ASA-Physical Status Classification) bezüglich des körperlichen Zustandes bewertet.

ASA 1: Normaler, gesunder Patient
ASA 2: Patient mit leichter Allgemeinerkrankung
ASA 3: Patient mit schwerer Allgemeinerkrankung
ASA 4: Patient mit schwerer Allgemeinerkrankung, die eine ständige Lebensbedrohung darstellt. (abgeleitet[3]) (Abb. 14.4)

Die Abbildung bestätigt den hohen Anteil der somatisch signifikant komorbiden Patienten des Schlafzentrums im Pfalzklinikum.

Die OPS-Kodes sind im Schlafzentrum in zwei Gruppen zu trennen, zum einen die somatischen schlafmedizinischen OPS-Kodes, die die somnologischen diagnostischen und therapeutischen Verfahren abbilden (Abb. 14.5).

Darüber hinaus sind die nach dem OPS-Katalog definierten patientenbezogenen psychiatrischen Leistungen als OPS-Kodes abzubilden. Die Leistungsbewertung erfolgt berufsgruppenbezogen über Therapieeinheiten, die mit 25 min Mindestleistungszeit pro Behandlungseinheit als Aufwandsmaß definiert sind.

Bei der Datenanalyse gilt es jedoch zu berücksichtigen, dass in der Psychiatrie, und auch im Schlaflabor, eine nicht unerhebliche Anzahl an Leistungen unter die 25 min Grenze für kodierbare Therapieleistungen fällt. Diese Fälle lösen keine Therapieeinheit aus, obwohl ein Aufwand vorhanden ist (Abb. 14.6).

Aus den fallbezogenen Therapieeinheiten wird der Mittelwert nach der Hauptdiagnosegruppe pro Berufsgruppe berechnet (Abb. 14.7).

Für die Ermittlung des Mehraufwandes in psychiatrischen Schlafzentren, wurden beispielhafte Diagnosegruppen mit entsprechender hoher Fallzahl herausgegriffen. Seltene,

---

[3] American Society of Anesthesiologists (ASA) (1941).

**Abb. 14.5** Anteile der geleisteten somnologischen Prozeduren je Patient 2011

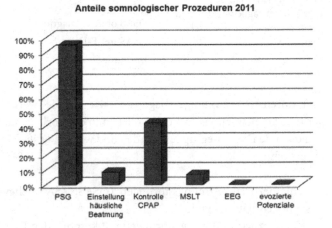

**Abb. 14.6** Diagnosebezogene Darstellung der somnologischen Fälle ohne erbrachte psychiatrische Therapieeinheit

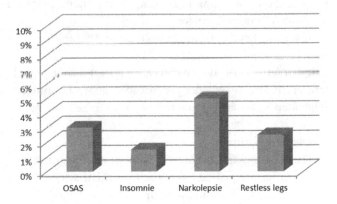

**Abb. 14.7** Mittelwert Therapieeinheiten je Berufsgruppenkombination nach Diagnose

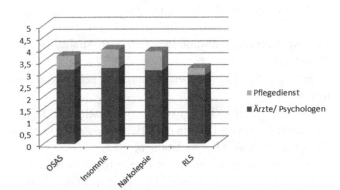

**Tab. 14.1** Psychiatrisch begründeter täglicher Aufwand des ärztlichen/psychologischen Dienstes

| (Min) | Kontrolle | Ersteinstellung |
|---|---|---|
| OSAS ohne F-Diagnose | 12 | 25 |
| OSAS mit F-Diagnose | 41 | 40 |
| Insomnie | 52 | 42 |

aber durchaus aufwändige Diagnosen, wie beispielsweise schweres Schlafwandeln und periodische Bewegungsstörungen, blieben in der vorliegenden Analyse unberücksichtigt.

Folgende Diagnosegruppen wurden und werden weiterhin hinsichtlich ihres Aufwandes untersucht:

- Schlafbezogene Atmungsstörungen (OSAS, ZSAS, Cheyne-Stokes Atmung, Obesitas Hypoventilationssyndrom)
- Schlafbezogene Atmungsstörungen mit komorbiden F-Diagnose
- Schlafbezogene Atmungsstörungen unter Therapie (Kontrolluntersuchungen)
- Schlafbezogene Atmungsstörungen mit komorbiden F-Diagnosen unter Therapie (Kontrolluntersuchungen)
- Insomnie Erstdiagnose/Kontrolle unter Therapie

Um den Aufwand exakter darzustellen erfolgt die tatsächliche Leistungserfassung in Minutenwerten. Die Analyse der patientenbezogenen Leistungen im Schlafzentrum wurde nach folgenden Kriterien gruppiert:

- Die Berufsgruppe
- Die Leistungsart (Diagnostik, Befundung, Therapie)
- Die Leistungsqualität (Somatisch, psychiatrisch)
- Die Leistungsdauer in Minuten
- Diagnosen nach DKR Psych (somnologisch, somatisch, psychiatrisch)
- Prozeduren nach DKR Psych

Der psychiatrische Aufwand stellt sich nach Analyse beim ärztlichen und psychologischen Dienst dar.

Folgende Ergebnisse haben sich nach der Leistungsanalyse ergeben (Tab. 14.1, 14.2, 14.3 und 14.4).

Der DRG-Vergleichswert (OSAS) ergibt einen 2-Tages-Wert von 268 min, was einem Tagesmittelwert von 134 min entspricht. Dieser Wert liegt deutlich unter dem berechneten Mittelwert aller vier Konstellationen.

Zur Bewertung des Funktionsniveau (psychischen, sozialen und beruflichen Funktionen) wird bei jedem Patienten der Wert des Global Assessment of Functioning (GAF) erhoben. Die GAF-Skala wird unterteilt in 10 Funktionsniveaus. Bei der GAF-Beurteilung wird ein einzelner Wert festgelegt, der das allgemeine Funktionsniveau des Patienten am

**Tab. 14.2** Somatischer Aufwand der Gruppe der Ersteinstellungen Diagnosebezogen

| Ersteinstellung Diagnostik | Ärzte/Psychologen | Pflegedienst/Spezialtherapeuten |
|---|---|---|
| OSAS ohne F-Diagnose | 34 | 32 |
| OSAS mit F-Diagnose | 30 | 30 |
| Insomnie | 30 | 30 |
| Ersteinstellung Therapie/Tag | | |
| OSAS ohne F-Diagnose | 51 | 87 |
| OSAS mit F-Diagnose | 47 | 97 |
| Insomnie | 45 | 44 |

**Tab. 14.3** Somatischer Aufwand der Gruppe Kontrollgruppe Diagnosebezogen

| Kontrolle Diagnostik | Ärzte/Psychologen | Pflegedienst/Spezialtherapeuten |
|---|---|---|
| OSAS ohne F-Diagnose | 20 | 40 |
| OSAS mit F-Diagnose | 30 | 90 |
| Insomnie | 36 | 100 |
| Kontrolle Therapie/Tag | | |
| OSAS ohne F-Diagnose | 101 | 102 |
| OSAS mit F-Diagnose | 84 | 113 |
| Insomnie | 32 | 74 |

**Tab. 14.4** Gesamtaufwand der Ersteinstellungs- und Kontrollgruppe

| | Kontrolle (1 Tag) | Ersteinstellung (3 Tage) |
|---|---|---|
| OSAS ohne F-Diagnose | 160 | 502 |
| OSAS mit F-Diagnose | 204 | 558 |
| Insomnie | 168 | 512 |

treffendsten wiedergibt. Die Beschreibung jedes der 10 GAF-Niveaus besteht aus zwei Komponenten:

- Der erste Teil umfasst jeweils den Schweregrad der Symptome
- Der zweite Teil bezieht sich auf die Funktionen.

Die im Schlaflabor vorkommenden Patienten lagen laut Bewertung in folgenden Kategorien.

100–91   Hervorragende Leistungsfähigkeit
90–81    Keine oder nur minimale Symptome
80–71    leichte Beeinträchtigung der Leistungsfähigkeit
70–61    einige leichte Schwierigkeiten hinsichtlich der Leistungsfähigkeit

**Abb. 14.8** Verteilung der
Patienten bzgl. der
GAF-Bewertung 2010

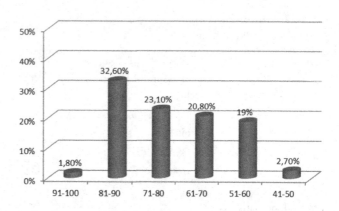

| | |
|---|---|
| 60–51 | mäßig ausgeprägte Schwierigkeiten bezüglich der Leistungsfähigkeit |
| 50–41 | eine ernste Beeinträchtigung der Leistungsfähigkeit |
| 40–31 | starke Beeinträchtigung in mehreren Bereichen |

Die Bewertung des GAF verteilte sich wie in folgenden Grafik dargestellt bei den Patienten des Schlafzentrums (Abb. 14.8).

Die Analyse der patientenbezogenen Leistungen im Schlafzentrum wurde nach folgenden Kriterien gruppiert:

- Berufsgruppe
- Leistungsart (Diagnostik, Befundung, Therapie)
- Leistungsqualität (Somatisch, psychiatrisch)
- Leistungsdauer in Minuten
- Diagnosen (somnologisch, somatisch, psychiatrisch)
- Prozeduren

**Fazit** Psychiatrisch geführte Schlafzentren halten Behandlungsmethoden vor, welche in somatisch geführten Schlafzentren nicht angeboten werden. Für Patienten mit somatischer Diagnose und psychiatrischer Komorbidität ist die Behandlung in psychiatrischen Schlafzentren indiziert.

Der Personalaufwand für somatische Diagnosen, hier am Beispiel des OSAS, liegt in allen OSAS-Gruppen über dem Kalkulationswert der InEK für die Fallpauschale.

Der fachlich notwendige, signifikante psychiatrische Mehraufwand ist in der DRG-Fallpauschale nicht abgebildet und muss sich in einer psychiatrischen pauschalierten Vergütung entsprechend abbilden.

## Literatur

American Society of Anesthesiologists (ASA): Physical status classification system. http://www. asahq.org/Home/For-Members/Clinical-Information/ASA-Physical-Status-Classification-System (1941). Zugegriffen: 1.3.2012

Bundesministerium der Justiz: § 17d Einführung eines pauschalierten Entgeltsystems für psychiatrische und psychosomatische Einrichtungen. http://www.gesetze-im-internet.de/khg/__17d.html (17.03.2009). Zugegriffen: 23.3.2012

DIMDI:    ICD    10 GM.    http://www.dimdi.de/dynamic/de/klassi/downloadcenter/icd-10-gm/ version2012/systematik/x1gbp2012.zip (2012). Zugegriffen: 1.3.2012

# Teil VII

## Grundlage für die Umsetzung des neuen Entgeltsystems 2013

# Aktuelle Erläuterungen zum neuen Entgeltsystem 2013

**15**

Mario C. Birr, René Berton und Frank Studenski

Die Einführung eines neuen Entgeltsystems in der Psychiatrie und der Psychosomatik verläuft sehr turbulent. Grund hierfür ist die massive Kritik von Fachverbänden an Gesetz und PEPP-Katalog in den letzten Monaten. Die Autoren sehen die Notwendigkeit in diesem Kapitel die wesentlichen Inhalte und Änderungen der entsprechenden Gesetze, Verordnungen und Klassifikationen darzustellen und zu diskutieren, um Transparenz zu erzeugen und wichtige Orientierungshilfen für die Umsetzung des neuen Entgeltsystems 2013 zu geben.

## 15.1 Das psychiatrische Entgeltgesetz (PsychEntgG)

Durch das Gesetz zur Einführung eines pauschalierenden Entgeltsystems für psychiatrische und psychosomatische Einrichtungen (PsychEntgG) vom 21.7.2012[1] wurden die Grundlagen und Änderungen im Krankenhausfinanzierungsgesetz und der Bundespflegesatzverordnung festgelegt.

---

[1] Psych EntgG (2012).

---

M. C. Birr (✉)
Kliniken im Theodor-Wenzel-Werk, Berlin, Deutschland
E-Mail: mario.birr@tww-berlin.de

R. Berton
Pfalzklinikum, Klingenmünster, Deutschland
E-Mail: rene.berton@pfalzklinikum.de

F. Studenski
E-Mail: frank.studenski@pfalzklinikum.de

F. Studenski et al. (Hrsg.), *Neues Entgeltsystem in der Psychiatrie und Psychosomatik*,     229
DOI 10.1007/978-3-8349-4165-7_15, © Gabler Verlag | Springer Fachmedien Wiesbaden 2013

### 15.1.1 Grundlagen des psychiatrischen Entgeltgesetzes

Der Zeitplan der Einführung sieht demnach wie folgt aus:

- „Das Vergütungssystem wird für die Einrichtung für die Jahre 2013 bis 2016 grundsätzlich budgetneutral umgesetzt, erstmals für das Jahr 2013.
- Das Vergütungssystem wird zum 1. Januar 2013 oder 1. Januar 2014 jeweils auf Verlangen des Krankenhauses eingeführt (Optionsjahre). Das Krankenhaus hat sein Verlangen frühestens zum 31. Dezember des jeweiligen Vorjahres, den anderen Vertragsparteien schriftlich mitzuteilen.
- Verbindlich für alle Einrichtungen wird das Vergütungssystem zum 1. Januar 2015 eingeführt.
- Ab dem Jahr 2017 werden der krankenhausindividuelle Basisentgeltwert und das Erlösbudget der Einrichtungen nach den näheren Bestimmungen der Bundespflegesatzverordnung schrittweise an den Landesbasisentgeltwert und das sich daraus ergebende Erlösvolumen angeglichen (Konvergenzphase)."[2]

Die Entgelte werden als „pauschalierte Pflegesätze" vergütet, die jedoch nicht tagesbezogen, sondern fallbezogen kalkuliert wurden. Durch diese, anders als ursprünglich vorgesehen, fallbezogene Kalkulationssystematik ergeben sich Konsequenzen und Einschränkungen der im § 17d KHG vorgesehenen tagesbezogenen Vergütung, da die Behandlungsphase und der tagesaktuelle Status des Patienten nicht die für den Erlös entscheidende Rolle spielen. Die Kalkulationssystematik wurde nach Aussage des InEK und in Abstimmung mit der Selbstverwaltung hin zu einem Fallbezug geändert, da für eine tagesbezogene Kalkulation nicht die ausreichende Anzahl valider Datensätze zur Verfügung gestanden haben.

In der aktualisierten Bundespflegesatzvereinbarung (BPflV) wird das vereinbarte Budget nach § 17d des Krankenhausfinanzierungsgesetzes in das PEPP überführt. Dieses Budget wird bei der Vereinbarung vermindert um

a. „anteilige Kosten für Leistungen, die im Vereinbarungszeitraum in andere Versorgungsbereiche verlagert werden"[3] (davon, nicht dazu!),
b. „darin enthaltene Kosten für Leistungen für ausländische Patientinnen und Patienten."[4]

Für Leistungen, die nach der neuen Systematik nicht mit Bewertungsrelationen versehen werden können, wird es zwischen den Vertragsparteien möglich sein, „individuelle tages-, fall- oder zeitraumbezogene Entgelte vereinbaren zu können".[5] Dies wird auch für besondere Einrichtungen ab dem Jahr 2017 gelten. In „eng begrenzten Ausnahmefällen vereinbaren

---

[2] Psych EntgG (2012).
[3] Psych EntgG (2012).
[4] Psych EntgG (2012).
[5] Psych EntgG (2012).

die Vertragsparteien Zusatzentgelte. Diese Entgelte sind sachgerecht zu kalkulieren".[6] Dies ist eine Option für Einrichtungen mit speziellen und aufwändigen Leistungsangeboten.

Für die „Vergütung neuer Untersuchungs- und Behandlungsmethoden, die mit den neuen Entgelten noch nicht sachgerecht vergütet werden können und nicht von der Finanzierung ausgeschlossen worden sind, sollen die Vertragsparteien erstmals für das Kalenderjahr 2017 zeitlich befristete Entgelte außerhalb des Erlösbudgets vereinbaren".[7] Auch diese Option bietet sich für neue, aufwändige (das bedeutet kostenintensive) Behandlungsmethoden an, ist jedoch mit großem Aufwand meist nur mit mehreren Einrichtungen zusammen und wissenschaftlichem Hintergrund zu nutzen.

Die allgemeinen Krankenhausleistungen werden mit folgenden Entgelten abgerechnet:

1. anhand von Bewertungsrelationen
2. über Zusatzentgelte
3. mittels Ausbildungszuschlag und sonstigen Zu- und Abschlägen und Qualitätssicherungsabschlägen
4. nach Entgelten für besondere Einrichtungen und für Leistungen
5. nach Entgelten für neue Untersuchungs- und Behandlungsmethoden.

Mit diesen Entgelten werden alle für die Versorgung der Patientinnen und Patienten erforderlichen allgemeinen Krankenhausleistungen vergütet. Darüber hinaus werden folgende Zuschläge abgerechnet:

1. DRG-Systemzuschlag
2. Systemzuschlag für den Gemeinsamen Bundesausschuss und das Institut für Qualität und Wirtschaftlichkeit im Gesundheitswesen
3. Telematik-Zuschlag.

Tagesbezogene Entgelte für voll- oder teilstationäre Leistungen werden für den Aufnahmetag und jeden weiteren Tag des Krankenhausaufenthalts berechnet (Berechnungstag); der Entlassungs- oder Verlegungstag, der nicht zugleich Aufnahmetag ist, wird nur bei teilstationärer Behandlung berechnet.[8] Tage mit vollständiger Abwesenheit werden nicht berechnet.

## 15.1.2  Einführungsphase 2013–2016

Als ein Anreiz für Optionshäuser (freiwillige Umsteiger ins PEPP 2013 und/oder 2014) soll die Reduktion von Erlösrisiken (geschützte Bedingungen) dienen. Mindererlöse werden

---

[6] Sinngemäß nach Psych EntgG (2012).

[7] Psych EntgG (2012).

[8] Sinngemäß nach Psych EntgG (2012).

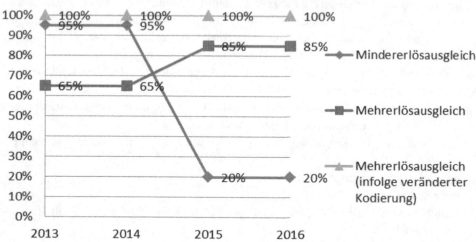

**Abb. 15.1** Minder-/Mehrerlösausgleiche 2013 bis 2016 im PEPP

für die Jahre 2013 und 2014 zu 95 % (statt 20 %) ausgeglichen und „echte" Mehrerlöse zu 65 % (statt 85 %).

Dagegen sind Mehrerlöse, die infolge einer veränderten Kodierung von Diagnosen und Prozeduren entstehen (Upcoding) vollständig auszugleichen.

Sonstige Mehrerlöse (Anstieg der Belegungstage oder Anstieg der Summe der Bewertungsrelationen) werden für die Jahre 2013 und 2014 zu 65 % ausgeglichen.

Für den Bereich, der mit Bewertungsrelationen versehen ist, werden die sonstigen Mehrerlöse vereinfacht ermittelt, indem folgende Faktoren miteinander multipliziert werden:

1. Anzahl der zusätzlichen Berechnungs- und Belegungstage in der Einrichtung
2. Mittelwert der vereinbarten Bewertungsrelationen der Einrichtung je Berechnungs- und Belegungstag
3. krankenhausindividueller Basisentgeltwert der Einrichtung nach Berechnung des krankenhausindividuellen Basisentgeltwertes.

Ab dem Jahr 2015, in dem alle Einrichtungen ins neue Entgeltsystem wechseln müssen, werden die sonstigen Mehrerlöse wie bisher zur Höhe von 5 % des veränderten Gesamtbetrags zu 85 % und darüber hinaus zu 90 % ausgeglichen. Dies entspricht der bisherigen Regelung in der BPflV.

Für die Verhandlung der Budgetsumme des laufenden Jahres gilt das Budget des Vorjahres inklusive der Zu- und Abschläge als Basis. Zu erwartende Zusatzentgelte sowie die Erlöse der Überlieger aus dem Vorjahr bilden das Budget des laufenden Jahres. Dividiert durch die vereinbarten effektiven Bewertungsrelationen ergibt sich der krankenhausindividuelle

Basisentgeltwert. Ohne Ausgleiche und Berichtigungen kann dieser dann zur Abrechnung genutzt werden.

Die Vertragsparteien können im Voraus abweichende Ausgleichssätze (für Minder- oder Mehrerlöse) vereinbaren, wenn dies der angenommenen Entwicklung von Leistungen und deren Kosten besser entspricht.

Die Vertragsparteien sind grundsätzlich an den Gesamtbetrag gebunden, bei wesentlichen Änderungen der Annahmen, die der Vereinbarung des Gesamtbetrags zugrunde liegen, kann auf Antrag einer der Vertragsparteien der Gesamtbetrag für das laufende Kalenderjahr neu vereinbart werden. Das bedeutet zum einen die Chance bei signifikanten Veränderungen der Patientenklientel eine Budgetsteigerung zu erreichen, kann aber auch bei Mindererlösen aufgrund des Verlustes einer Patientengruppe in eine andere Versorgungsform auch zu Budgetminderungen führen.

Die „Vereinbarung von Regelungen für Zu- oder Abschläge für die Teilnahme an der regionalen Versorgungsverpflichtung ist zu prüfen"[9] ist die Konsequenz aus der Tatsache, dass die Versorgungsverpflichtung und daraus resultierende ungeplante Notfallversorgung eine höheren Ressourcenaufwand für die Häuser bedeutet, der sich im Basisentgeltwert als Mehrkosten niederschlagen wird. Ob dies jedoch schon 2013 zur Anwendung kommt, ist unklar – was jedoch bis 2017 geschieht bleibt anzuwarten. Denn in der Konvergenzphase wären ohne Zuschlag für die Versorgungsverpflichteten Einrichtungen oder Abschlag der nicht Versorgungsverpflichteten Einrichtungen ein relativ höherer individuellen Basisentgeltwert die Folge, was bei der Annäherung an den Landesbasisentgeltwert für die Einrichtung ein ökonomischer Nachteil wäre.

„Die Möglichkeiten der Stärkung qualitätsorientierter Komponenten in der Leistungssteuerung sind zu entwickeln".[10] Es gibt bisher keine spezifisch psychiatrische gesetzliche Qualitätssicherung, die sich in Zukunft auf die Leistungssteuerung, also sicher auch auf Ergebnisqualitätsfaktoren fokussieren soll. „So wird es bereits im Jahr 2012 einen gemeinsamen Forschungsauftrag geben, mit dem Ziel Leistungsentwicklungen und deren Einflussgrößen zu untersuchen sowie gemeinsame Lösungsvorschläge zu erarbeiten und deren Auswirkungen auf die Qualität der Versorgung und die finanziellen Auswirkungen zu bewerten."[11] Diese Analyse wird die Einführungsjahre des neuen Entgeltsystems begleiten, deren Ergebnisse in die Qualitätssicherung und auch in Empfehlungen für die Personal- und Strukturqualität des Systems münden.

Um eine bessere Kostendeckung in Zukunft zu erzielen wurde im PsychEntgG der Orientierungswert für Krankenhäuser 2012 eingeführt, der den Gesamtbetrag um einen Steigerungswert anpasst, der die Kostenentwicklung realistischer widerspiegeln soll. Dieser Wert wird aufgeteilt in einen Orientierungswert der Personalkosten, der über die Personalkosten (vierteljährliche Verdiensterhebung) und den jährlichen Kostennachweis der Krankenhäuser berechnet wird. Für den Orientierungswert der Sachkosten werden

---

[9] PsychEntgG (2012).

[10] PsychEntgG (2012).

[11] PsychEntgG (2012).

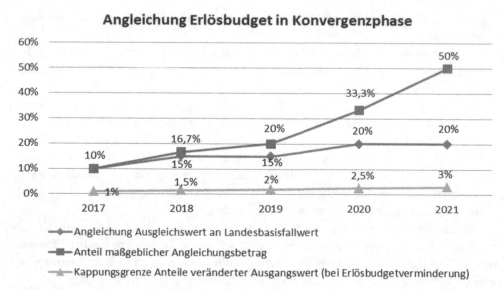

**Abb. 15.2** Angleichung des Erlösbudgets von oben (*mit Kappungsgrenze*) und unten (*ohne Kappung*) in der Konvergenzphase

ebenfalls der jährliche Kostennachweis und die Erzeuger-, Verbraucher- und Baupreise (monatlich oder vierteljährlich) verwendet. Diese beiden Werte führen zur Berechnung des Orientierungswertes der Krankenhäuser, der vom statistischen Bundesamt für 2012 mit 2,0 % berechnet wurde. Dieser Wert ist zwar höher als die bisherige jährliche Angleichungsrate, aber nach Meinung vieler Experten decken sie die Kostenbelastung (z. B. Tarifsteigerungsrate) nicht ab. Somit würde die budgetneutrale Umsetzung des Gesamtbetrages ins neue Entgeltsystem nicht nur eine Erlösdeckelung bedeuten, sondern im Endeffekt zu einer Abschmelzung der finanziellen Ressourcen führen.

### 15.1.3 Konvergenzphase

Erstmals wird für das Jahr 2017 ein landesweit geltender Basisentgeltwert vereinbart. Bis zum Jahre 2022 sollen die Einrichtungen mit ihrem individuellen Entgeltwert an den Landesbasisentgeltwert stufenweise angenähert und das daraus berechnete Erlösvolumen angeglichen werden.

Die Deckelung des psychiatrischen Landesbudgets kommt auch in folgendem Passus des Gesetzes zur Geltung: „Der vereinbarte Landesbasisentgeltwert darf den um den Veränderungswert veränderten und berichtigten Landesbasisentgeltwert des Vorjahres nicht überschreiten. Dies gilt nicht, soweit eine Erhöhung des Landesbasisentgeltwerts lediglich technisch bedingt ist und nicht zu einer Erhöhung der Gesamtausgaben für Krankenhausleistungen führt oder soweit eine Berichtigung von Fehlschätzungen ... durchzuführen ist. Lediglich technisch bedingt ist eine Erhöhung des Landesbasisentgeltwerts insbesondere

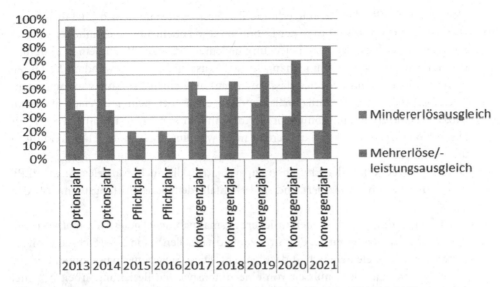

**Abb. 15.3** Minder- und Mehrerlös-/Mehrleistungsausgleiche der Jahre 2013 bis 2021

dann, wenn sie auf die Weiterentwicklung des Vergütungssystems ... oder der Abrechnungsbestimmungen zurückzuführen ist."[12] Die Vereinbarung des Landesbasisentgeltwerts ist bis zum 30. November jeden Jahres zu schließen.

Zu guter Letzt noch eine Übersicht über die definierten Minder- und Mehrerlösausgleiche von der Einführung bis zum Ende der Konvergenz.

---

## 15.2   Neuerung ICD, OPS, DKR für 2013

Der ICD-10 GM 2013 beinhaltet für die psychiatrischen und psychosomatischen Einrichtungen nach Ansicht der Autoren keine nennenswerte, relevante Veränderung.

Insbesondere das von einigen Seiten kritisierte Problem der nicht sach- und fachgerechten Falldarstellung psychiatrischer Fälle anhand des ICD wurde auch für 2013 nicht bearbeitet, denn der Abschnitt der F-Diagnosen ist faktisch unverändert.

Dagegen hat es im OPS-Katalog bezüglich der Leistungsabbildung drei sehr relevante Änderungen ergeben:

1. Bei der Therapieeinheit in der Kinder- und Jugendpsychiatrie hat sich die Bezugsdauer auf 15 min verändert. „Als Einzeltherapie gilt eine zusammenhängende Therapie von mindestens 15 min. Dies entspricht einer Therapieeinheit."[13]

---

[12] Sinngemäß nach PsychEntgG (2012).
[13] DIMDI, OPS 2012.

2. Der für das PEPP erlösrelevante erhöhte Betreuungsaufwand über die 1:1-Betreuung wurde nochmals präzisiert in seiner Definition und zudem auf Untereinheiten ab zwei Stunden Dauer begrenzt. „1:1-Betreuung bedeutet, dass eine Person einen einzelnen Patienten individuell zusammenhängend ggf. zusätzlich zu angewandten Verfahren betreut. 1:1-Betreuung bedeutet, dass ein Patient über einen Zeitraum von mindestens 2 Stunden ohne Unterbrechung fortlaufend von einer oder mehreren Personen betreut wird."[14] Diese Definition könnte sicher im Rahmen von MDK-Prüfungen noch für Diskussion sorgen, wenn geklärt werden muss was eine anerkannte 1:1-Betreuung ist und was nicht.

3. Die Intensivmerkmale der Erwachsenenpsychiatrie, die auch erlösrelevant im PEPP sein können, wurden präzisiert und sind ebenfalls denkbares Prüfungsthema für den MDK:

   3.1 „Anwendung von besonderen Sicherungsmaßnahmen: Dieses Merkmal ist erfüllt, wenn die Notwendigkeit des Einsatzes von individuellen besonderen Sicherungsmaß-nahmen oder stete Bereitschaft dazu besteht. Diese Sicherungsmaßnahmen und die stete Bereitschaft dazu müssen von einer intensivierten Beziehungsarbeit begleitet werden.

   3.2 Akute Selbstgefährdung durch Suizidalität oder schwer selbstbeschädigendes Ver-halten: Das Merkmal „Suizidalität" ist erfüllt, wenn die Gedanken des Patienten nur noch um Suizid kreisen oder der Patient seinen Plan durchführen möchte und der Patient nicht absprachefähig ist.

   3.3 Akute Fremdgefährdung: Dieses Merkmal ist erfüllt, wenn der Patient gewaltbe-reit oder gewalttätig ist.

   3.4 Schwere Antriebsstörung (gesteigert oder reduziert): Das Merkmal „schwere ge-steigerte Antriebsstörung" ist erfüllt, wenn der Patient ständig aktiv ist, sich durch Gegenargumente nicht beeindrucken lässt und selbst persönliche Konsequenzen nicht zur Kenntnis nimmt oder sie ihm nichts ausmachen. Das Merkmal „schwere reduzierte Antriebsstörung" ist erfüllt, wenn Anregungen von außen den Patienten kaum oder gar nicht mehr erreichen. Die Alltagsverrichtungen sind beeinträchtigt. Hierzu gehört auch der Stupor.

   3.5 Keine eigenständige Flüssigkeits-/Nahrungsaufnahme: Dieses Merkmal ist erfüllt, wenn die Ernährung vollkommen von Dritten übernommen werden muss.

   3.6 Akute Selbstgefährdung durch fehlende Orientierung oder Realitätsverkennung.

   3.7 Entzugsbehandlung mit vitaler Gefährdung: Dieses Merkmal ist erfüllt, wenn eine Überwachung der Vitalparameter und der Vigilanz dauerhaft erfolgt."[15]

Für die Nachweispflicht der 1:1-Betreuung und der Intensivmerkmale im Rahmen der Abrechnung im neuen Entgeltsystem sollten diese Definitionen in der Dokumentation und auch der Behandlungsstandards entsprechende Berücksichtigung finden.

---

[14] DIMDI, OPS 2012.
[15] DIMDI, OPS 2012.

Die deutschen Kodierrichtlinien (DKR) für die Psychiatrie/Psychosomatik 2013[16] sind auch eine Fortschreibung der DKR von 2012, d. h. die Definition der Haupt- und Nebendiagnosen bleibt wie bisher:

Sehr aussagekräftig ist die Anmerkung bei den Hauptdiagnosen „Anmerkung 1: Es ist nicht auszuschließen, dass diese Definition der Hauptdiagnose unter Umständen im pauschalierenden Vergütungssystem auf der Grundlage von tagesbezogenen Entgelten keine adäquate Abbildung der Krankenhausleistung erlaubt. Im Rahmen der Entwicklung und Pflege des Entgeltsystems wird dieser Sachverhalt verfolgt und auf ggf. notwendige Maßnahmen geprüft."[17] Auf dieses Problem wurde schon von Autorenseite bei der ICD-Klassifikation GM 2013 hingewiesen, es bleibt abzuwarten, welche Maßnahmen in Zukunft ergriffen werden.

Ein wichtiger neuer Hinweis 2013 gilt der Tatsache, dass eine Maßnahme durchaus bzgl. mehrerer Diagnosen ergriffen wird, z. B. eine Untersuchungsverfahren wie ein Ultraschall des Bauchraums bei vorliegenden Gallensteinen und einer Nierenstauung links. Dann dürfen auch beide Diagnosen als Nebendiagnose kodiert werden. „Bei Patienten, bei denen einer dieser erbrachten Faktoren auf mehrere Diagnosen ... ausgerichtet ist, können alle betroffenen Diagnosen kodiert werden."[18]

Insgesamt werden auch in Zukunft immer wieder zum Jahresende die Änderungen der Klassifikationssysteme, der Kodierrichtlinien, aber vor allem des PEPP-Katalogs und der Abrechnungsregeln zu beachten sein.

## 15.3   Neuer PEPP-Katalog in der Version 2011/2013

Am 04. September 2013 war es soweit. Dr. Heimig (2012) hat in Berlin bei einer Ergebnispräsentation zu Gunsten der Selbstverwaltungspartner nach § 17b KHG zum ersten Mal den Schleier gehoben und einen freien Blick auf PEPP 2013 zugelassen. PEPP ist die Kurzform für „Pauschalierendes Entgeltsystem Psychiatrie/Psychosomatik". Dass diese erste Katalogversion bereits vor dem optionalen Inkrafttreten einen gewissen pepp aufweist, konnte er bereits unter Beweis stellen. Denn diese erste Entwurfsfassung ist auf Wunsch der Selbstverwaltung zwischenzeitlich redaktionell angepasst und in Folge von Korrekturen des Gruppierungsalgorithmus sind zudem einzelne Relativgewichte neu berechnet worden.[19]

Trotz dieser Anpassungen wird der neue PEPP-Katalog durch die DKG und verschiedene andere psychiatrische Verbände weiterhin heftig kritisiert.[20] Aus Sicht der DKG führen dabei

---

[16] DKR Psych 2013.

[17] DKR Psych 2013.

[18] DKR Psych 2013.

[19] Heimig 2012 (vgl. hierzu die Vorlage für die außerordentliche Sitzung des Vorstands der Deutschen Krankenhausgesellschaft am 4. Oktober 2012 in Berlin).

[20] Vgl. hierzu VPKD Infomail Nr. 29 12/2012.

insbesondere die nachfolgend aufgeführten Punkte zu einer negativen Anreizwirkung im System und provozieren finanzielle Umverteilungen:[21]

1. Hauptdiagnose statt Behandlungsleistungen als primäres Klassifikationsmerkmal
2. (Noch) fehlender Differenzierungsgrad des Entgeltkatalogs
3. Unzureichende Abbildung der Suchterkrankungen
4. Ungenügende Abbildung der Psychosomatik
5. Verweildauerabhängige Vergütung.

Die Deutsche Krankenhausgesellschaft hat aus diesen Gründen den PEPP-Entgeltkatalog nicht vereinbart und versucht das BMG sowie die politischen Entscheidungsträger davon zu überzeugen, keine Ersatzvornahme durchzuführen. Darüber hinaus hat sie versucht, die Einführungsphase für das neue PEPP-System um mindestens 2 Jahre zu verschieben. Obgleich der VPKD (Verband der Psychosomatischen Krankenhäuser und Krankenhausabteilungen in Deutschland e. V.) die oben genannten Defizite anerkennt, hat er sich von Anfang an für die Annahme des neuen Entgeltkatalogs ausgesprochen. In seiner Argumentation ging es dem VPKD vor allem darum, den gesetzlich fixierten Zeitplan nicht ungenutzt verstreichen zu lassen.

Am 15.10.2012 hatte das Bundesministerium für Gesundheit die Selbstverwaltungspartner nebst InEK und weiteren Kommissionen bzw. Verbände[22] zu einem abschließenden Fachgespräch eingeladen. Das BMG hatte vorsorglich mit dieser Einladung bereits angekündigt, dass es beabsichtigt, das neue Entgeltsystem per Ersatzvornahme in Kraft treten zu lassen. Um diese Entscheidung zu unterstützen wurde durch das InEK am 19.10.2012 eine Kommentierung zu den wesentlichsten Kritikpunkten des Entgeltkataloges veröffentlicht. „Das BMG hat den Verbänden einen Referentenentwurf für eine Ersatzvornahme zum Psych-Entgeltsystem übersendet, um Stellungnahme bis zum 09.11.2012 gebeten und für den 12.11.2012 zu einer Anhörung eingeladen".[23] Für diesen Termin wurde bundesweit durch die Fachverbände apk, bag kjpp, ackpa, BAG, Bundesdirektorenkonferenz, BFLK, DFPP, dgkjp und DGPPN zu einer Protestaktion mit dem Titel „Aktionsbündnis Zeit für

---

[21] Heimig 2012 (vgl. hierzu die Vorlage für die außerordentliche Sitzung des Vorstands der Deutschen Krankenhausgesellschaft am 4. Oktober 2012 in Berlin).

[22] Neben den Selbstverwaltungspartnern und dem InEK waren folgende Gremien geladen: Aktion Psychisch Kranke (APK), Arbeitskreis der Chefärztinnen und Chefärzte von Kliniken für Psychiatrie und Psychotherapie an Allgemeinkrankenhäusern, Bundesdirektorenkonferenz (BDK), Deutsche Gesellschaft für Psychiatrie, Psychotherapie und Nervenheilkunde (DGPPN), Verband der Psychosomatischen Krankenhäuser und Krankenhausabteilungen in Deutschland e. V. (VPKD), Chefarztkonferenz psychosomatisch-psychotherapeutischer Krankenhäuser und Abteilungen (CPKA), Bundesarbeitsgemeinschaft leitender Klinikärzte für Kinder- und Jugendpsychiatrie, Psychosomatik und Psychotherapie e. V. (BAG KJPP), Deutsche Gesellschaft für Psychosomatische Medizin und Ärztliche Psychotherapie (DGPM) sowie die Bundespsychotherapeutenkammer.

[23] KGRP 2012 Rundschreiben 361/12.

**Tab. 15.1** Teilnehmer der Kalkulation Datenjahr 2011. (Quelle: InEk, Anmerkungen des InEK zu verschiedenen zum PEPPSystem vorgebrachten Kritikpunkten 2012)

|  | Echtkalkulation | Probekalkulation | Delta |
|---|---|---|---|
| Einrichtungen mit Vereinbarung | 77 | 55 | +22 |
| Einrichtungen mit einer Zusage zur Kalkulationsdatenlieferung (exklusive 2 Einrichtungen mit Absage nach Zusage) | 63 | 46 | +17 |
| Davon als Fachabteilung | 31 | 23 | +8 |
| Davon als alleinstehendes PSY-Krankenhaus | 32 | 23 | +9 |
|  |  |  |  |
| Einrichtungen mit einer Zusage zur Kalkulationsdatenlieferung (exklusive 2 Einrichtungen mit Absage nach Zusage) | 63 | 46 | +17 |
| Davon mit Fachabteilung KJP (inkl. teilstationärer Plätze) | 30 | 20 | +10 |
| Davon mit Fachabteilung Psychosomatik (inkl. teilstationärer Plätze) | 20 | 18 | +2 |
| Davon DRG-Teilnehmer | 36 | 23 | +13 |

Psychische Gesundheit" im Rahmen einer Unterschriftensammlung aufgerufen, um den Unmut auch auf diesem Wege noch einmal deutlich werden zu lassen.

> Mit der *Verordnung zum pauschalierenden Entgeltsystem für psychiatrische und psychosomatische Einrichtungen für das Jahr 2013 (Verordnung pauschalierende Entgelte Psychiatrie und Psychosomatik 2013 – PEPPV 2013)* vom 19.11.2012 wird der PEPP-Entgeltkatalog sowie die dazugehörigen Abrechnungsbestimmungen für 2013 durch Ersatzvornahme in Kraft gesetzt.[24]

In Summe wird die Stimme der Ablehnung gegen die verabschiedete Fassung des PEPP nicht leiser werden. Ob und wie das Bundesministerium darauf reagiert, bleibt abzuwarten und wird sich in der Weiterentwicklung des Systems zeigen. Demnach wird der Begriff „lernendes System" noch häufig fallen.

## 15.3.1  Stichprobenumfang des neuen PEPP-Katalogs 2011/2013[25]

Der neue PEPP-Katalog basiert auf den in 2011 erhobenen Kosten- und Leistungsdaten von insgesamt 63 Kalkulationshäusern. Im Vergleich zur Probekalkulation ist die Anzahl der Teilnehmer noch einmal um 17 Häuser gestiegen.

Grundsätzlich ist die Verteilung zwischen Fachkrankenhaus und Fachabteilung nahezu identisch. Somit sind beide Strukturen gut vertreten. Ein reiner Blick auf die Teilnehmer lässt zudem vermuten, dass auch die KJP und die Psychosomatik ausreichend gut in der Stichprobe vertreten sein müssten. Schaut man jedoch etwas genauer hin, muss man feststellen, dass die Verteilung der kalkulierten Fälle im Wesentlichen von der Psychiatrie beeinflusst ist und, dass insbesondere die stationäre Psychosomatik in der Stichprobe

---

[24] PEPPV 2013 – Abrechnungsbestimmungen.

[25] PEPP-Entgeltkatalog 2013.

**Tab. 15.2** Strukturkategorien vom InEK: PEPP Entgelt-Katalog Version 2013 mit der Verteilung im § 21 und innerhalb der Kalkulationsdaten. (Quelle: InEk, Anmerkungen des InEK zu verschiedenen zum PEPPSystem vorgebrachten Kritikpunkten 2012)

| Präfix | Strukturkategorie | § 21-Verteilung | | Kalkulationsdaten | |
|---|---|---|---|---|---|
| | | Anteil | Fälle | Anteil | Fälle |
| P0 | Prä-PEPP | 12.209 | 1,3% | 3.226 | 2,1% |
| PA | Psychiatrie, vollstationär | 695.394 | 75,1% | 119.664 | 77,5% |
| PK | Kinder- und Jugendpsychiatrie, vollstationär | 43.436 | 4,7% | 7.965 | 5,2% |
| PP | Psychosomatik, vollstationär | 50.152 | 5,4% | 3.974 | 2,6% |
| TA | Psychiatrie, teilstationär | 102.398 | 11,1% | 16.409 | 10,6% |
| TK | Kinder- und Jugendpsychiatrie, teilstationär | 13.678 | 1,5% | 1.763 | 1,1% |
| TP | Psychosomatik, teilstationär | 8.217 | 0,9% | 1.400 | 0,9% |
| PF | Fehler-PEPP | 324 | 0,0% | 19 | 0,0% |
| | Gesamt | 925.808 | | 154.420 | |

zu wenig vertreten ist. Festmachen lässt sich dies anhand des Vergleiches der von allen Häusern gelieferten Paragraph-21-Daten und den Verteilungen der PEPP-Fälle unter den Kalkulationshäusern.

Während in der Stichprobe letztlich alle Strukturkategorien sehr gut vertreten sind, bildet die vollstationäre Psychosomatik mit einer zu niedrigen Fallzahl in der Stichprobe die einzige Ausnahme. Dies war allen Beteiligten bekannt, wobei die Reaktion auf diesen Missstand sehr unterschiedlich ausfiel. Während die DKG dies als einen zentralen Punkt zur Ablehnung des PEPP-Katalogs gesehen hat, hat sich der VPKD trotz dieses Mangels explizit für das Inkrafttreten des Kataloges ausgesprochen. Aus Sicht der Autoren spiegelt sich in diesem Kontext wieder ein Mal das diametrale Verhalten aller Akteure in den zurückliegenden Jahren wieder. Ob dieser Zick-Zack-Kurs der jeweiligen Interessenvertretungen den Kliniken gut getan hat, soll an dieser Stelle unbeantwortet bleiben.

## 15.3.2 Grundstruktur des neuen PEPP-Katalogs 2011/2013

Der Aufbau des neuen PEPP-Katalogs sieht grundsätzlich eine Trennung zwischen voll- und teilstationärer Behandlung sowie eine Berücksichtigung von besonders aufwändigen Fällen im Bereich der Prä-PEPP vor. Darüber hinaus gibt es noch einen Bereich für die Fehler-PEPP, wie sie auch im Fallpauschalenkatalog bei den Fehler-DRGs abgebildet ist. Die Fachgebiete Gerontopsychiatrie und Abhängigkeitserkrankungen sind nicht als eigene Strukturkategorie abgebildet, sondern im voll- und teilstationären Bereich der Psychiatrie enthalten.

Insgesamt konnte das InEK im ersten offiziellen Katalog 75 PEPPs identifizieren und gruppieren, von denen 41 bewertet und 31 unbewertet sind. Letztere sind von den Häusern im Rahmen der Budgetverhandlung individuell mit den Kassen zu vereinbaren und können somit einen Anreiz zum Optieren darstellen. Denn sie bieten den Optionshäusern die

**Tab. 15.3** PEPPs innerhalb der Strukturkategorien. (Quelle: PEPP-Entgeltkatalog 2013)

| | | PEPPs | | |
|---|---|---|---|---|
| Präfix | Strukturkategorie | Gesamt | Bewertet | Unbewertet |
| P0 | Prä-PEPP | 8 | 7 | 1 |
| PA | Psychiatrie, vollstationär | 19 | 14 | 5 |
| PK | Kinder- und Jugendpsychiatrie, vollstationär | 13 | 7 | 6 |
| PP | Psychosomatik, vollstationär | 12 | 6 | 6 |
| TA | Psychiatrie, teilstationär | 9 | 4 | 5 |
| TK | Kinder- und Jugendpsychiatrie, teilstationär | 8 | 2 | 6 |
| TP | Psychosomatik, teilstationär | 3 | 1 | 2 |
| PF | Fehler-PEPP | 3 | 0 | 0 |
| **Gesamt** | | **75** | **41** | **31** |

Möglichkeit, als Erste Benchmarks im Sinne von individuell verhandelten Tagessätzen zu setzen und sich innerhalb der Budgetverhandlung nicht dem Argument ausgesetzt zu sehen, dass andere Kliniken die geforderten PEPPs deutlich preiswerter erbringen können.

In Summe hat der neue PEPP-Katalog insgesamt 8 Strukturkategorien, wobei ein Blick in die einzelnen Strukturkategorien zeigt, dass sich das InEK Platzhalter belassen hat.[26] So folgt zum Beispiel auf die Basis-PEPP PA04 (Affektive, neurotische, Belastungs-, somatoforme oder Schlafstörungen) die Basis-PEPP PA14 (Persönlichkeits- und Verhaltensstörungen, Essstörungen oder andere Störungen). Dies heißt aus Sicht der Autoren, dass in den kommenden Jahren eine weitere Ausdifferenzierung der PEPPs zu erwarten ist und z. B. die Depressionen nicht mehr kumuliert in der Basis-PEPP PA04 integriert sein werden, sondern eine eigene PEPP innerhalb der Strukturkategorisierung der stationären Psychiatrie darstellen könnte. Zumindest hat sich das InEK diese Möglichkeit offen gelassen, wenn – wie zu vermuten – die verbesserten Kosten- und Leistungsdaten in den kommenden Kalkulationsrunden eine solche Ausdifferenzierung zulassen werden.

## Die Strukturkategorie Prä-PEPP (P0)

Die erste Strukturkategorie innerhalb des neuen PEPP-Katalogs bildet die Prä-PEPP-Gruppe. Sie gliedert vorneweg die Fälle mit einer besonderen Konstellation und besonders kostenintensive Fälle anhand von definierten fallbezogenen (nicht tagesbezogenen) Merkmalen und Berechnungsformeln:

- P001Z: Die Schlafapnoe/Polysomnographie, die in einer unbewerteten PEPP mündet. *Diese PEPP wird über die Hauptdiagnose E66.2\* (Adipositas mit alveolärer Hypoventilation) oder G47.3\* (Schlafapnoe) oder die kardiorespiratorische Polysomnographie OPS 1–790\* angesteuert. Solange keine Vereinbarung mit den Kostenträgern für die Vergütung*

---

[26] PEPPV 2013 – Abrechnungsbestimmungen.

*der P001Z getroffen wurde wird der Tag mit 250 € vergütet. Im Vergleich dazu wird in so-*
*matischen Schlaflaboren mit der DRG E63Z in Rheinland-Pfalz der Ein-Tages-Aufenthalt*
*mit 517,09 € und bei zwei Tagen mit 858,62 € vergütet, also signifikant über der Bewertung*
*mit 250 € pro Tag in psychiatrischen Schlaflaboren, die aufgrund ihres Klientel nachweisbar*
*einen höheren Aufwand haben!*

- P002A-B: Behandlungsfälle der Kinder- und Jugendpsychiatrie mit einem hohem Bedarf mit einem Schwellenwert für Bedarf über eine Berechnungsformel intensiver
  Beaufsichtigung über Einzel- und Kleinstgruppenbetreuung.[27]
- P003A-D: Die Erwachsenenpsychiatriefälle mit 1:1 Betreuung und Erhöhtem Aufwand
  mit einem Schwellenwert für den Aufwand auf Basis einer Berechnungsformel.[28]
- P004Z: Ein erwachsener Patienten mit Intensivbehandlung mit mehr als 3 Merkmalen
  über drei Tage lang und bezogen auf über 75 % der Pflegetage.

Abgesehen von der P001Z Schlafapnoe/Polysomnographie spielen die kodierten Haupt-
und Nebendiagnosen keine Rolle, um in die Prä-PEPP zu gelangen. Hierbei sind die
kodierten OPS im Sinne von Mindestmengen determinierend.

## Die Strukturkategorie Psychiatrie, vollstationär (PA)

Dem schließt sich die Strukturkategorie der vollstationären Erwachsenenpsychiatrie an,
wobei das A im Präfix PA für (Allgemeine) Psychiatrie steht. In diese Gruppe werden alle
stationären Psychiatriefälle eingruppiert, die nicht in der Prä-PEPP-Gruppe landen. Das
heißt, sie haben nicht Hauptdiagnose E66.2* oder G47.* oder die OPS 1–790 oder erfüllen
nicht die Mindestmerkmale für die 1:1-Betreuung bzw. die Intensivbehandlung. In diesen

---

[27] Die Berechnungsformel für die Prä-PEPP 002 berücksichtigt bei ausschließlich intensivbehand-
lungspflichtigen Kindern und Jugendlichen nur die OPS-Ziffern 9–670.4* (Intensive Beaufsichtigung
mit Überwachung in einer Kleinstgruppe mit mehr als 12 Stunden pro Tag) und 9–671.2*/3*/4*/5*
Einzelbetreuung mit mehr als 4 Stunden pro Tag). Um mit einem Behandlungsfall in diese Prä-PEPP
zu gelangen, muss nun die Anzahl dieser Kodes, die einem Fall zugeordnet worden sind, mit dem
entsprechenden Faktor multipliziert werden. Sollte das Ergebnis einen Wert größer 7 ergeben, kommt
der Patient in jedem Fall in die Basis-Prä-PEPP P002 und zwar unabhängig davon, welche Haupt-
bzw. Nebendiagnosen diesem Fall zugeordnet worden sind. Ab einem Punktewert 15 wird der Fall in
die PEPP 002A einsortiert.

[28] Die Berechnungsformel für diese Prä-PEPP berücksichtigt nur die OPS-Ziffern 9–640.01 (1:1
Betreuung von mehr als 6 Stunden bis 12 Stunden pro Tag), 9–640.02 (1:1 Betreuung von mehr als
12 Stunden bis 18 Stunden pro Tag) und 9–640.03 (1:1 Betreuung von mehr als 18 Stunden bis 24
Stunden pro Tag). Diese sind nun mit einem Faktor versehen, wobei der Ziffer 9–640.01 der Faktor 9,
der Ziffer 9–640.02 der Faktor 15 und der Ziffer 9–640.03 der Faktor 21 zugeordnet worden ist. Um
mit einem Behandlungsfall in diese Prä-PEPP zu gelangen, muss nun die Anzahl dieser Kodes, die
einem Fall zugeordnet worden sind, mit dem entsprechenden Faktor multipliziert werden. Sollte das
Ergebnis einen Wert größer 80 ergeben, kommt der Patient in jedem Fall in die Basis-Prä-PEPP P003
und zwar unabhängig davon, welche Haupt- bzw. Nebendiagnosen diesem Fall zugeordnet worden
sind. In Abhängigkeit davon, wie hoch dieses Ergebnis ausfällt, wird der Fall in Schweregradbereich
A (300), B (150 and ≤ 300), C (100 and ≤ 150) oder D (80 and ≤ 100) einsortiert. Vgl. hierzu
PEPP-Definitionshandbuch Version 2011/2013, Seite 25 f.

Fällen steuert die für den Fall definierte Hauptdiagnose die Zuordnung in eine der 14 bewerteten bzw. 5 unbewerteten PEPPs:

- PA01A-B: Intelligenzstörungen, tief greifende Entwicklungsstörungen, Tic-störungen oder andere Störungen mit Beginn in der Kindheit und Jugend. *Diese PEPPS werden über die Hauptdiagnosen aus den Diagnosegruppen der F70–F74, F79, F84, F95 und F98 angesteuert.*
- PA02A-B: Psychische und Verhaltensstörungen durch psychotrope Substanzen – darunter verbergen sich die Abhängigkeitserkrankten. *Diese PEPPS werden über die Hauptdiagnosen aus den Diagnosegruppen der F10–F19 angesteuert.*
- PA03A-B: Schizophrenie, wahnhafte Störungen oder andere psychotische Störungen. *Diese PEPPS werden über die Hauptdiagnosen aus den Diagnosegruppen der F06, F20–F25, F28 und F29 angesteuert.*
- PA04A-C: Affektive, neurotische, Belastungs-, somatoforme oder Schlafstörungen. *Diese PEPPS werden über die Hauptdiagnosen F06.3 und F06.6 angesteuert.*
- PA14A-B: Persönlichkeits- und Verhaltensstörungen, Essstörungen oder andere Störungen. *Diese PEPPS werden über die Hauptdiagnosen F60–F69 und F50 angesteuert. Zu anderen Störungen findet sich im Definitionshandbuch zum PEPP 2013 keine eindeutige Angabe.*
- PA15A-C: Organische Störungen, amnestisches Syndrom, Alzheimer-Krankheit oder sonstige degenerative Krankheiten des Nervensystems – darunter verbergen sich ein Großteil der gerontopsychiatrischen Patienten. *Diese PEPPS werden über die Hauptdiagnosen aus den Diagnosegruppen der C71, C79, E01, E03, E75, G20, G30, G35, G40, T36–T65, F00–F05 und zahlreichen anderen ICD-Gruppen angesteuert*
- PA16Z: Krankheiten des Nervensystems, zerebrovaskuläre Krankheiten oder Thiaminmangel. *Diese PEPPS werden über die Hauptdiagnosen aus den Diagnosegruppen der E51, G00–G14, G20–G26, G30–G32, G35–G99 und I60–I69 angesteuert.*
- PA17Z: Andere psychosomatische Störungen *Diese PEPP wird über die Hauptdiagnosen aus den Diagnosegruppen E66, K50, L40, L50, M54, M79 und anderen ICD-Gruppen angesteuert*
- PA18Z: Umschriebene Entwicklungsstörungen oder andere neuropsychiatrische Symptome. *Diese PEPP werden über die Hauptdiagnosen aus den Diagnosegruppen F80–F83, R40–R55, T36–T97 und andere ICD Gruppen angesteuert.*
- PA98Z: Neuropsychiatrische Nebendiagnose ohne neuropsychiatrische Hauptdiagnose *Hierzu gibt es keine eindeutigen Angaben im PEPP-Katalog.*
- PA99Z: Keine neuropsychiatrische Neben- oder Hauptdiagnose *Hierzu gibt es keine eindeutigen Angaben im PEPP-Katalog.*

Darüber hinaus spielt bei der schweregradabhängigen Zuordnung in eine PEPP der stationären Erwachsenenpsychiatrie folgende Faktoren eine Rolle:

- Komplizierende Konstellationen

- Komplizierende Nebendiagnosen
- Alter > 65 Jahre
- Adipositas BMI > 35 als Bestandteil einer komplizierenden Konstellation

Zu den komplizierenden Konstellationen in der Erwachsenenpsychiatrie zählen folgende Sachverhalte bzw. Funktionen:

- Funktion Mäßig erhöhter Betreuungsaufwand bei Erwachsenen, 1:1-Betreuung
- Funktion Intensivbehandlung bei Erwachsenen, mit mehr als 3 Merkmalen
- Funktion Komplizierende psychiatrische Nebendiagnose, Psychiatrie
- Funktion Komplizierende somatische Nebendiagnose
- Nebendiagnose Adipositas mit BMI ab 35
- Hauptdiagnose Organische affektive Störung
- Hauptdiagnose Katatone Schizophrenie
- Hauptdiagnose Tief greifende Entwicklungsstörung oder Intelligenzminderung mit Verhaltensstörung

Als komplizierende Nebendiagnosen in der Erwachsenenpsychiatrie konnten folgende ICDs aus dem Definitionshandbuch analysiert werden:

- ICD J69.0 Aspirationspneumonie
- ICD B20, B21, B22, B23.0, B23.8, B24 HIV Krankheit
- ICD B18.* chronische Virushepatitis B, C
- ICD G35*Multiple Sklerose mit akutem und/oder progressivem Verlauf
- ICD G81* G82* zerebrale Lähmung
- ICD J13*-J18.1 Pneumonie
- ICD A08.0; A08.1 Virale Enteritis
- ICD A04.7 Enterokolitis durch *Clostridium difficile*
- ICD A46 Erysipel
- ICD I50.13, I50.14 Linksherzinsuffizienz NYHA III, IV
- ICD J90, J91 Pleuraerguß
- ICD E1*.* 1, E1*.73, E1*.75 entgleister Diabetes Mellitus
- ICD J44.0*; J44.1* COPD, akut exazerbiert
- ICD L89.2*, L89.3* Dekubitus Grad III, IV
- ICD G40* G41* Pseudo-Lennox-Syndrom, CSWS, Epilepsie
- ICD G20.11, G20.20, G20.21 primäres Parkinson-Syndrom mit mäßiger oder schwerster Beeinträchtigung
- ICD N18.4, N18.5 chronische Nierenkrankheit Stadium 4 und 5
- ICD E51.2 Wernicke-Enzephalopathie.

**Tab. 15.4** Vergütungsstufen innerhalb der PEPPs. (Quelle: PEPP-Entgeltkatalog 2013)

| PEPP-Entgelt | Bezeichnung | 1. Vergütungsstufe | | | 2. Vergütungsstufe | | | 3. Vergütungsstufe | | |
| | | Verweildauer | | BWR/Tag | Verweildauer | | BWR/Tag | Verweildauer | | BWR/Tag |
| | | von | bis | | von | bis | | von | bis | |
| 1 | 2 | 3 | 4 | 5 | 6 | 7 | 8 | 9 | 10 | 11 |
| P004Z | Intensivbehandlung bei Erwachsenen, mit mehr als 3 Merkmalen, mit sehr hohem Anteil | 1 | 9 | 1,5105 | 10 | 18 | 1,0518 | 19 | | 0,9608 |

Für diese und weitere schweregraderhöhenden Nebendiagnosen wird sicherlich noch ein CCL-Wert (clinical complexity level) erarbeitet wie es in der DRG-Welt schon seit längerem der Fall ist. Diese Einstufungen werden auch einen Lernprozess durchleben.

In den BPEPPS 03, 04 und 14 führt das Patientenalter > 65 Jahre (bei Aufnahme) in eine höhere Vergütungsstufe. Hiermit kann über die Basis-PEPP PA15 hinaus ein weiterer Teil der gerontopsychiatrischen Patienten abgebildet werden.

Für die anderen Bereiche des PEPP 2011/2013 wie Kinder- und Jugendpsychiatrie sowie Psychosomatik in voll- und teilstationärer Ausprägung sind die beispielhaft aufgeführten Ausdifferenzierungen der Erwachsenenpsychiatrie im Definitionshandbuch aufgeführt.

### Die Vergütungsstufen innerhalb einer PEPP

Neben der Strukturkategorisierung hat das InEK im PEPP-Katalog insgesamt 5 Vergütungsstufen definiert, von denen bisweilen jedoch nur 4 befüllt worden sind. Am Beispiel der PEPP P004Z soll die dahinter stehende Logik kurz erläutert werden.

Beispiel: Ein stationär behandelter Patient wird aufgrund seiner ICD- und OPS-Kodierung in die PEPP P004Z eingruppiert und nach 17 Tagen entlassen.

Zur Abrechnung dieses Behandlungsfalles kann das Krankenhaus nun vom 1ten bis zum 9ten Tag ein Relativgewicht von 1,5095 abrechnen.[29] Dieses wird mit dem KH-individuellen Entgeltwert multipliziert und stellt den entsprechenden Erlös für diese erste Vergütungsstufe dar. Für den 10ten bis 18ten Tag kann das Krankenhaus nur noch ein Relativgewicht von 1,0523 abrechnen, das wiederum mit dem KH-individuellen Entgeltwert multipliziert wird. Kehrt der Patient nun binnen 21 Tagen zurück und bleibt nochmals 4 Tage in der Klinik, kommt es zu einer Fallzusammenführung.[30] Vorausgesetzt der Patient bleibt aufgrund der 75 Prozentregelung bei den Pflegetagen in der Intensivbehandlung mit mehr als 3 Merkmalen in der PEPP P004Z, dann kann das Krankenhaus für den 17ten und 18ten Tag noch einmal das Relativgewicht von 1,0518 abrechnen. Für den 19 Tag kann dann jedoch nur noch das Relativgewicht von 0,9608 multipliziert mit dem KH-individuellen Entgeltwert in Rechnung gestellt werden.

---

[29] PEPP-Entgeltkatalog 2013.

[30] PEPPV 2013 – Abrechnungsbestimmungen.

In Summe wird die tägliche Abrechnung von Behandlungsfällen nicht einfacher. Daher muss hierfür eine Grouper-Software eingesetzt werden. Diese wird durch das InEK zertifiziert und dann gegen Ende des Jahres 2012 zur Verfügung stehen.

## Zusammenfassende Erläuterung zu den PEPPs

Die Strukturkategorie (SK) steht vorweg für die Zuordnung in die jeweilige Gruppe, Prä-PEPP (P), dann für die vollstationäre Fälle PA (Erwachsenenpsychiatrie), PK (Kinder- und Jugendpsychiatrie), PP (Psychosomatik) oder PF (Fehler-PEPP), für die teilstationären Fälle TA (Erwachsenenpsychiatrie), TK (Kinder- und Jugendpsychiatrie) oder TP (Psychosomatik).

Die Basis-PEPP wird über die gruppierungsrelevante Diagnosegruppe zugeordnet.

Der Schweregrad wird mit A, B, C oder Z über das Vorhandensein bzw. die Art von Split bezogen auf den Ressourcenverbrauch zugeordnet.

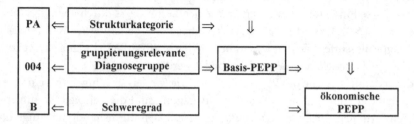

## Die Zusatzentgelte im PEPP-Katalog Version 2011/2013

Der Zusatzentgeltkatalog gleicht den DRG-Zusatzentgelten, ist aber nicht der gleiche, auch nicht in der Bezeichnung gleicher Zusatzentgelte. Einziger inhaltlicher Unterschied ist das Zusatzentgelt für die Elektrokrampftherapie, das jedoch unbewertet ist. Die meisten Zusatzentgelte betreffen Medikamente, die in psychiatrischen Einrichtungen absolut keine Rolle spielen, seltene Ausnahmen könnten vielleicht die Behandlung von neurologischen komorbiden multiple Sklerose-Patienten mit dem Human-Immunglobulin ZP 32 sein. Auch die Applikation von Blutprodukten, die zum Teil über Zusatzentgelte vergütet wird, ist eine selten angewandte Therapie. Ab der Verabreichung von 6 Erythrozythenkonzentraten wird eine Vergütung über das Zusatzentgelt ZP38 möglich.

Die sicher vom Aufwand interessanten Zusatzentgelte des DRG-Systems für die Pflegekomplexmaßnahmenscores sind nicht in das neue Entgeltsystem der Psychiatrie und Psychosomatik übernommen worden.

Hier sollte das Vorschlagswesen genutzt werden, um die psychiatrischen und psychosomatischen relevanten aufwändigen Leistungen, wie z. B. den benannten PKMS-Patienten oder die somnologischen Diagnostik bei psychiatrischen Patienten entsprechend vergütet zu bekommen.

## 15.4   Bewertung des neuen PEPP-Katalogs 2011/2013

Bis zur Veröffentlichung des neuen Katalogs gab es viele Gerüchte darüber, wie viele PEPPs das InEK eigentlich gruppieren und mit Hilfe von Relativgewichten bewerten kann. Nun ist die Katze aus dem Sack und bei allen (vermeintlichen) Kritikpunkten darf nicht vergessen werden, dass dieses erste Ergebnis aus den Kosten- und Leistungsdaten des Jahres 2011 generiert worden ist. Letztlich ist aus dem, was die Häuser dem InEK zur Verfügung gestellt haben bzw. konnten, ein anerkennbares Ergebnis generiert worden. Ob man dieses gut oder schlecht findet, soll an dieser Stelle noch keine Rolle spielen, sondern vielmehr die Tatsache gewürdigt werden, dass überhaupt ein Ergebnis präsentiert werden konnte. Denn erst auf Basis dieses Kataloges können nun die inhaltlichen Diskussionen über die zukünftige Gestaltung des neuen PSY-Entgeltsystems geführt werden:

1. Der zentralste und in diesem Buch bereits mehrfach aufgeführte Kritikpunkt bleibt die Konzentration auf die (eine) Hauptdiagnose als primäres Merkmal der Klassifikationslogik. Tatsächlich sehen nicht nur die Autoren die (eine) Hauptdiagnose als ungeeigneten Kostentrenner an, sondern auch die komplette Fachwelt im Rahmen einer gemeinsamen Stellungnahme. Durch eine Kostenkalkulation auf Tagesebene wäre es grundsätzlich möglich, auch Konstellationen abzubilden, bei denen ein Schwerpunktwechsel während der Behandlung stattfindet, z. B. akute Entgiftung mit anschließender therapeutischer Intervention zur vorliegenden Depression.

2. Der gesamte PEPP-Katalog des vollstationären Bereichs ist gekennzeichnet von einer degressiven Vergütung, die in einzelnen PEPPs des Bereiches der vollstationären Psychiatrie zwischen einer Degression von 21–46 %, in der vollstationären Kinder- und Jugendpsychiatrie von 9–38 % und in der vollstationären Psychosomatik von 0–15 % beträgt. Das heißt, das InEK konnte nur die Hauptdiagnose in Verbindung mit der Verweildauer als erkennbaren Kostentrenner identifizieren. Nüchtern und vor allem emotionslos betrachtet, ist diese Degression kalkulatorisch sicherlich gar nicht zu beanstanden, da das InEK vereinfacht gesprochen die teueren Tage ausgeschnitten und an den Anfang einer Vergütungsstufe und umgekehrt die preiswerten Tage an das Ende, also an die Vergütungsstufen 2, 3 oder 4, gesetzt hat. Daraus entsteht eine Art Mischkalkulation, die es ermöglicht, auch mit nicht so kostenintensiven Patienten, gleich hohe Margen in der ersten Vergütungsstufe zu generieren.[31] Das eigentliche Problem ist die dahinter stehende Tautologie und hier wird das InEK mit den eigenen Waffen geschlagen. Denn auf die Frage, welche Leistungszeiten im Rahmen des OPS eigent-

---

[31] Allerdings spiegelt die selbst gezogene Stichprobe in den Kapiteln 15.4.1 bis 15.4.3 die gewählten Vergütungsstufen mit ihren Relativgewichten in den dargestellten Kostenverläufen fast gar nicht wider. Wie zuvor deklariert, wird die erste Vergütungsstufe meist deutlich höher bewertet als die nachfolgenden. Der Unterschied in der Deutlichkeit und über die gewählte Länge kann in der Stichprobe jedoch nicht nachvollzogen werden. Wenngleich die Stichprobe gewissen methodischen Schwächen unterliegt, bleibt die Vermutung, dass hier eher ein politischer Wille abgebildet worden ist, um Anreize zu schaffen, die volkswirtschaftlich von Vorteil sein könnten.

lich dokumentiert werden sollten, war eine beliebte Antwort des InEK: „Wenn Sie nur die 25-minütigen Leistungen dokumentieren, werden Sie auch nur bestätigen, dass 25 min die richtige Größe für den OPS ist". Umgekehrt werden Kliniken mit den neuen Vergütungsstufen natürlich auch bestrebt sein, diese – sofern irgend möglich – einzuhalten, ohne Gefahr zu laufen, dass der Patient binnen 21 Tagen als Wiederkehrer in eine Fallzusammenlegung rutscht. Dies wiederum wird sich im Kalkulationsergebnis widerspiegeln und diese Grenzen bestätigen, ohne dass jemals evident wird, ob diese Grenzen richtig gesetzt worden sind. Begründet wird von Dr. Heimig die Wahl der Hauptdiagnose als Kostentrenner zum Teil damit, dass die darüber erreichte Spreizung größer ist als die, welche über Pflegesätze erreicht wird und dass diese Diagnosen relativ widerstandsfähig gegenüber Kodierabweichungen sind, die zur Erlösoptimierung genutzt werden könnten. Jedoch wird vom InEK eingestanden, dass die Datenlage zu den Leistungen und die Differenzierung der Diagnosen noch verbesserungsfähig ist, um ein realeres Bild der Kosten-/Leistungsabbildung gewinnen zu können.[32]

3. Der fehlende Leistungsbezug kann ebenfalls als ein Kritikpunkt aufgeführt werden, zumal die Kliniken enorm viel Kraft in die Kodierung von OPS-fähigen Leistungen gelegt haben und dieser sich mit Ausnahme einiger PEPPs, wie z. B. der 1:1-Betreuung (Basis-PEPP P003), der Intensivbehandlung mit mehr als 3 Merkmalen (Basis-PEPP P004) oder der Psychosomatisch-psychotherapeutische Komplexbehandlung (Basis-PEPP PP00) in gar keiner Weise beim Grouping ausbezahlt macht. Umgekehrt hatten die Autoren im Rahmen dieses Buches aber auch schon mehrfach auf die Gefahr verwiesen, dass Viel nicht immer viel hilft. Wären also die TE noch stärker in den Fokus gerückt worden, hätte die Gefahr des unnützen Therapieeinsatzes durchaus bestehen können. Insofern bleiben die Autoren bei ihrer Meinung, dass die Definition von Komplexkodes der einzig vernünftige Weg zur weitreichenden Integration von kumulativen TE in das Gruppieren von PEPPs bleiben sollte.[33]

4. Die fehlende Ausdifferenzierung der Suchterkrankungen stellt einen weiteren Kritikpunkt dar. Hier scheint das InEK gegenüber der Selbstverwaltung zugegeben zu haben, dass ein Teil der Patienten mit Suchterkrankungen noch nicht sachgerecht im Katalog abgebildet ist, da sich dies zum Teil nur durch die Verwendung von „Surrogatparametern", wie zum Beispiel HIV oder Hepatitis realisieren ließe.[34] Hier bleibt zu befürchten, dass insbesondere Einrichtungen mit Schwerpunkten zur Behandlung von Abhängig-

---

[32] InEk: Anmerkungen des InEK zu verschiedenen zum PEPPSystem vorgebrachten Kritikpunkten (2012).

[33] Mit Hilfe von Komplexkodes können national anerkannte Standard definiert werden, z. B. wenn für die Behandlung von mittelgradig schweren Depressionen Mindesttherapiezeiten von Ärzten und/oder Psychologen pro Woche definiert werden, die es zu erbringen gilt, wenn die Indikation dafür vorliegt. Nur in diesem Fall würde es die lukrativere Vergütung geben, zumal sich die höheren Kosten in der Kalkulation bestätigen lassen würden. Ohne jedoch nationale Standards zu setzen, wird es immer Kliniken geben, die weniger Therapiezeit investieren werden und damit zum Nachteil des Patienten wirtschaftlicher arbeiten können als jene die zuviel oder das richtige Maß an Leistungen investieren.

[34] Heimig 2012 (vgl. hierzu die Vorlage für die außerordentliche Sitzung des Vorstands der Deutschen Krankenhausgesellschaft am 4. Oktober 2012 in Berlin).

keitserkrankten je nach Spektrum besser oder schlechter gestellt werden könnten. Im Rahmen des lernenden Systems ist bei der Abbildung der Suchterkrankungen sicherlich noch einiges an Lernpotenzial vorhanden.

5. Die Abbildung der Psychosomatik stellt einen besonderen Kritikpunkt im neuen PEPP-Katalog dar. Wie eingangs bereits aufgeführt, ist die Psychosomatik in der Stichprobe zur Katalogversion 2013 deutlich unterrepräsentiert. Dies allein wäre vielleicht ja noch zu verkraften, wenn sie denn eine ähnliche Ausgangsbasis wie die Psychiatrie mit ihrer Psych-PV hätte. Hierdurch ist in der Psychiatrie zumindest gewährleistet, dass per se eine gewisse Personalausstattung gegeben ist. Nach Kenntnis der Autoren zeigen nämlich auch die Psychosomatischen Einrichtungen in Hinblick auf Personalausstattung, Leistungsspektrum und Behandlungsdauer ein sehr heterogenes Bild, so dass durch eine unzureichende Stichprobe möglicherweise ein mehr oder minder verzerrtes Bild von psychosomatischen Leistungen im Katalog abgebildet wird. Insofern ist zumindest zu würdigen, dass es in der Psychosomatik fast gar keine Verweildauergrenzen gibt, um diesen Nachteil in Grenzen kompensieren zu können. Um ein besseres Ergebnis erzielen zu können, ist unbedingt erforderlich, dass die Stichprobe größer wird, da auch strukturelle Unterschiede der psychosomatischen Einrichtungen im PEPP 2011/2013 noch nicht abgebildet werden konnten.[35]

6. Das Thema Verweildauer mit der degressiven Vergütung darf in diesem Kontext nicht außer Acht gelassen werden. Von Seiten der Fachverbände wird aufgrund einer verweildauerabhängigen Vergütung befürchtet, dass sich die Verweildauern noch weiter reduzieren und sich der Drehtüreffekt dramatisch erhöht. Auch ohne neues Entgeltsystem hat sich die Verweildauer in der Psychiatrie/Psychosomatik in den letzten Jahren deutlich verringert, so dass dieser Anreiz aus Sicht der Leistungserbringer nicht weiter zielführend sein kann. Doch gerade hier argumentiert Dr. Heimig in seiner Stellungnahme mit dem Anreiz zur Verweildauerverkürzung als integralen Bestandteil des neuen Entgeltsystems zur Verlagerung von Leistungen aus dem vollstationären in den teilstationären und/oder ambulanten Bereich. Aufgrund der überhöhten Vergütung in der ersten Vergütungsstufe können bei Patienten mit längeren Verweildauern die Gesamtkosten über den Behandlungsverlauf ausgeglichen werden. Eine Benachteiligung von längeren Aufenthalten entsteht dadurch nicht, so die Interpretation bzw. sachliche Feststellung von Dr. Heimig. Jedoch, wenn dies der Fall ist, warum wird dann so ein Anreiz im System platziert und nicht der Erlös realistischer am tatsächlichen Kostenaufwand platziert. Eine ungenügende Leistungsverlagerung hinein in den teilstationären und ambulanten Bereich liegt aus Sicht der Autoren nicht an der vermeintlich üppigen Finanzierung über tagesgleiche Pflegesätze, sondern eher an der eingeschränkten Möglichkeit entsprechende Angebote in diesen Versorgungsbereichen platzieren zu können. Unabhängig davon stellt sich die Frage, ob politische Absichten bei der Entwicklung eines neuartigen Vergütungssystems richtig untergebracht sind oder ob diese nicht besser am Verhandlungstisch für neue Angebote aufgehoben sind.

---

[35] InEk: Anmerkungen des InEK zu verschiedenen zum PEPPSystem vorgebrachten Kritikpunkten (2012).

## 15.5    Optieren mit dem neuen PEPP-Katalog 2011/2013?

Neben den veränderten Minder- und Mehrerlösausgleichssätzen in den beiden Options-jahren stellen insbesondere die unbewerteten PEPPs und Zusatzentgelte einen nicht zu unterschätzenden Anreiz für die optionswilligen Häuser dar. Denn sie können in den ent-sprechenden Budgetverhandlungen als Erste einen Referenzpunkt setzen, wie diese PEPPs in 2013 oder 2014 individuell zu vergüten sein werden. Das wiederum setzt eine genaue Kenntnis über die tatsächlichen Kosten der einzelnen PEPPs voraus, um ein adäquates Ent-gelt kalkulieren zu können. Auf persönliche Nachfrage wird das InEK wohl im Dezember 2012 den PSY-Browser auf Tagesebene veröffentlichen, so dass jede Klinik seine eigenen Kostenstrukturen mit denen des nationalen Durchschnitts in Hinblick auf die Personal-, Sach- und Infrastruktur vergleichen kann. In diesem Kontext sei zugleich auf den vom InEK ermittelten, gewichteten Tageskostenmittelwert von 235,70 € verwiesen.[36] Wenn das neue Entgeltsystem heute greifen würde, dann könnte dies der Basisentgeltwert sein, an dem sich die Konvergenzphase ausrichtet. Wer dann zu den Konvergenzgewinnern oder -verlierern zählt, wird sich zeigen.

Beispielhaft an einigen Merkmalen seien die Chancen und Risiken des Umstiegs benannt:

- *Liquidität*: Diese ist eher unproblematisch zu bewerten, weil die abzurechnenden Pflegesätze Abschläge in Höhe des Vorjahresbudgets liefern werden. Zudem ist eine Zwischenrechnung ausdrücklich vorgesehen.
- *Budgetverhandlung*: Je nach Zeitpunkt des Budgetabschlusses stellen die unterjährigen IST-Zahlen des zu verhandelnden Jahres und die vollständigen Daten des Vorjahres mit dem Übergangsgrouper gruppiert ein gewisses Risiko, aber auch eine Chance dar. Wenn sich das Klientel und das Leistungsspektrum erheblich verändert, bilden die Vorjah-resdaten das aktuelle Jahr nicht valide ab und führen in der Regel zu einer geringeren Summe der Bewertungsrelation. Aufwändige Fälle des aktuellen Jahres laufen Gefahr, nicht als „korrekte" Mehrleistung, sondern als „Upcoding" bewertet zu werden.
- *Erlösausgleich*: Die Ausgleiche spielen im PEPP wie schon im DRG-System eine wichtige Rolle. Da die Ausgleiche in der Regel immer mindestens ein Jahr nachhinken sind sie ein gewisser ökonomischer Nachteil für den Vertragspartner, der noch Ausgleichszahlungen zu erhalten hat.
- *Dokumentation*: Ohne Echt-Abrechnung fehlt vielleicht die Motivation in der Mitar-beiterschaft, diese auf die neuen Dokumentationsanforderungen vorzubereiten.
- *Risiko des Erlöseinbruchs*: Die Prüfungsmöglichkeiten durch den MDK der erlösrelevan-ten Merkmale und Faktoren sind über die gesetzlichen Regelungen viel umfassender möglich als bisher. Die Gefahr, dass es zur Erlöseinbrüchen kommt, weil in der Verein-barung des ersten Jahres des Umstiegs die ungeprüften Daten des Vorjahres eingehen und die Fälle des laufenden Jahres geprüft werden, ist durchaus real und hätte durch daraus resultierende Kürzungen bei den Bewertungsrelationen Erlöseinbußen zur Fol-

---

[36] InEK 2012: Folie 296.

ge, die allerdings in den Optionsjahren 2013 und 2014 zu 95 % (nach Jahresabschluss) ausgeglichen werden.

- *Aufwand des Umstiegs*: Der mit personeller und struktureller Veränderung, Anpassung von Arbeitsabläufen und Dokumentation verbundene Aufwand ist bereits zum Teil jetzt schon der Fall. Der damit intern verbundene finanzielle Aufwand wird bei der budgetneutralen Umsetzung ins neue Entgeltsystem nicht honoriert. Der zu erwartende interne Kontrollaufwand und externe Prüfungsaufwand kommt noch dazu, der nach aller Erwartung erheblich zum bisherigen Stand steigen wird. In Summe ist die damit verbundene Belastung nicht von der Hand zu weisen, aber ab 2015 wird sie so oder so kommen.

### 15.5.1   Analyse mit Hilfe der Ergebnisse aus der Kostenträgerrechnung

Für eine sach- und leistungsgerechte Bewertung des neuen Katalogs und die damit verbundene Frage nach dem Optieren ist die Kenntnis über die internen Kostenstrukturen von besonderer Bedeutung. Denn nur mit dieser lassen sich Bewertungen vornehmen, die zeigen, ob ein Umstieg auch aus ökonomischer Sicht sinnvoll erscheint. Anhand von 3 Beispielen wird nun die mögliche Erlöskurve mit den kalkulierten Kosten verglichen, um einen Eindruck zu erhalten, welche Finanzierungswirklichkeiten in der Praxis entstehen können.

Hierzu werden folgende Tagespauschalen exemplarisch beleuchtet, um einen Eindruck vom analytischen Vorgehen zu vermitteln:

1. Die Diagnosengruppen der F10 (Psychische und Verhaltensstörungen durch Alkohol) für den Bereich der stationären Abhängigkeitserkrankungen, die im neuen PEPP-Katalog in der Basis-PEPP PA02 aufgehen.
2. Die Diagnosengruppe F20 (Schizophrenie) als Vertreter einer großen Patientenzahl in der stationären Psychiatrie, die im neuen PEPP-Katalog in der Basis-PEPP PA03 aufgehen.
3. Und die Diagnosengruppe F32 (Depressive Episode) als Krankheitsbild, das sowohl in der Psychiatrie wie auch der Psychosomatik behandelt wird. Im neuen PEPP-Katalog würde diese Diagnosegruppe bezogen auf die stationäre Psychiatrie in der Basis-PEPP PA04 aufgehen.

Die folgenden Ergebnisdaten basieren auf den Kalkulationsdaten aus 2011 von vier kalkulierenden Kliniken. Mit freundlicher Unterstützung der REDCOM Unternehmensberatung im Gesundheitswesen GmbH wurden diese Grafiken erstellt. Bei allen Abbildungen wurde von den möglichen PEPPs die Tagespauschale ausgewählt, welche die niedrigsten Relativgewichte pro Tag enthält. Statistisch ist dieses Vorgehen nicht ganz korrekt, da nicht alle kalkulierten Fälle in dieselbe PEPP fallen würden und schon gar nicht in die PEPP mit den niedrigsten Bewertungsrelationen. Jedoch konnte an dieser Stelle keine andere

Vorgehensweise vorgenommen werden, da zum Zeitpunkt der Erstellung noch kein Grouper zur Verfügung gestanden hat. Umgekehrt wäre es aber auch unrealistisch gewesen, den Vergleich mit der höchst bewerteten PEPP aufzuzeigen, da diese bei realer Abrechnung sicherlich deutlich weniger vorkommen wird. Unter dem Strich soll ja auch nicht die Vergütung aus politischer Sicht dargestellt werden, sondern den Kliniken ein Hinweis darauf gegeben werden, mit welchen Mitteln sie ihre Kostendaten sinnvoll strukturieren und bewerten können.

Jede der nachfolgenden Abbildungen enthält drei Linien. Zum einen wird der durchschnittliche Kostensatz pro Behandlungstag aufgeführt. Bei dieser Linie wurden allen Kosten des jeweils 1. und 2. und 3. usw. Behandlungstag jedes kalkulierten Falles gemittelt und als Kostenverlauf dargestellt. Der grafische Verlauf entspricht in der Regel einem Zickzack-Profil, dass auch den Höhenverlauf einer Tour-de-France-Etappe aufzeigen könnte. Zum anderen wird demgegenüber die Erlöskurve dargestellt. Diese enthält in der Regel mehrere Vergütungsstufen, die abfallend sind. Hierbei hat die erste Vergütungsstufe oftmals einen deutlich höheren Wert als die nachfolgenden. Für die Ermittlung der PEPP-Erlöskurve wurde ein Basisentgeltwert herangezogen, der dem durchschnittlichen Pflegesatz der vier kalkulierenden Kliniken entsprochen hat. Dieser wurde mit 279 € angesetzt und entspricht somit einer Bewertungsrelation von 1,0. Als dritte Linie ist die Anzahl der Behandlungstage hinterlegt, die zur Ermittlung der durchschnittlichen Tageskosten herangezogen worden sind.

### Analyse der PA02B – Psychische und Verhaltensstörungen durch psychotrope Substanzen (ohne komplizierende Konstellation)

Abbildung 15.4 stellt den Tageskostenverlauf der PA02B dar, in die alle Fälle der Diagnosengruppe F 10 eingeflossen sind, unabhängig davon, ob einzelne Fälle aus den oben genannten Gründen möglicherweise auch in eine Prä-PEPP oder die PA02A hätten eingruppiert werden müssen. Hierfür konnten aus den vier Kliniken 1.829 Fälle mit 19.660 Behandlungstagen kalkuliert werden. Der durchschnittliche Tageskostensatz lag bei 226 €. Die Abbildung zeigt deutlich, dass ab der zweiten Vergütungsstufe die Kosten über dem Erlös liegen. Weiterhin ist über die Behandlungsdauer keine tendenzielle Bewegung des Kostenverlaufes erkennbar, weder nach oben noch nach unten. Die dritte Vergütungsstufe fängt bei herangezogenen PEPP PA02B (Psychische und Verhaltensstörungen durch psychotrope Substanzen, ohne komplizierende Konstellation) ab dem 14. Behandlungstag an. Die durchschnittliche Verweildauer der 1.829 Fälle liegt bei 10,75 Tagen. Somit wird der durchschnittliche Behandlungsfall während der zweiten Vergütungsstufe entlassen. Kostenrechnerisch müssten laut Abbildung alle damit verbundenen Kosten durch die neue Vergütung abgedeckt sein. Anhand dieser Darstellung gibt es hier keinen Anreiz zur Verweildauerreduzierung. Auch wenn die Tageskostenkurve noch bis zu einer Verweildauer von 75 Tagen reicht. Die damit verbundene Anzahl von Fällen ist jedoch eher in der Minderheit.

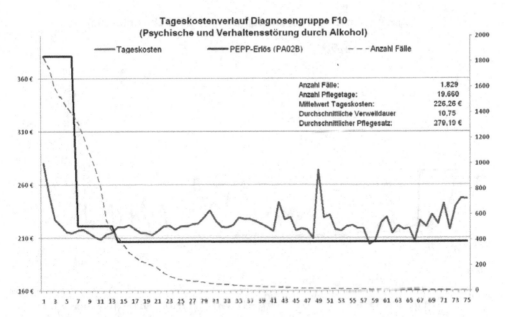

**Abb. 15.4**  Kostenverlauf der PA02B auf Basis der F10. (Quelle: REDCOM)

FAZIT: Wenn der Basisentgeltwert bei 279 € läge, dann wäre die Behandlung von Abhängigkeitserkrankten in der PEPP PA02B bei diesen vier Kliniken kostendeckend zu erbringen. Es gäbe durch den Umstieg keine erkennbar Schlechterstellung.

## Analyse der PA03B – Schizophrenie, schizotype und wahnhafte Störungen oder andere psychotische Störungen, Alter < 66 Jahre, ohne komplizierende Konstellation

Bei der Darstellung zum Tageskostenverlauf der PA03B, die mit den oben genannten Schwächen beim methodischen Vorgehen aus der Diagnosengruppe F20 resultieren, ergibt sich kein wesentlich anderes Bild als zuvor. Jedoch ist hier die Kostendeckung nach der ersten Vergütungsstufe schon nicht mehr gegeben. Wie bei der PEPP PA02B liegt auch hier die durchschnittliche Verweildauer von 33 Tagen im Bereich der zweiten Vergütungsstufe. Jedoch überschreiten die ersten beiden Behandlungstage mit ihren dazugehörigen Kosten die Erlöse hierfür deutlich. Dieses Bild hat sich bei der zuvor betrachten PEPP nicht geboten. Unterschiedlich ist auch, dass die Kurve der Anzahl Fälle nicht so stark über die Verweildauer abfällt wie bei der PA02B.

Der Kostenverlauf über die Verweildauer zeigt keine Absenkung der durchschittlichen Tageskosten. Eher ist eine größere Variabilität bei längerer Verweildauer zu erkennen. In Summe bewegt sich die Kostenkurve doch auch hier auf einem nahezu konstantem Niveau.

FAZIT: Der durchschnittliche Kostensatz von 252 € der PEPP PA03B liegt höher als bei der PEPP PA02B mit 226 €. Damit scheint auch der Aufwand für die Behandlung aus kostenrechnerischer Sicht höher zu sein. Weiterhin ist ab dem 17ten Behandlungstag

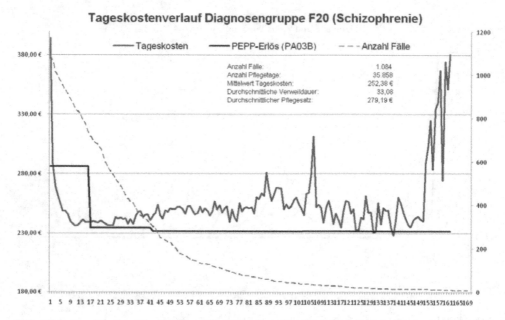

**Abb. 15.5** Kostenverlauf der PA03B auf Basis der F20. (Quelle: REDCOM)

keine Kostendeckung mehr gegeben. Allerdings ist dies vom InEK tatsächlich auch so beabsichtigt, denn diese PEPP generiert für alle Patienten in den ersten 17 Tagen eine überdurchschnittlich hohe Gewinnmarge, die in Summe höher ist, als der Verlust vom 18ten bis zum 33ten Tag. Bei einer durchschnittlichen Verweildauer von 33 Tagen würde das Krankenhaus also auch mit dieser PEPP mit der Mehrzahl der Fälle Gewinne erzielen. Bei den Langliegern wird der Tag kommen, ab dem die Kosten den Erlös übersteigen. Unter dem Strich ist dies eine gewisse Form der Mischkalkulation, die es auch verträgt, mit einem kleineren Teil der Patienten keine Gewinne mehr zu generieren. Hierauf beruht zumindest der Grundgedanke hinter den Vergütungsstufen.

### Analyse der PA04C – Affektive, neurotische, Belastungs-, somatoforme oder Schlafstörungen, Alter < 66 Jahre, ohne komplizierende Nebendiagnose, ohne komplizierende Konstellation

Bei der PEPP PA04C, die nach der oben skizzierten Vorgehensweise aus der Diagnosengruppe F32 (Depressive Episode) resultieren, zeigt sich ein fast identisches Bild wie bei der PEPP PA03B. Auch hier wird der erlösgedeckte Bereich mit dem Eintritt in die zweite Vergütungstufe verlassen. Die Streubreite der durchschnittlichen Tageskosten der PEPP PA04C ist nicht ganz so groß wie bei der PA03B bei längerer Verweildauer. Die durchschnittlichen Tageskosten liegen für diese vier Kliniken bei 233 € und damit unterhalb der durchschnittlichen Kostenaufwendungen für die PA03B, aber nahe am Durchschnittssatz von 226 € der PA02B. Kalklatorisch wären damit die Behandlung der depressiven Episode und die

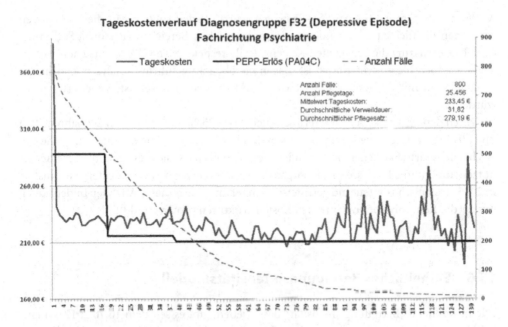

**Abb. 15.6** Kostenverlauf der PA04C auf Basis der F32. (Quelle: REDCOM)

Behandlung Alkoholabhängigkeit nahezu vergleichbar im Kostenaufwand. Erstaunlich ist jedoch das deutlich abweichende Relativgewicht der ersten Vergütungsstufe zueinander.

- PA02B Vergütungsstufe 1 = 1,3638 (Alkoholabhängigkeit)
- PA04C Vergütungsstufe 1 = 1,0299 (Schizophrenie).

In den beiden folgenden Vergütungsstufen gibt es dann nur noch eine geringe Abweichung zueinander. Folglich müssen sich die nationalen Kostendaten deutlich anders verhalten, als die Kostendaten dieser 4 Kliniken.

FAZIT: Der durchschnittliche Behandlungsfall befindet sich ab ca. der Hälfte des Aufenthaltes bezogen auf die mittlere Verweildauer nicht mehr im kostendeckenden Bereich. Allerdings reichen die in der ersten Vergütungsstufe erzielten Gewinnmargen, um Verlustmargen bis zur mittleren Verweildauer zu kompensieren und auch in dieser PEPP mit einem kleinen Gewinn abzuschließen. Je länger die Patienten jedoch liegen, desto höher ist die Wahrscheinlichkeit von Unterdeckung. Insofern wären auch hier Anreize zur Verweildauerverkürzung gegeben.

Diese drei Abbildungen haben nicht den Anspruch auf Vollständigkeit bei der Argumentation für oder gegen ein Optieren auf Basis des PEPP-Katalogs in der Version 2011/2013. In Summe dienen sie eher dazu, sich mit der nahenden Vergütungsrealität auseinander zu setzen und zu versuchen deren Mechanismen zu erkennen. Sie erheben zudem den Anspruch, dem Leser Möglichkeiten der Analyse zu offerieren, die, wenn möglich, um

Analysen mit dem nationalen PSY-Browser ergänzt werden sollten. Mit diesen Analysen kann man nämlich zusätzlich noch eruieren, in welchen Bereichen (Personal, Sachmittel oder Infrastruktur) die ermittelten Kostenvorteile respektive -nachteile entstehen. Solange dieser noch nicht veröffentlich ist, zeigen die oben aufgeführten Analysen jedoch sehr eindrucksvoll mit welchen PEPPs Gewinne und mit welchen Verluste generiert werden würden.

Durch den angepassten Mindererlösausgleich von 95 % braucht sich in den Jahren 2013 und 2014 sicherlich keine Klinik Gedanken darüber zu machen, ob sie eine Bruchlandung aus betriebswirtschaftlicher Sicht erleidet. Gegebenfalls muss sie diese 2 Jahre aber intensiv nutzen, um interne Prozesse so zu reorganisieren, dass sie für den verpflichtenden Umstieg in 2015 strategisch vorsteuernd gerüstet zu sein scheint. Basis dieser Analysen bildet jedoch immer die Kenntnis über die internen Kostenstrukturen pro Tag und PEPP.

## 15.6   Einheitliches Betreuungsintensitätsmodell

Wie in Kapitel 6 „Betreuungsintensität" beschrieben, gibt es seit dem 16.10.2012 ein einheitliches Modell zur Gewichtung der Pflegetage nach der Betreuungsintensität für das Datenjahr 2013. In seiner E-Mail vom 16.10.2012 bittet das InEK darum, dieses Modell für das Jahr 2013 anzuwenden. Es ist für alle Bereiche der Erwachsenenpsychiatrie sowie Psychosomatik gültig. Im Bereich der Kinder- und Jugendpsychiatrie kann weiterhin das bekannte Modell verwendet werden. Nur die Einrichtungen, die bisher oder in Zukunft die LEP® einsetzen, dürfen die weiterhin nutzen. Für alle anderen kalkulierenden Einrichtungen ist das neue Modell spätestens ab 2014 verpflichtend einzusetzen.

Im Wesentlichen kann dieses Modell wie folgt beschrieben werden: Es erfolgt eine tagesbezogene Einstufung in drei Aufwandsmerkmale psychisch, somatisch und sozial. Alle Merkmale können von 1 bis 3 Punkte aufweisen (1 – kein erhöhter Aufwand, 2 – deutlich erhöhter Aufwand und 3 – stark erhöhter Aufwand). Endlich findet der Begriff Aufwand Einzug in die Definition von Betreuungsintensitätsmodellen, denn genau diesen soll er ja abbilden. Zur Verdeutlichung der Einstufungen sind Fallbeispiele für das jeweilige Fachgebiet und Aufwandsintensität der Merkmale angeführt. Im Prinzip wurde damit die Wunschvorstellung von Herrn Dr. Heimig zu Beginn der Prä-Testphase umgesetzt. Hier hatte er die Vorstellung von drei Kategorisierungen. Leicht – mittel – schwer.

Grundsätzlich hat sich das vereinheitlichte Modell stark in seiner Komplexität reduziert und überschaubar gestaltet. Gerade die Fallbeispiele werden für die Praktiker auf den Stationen sehr hilfreich sein. Im Prinzip war dies auch die Empfehlung der Autoren im Kapitel 6 zur besseren Verständlichkeit des ausgewählten Modells. Daher unterstützen die Autoren diese Entwicklung voll und ganz. Ob die Vereinheitlichung den erhofften Effekt aufweisen wird, werden die Kalkulationsergebnisse des Datenjahres 2014 zeigen. Ob in 2013 schon eine größere Anzahl von Kalkulationshäusern das neue Modell einsetzt, kann heute noch nicht abgeschätzt werden. Wünschenswert wäre es, aber ob es aufgrund der kurzen Zeit umsetzbar ist, bleibt abzuwarten. Hier haben die Autoren etwas ihre Zweifel, da einige Kliniken nun wieder komplett neu schulen und damit ein vielleicht etabliertes Modell verlassen müssen. Abschließend muss festgehalten werden, dass diese Entwicklung sehr erfreulich ist und wahrscheinlich die Vergleichbarkeit der Ergebnisse und damit auch die Qualität dieser verbessern wird.

## 15.7   Fazit

Die Autoren sehen die nach ihrer Ansicht wesentlichen Ziele und Kriterien für ein neues pauschalierendes Entgeltsystem für psychiatrische und psychosomatische Einrichtungen mit der aktuell verabschiedeten Verordnung vom 19.11.2012 (PEPPV)[37] nicht angemessen berücksichtigt. Wir sehen die wichtigsten Ziele und Aspekte, die unter anderem bereits von der Diakonie Deutschland Entgeltsystem am 6.11.2012[38] und einigen Fachverbänden in zahlreichen Stellungnahmen veröffentlicht wurden, wie folgt:

1. Eine „angemessene Ressourcenverteilung" der verschiedenen Patientengruppen mit Fokus auf deren Versorgung und einer besseren Abbildung der aufwändigeren psychisch kranken Menschen.
2. Die Abbildung und angemessene Vergütung „fachlich anerkannter Behandlungskonzepte" bei Sicherstellung einer qualitativ hochwertigen Behandlung (Leitlinienorientierung, umfassende Behandlungsansätze).
3. Die Förderung, Vergütung und Unterstützung sektorenübergreifender Versorgung mit der Übernahme der Versorgungsverantwortung von Krankenhäusern mit z. B. den Zielen der gemeindenahen Versorgung, ambulant vor stationär oder aufsuchende Hilfe und Krisenbehandlungsteams.
4. Der Fokus sollte für die am Patienten tätigen Mitarbeiter mehr beim Patienten liegen und nicht durch Dokumentationspflichten zeitlich empfindlich eingeschränkt werden.
5. Die strukturellen Unterschiede der Einrichtungen und die regionalen Gegebenheiten müssen angemessen berücksichtigt werden.

Unserer Auffassung nach ist dies auch unter dem Aspekt einer Kostendeckelung im Gesundheitssystem möglich, wobei in der Psychiatrie und Psychosomatik der Fokus immer beim Patienten und dessen qualitativ guter Versorgung liegen sollte.

---

[37] PEPPV 2013 – Abrechnungsbestimmungen.
[38] Stellungnahme Diakonie Deutschland 2012.

## Literatur

Deutsche Krankenhausgesellschaft (DKG), GKV-Spitzenverband, Verband der privaten Krankenversicherung (PKV), Institut für das Entgeltsystem im Krankenhaus (InEK GmbH): Deutsche Kodierrichtlinien Psychiatrie und Psychosomatik (DKR Psych 2013). http://www.g-drg.de/cms/Psychiatrie_Psychosomatik/Kodierrichtlinien/ DKR-Psych_2013 (2013). Zugegriffen: 1. Nov. 2012

Diakonie Deutschland: Kriterien für das neue Entgeltsystem in der Psychiatrie November 2013. http://www.diakonie.de/ (2012). Zugegriffen: 12. Nov. 2012

DIMDI, OPS: https://www.dimdi.de/static/de/klassi/ops/kodesuche/onlinefassungen/opshtml2013/ #code9 (2013). Zugegriffen: 1. Nov. 2012

Heimig, F.: Entgeltsystem im Krankenhaus 2013, Foliensatz der Veranstaltung Ergebnispräsentation zu Gunsten der Selbstverwaltungspartner nach § 17b KHG am 04.09.2012, Berlin. (2012)

InEK: Anmerkungen des InEK zu verschiedenen zum PEPPSystem vorgebrachten Kritikpunkten, 24.10.2012. http:www.bag-kip.de/ak-entgeltsystem_inek_pepp-kritikpunkte_anmerkungen.pdf (2012).Zugegriffen: 1 Dez. 2012

InEK: PEPP Entgelt-Katalog Version 2013. http://www.g-drg.de/cms/PEPP-Entgeltsystem_2013/ PEPP-Entgeltkatalog (2013). Zugegriffen: 19. Nov. 2012

InEK: Verordnung zum pauschalierenden Entgeltsystem für psychiatrische und psychosomatische Einrichtungen für das Jahr 2013 (PEPPV 2013). http://www.g-drg.de/cms/PEPPEntgeltsystem_ 2013/Abrechnungsbestimmungen (2012). Zugegriffen: 19. Nov. 2012

InEK: PEPP Definitionshandbuch 2011/2013. http://www.g-drg.de/cms/PEPP-Entgeltsystem_2013/ Definitionshandbuch (2013). Zugegriffen: 19. Nov. 2012

InEK: Abrechnungsbestimmungen PEPPV 2013. http://www.g-drg.de/cms/PEPP-Entgeltsystem_ 2013/Abrechnungsbestimmungen (2013). Zugegriffen: 1 Dez. 2012

KGRP: Psychiatrisches Entgeltgesetz Stand 21.7.2012, Anlage zum Rundschreiben der KGRP 252/12. http://www.kgrp.de (2012). Zugegriffen: 1. Nov. 2012

VPKD Infomail Nr. 29, 12/2012. http://www.vpkd.de/presse (2012). Zugegriffen: 1 Dez. 2012

# Teil VIII

# Anhänge

Mario C. Birr und René Berton

## Merkmal A. (Auto-)Aggressivität:

Glossar: Glossar: In dieser Dimension sollten die unterschiedlichen Stufen von Aggressivität – von verbaler Aggressivität über die Androhung körperlicher Gewalt bis hin zur Gefahr der Ausübung körperlicher Gewalt – berücksichtigt werden. Hierunter ist auch die Eigengefährdung durch Suizidalität oder selbstverletzendes Verhalten zu fassen.

1. Kein Selbstverletzungsdruck/Keine verbale Aggressivität
2. Zeitweise leichter Selbstverletzungsdruck UND/ODER
   Zeitweise leichte verbale Aggressivität

   Inhalt und Beispiele: Geringe verbale Beleidigungen, Angespanntheit, Gereiztheit, Unruhe – z. B. in Form von Türenschlagen, Schreien, Gebrauch von psychotropen Substanzen (Alkohol, Drogen, Medikamente, Nikotin)

3. Zeitweise deutlicher Selbstverletzungsdruck UND/ODER
   Häufige verbale Aggressivität UND/ODER
   Andauernde Gereiztheit in zwischenmenschlichen Dimensionen

   Inhalt und Beispiele: Verbale bzw. körperliche Bedrohung – z. B. durch mehrfaches Beschimpfen, häufiges Erbrechen, Hungern, extreme Diät, exzessiver Sport, Missbrauch von psychotropen Substanzen, Laxantienmissbrauch

4. Selbstverletzungsdruck mit gelegentlichen Selbstverletzungshandlungen UND/ODER

M. C. Birr (⊠)
Kliniken im Theodor-Wenzel-Werk, Berlin, Deutschland,
E-Mail: mario.birr@tww-berlin.de

R. Berton
Pfalzklinikum, Klingenmünster, Deutschland
E-Mail: rene.berton@pfalzklinikum.de

F. Studenski et al. (Hrsg.), *Neues Entgeltsystem in der Psychiatrie und Psychosomatik*,
DOI 10.1007/978-3-8349-4165-7_16, © Gabler Verlag | Springer Fachmedien Wiesbaden 2013

Suizidgedanken mit Ängsten vor Kontrollverlust, aber verlässlichen Absprachen UND/ODER

Häufiger Druck andere anzugreifen oder zu verletzen

Inhalt und Beispiele: Häufiger Druck andere anzugreifen oder zu verletzen – z. B. oberflächiges Ritzen, Bespucken, Zerstören von Gegenständen, Nahrungsverweigerung, Abhängigkeit

5. Akute Selbstgefährdung, Akute Fremdgefährdung

**Merkmal B. Unselbständigkeit in der persönlichen Lebensführung (Antriebsminderung):**

Glossar: Inwieweit ist der Patient in der Lage, eine basale Tagesstruktur zu entwickeln und/oder für länger als 6 Stunden aufrecht zu erhalten. Ohne ständige Anleitung ist er nicht in der Lage:

- Tagsüber wach zu bleiben bzw. nachts zu schlafen
- Sich regelmäßig, ausreichend nach Art und Menge und reguliert zu ernähren
- Ausreichend Körperpflege zu betreiben
- Selbst einfache Anforderungen zu erfüllen (z. B. im Stationsalltag einen Termin wahrnehmen)
    1. Vorhandensein einer Tagesstruktur
    2. Zeitweises Fehlen einer basalen Tagesstruktur + 1 Anleitungskriterien
    3. Zeitweises Fehlen einer basalen Tagesstruktur + 2 Anleitungskriterien
    4. Zeitweises Fehlen einer basalen Tagesstruktur + 3 Anleitungskriterien
    5. Zeitweises Fehlen einer basalen Tagesstruktur + 4 oder mehr Anleitungskriterien

**Merkmal C. Kooperationsbereitschaft, Absprachefähigkeit, Gruppenfähigkeit:**

Glossar: Inwieweit ist der Patient in der Lage, sich in die Patientengemeinschaft zu integrieren. Er kann z. B. nur schwer an Gruppen teilnehmen und benötigt ein hohes Maß an ärztlichen, psychologischen, spezialtherapeutischen oder pflegerischen Interventionen (mehrmals täglich), um sich affektiv und/oder vom Selbstwert her steuern zu können. Hierzu zählt auch die mangelnde Krankheitseinsicht und/oder Kooperation bei Essstörungen.

1. Kooperativ, absprachefähig, gruppenfähig

    Inhalt: Regelakzeptanz

2. Leichte Einschränkungen

    Inhalt: Hält sich meistens an Absprachen, hinreichende Regelakzeptanz

3. Starke Einschränkungen

Inhalt: Wiederholte Aufforderung zur Einhaltung von Absprachen, punktuelle Anleitung, oppositionell aufsässiges Verhalten

4. Unkooperativ

Inhalt: Hält sich schwer an Absprachen, mehrfache Anleitung, Konfrontation, Deutliche Beeinträchtigung des Gruppenmilieus

5. Destruktiv

Inhalt: Keine Absprachen, Verweigerung, Keine Gruppenfähigkeit bis hin zur bewussten Sprengung der Gruppe, keine Regelakzeptanz

## Merkmal D. Beziehungs- und Kontaktstörung:

Glossar: Der Patient ist anklammernd, verweigernd, kränkbar, misstrauisch oder weist Beziehungsabbruchtendenzen auf, aus denen auch eine Reihe von (ko-) therapeutischen Kurzkontakten resultieren kann.

1. Beziehungs- und kontaktfähig
2. Mindestens 5 Kurzkontakte UND/ODER Leichte Einschränkungen

Beispiele: Passivität im Gespräch, Einsilbigkeit, ängstlich, Kontaktscheu, Kontaktmangel, mitteilsam, nach außen gerichtet

3. Mindestens 10 Kurzkontakte UND/ODER Mittlere Einschränkungen

Beispiele: Lange Antwortlatenzen, Misstrauen, Furcht, Sozialer Rückzug, Störung im Blickkontakt, Kontaktvermeidung, Soziale Umtriebigkeit, manipulatives Verhalten, affektive Instabilität

4. Mindestens 15 Kurzkontakte UND/ODER Schwere Einschränkungen

Beispiele: Schwierigkeiten bei spontaner verbaler Kommunikation, Distanzlosigkeit, Kontaktschwierigkeit, Geringe Impulskontrolle

5. Mindestens 20 Kurzkontakte UND/ODER Beziehungsabbruch/ Trennungsunfähigkeit

Beispiele: keine natürliche, altersgemäße Kommunikation, Kontaktstörung

## Merkmal E. Somatische Pflegeaufwand:

Glossar: Der Patient bedarf aufgrund einer körperlichen Erkrankung mit psychischer Komorbidität oder einer sich in körperlichen Beeinträchtigungen äußernden psychischen oder psychosomatischen Erkrankung zusätzlicher pflegerischer Überwachung, Anleitung und/oder Versorgung, um eine vitale Bedrohung oder eine deutliche Verschlechterung des Gesundheitszustandes zu verhindern (z. B. bei Essgestörten Patienten die Notwendigkeit einer Magensonde, des Monitorings und/oder zusätzlicher pflegerischer Maßnahmen als Ursache von Mangel- und Unterernährung). Die Fähigkeit oder Möglichkeit, selbst Verantwortung für die

Erkrankung zu übernehmen und in der Behandlung zuverlässig mitzuarbeiten kann erheblich herabgesetzt bzw. weitestgehend aufgehoben sein.

1. 0–24 min

   Beispiele: Selbständigkeit, Therapeutisches Wiegen

2. 25–49 min

   Beispiele: Einfache Betreuung in Form von Verbandwechsel, Wundversorgung, Medikamentengabe, Kälte- und Wärmeanwendungen, Aufwendiges Wiegen bei Essstörungen (BMI, Verlaufskontrolle, Dokumentation), Obstipationsprophylaxe

3. 50–74 min

   Beispiele: Parameterbeobachtung und -kontrolle (VZK, Bilanz), Assistenz bei invasiven Maßnahmen, Abführmaßnahmen

4. 75–99 min

   Beispiele: Somatische Überwachung (Infusion, 02-Gabe), Versorgung von Abteilungs- und Absaugsystemen (DK, Sonden), Hautstatuskontrolle

5. mehr als 100 min

   Beispiele: Sondierung, Notfallversorgung, Dekubitusprophylaxe

## Merkmal F. Informationsaustausch:

Glossar: Der Patient ist Gegenstand von Besprechungen innerhalb oder unter den einzelnen Berufsgruppen.

1. Normaler Informationsaustausch

   Inhalt: Dienstübergabe im Pflegeteam

2. Gesteigerter Informationsaustausch

   Inhalt: Häufiger Austausch mit Arzt und/oder Therapeuten

3. Kleines Team

   Inhalt: Teambesprechung mit Arzt, Therapeuten und Psychologe

4. Großes Team, Teamsupervision

   Inhalt: Teambesprechung (multiprofessionell)

5. Fokus, Fallbesprechung, Fallsupervision

## Merkmal G. Ausnahmensituation:

Glossar: Der Patient bedarf eines besonderen Aufwandes, der nur an bestimmten Tagen und/oder bei bestimmten Komorbiditäten zu dokumentieren ist.

1. Zeitweise dissoziative Symptome
2. Ständige Dissoziationen mit Symptomen aus unterschiedlichen Funktionsbereichen UND/ODER
   1:1 Betreuung 2-6 Stunden
3. 1:1 Betreuung 6-12 Stunden
4. 1:1 Betreuung 12-18 Stunden
5. 1:1 Betreuung 18-24 Stunden

# Anhang B: Gegenüberstellen Kriterien tagesbezogene Psych PV-Einstufung[1] und Einstufung Behandlungsart Psych OPS[2]

Frank Studenski

| | |
|---|---|
| *Psych PV Regelbehandlung A1, S 1, G1* | Wer: *Akut* psychisch Kranke |
| | Ziel: Erkennen und Heilen, psychische und soziale Stabilisierung |
| | Wie: Diagnostik, Psychopharmakotherapie, Psychotherapie, Soziotherapie, Ergotherapie |
| *Psych OPS Regelbehandlung* | Therapiezielorientierte Behandlung durch ein multiprofessionelles Team unter Leitung eines Facharztes. Die psychiatrisch-psychosomatische Regelbehandlung umfasst ärztliche und psychologische Gespräche (z. B. Visite) und die somatische und psychiatrische Grundpflege. Ein weiterer Schwerpunkt liegt in der Anwendung der Verfahren der ärztlich-psychologischen Berufsgruppen und der anderen Berufsgruppen |
| *Psych PV Intensivbehandlung A2, S 2, G2* | Wer: Psychisch Kranke, *manifest Selbstgefährdet, fremdgefährdend,* somatisch *vitalgefährdet* |
| | Ziele: Erkennen und Heilen, Risikoabschätzung, *Krisenbewältigung. Stabilisierung* als Voraussetzung für weitere therapeutische Maßnahmen |
| | Wie: Diagnostik, Erst- und Notfallbehandlung, *einzelbezogene* Intensivbehandlung einschließlich Psychopharmakotherapie |

---

[1] GKV Spitzenverband (2009).

[2] DIMDI, OPS (2010).

---

F. Studenski (✉)
Pfalzklinikum, Klingenmünster, Deutschland
E-Mail: frank.studenski@pfalzklinikum.de

F. Studenski et al. (Hrsg.), *Neues Entgeltsystem in der Psychiatrie und Psychosomatik*,
DOI 10.1007/978-3-8349-4165-7_17, © Gabler Verlag | Springer Fachmedien Wiesbaden 2013

| | |
|---|---|
| *Psych OPS Intensivbehandlung* | • Die Patienten weisen mindestens eines der nachfolgenden Merkmale auf: |
| | • Gesetzlich untergebrachte Patienten |
| | • Selbst- oder Fremdgefährdung |
| | • Schwere Antriebsstörung (gesteigert/reduziert) Keine eigene Flüssigkeits-/Nahrungsaufnahme |
| | • Selbstgefährdung durch fehlende Orientierung |
| | • Entzugsbehandlung mit vitaler Gefährdung |
| | • Die psychiatrisch-psychosomatische Intensivbehandlung umfasst ärztliche und psychologische Gespräche (z. B. Visiten) und die somatische und psychiatrische Grundpflege. Der Schwerpunkt der Behandlung liegt zumeist bei häufigen, *nicht planbaren* und *zeitlich begrenzten Einzelkontakten*, da die Patienten meistens *nicht gruppenfähig* sind |
| *Psych PV Psychotherapie A5, S 5, G5* | Wer: Psychotherapie kann nicht nur bei „schweren Neurosen oder Persönlichkeitsstörungen" sondern bei allen psychischen Erkrankungen wirksam angewendet werden |
| | Ziele: Erkennen und Heilen, Krisenbewältigung, Befähigung zur ambulanten psychotherapeutischen Behandlung |
| | Wie: Komplexe psychotherapeutische Behandlung |
| *Psych OPS Psychotherapeutische Komplexbehandlung* | Der Kode ist für Patienten anzuwenden, bei denen die Art und/oder Schwere der Erkrankung eine intensive psychotherapeutische Behandlung notwendig machen. Der Patient muss hierfür ausreichend motiviert und introspektionsfähig sein. Die *Indikation* für die psychotherapeutische Komplexbehandlung muss *durch* einen *Facharzt* oder einen *psychologischen Psychotherapeuten* gestellt werden |
| *Psych PV Psychosomatische Therapie* | Keine Definition |
| *Psych OPS Psychosomatische Psychotherapeutische Komplexbehandlung* | 1. Standardisierte psychosomatisch-psychotherapeutische Diagnostik zu Beginn der Behandlung<br>2. Therapiezielorientierte Behan dlung durch ein multiprofessionelles Team unter *Leitung* eines *Facharztes* für *Psychosomatische Medizin* und Psychotherapie |

3.  Einsatz eines psychodynamischen oder kognitiv-behavioralen Grundverfahrens als reflektiertem Mehrpersonen-Interaktionsprozess mit wöchentlicher Teambesprechung je stationärer Einheit von mindestens 60 min mit wochenbezogener schriftlicher Dokumentation bisheriger Behandlungsergebnisse und weiterer Behandlungsziele
4.  Somatisch-medizinische Aufnahmeuntersuchung
5.  *Fachärztliche Visite* von mindestens *10 min* pro Woche pro Patient

## Literatur

DIMDI: OPS-Version 2010. http://www.balk-bayern.de/OPS_2010_Katalog.pdf (2010). Zugegriffen: 1.3.2012

GKV-Spitzenverband, Berlin; Verband der privaten Krankenversicherung e. V., Köln; Deutsche Krankenhausgesellschaft e. V., Berlin (18.12.2009). Gemeinsame Empfehlung zur Eingruppierung in die Behandlungsgruppen der Psychiatriepersonalverordnung (Psych-PV). http://www.g-drg.de/cms/Psychiatrie_Psychosomatik/Psych-PV-Eingruppierungsempfehlungen (2009). Zugegriffen: 1.3.2012

# Anhang C: Expertenschätzung im Rahmen der Personalkostenverrechnung

Mario C. Birr und René Berton

| Empfangene Kostenstellen (inklusive KTR-Informationen) | | | Daten für die Kostenträgerrechnung | | | | | |
| --- | --- | --- | --- | --- | --- | --- | --- | --- |
| | | | Jahres-arbeitszeit | Vollzeit-kräfte | PKV Kostenartengruppe 8 | | | Gesamt |
| Kst.-Nr. | Kst.-Bezeichnung | Kst.-Kategorie (KTR) | in h / Jahr | in VK | 6000700 | 6100700 | 6200700 | |
| 001000 | Verwaltungsleitung | Indirekte Kostenstelle der nicht medizinischen Infrastruktur | ----- | 0,700 | -31.989,71 € | -5.320,09 € | -1.339,77 € | -38.649,57 € |
| v901050 | Medizincontrolling | Indirekte Kostenstelle der medizinischen Infrastruktur | ----- | 0,200 | -11.028,78 € | -1.568,66 € | -478,46 € | -13.075,90 € |
| 901300 | EDV | Indirekte Kostenstelle der nicht medizinischen Infrastruktur | ----- | 0,400 | -22.037,56 € | -3.137,32 € | -956,92 € | -26.151,80 € |
| 930000 | Pflegedienstleitung | Indirekte Kostenstelle der medizinischen Infrastruktur | ----- | 0,600 | -23.169,81 € | -4.450,63 € | -933,11 € | -28.553,55 € |
| 931000 | KTQ | Indirekte Kostenstelle der medizinischen Infrastruktur | ----- | 0,100 | -5.514,39 € | -784,33 € | -239,23 € | -6.537,95 € |
| | | Gesamt: | = | 2,000 | -93.760,25 € | -15.261,03 € | -3.947,49 € | -112.968,77 € |
| | | Personalkosten Mitarbeiter 1: | | 1,000 | -38.616,35 € | -7.417,72 € | -1.555,19 € | -47.589,26 € |
| | | Personalkosten Mitarbeiter 2: | | 1,000 | -55.143,90 € | -7.843,31 € | -2.392,30 € | -65.379,51 € |
| | | Ist-Arbeitszeit: | ----- | | - | - | - | |
| | | Kontrollsumme Vollbeschäftigten-Statistik: | | 2,000 | - | - | - | -112.968,77 € |

*Erläuterung der Expertenschätzung* Ausgangsbasis sind zwei Mitarbeiter, die mit je einer Vollzeitkraft (VK) der Verwaltungsleitung zugeordnet sind. Da beide Mitarbeiter aber auch für andere Kostenstellen in Personalunion tätig sind, werden diese im Rahmen der Personalkostenverrechnung befragt zu welchen Stellenanteilen sie für welche Kostenstelle tätig sind.

M. C. Birr (✉)
Kliniken im Theodor-Wenzel-Werk, Berlin. Deutschland
E-Mail: mario.birr@tww-berlin.de

R. Berton
Pfalzklinikum, Klingenmünster, Deutschland
E-Mail: rene.berton@pfalzklinikum.de

F. Studenski et al. (Hrsg.), *Neues Entgeltsystem in der Psychiatrie und Psychosomatik*,
DOI 10.1007/978-3-8349-4165-7_18, © Gabler Verlag | Springer Fachmedien Wiesbaden 2013

Ergebnis der Befragung:
- Mitarbeiter 1: Arbeitskraft entspricht 1 VK (100 %) ≥   40 % Sekretariat kaufmännische Leitung
                                                          60 % Sekretariat Pflegedienstleitung
- Mitarbeiter 2: Arbeitskraft entspricht 1 VK (100 %) ≥   40 % EDV-Leitung
                                                          30 % stellv. kaufm. Leitung
                                                          20 % Medizincontrolling
                                                          10 % Qualitätsmanagement

Für die Verteilung des Stellenanteiles auf den Bereich des Medizincontrollings muss eine virtuelle Kostenstelle zur Personalkostenverrechnung geschaffen werden, da diese im echten Buchungskreislauf nicht vorhanden ist. Die restlichen Stellenanteile müssen im Rahmen der Personalkostenverrechnung von den Ursprungskostenstellen auf die Zielkostenstellen verteilt werden. Hierbei verändern sich jedoch nicht die Kostenarten auf denen die Personalkosten verbucht sind. Diese Umbuchung ist für alle Mitarbeiter erforderlich, die für mehr als eine Kostenstelle tätig sind und keine entsprechende Leistungsdokumentation durchführen, die für eine Kostenverteilung herangezogen werden kann.

# Anhang D: Muster zum Aufbau eines Leistungskataloges

Mario C. Birr und René Berton

| Leistungsdaten | | | | Punktgewichtung | | | | | | |
|---|---|---|---|---|---|---|---|---|---|---|
| Differenzierte Leistungsübersicht | | | | Leistungsumfang in Minuten | | | Gewichtung der Punktwerte | | | |
| Leistungs-nummer | Leistungs-bezeichnung | Leistungsart | Kostenstellengruppe | Therap iezeit "netto" | Gleichzeitigkeits- und Erschwernisfaktor | Therapie zeit mit ESF | Ungewichteter Punktwert "Therapiezeit mit ESF" | Gewichtungsfaktor "Ausgehend vom Ressourceneinsatz" | Gewichteter Punktwert |
| 1 | 2 | 3 | 4 | 5 | 6 | 7 | 8 | 9 | 10 | 11 |
| HK_0011 | Motorisch-funktionelle Behandlung | Motorisch-funktionelle Ergotherapie | 23 | 30 | Kein GZF | 1,00 | 30 | 30 | 1,20 | 36 |
| HK_0012 | Bobath-Methode | Motorisch-funktionelle Ergotherapie | 23 | 40 | ESF | 1,50 | 60 | 60 | 1,00 | 60 |

*Erläuterung zum Aufbau eines Leistungskataloges* Für den Aufbau eines Leistungskataloges sind zur Bezeichnung und Kategorisierung der Leistung mehrere Angaben im System zur Leistungsdokumentation zu Hinterlegen, um später die Leistung vollständig für die Kostenkalkulation nutzen zu können. Welche Merkmale dies mindestens sein müssen wird nun erläutert:

1. Zur Identifizierung einer Leistung muss diese eine eindeutige Leistungsnummer vorweisen, wie z. B. HK_0011.
2. Zur Auswahl der Leistung in einem Leistungskatalog zur Durchführung der Leistungs-dokumentation muss diese benannt werden, wie z. B. Bobath-Therapie.

M. C. Birr (✉)
Kliniken im Theodor-Wenzel-Werk, Berlin, Deutschland
E-Mail: mario.birr@tww-berlin.de

R. Berton
Pfalzklinikum, Klingenmünster, Deutschland
E-Mail: rene.berton@pfalzklinikum.de

F. Studenski et al. (Hrsg.), *Neues Entgeltsystem in der Psychiatrie und Psychosomatik*,
DOI 10.1007/978-3-8349-4165-7_19, © Gabler Verlag | Springer Fachmedien Wiesbaden 2013

3. Zur Klassifizierung bzw. Gruppenbildung von Leistungen muss die Klasse bezeichnet werden, wie z. B. motorisch-funktionelle Ergotherapie.

4. Zur Zuweisung der Leistung in die richtige Kostenstellengruppe, um die damit verbundenen Personal- und Sachkosten in der Kalkulationsmatrix korrekt zuweisen zu können, muss die Kostenstellengruppe angegeben werden, wie z. B. 23.

5. Zur Dokumentation der real am Patienten erbrachten Leistungszeit (Therapiezeit „netto" ohne Vor- und Nachbereitung) kann im Leistungsdokumentationssystem eine Zeit vorgeblendet werden, wie z. B. 40 bei der Bobath-Therapie.

6. In einigen leistungserbringenden Bereichen wie z. B. der physikalischen Therapie können Leistungen parallel an verschiedenen Patienten erbracht werden. Hierzu muss ein Gleichzeitigkeitsfaktor berücksichtigt werden. Des Weiteren kann es vorkommen, dass Leistungen im Vergleich zu anderen unter erschwerten Bedingungen durchgeführt werden müssen, die mit mehr Kosten verbunden sind. Hierfür kann ein Erschwernisfaktor angesetzt werden, wie z. B. 1,5 bei der Bobath-Therapie.

7. In Spalte 7 wird im Leistungskatalog der Gleichzeitigkeits- oder Erschwernisfaktor eingetragen, um bei der Berechnung der Therapiezeit automatisiert herangezogen werden zu können.

8. Spalte 8 ist das Rechenergebnis von Spalte 5 (Therapiezeit „netto") multipliziert mit Spalte 7 und ergibt damit die Therapiezeit mit Gleichzeitigkeits- oder Erschwernisfaktor, wie z. B. 60 bei Bobath-Therapie.

9. Spalte 9 entspricht Spalte 8 und wird herangezogen, wenn die Leistungen untereinander noch einmal gewichtet werden sollen. Im Ergebnis ist der ungewichtete Punktwert immer identisch mit der Therapiezeit mit ESF.

10. In Spalte 10 kann noch ein Gewichtungsfaktor zum Ressourceneinsatz angegeben werden. Dieser kann die Vor- und Nachbereitungszeit zur Leistungserbringung und/oder erhöhte Sachkostenaufwendungen enthalten, wie z. B. 1,2 bei motorisch-funktioneller Behandlung.

11. Spalte 11 ist das Ergebnis für die Verrechnung Leistung auf den Patienten und somit das Produkt aus Spalte 9 (Therapiezeit mit ESF) und Spalte 10 (Gewichtungsfaktor), wie z. B. 36 bei motorisch-funktioneller Behandlung.